JAHRBUCH
FÜR DEN RHEIN-KREIS NEUSS

2013

JAHRBUCH
FÜR DEN RHEIN-KREIS NEUSS
2013

Der Kreisheimatbund Neuss e.V. dankt dem Rhein-Kreis Neuss und der Sparkasse Neuss für die finanzielle Unterstützung zur Herstellung dieses Buches.

Impressum

Herausgeber:
Kreisheimatbund Neuss e.V., Neuss 2012
www.kreisheimatbund-neuss.de

Schriftleitung:
Peter Ströher M.A.

Redaktion:
Dr. Karl Emsbach, Sarah Kluth M.A., Susanne Niemöhlmann M.A.,
Dr. Stephen Schröder, Dr. Max Tauch
Die Redaktionsleitung liegt beim Archiv im Rhein-Kreis Neuss.

Herstellung und Layout:
studio93, Neuss

Druck:
bonndruck GmbH, Bonn

ISBN: 978-3-9810667-9-1

Titelbild:
Composing von Fotos mit Voltigiererinnen des SC 1936 Grimlinghausen,
im Hintergrund historische Katasterkarte.
Fotos: Daniel Kaiser
Gestaltung: studio93

JAHRBUCH
FÜR DEN
RHEIN-KREIS
NEUSS

2013
KREISHEIMATBUND NEUSS

Zum Titel

Das Titelbild des vorliegenden „Jahrbuchs" nimmt unter dem Motto „Spitzensport vor historischer Kulisse" gleich auf zwei Beiträge Bezug. Der Nixhof im Neusser Stadtteil Selikum ist seit rund fünf Jahrzehnten Heimat der Voltigierer des SC 1936 Grimlinghausen. Die Weltklasse-Reiterinnen und -Reiter vom Nixhof haben mit zahlreichen Welt-, Europa- und Deutschen Meistertiteln das Voltigieren nicht nur bei Freunden des Reitsports international bekannt gemacht. Über die bis ins Mittelalter zurückreichende Geschichte des Nixhofes und seine heutige Nutzung berichten Susanne Niemöhlmann und Volker Koch.

Die historische Kulisse bildet ein Ausschnitt aus einer Katasterkarte des Gebietes rund um den Nixhof aus dem 19. Jahrhundert. Als in Folge der französischen Revolutionskriege das linke Rheinland an Frankreich angegliedert wurde, führten die Franzosen vor rund 200 Jahren die moderne Katasterverwaltung ein. Zum Zwecke der Besteuerung vermaßen Ingenieure Grundstücke und Gebäude und fertigten darüber exakte Karten an, die nicht nur eine wichtige historische Quelle darstellen, sondern auch ästhetisch ansprechend sind. Daran erinnert der Beitrag von Ulrich Houben.

Inhalt

Das Bruchstück eines romanischen Taufsteins aus der Pfarrkirche von Rosellen – ein archäologischer Zufallsfund

Sabine Sauer

Vor rund 15 Jahren spielte der damalige Schüler Thorben Golly rund 100 Meter östlich der Pfarrkirche von Rosellen am Schwarzen Graben. Der Bach war trocken gefallen, daher fiel ihm ein gewölbter Stein im Bachbett ins Auge. Er drehte den Stein um und entdeckte auf der Außenseite zwei Figuren. Dies veranlasste ihn, den Stein mit nach Hause zu nehmen, wo er ihn lange Jahre hütete. Der Vater zeigte den Stein Simon Kolbecher, der das hohe Alter des Fundstücks erkannte. Durch dessen Vermittlung und die von Rolf Bronckhorst gelangte er zur Bodendenkmalpflege des Amtes für Stadtplanung Neuss im alten Rathaus in Norf.

Das Fundstück ist Teil eines etwa 23 Zentimeter hohen zylindrischen Gefäßes. Es wurde aus einem hellbeigen Sandstein hergestellt, bei dem es sich offensichtlich nicht um den in unserem Raum anstehenden Liedberger Quarzit handelt. Das Segment lässt sich zeichnerisch zu einem becherförmigen, ausgehöhlten Gefäß mit einem Innendurchmesser von rund 30 Zentimetern und einem Außendurchmesser von rund 40 Zentimetern vervollständigen. An den Außenseiten war das Gefäß ursprünglich durch zwölf halbplastische Figuren im Wechsel mit flachen vorspringenden Dreiecken gegliedert.

Auf dem erhaltenen Segment zeigen sich, die komplette Höhe der Außenseite einnehmend, die halbplastischen Darstellungen von zwei Aposteln. Der Stein hat offensichtlich mit der Außenseite im Schlick des Schwarzen Grabens gelegen, denn die Oberfläche zeigt nur einen minimalen Abrieb. Die linke Figur ist durch einen Schlüssel in der rechten Hand unschwer als Simon Petrus zu deuten. Die Gestalt mit kurzem Bart und Locken trägt über einem Tunika-ähnlichen Hemd einen kurzen, eng den Hals umschließenden Mantel. Die linke Hand ist in Brusthöhe erhoben, die Handfläche weist nach außen. Unter dem Hemd sind durch einfache Kerbungen die nackten Füße auszumachen.

Getrennt durch einen vorspringenden Grat steht rechts daneben ein weiterer Apostel. Er trägt ebenfalls ein Tunika-ähnliches Hemd, darüber aber eine bis zum Boden fallende Toga, die auch die Füße überdeckt. Seine rechte Hand ist im Segensgestus erhoben, in der linken hält er eine Schriftrolle. Die Schriftrolle ist im Mittelalter das Tribut mehrerer Apostel, daher ist die Identität dieses Apostels schwerer zu bestimmen. Lediglich das jugendliche, bartlose Gesicht und das glatte Haar mit Mittelscheitel liefern weitere Anhaltspunkte. So handelt es

Bruchstück des Taufsteins mit den Aposteln Petrus und Johannes.
Abbildungen (3): Stadt Neuss, Amt für Stadtplanung, Bodendenkmalpflege.

sich nicht um Paulus, der kahl und bärtig dargestellt wurde. Jung und bartlos zeigt sich in der Ikonographie des mittelalterlichen Abendlandes stets Johannes, der Evangelist und Lieblingsjünger Jesu.

Die starre, stark stilisierte Art der Darstellung, die mandelförmigen Augen, der vor der Brust geschlossene Mantel des Petrus und die überdimensionierte Darstellung der erhobenen Hand des Johannes lassen das Steinsegment in die Zeit der Romanik, also in das 12. bis frühe 13. Jahrhundert datieren. Es war Teil eines Taufbeckens, das vermutlich alle zwölf Apostel zeigte.

Das Taufbecken mit rund sechs Litern Fassungsvermögen diente sicherlich nicht zum Untertauchen des Täuflings, sondern nur zum Übergießen. In den ersten Jahrhunderten unserer Zeitrechnung wurde meist durch Untertauchen in einem Gewässer getauft. Seit dem 4. Jahrhundert war die Taufe durch das Übergießen des im Wasser stehenden Täuflings vorherrschend. In der Merowingerzeit fand die Taufe in einem eigens gemauerten Taufbecken, dem Baptisterium, statt. Mit der Verbreitung des Christentums wurden zunehmend Kinder getauft; so wurden seit der Karolingerzeit Taufbecken üblich. Sie standen zunächst nur im Westwerk einer Bischofskirche, denn zunächst durfte nur der Bischof das Sakrament der Taufe spenden. Erst mit dem Entstehen der Pfarreien ging das Taufrecht an die Pfarrkirchen über.

Unter den wenigen erhaltenen romanischen Taufsteinen mit figürlichen Darstellungen sind solche mit den zwölf Aposteln recht selten. So bekommt der Fund aus Rosellen eine überregionale Bedeutung.

Eine frühe Reliefdarstellung der zwölf Apostel unter einem Arkadenkranz findet sich bereits auf einem normannischen Taufbecken aus Blei in Dorchester Abbey in Großbritannien. Apostel und Propheten unter zwölf Arkaden sind auf einem Taufstein im Merseburger Dom dargestellt, der um 1175 entstanden ist und ursprünglich in der Neumarktkirche stand. Auch ein stark verwitterter, frühromanischer Taufstein von St. Landolinus in Salzkotten-Boke hat einen zylindrischen Korpus und zeigt unter Arkaden die zwölf Apostel und die Taufe Christi. Eine weitere Parallele bietet ein spätromanischer Taufstein aus Hagen, der 1875 in Teilstücken unter anderem aus einem Blumenbeet geborgen und wieder zu einer Rundform zusammengesetzt werden konnte. Er befindet sich heute im Museum der Burg Altena. Auf der Wandung zeigen sich auch hier zwölf Arkadenbögen; darin eingestellt sind Apostelfiguren mit starker Stilisierung in Körperhaltung und Gesichtszügen und antikisierenden Gewändern. Bei den zitierten Parallelen stehen die Apostel stets unter Arkadenbögen.

Der Stein aus Rosellen ist auf der flachen Oberseite des Randes mit groben Schlägen scharriert, was nicht zu den übrigen feinen Bearbeitungsspuren der Aposteldarstellungen passt. Offensichtlich ist der Taufstein nach einer Beschädigung des Randes noch einmal überarbeitet worden. Dabei wurden der Zylinder gekürzt und die eventuell vorhandenen Arkadenbögen entfernt.

Der Fundort nahe der Kirche von Rosellen lässt vermuten, dass das Taufbecken aus dieser stammt. Die heutige Kirche ist erst in den Jahren 1845 bis 1847 nach den Plänen des Krefelder Stadtbaumeisters Heinrich Johann Freyse errichtet worden. Jedoch existierte bereits im hohen Mittelalter eine Vorgängerkirche, deren Fundamente 1994 während Bauarbeiten an der Heizungsanlage von der städtischen Bodendenkmalpflege freigelegt werden konnten.

Unter dem Westteil des heutigen Baus traten die Fundamente von drei Vorgängerbauten zutage. Von der ältesten Bauphase aus dem 10./11. Jahrhundert waren nur noch ein Fundament aus Liedberger Sandstein und eine Ausbruchsgrube erhalten.

Der älteste Bau war eine kleine, rechteckige Saalkirche mit einem lichten Innenraum von 5,30 Metern. Gesicherte Erkenntnisse über die Längsausdehnung des ersten Kirchenraums liegen nicht vor; sie dürfte sich aber bis an den auf romanischen Fundamenten im Jahre 1745 wieder aufgeführten Westturm erstreckt haben, was einer Länge von neun Metern entsprechen würde.

Dieser Kirche wurde ein rechteckiger Chor von 4,3 x 2,4 Meter Innendurchmesser angefügt. Ende des 12. Jahrhunderts, spätestens zu Beginn des 13. Jahrhunderts war die Kirche offensichtlich wieder zu klein geworden. Der Rechteckchor

ø ca. 30 cm

Querschnitt

ø ca. 30 cm

Draufsicht

Rekonstruktion des Taufsteins.

wurde abgetragen und durch eine 6,6 Meter tiefe, halbkreisförmige Apsis ersetzt.

Die romanische Kirche hatte - einschließlich des Westturms - eine Ausdehnung von 24 Metern. Das Taufbecken wird zur Ausstattung dieses Kirchenbaus gehört und im Bereich des westlichen Eingangs gestanden haben. Taufbecken wurden grundsätzlich im Bereich des Westwerks aufgestellt, da sich nur Getaufte dem Allerheiligsten im östlich gelegenen Chor nähern durften.

Im hohen Mittelalter unterstand die Kirche von Rosellen bis zum Verkauf an das Stift St. Gereon zu Köln im Jahre 1334 den Herren zu Dyck. Im Burgundischen Krieg 1474/75, während der Belagerung der Stadt Neuss durch Karl den Kühnen von Burgund, brannte die Kirche ab. Sie wurde 1480, in einer Zeit der allgemeinen Zerstörung und der knappen Mittel, mit gleichem Grundriss wieder errichtet. Ob das Taufbecken zu dieser Zeit oder erst bei der Niederlegung der Kirche im Jahr 1845 aus der Kirche entfernt wurde, lässt sich nicht beantworten.

Literatur

Emsbach, Karl / Tauch, Max: Kirchen, Klöster und Kapellen im Kreis Neuss, Schriftenreihe des Kreises Neuss Nr. 13, Köln 1986, S. 194, 195.

LCI, Lexikon der Christlichen Ikonographie, Freiburg 1968, Stichworte „Taufe", „Apostel".

Sauer, Sabine: Unbekannte Vorgängerbauten unter der Pfarrkirche St. Peter in Rosellen, in: Archäologie im Rheinland 1994, Köln 1995, S. 112, 123.

Seifert, Marietheres: Inhalt und Form. Bemerkungen zu einigen mittelalterlichen Taufbecken, in: Das Rheinische Landesmuseum Bonn, Heft 2/99, Bonn 1999, S. 44-48.

Internet

Kiesow, Gottfried: Löwen, Taustäbe und Palmetten. Taufsteine im Niederdeutschen Raum, in: www.monumente-online.de, Sonderthema Taufsteine.

pv-Boke-ostenland.de, Pastoralverband Boke-Ostenland.

VWM-museum-digital, Museum Burg Altena, Inv.nr. D 457.

Wikipedia, Stichwort „Taufstein".

Vorgängerbauten in St. Peter Rosellen während der Ausgrabungen 1994.

Neuss und der Gegenkönig

Das Rheinland erhebt sich gegen die staufische Kaiserherrschaft

Volker Helten

Im Oktober 1247 wurde Graf Wilhelm von Holland in Worringen zwischen Köln und Neuss zum römisch-deutschen König gewählt. Der eher ungewöhnliche Ort für eine Königswahl erklärt sich aus den ebenfalls ungewöhnlichen Begleitumständen. Wilhelm wurde zum sogenannten Gegenkönig gewählt, welcher den Einfluss der Staufer im „deutschen" Westen oder zumindest im Rheinland brechen sollte. Er wurde damit gegen Kaiser Friedrich II. und dessen Sohn König Konrad IV. in Stellung gebracht. Gestützt wurde Wilhelm dabei vor allem von den rheinischen Großen um den Kölner Erzbischof Konrad von Hochstaden und dessen Mainzer Amtsgenossen Siegfried III. von Eppstein. Es sollte ein erbitterter Widerstreit zwischen kaiserlich-imperialer Autorität und den Interessen aufstrebender Reichsfürsten entbrennen.

Lange Zeit war die lokale Neusser Geschichtsschreibung davon ausgegangen, dass Graf Wilhelm in Neuss zum Gegenkönig gewählt wurde. Allgemein hatte die Stadt am Rhein eine große Bedeutung für den Holländer. Nicht nur nahm man an, dass er hier zum König gewählt wurde, sondern er nahm auch seine Regierungsgeschäfte an diesem Orte auf und fiel dort zu einem späteren Zeitpunkt beinahe einem mutmaßlichen Mordanschlag zum Opfer. Wenn der Gegenkönig in Neuss

weilte, befand er sich jedoch auf dem Herrschaftsgebiet des gefürchteten Konrads von Hochstaden, der zu jener Zeit sein Erzbistum mit eiserner Hand und ohne Skrupel nach seinem Willen formte.

Das „Staunen der Welt"

Der Mann, gegen den es aufzubegehren galt, war der berühmte und zurecht berüchtigte Kaiser Friedrich II., der in Überlieferungen des Mittelalters mitunter als „stupor mundi", das „Staunen der Welt", bezeichnet wurde. Dies wurde auf seine umfassende Bildung, Gelehrsamkeit und seine Herrschaftsauffassung zurückgeführt. Friedrich stammte aus dem Geschlecht der Staufer und wurde nach der Überwindung des anfänglichen Widerstands von Seiten der Welfen schließlich als „deutscher" König anerkannt. Danach konnte er dann 1220 in Rom die Kaiserwürde von Papst Honorius III. empfangen. Mit Honorius III. hatte er allerdings Meinungsverschiedenheiten ausgetragen wegen eines geplanten Kreuzzuges und des Rechtsstatus von Sizilien, dessen König er ebenfalls war und welches seine Machtbasis darstellte. Hier deutet sich bereits an, dass die Herrschaft Friedrichs II. von vielen Konflikten und gegenläufigen

Wilhelm von Holland gewährt Privilegien. Ölgemälde von Caesar van Everdingen aus dem Jahre 1654.   Abbildungen (7): commons.wikimedia.org.

Machtinteressen überschattet wurde. Während er in Italien regelmäßig mit den Interessen der Päpste in Konflikt geriet, schuf er sich nördlich der Alpen Feinde und Widersacher, indem er versuchte, die eigene Herrschaft durch territoriale Aneignungen und Einmischungen in die „innerdeutschen" Konflikte zu festigen. Generell steht Friedrich II. für eine selbstbewusste kaiserliche Politik, welche die Stärkung einer zentralistischen Herrschaft bei gleichbedeutender Unterdrückung landesherrlicher Ambitionen und feudaler Strukturen bedeutete.

Die Regierungszeit Friedrichs II. war lang, ereignisreich und teilweise kurios. So trat Friedrich etwa trotz seiner Bannung durch den Papst zu einem Kreuzzug an und krönte sich dabei selbst zum König des Kreuzfahrerstaates Jerusalem. Sein Reformwille war weitreichend und zielte auf

die Festigung seiner Herrschaft, wobei er allerdings mit verschiedenen Fürsten und Päpsten wiederholt in Konflikt geriet. Der Absicherung der Macht seines Hauses diente auch die von Friedrich forcierte Wahl seines Sohnes Konrad IV. zum römisch-deutschen König und designierten Nachfolger als Kaiser. Dies geschah auf einem Hoftag in Wien im Jahre 1237, als Konrad IV. erst neun Jahre alt war. Konrad war damit zwar bereits als Nachfolger seines Vaters in Stellung gebracht, allerdings war er zu diesem Zeitpunkt weder gekrönt noch seine Wahl durch den Papst anerkannt worden. Der Konflikt mit dem Papst war es auch, der den Kaiser wieder nach Italien zurückkehren ließ, während Konrad nördlich der Alpen blieb, um seinen Vater formal zu vertreten. Die tatsächliche Reichsregierung im Norden oblag während der Abwesenheit des Kaisers zunächst allerdings dem Reichsprokurator. Dieses Amt bekleideten unter anderem der Mainzer Erzbischof Siegfried III. und der Landgraf Heinrich Raspe. Beide Fürsten sollten schließlich zu Feinden der Staufer werden und ihren Teil zu den Ereignissen des Jahres 1247 beitragen.

Ab 1240 begann der junge Konrad allmählich in die Reichspolitik nördlich der Alpen einzugreifen und die Interessen der Staufer aktiv zu vertreten. Diese Aufgabe war jedoch nicht nur wegen der mächtigen Fürsten gefährlich. Das Schicksal seines Halbbruders Heinrich VII., der vor ihm ab 1228 als römisch-deutscher König in Vertretung seines Vaters nördlich der Alpen agiert hatte, muss Konrad eine Warnung gewesen sein. Heinrich VII. war durch seine Regierungspolitik bei seinem Vater in Ungnade gefallen, ihr Verhältnis verschlechterte sich zunehmend und schließlich trat Heinrich in Opposition zu seinem Vater. Sein Widerstand wurde jedoch militärisch gebrochen, er selbst abgesetzt und gefangen genommen. Nach siebenjähriger Haft verstarb Heinrich letztlich 1242 in Süditalien. Konrad hatte demnach keine einfache Aufgabe zu erwarten und das Beispiel seines Halbbruders hatte verdeutlicht, dass Konrad die Erwartungen seines Vaters besser nicht enttäuschen sollte.

Die Auseinandersetzungen zwischen Papst und Kaiser, welche sich im Wesentlichen um den kaiserlichen Einfluss in den oberitalienischen Städten drehten, hatten dazu geführt, dass Friedrich II. und sein

Konrad von Hochstaden.

Sohn 1245 exkommuniziert wurden. Der Papst wollte aus eigenem Interesse eine Umklammerung des Kirchenstaates verhindern. Immerhin herrschte Friedrich II. im Süden bereits über das Königreich Sizilien und schickte sich an, auch im Norden seinen Einfluss merklich auszubauen. Auf einem Konzil in Lyon verkündete Papst Innozenz IV. daher am 17. Juli 1245 die Absetzung Friedrichs als Kaiser und König wegen Meineides, Friedensbruchs, Gotteslästerung und Häresie.[1] Damit waren die Voraussetzungen für einen offenen Widerstand gegen die Staufer auch von weltlicher Seite denkbar günstig. Auch wenn sich Friedrich als Kaiser für unabsetzbar hielt, da er sich nur Gott und nicht etwa weltlichen Mächten und Gesetzen untergeordnet fühlte, sah dies so mancher Fürst anders.

Der Widerstand formiert sich

Der Mainzer Erzbischof Siegfried III. fühlte sich durch Entscheidungen des Kaisers in seinen Territorialinteressen benachteiligt und trat zu ihm in Opposition. Unterstützt wurde der Mainzer Erzbischof von seinem Kölner Amtskollegen Konrad von Hochstaden, einem eiskalten Machtmenschen, der durch die Exkommunikation des Kaisers einen günstigen Zeitpunkt gekommen glaubte, um sich ebenfalls von Friedrich II. abzuwenden.[2] Aus diesem Grund förderte Siegfried III. den einstigen Reichsverweser

Heinrich Raspe als Gegenkönig. Heinrich Raspe war seit 1227 Landgraf von Thüringen und hatte nach dem Zerwürfnis zwischen Erzbischof Siegfried und dem Kaiser auf Geheiß des Letzteren 1242 die Mitverantwortung der Reichsregierung für den noch minderjährigen Kaisersohn Konrad übernommen. Nachdem der Papst jedoch Kaiser Friedrich II. für abgesetzt erklärt hatte, ließ sich Heinrich unter entscheidender Mithilfe des Papstes, der Erzbischöfe von Köln und Mainz sowie einiger weiterer Fürsten am 22. Mai 1246 in der Nähe von Würzburg zum Gegenkönig wählen. Da Heinrich Raspe vor allem durch den Einfluss der genannten Geistlichen gewählt wurde, zog er sich den Schmähnamen „Pfaffenkönig"[3] zu. Bei dem Versuch, seine Herrschaft gegen seinen einstigen Schützling Konrad zu behaupten, kämpfte er nicht nur gegen den Kaisersohn sondern auch gegen die kaisertreuen Schwaben. Bei diesen Kämpfen zog er sich eine schwere Verletzung zu, die ihn nicht nur zum Rückzug zwang, sondern ihn wohl am 16. Februar 1247 auch sein Leben kostete.

Nach dem Tode Heinrich Raspes trat Herzog Heinrich II. von Brabant energisch für die Königserhebung seines Neffen Wilhelm von Holland ein. Trotz des Scheiterns des ersten Gegenkönigs waren die Voraussetzungen für die Opposition weiterhin günstig, zumal sich nicht nur Fürsten nördlich der Alpen gegen die Herrschaft der Staufer erhoben, sondern zugleich auch in Italien die Autorität des Kaisers in Frage gestellt wurde, was wiederum mitunter zu offenem Widerstand führte.[4] Der Kaiser konnte sich daher zunächst nicht persönlich um seine Widersacher im Norden kümmern. Die Bannung und Absetzung des Kaisers durch den Papst lieferten schließlich eine Legitimation für Jeden, der sich - aus welchen Gründen auch immer - gegen den Kaiser auflehnen wollte. In Anbetracht des kläglichen Scheiterns des vorangegangenen Gegenkönigs musste Wilhelm, dem Grafen von Holland, klar

gewesen sein, wie schwierig die Behauptung seiner Herrschaft werden dürfte und wie sehr er dabei von seinen Verbündeten, der anti-staufischen Partei, abhängig sein würde.

Die Königswahl zwischen Köln und Neuss

Bis zur Mitte des 19. Jahrhunderts war die lokale Neusser Geschichtsschreibung noch davon ausgegangen, dass Wilhelm von Holland in Neuss zum Gegenkönig gewählt wurde. Dies geht vor allem auf die Schilderung der Annales Stadenses[5] zurück, welche die Königswahl des Jahres 1247 wie folgt schildern: *„Wilhelm, der Bruder des Grafen von Holland, wurde von einigen Bischöfen und Grafen in Neuss zum römischen König gewählt, auf dass er das Reich regieren möge".*[6] Diese Quelle offenbart allerdings bereits mit dieser kurzen Nachricht einige Fehlinformationen und widerspricht zudem anderen Quellen, weshalb ihre Glaubwürdigkeit in Zweifel zu ziehen ist. Zum einen war Wilhelm als

Das Wappen des Grafen von Holland. Acrylbild von Hagen Wolff.

ältester Sohn des verstorbenen Florens IV. von Holland und Seeland selbst bereits Graf von Holland. Zum anderen waren bei der Königswahl Wilhelms, abgesehen von seinem Onkel Heinrich II. von Brabant, wahrscheinlich keine weiteren weltlichen Fürsten von Belang zugegen. Dennoch behielten die Annales Stadenses für eine gewisse Zeit ihre Wirkung auf die Neusser Stadtgeschichtsschreibung. So schrieb Conrad Aldendorff im Jahre 1785: *„Endlich ließ sichs Wilhelm der 2te, Graf von Holland des Herzogen Heinrichs in Brabant Schwester Sohn gefallen, die Krone anzunehmen [...]. Konrad, Fridrichs Sohn war aber damals Meister von Frankfurt, dem ordentlichen Wahlplatze. Man mußte also für diesmal einen andern Wahlplatz vorlieb nehmen. [...] Albertus Stadensis ad annum 1247. behauptet [...], daß die Stadt Neuß hiezu ausersehen worden wäre, dagegen sagten andere, daß die Wahl eigentlich in dem Dorfe Wurringen geschehen sey; das aber nicht wohl glaublich ist, wenn man bedenkt, daß so viele und so vornehme Fürsten dieser Wahl beygewohnt haben. Man kann also [...] wohl annehmen, daß zu Neuß die vorläufigen Tracktaten abgeschloßen worden sind“.*[7] Hier zeigt sich, dass bereits im 18. Jahrhundert Zweifel bezüglich des Ortes der Königswahl bestanden. Die Präferenz für Neuss gegenüber Worringen ist in diesem Zitat besonders darauf zurückzuführen, dass Aldendorff von einer sehr großen Zusammenkunft ausgeht. Da Köln als Versammlungsort aufgrund der Querelen unter der Herrschaft Konrads von Hochstaden ausfiel, wäre Neuss aufgrund seiner Größe und der Machtstellung des Kölner Erzbischofs für eine große Zusammenkunft tatsächlich weitaus besser geeignet gewesen als das kleine Worringen. Die Forschung hat jedoch aufzeigen können, dass aller Wahrscheinlichkeit nach nur wenige Fürsten zu dieser Wahl anreisten und damit kein Bedarf an aufwändiger und umfangreicher Beherbergung bestand, zumal die anti-staufische Partei offen-

sichtlich darauf bedacht war, die Erhebung des neuen Gegenkönigs möglichst schnell zu vollziehen.

Wenige Jahre vor Aldendorff hatte Johann Philipp Vogel bereits auf ähnliche Weise für Neuss argumentiert: *„Albertus Stadensis ad an. 1247 und nach ihm Mersäus wollen zwarn behaupten, daß die Stadt Neuß hiezu ausersehen worden, allein da die meisten anderen Geschichtschreiber gemeiniglich behaupten, daß die Wahl eigentlich in dem Dorfe Wurringen geschehen sey, so wollen wir [...] den ersten zugeben, daß die Zusammenkunft wohl zu Neuß gewesen, auch die vorläufige Traktaten allda geschlossen worden seyn mögen, um demehr da ein so kleiner und enger Ort wie Wurringen eine so zahlreiche Versammlung von Erzbischöfen, Bischöfen, Reichsfürsten und Grafen gewiß nicht fassen konnte“.*[8] Vogel wies hiermit auch darauf hin, dass die ersten Urkunden des Gegenkönigs Wilhelm nach seiner Wahl in Neuss ausgestellt wurden. Dies ist nicht zu bestreiten und wird im weiteren Verlauf noch beleuchtet werden. An dieser Stelle lässt sich jedoch bereits festhalten, dass dies vor allem mit Konrad von Hochstaden zusammenhing, der den von ihm gestützten Gegenkönig sogleich in Beschlag nahm und ihn daher wohl auch in Anschluss an die Königswahl schleunigst nach Neuss verbrachte. Neuss war zu jener Zeit ein stabiler Rückhalt für die erzbischöfliche Herrschaft, so dass sich Konrad und Wilhelm dort sicher fühlen und die Regierungsgeschäfte aufnehmen konnten.

Auch Wilhelm Prisack ging 1837 noch von einer Königswahl in Neuss aus: *„[Kaiser] Friedrich [II.] ward in unangenehme Händel mit dem Pabste verwickelt, die ihm den Bann zuzogen und in Deutschland neue Gegner erweckten. Der Erste war sein eigener Sohn, der sich wider ihn empörte, dann der Landgraf Heinrich Raspo von Thüringen, den die Fürsten zum Könige erwählten, und endlich Wilhelm, Graf von Holland, nach Heinrichs Tode (1247) von den zu Neuß versammelten geistlichen und weltli-*

chen Herrn zum Gegenkönig ernannt. *Wilhelm war erst 20 Jahre alt, und noch nicht Ritter. Er ließ sich daher in Cöln zum Ritter schlagen, und ward (1248) mit großem Pomp in Aachen gekrönt".9* Der Hinweis auf die spätere Krönung in Aachen ist insofern wichtig, als dass die Königswahl Wilhelms unter wenig prunkvollen und offensichtlich auch un-gewöhnlichen Umständen stattgefunden hatte. Mit einer Krönung in Aachen sollte der „Imageschaden" für den jungen Herrscher wohl eingedämmt werden.

Ab der Mitte des 19. Jahrhunderts setzte sich in Neuss letztlich die Erkenntnis durch, dass das kleine Worringen tatsächlich der Ort der Königswahl im Jahre 1247 gewesen sein dürfte. Dies ergeben die häufig gleich klingenden Quellenaussagen, wie etwa die sogenannte Kölner Königschronik, das Ellenhardi Chronicon und die Gesta Treverorum:

„Im selben Jahr kamen der päpstliche Legat und zahlreiche Bischöfe, selbstverständlich Konrad von Köln, Siegfried von Mainz, Arnold von Trier, Gerhard von Bremen und viele andere Bischöfe und der Herzog von Brabant mit vielen Grafen auf einem Feld nahe dem Dorf Worringen zu einer Versammlung zusammen und erwählten einen neuen König, den Grafen Wilhelm von Holland, der trotz seiner Jugend nach ihrer Ansicht zur Ausübung einer solch hohen Würde tauglich war. Viele von ihnen nahmen dort das Kreuz gegen den abgesetzten Kaiser auf sich. Nach einiger Zeit zog der gewählte König mit einem Legaten in Köln ein, in friedlicher Weise vom Volke aufgenommen, welches während seiner Wahl die Tore der Stadt verschlossen hatte und bis zu diesem Zeitpunkt dem Kaiser angehangen hatte; nun aber schworen sie dem gewählten König die Treue."10 Hier ist vor allem der Verweis auf die Unruhen in Köln hervorzuheben. Es ist durchaus denkbar, dass die Königswahl ursprünglich in der Rheinmetropole hatte stattfinden sollen. Da Köln jedoch unter Konrad von Hochstaden schnell zu einem Pulverfass wer-

den konnte, wich man möglicherweise kurzfristig auf das ländliche Worringen aus, wo kein Ungemach durch aufständische Bürger drohte.

„Nach dem Tode des wahren Königs Heinrich hatte sich Papst Innozenz um einen anderen König bemüht, fand aber unter den Fürsten zunächst keinen, der sich zum Wohle des Reiches gegen Friedrich und seinen Sohn Konrad stellen wollte. Schließlich jedoch präsentierte der Graf von Brabant seinen Schwestersohn Wilhelm, den Grafen von Holland, gegenüber dem Papst und den deutschen Bischöfen. Diesen wählten die Bischöfe bei Köln zum König, sie schworen, ihm treu beizustehen, mit Gütern und Truppen. Wilhelm belagerte mit den Bischöfen und Adligen die Stadt Aachen, die sehr starke Burg Werden am Rhein und Ingelheim, die er sich allesamt unterwarf."11 Es ist gut möglich, dass der Papst und die anti-staufische Partei tatsächlich einige Probleme hatten, einen willigen Gegenkönig zu finden. Die Macht der Staufer war ungebrochen und viele machthungri-ge Anwärter hatten ihr Aufbegehren gegen Kaiser Friedrich II. bereits mit ihrem Leben bezahlt, darunter auch der Kaisersohn Heinrich.

„Um die Macht des berüchtigten Friedrichs und Konrads zurückzudrängen, wurde der Graf Wilhelm von Holland, auf Vermittlung des päpstlichen Legaten, durch die bekannten Bischöfe von Mainz, Trier und Köln, im Beisein der Fürsten, Grafen und vieler Adliger des Landes beim Dorf Worringen feierlich zum König der Römer gewählt. [...] Dieser junge und mächtige Mensch ging seine Aufgabe sogleich kraftvoll und eifrig an. Er bemächtige sich nämlich mit viel Mühe und Aufwand der königlichen Städte Werden, Aachen und Boppard."12 Wieder findet sich die ausdrückliche Nennung Worringens. Außerdem wird durch die Nennung des Papstes und der rheinischen Bischöfe verdeutlicht, wer den machtpolitischen Unterbau für den jungen Gegenkönig bildete.

Aus den hier zitierten Quellen wird ersichtlich, wer an der Wahl des deutschen

Kaiser Friedrich II.

möglich zum König erhoben werden sollte. Ein Jahr später erfolgte die Krönung Wilhelms in der alten Kaiserstadt Aachen, wobei Konrad von Hochstaden als Coronator fungierte. Da Wilhelm allerdings nicht von der Mehrheit der deutschen Fürsten gewählt, anerkannt oder gar unterstützt wurde, stellten sowohl die Wahl zum Gegenkönig als auch die spätere Krönung zunächst nur einen Legitimationsakt dar, dem die Etablierung einer tragfähigen Machtbasis für den Gegenkönig hätte folgen müssen.

Warum man die Königswahl nicht im nahe gelegenen Neuss abgehalten hatte, ist nicht ganz klar. Immerhin hatte die Stadt schon zu Beginn des 13. Jahrhunderts eine kleine Rolle in der großen europäischen Herrschaftspolitik gespielt. Am 8. Juni 1201 hatte der Welfe Otto IV. den sogenannten „Neusser Eid" geleistet, welcher dem Papst Rechtsansprüche in Italien bestätigte und auf diese Weise den apostolischen Stuhl zur Unterstützung Ottos IV. im Thronstreit mit Philipp von Schwaben bewegen konnte.[13] Der Kirchenstaat wurde damit nicht nur als Machtfaktor in Italien gestärkt, sondern dies stellte zudem einen *„Durchbruch für den politischen Aufstieg des Papsttums im 13. Jahrhundert"*[14] dar. Neuss war also kein gänzlich unwürdiger Ort für eine Königswahl, zumal Wilhelm sich nur wenige Tage nach seiner Wahl bereits in Neuss aufhielt und dort Urkunden ausstellte.[15] So kam es, dass Wilhelm, wenn man von zwei überlieferten Briefen absieht, am 8., 9. und 10. Oktober 1247 durch das Ausstellen von vier Urkunden, welche den Grafen von Geldern, die Bewohner von Nimwegen und die Stadt Köln betrafen, seine Königsherrschaft in Neuss offiziell aufnahm.[16] Die ersten Schritte des neu gewählten Gegenkönigs bestanden darin, sich durch das Gewähren von Privilegien und Verpfändungen neue Verbündete im Kampf gegen die Staufer zu sichern, außerdem galt es offenkundig Verpflichtungen einzulösen, die Wilhelm vor seiner Wahl hatte eingehen müssen.[17]

Gegenkönigs bei Worringen teilgenommen hat. Wilhelm wurde von seinem Onkel und Förderer Heinrich II. von Brabant begleitet und dieser war wohl der einzige einflussreiche weltliche Große, welcher an der Zusammenkunft persönlich teilnahm. Von besonderer Bedeutung waren auch die drei Erzbischöfe von Köln, Mainz und Trier, Konrad von Hochstaden, Siegfried III. von Eppstein und Arnold II. von Isenburg. Aus dem weiter entfernten Erzbistum Hamburg-Bremen soll auch Gerhard II. zur Lippe angereist sein, ebenso wie Graf Otto II. von Geldern. Hinzu kam noch der Legat des Papstes Innozenz IV., der großes Interesse an der Erhebung eines deutschen Gegenkönigs hatte, da auf diese Weise die Position des Kaisers, seines machtpolitischen Gegenspielers, geschwächt werden konnte. Zu diesem Zweck hatte der Papst nicht nur diplomatische Hilfestellung geleistet, sondern den Gegenkönig außerdem finanziell unterstützt.

Bei der Zusammenkunft nahe Worringen im Jahre 1247 ging es darum, dass sich die anti-staufische Opposition auf einen gemeinsamen Gegenkönig und das weitere Vorgehen verständigte und dieser schnellst-

Daher verwundert es auch nicht, dass Wilhelm in diesen Tagen zwei Urkunden mit Privilegien für die Stadt Köln ausstellte, was selbstverständlich im Interesse von Erzbischof Konrad lag.

Es ist anzunehmen, dass Worringen und nicht etwa Köln oder Neuss zum Ort der Königswahl auserkoren wurden, weil man dazu gezwungen war, kurzfristig zu improvisieren. Köln war zu unruhig und Worringen lag in unmittelbarer Nähe, näher als Neuss. Angesichts des Durcheinanders im Kaiserreich galt es wohl vor allem schnell einen neuen Gegenkönig zu ernennen, wobei die Wahl des Versammlungsortes weniger ins Gewicht fiel. Es waren nicht Namen und Orte, die einen Gegenkönig zum Erfolg führen konnten, sondern nur militärische Macht und politisches Gewicht.

Auf der Suche nach der Königsmacht

Kurz nach seiner Wahl zum König wandte sich Wilhelm im Dezember 1247 gegen das nahe gelegene Kaiserswerth, das als staufischer Stützpunkt in der Region galt. Neben Kaiserswerth wurde zu jener Zeit auch Aachen von seinen Truppen belagert, während Wilhelm zwischen den beiden Kriegsschauplätzen pendelte. Kaiserswerth erwies sich indes als wehrhafter als gedacht. Der kommandierende Burggraf Gernand hielt den Widerstand lange aufrecht, ehe er durch Verhandlungen zur Aufgabe des Abwehrkampfes bewegt werden konnte. Sein hartnäckiger Widerstand gegen Wilhelms Truppen, gefolgt von der Aufgabe des letztlich aussichtslosen Kampfes, brachte Gernand nach der Belagerung schließlich die ehrenvolle Behandlung des Gegenkönigs ein, der den Burggrafen erneut mit seinem Amt belehnte. Damit hatte Wilhelm zwar die Macht der Staufer in Kaiserswerth brechen können, jedoch sollte sein Vormarsch schon bald ins Stocken geraten.

Wilhelm von Holland.
Darstellung aus dem 17. Jahrhundert.

Auch die Stadt Aachen leistete dem jungen Wilhelm und seiner Belagerung lange Widerstand. Nachdem die Aachener dann schließlich ihre Tore geöffnet hatten, konnte Wilhelm in der alt-ehrwürdigen Stadt gekrönt werden. Da der Ort seiner Königswahl im Nirgendwo zwischen Köln und Neuss schon wenig ruhmreich anmutete, war es offensichtlich von gesteigerter Bedeutung für sein Prestige, dass seine Krönung in Aachen stattfand, wo bereits Herrscher aus den Dynastien der Karolinger, Ottonen und Staufer gekrönt worden waren. Damit hatte Wilhelms Kampf um die Königsmacht zwar durchaus vielversprechend begonnen, jedoch standen seine Siege auf tönernen Füßen. Mit Unterstützung seiner mächtigen erzbischöflichen Verbündeten konnte er sich im Nordwesten des Reiches zwar einigermaßen behaupten, aber ein entscheidender Erfolg blieb aus. Nachdem sich Wilhelm im Rheinland mit einigen Siegen hatte schmücken können, brachte das Jahr 1250 aus Sicht des Gegenkönigs gute und schlechte Neuigkeiten. Da die Lage südlich der Alpen zur Zeit von Wilhelms Aufbegehren ebenfalls schwierig und instabil für die Herrschaft des staufischen Kaisers war, konnte der exkommunizierte Herrscher seinem holländischen Herausforderer nicht energisch und vor allem nicht persönlich entgegentreten. Es oblag also Konrad, dem Sohn des Kaisers, den Gegenkönig in Schach zu halten. Auch wenn dies zunächst nicht glückte und Wilhelm im Rheinland Siege errang, so konnte Konrad den Vormarsch des Niederländers durch

einen Schlachtensieg stoppen, woraufhin dieser sich zurückziehen musste. Dies war gewiss zunächst ein Rückschlag für den Gegenkönig, jedoch brachte der Tod Kaiser Friedrichs II. am 13. Dezember 1250 einige Veränderungen mit sich.

Als der Kaiser kurz vor seinem 56. Geburtstag in Fiorentino verstarb, waren Erfolg oder Misserfolg des deutschen Gegenkönigs noch nicht entschieden. Aus militärischer Sicht mag das Jahr 1250 sowohl nördlich als auch südlich der Alpen positiv für die staufische Seite verlaufen sein, aber es wäre müßig zu spekulieren, ob Friedrich, wenn er länger gelebt hätte, den Widerstand nördlich der Alpen hätte brechen und sein Kaisertum erneut festigen können. Trotz der staufischen Erfolge war der Widerstand des Gegenkönigs allerdings noch nicht erloschen.[18]

Konrad IV. war durch seinen Vater noch zu Lebzeiten zum Nachfolger als Herrscher des Reiches bestimmt worden, aber der Apostolische Stuhl erkannte seine Herrschaft weiterhin nicht an. Daher konnte

Die Exkommunikation Friedrichs II. durch Papst Innozenz IV.

Wilhelm von Holland nach dem Tod Friedrichs II. neuen Mut schöpfen und setzte seine Erhebung militärisch fort. Konrad musste bald einsehen, dass die Reichsgeschäfte seine Präsenz im Süden dringlicher erforderten und eventuell auch schnellere Aussicht auf Erfolg boten, weshalb er 1252 nach Italien zurückkehrte und dort seine Herrschaft zu festigen suchte. Doch sein Kriegszug blieb ohne Ergebnis. Auch durch seine Präsenz südlich der Alpen und militärische Siege blieb der Papst unversöhnlich. Als Konrad im Jahre 1254 auch noch im Feldlager verstarb, vermutlich durch Malaria, waren die Staufer letztlich geschlagen.

Wilhelm von Holland, Konrad von Hochstaden und die Stadt Neuss

Wilhelm von Holland hatte seine beiden ärgsten Widersacher ohne eigenes Zutun überlebt. Seine Lage war daher nach 1254 augenscheinlich günstiger als zu Beginn seines Widerstands. Doch nach dem Verlust seiner beiden wichtigsten Feinde schien er auch die Unterstützung seiner wichtigsten Verbündeten verloren zu haben. Besonders anschaulich wurde dies mutmaßlich bei einem Ereignis in Neuss aus dem Jahre 1255.

König Wilhelm von Holland, ein päpstlicher Legat und der Kölner Erzbischof Konrad von Hochstaden hielten sich im Januar 1255 zu gegenseitigen Verhandlungen in Neuss auf. Die Stadt Neuss war zu jener Zeit bereits ein beliebter Verhandlungsort.[19] Neuss bot sich wohl auch an, weil es der Herrschaft des Erzbischofs unterstand und der Ort eine Vorgeschichte für die Verhandlungspartner hatte. Bereits kurz nach seiner Königswahl 1247 hatten sich die Verbündeten Wilhelm und Konrad in Neuss aufgehalten, was aus der Tatsache hervorgeht, dass einige der ersten Urkunden, die der Gegenkönig hatte ausstellen lassen, in Neuss angefertigt wurden. Nach seiner Wahl bei Worringen hatte es den Grafen von Holland also nach Neuss gezogen, wo er durch das Ausstellen von Urkunden seine Regierungsgeschäfte sogleich aufnahm. An diesen Ort kehrte er nun zurück, wobei unklar ist, worüber der inzwischen siegreiche Gegenkönig mit seinem wichtigen und vielleicht auch schwierigsten Verbündeten verhandeln wollte. Die Frage nach dem Anlass tritt jedoch hinter den Ereignissen zurück.

Während der Verhandlungen brannte ein Haus des Erzbischofs nieder, was für sich allein genommen nicht bemerkenswert wäre, wenn sich darin nicht zum Zeitpunkt des Brandausbruchs Wilhelm von Holland und der päpstliche Legat befunden hätten. Zwar kamen die beiden mit dem Schrecken davon, aber des öfteren wurde unterstellt, dass sich hinter dem Brand ein Mordanschlag Konrads von Hochstaden verbarg: *„Die Regierung Wilhelms war nicht ganz glücklich, und ungeachtet er manche heilsame Anordnung traf, so konnte er es doch mit mächtigen Unterthanen nicht aufnehmen. Auch schien Wilhelm es bald mit dem Erzbischofe von Cöln und dessen Bewohnern verdorben zu haben, denn sie belagerten ihn gegen das Jahr 1254 in Neuß, und waren nahe daran, ihn selbst und den päpstlichen Gesandten zu verbrennen"*.[20] Böse Absicht wird Konrad von Hochstaden auch im folgenden Beispiel unterstellt, obwohl hier der Kontext einer zunächst friedlichen Zusammenkunft in Neuss und nicht etwa einer vermeintlichen Belagerung unterstellt wird: *„Dieser König [Wilhelm von Holland] war aber, obschon persönlich tapfer und ritterlich gesinnt, doch viel zu schwach an Land und Leuten, um bei der argen Verwirrung dieser Zeit, wo mehr als je zuvor im Deutschen Reiche das Faustrecht sich geltend machte, das königliche Ansehen mit Kraft zu behaupten. Auch zerfiel er mit dem Erzbischof Conrad von Cöln, und der Streit zwischen ihnen wurde bei einem gemeinschaftlichen Aufenthalte in Neuß im J. 1254 so heftig, daß Conrad an das Haus, in welchem der König mit*

Briefmarke der Deutschen Post aus dem Jahre 1994 mit einem Abbild Friedrichs II.

dem päpstlichen Legaten Capucius sich befand, Feuer anlegen ließ und beide mit Noth entkamen".[21]

Der Interessenkonflikt zwischen Konrad und „seinem" König war zwar offenkundig, allerdings wurden die Umstände des Hausbrandes und eines mutmaßlichen Mordanschlags bereits früh in Frage gestellt: *„Je mehr Konrad seine Machtstellung befestigte, umsomehr fühlte König Wilhelm den Boden unter seinen Füßen wanken. Dieser suchte daher, wieder ein freundlicheres Verhältnis zu dem mächtigen Erzbischof anzubahnen, und kam in Begleitung des päpstlichen Legaten Petrus von Albano im Januar 1255 nach Neuß, wo Konrad sich damals aufhielt. Aber es war keine friedliche Zu-sammenkunft, sondern die entschiedene Weigerung des Kölners, den Bischof von Paderborn freizugeben, führte zu heftigem Wortstreit und arger Gewaltthat. Das Haus, in welchem der König und der Legat sich aufhielten, wurde in Brand gesteckt, und kaum gelang es den beiden, dem Feuertode zu entrinnen. Ob hier ein eigentliches Attentat vorlag und inwiefern Konrad daran beteiligt war, läßt sich nicht ermitteln. Immerhin aber war der Zwiespalt zwischen dem Könige und dem*

Erzbischofe offen zu Tage getreten, und beide suchten für einen Zusammenstoß ihre Kräfte zu sammeln und zu stärken. Mit diesem Bestreben hängt zusammen, daß Konrad sich zunächst die Anhänglichkeit der Neußer durch wichtige Zugeständnisse sicherte. Bald nach seiner Zusammenkunft mit dem Könige, am 31. Januar 1255, gestattete er den Neußern, das Kastell, welches er in ihrer Stadt am Rhein errichtet hatte, niederzureißen, indem er zugleich versprach, daß weder von ihm noch von seinen Nachkommen jemals eine Veste in der Stadt oder im Burgbann gegen den Willen der Bürger gebaut werden sollte".[22]

Ob es sich bei dem Vorwurf eines Mordversuchs nur um üble Nachrede handelt, lässt sich wohl nicht klären. Dem Wesen Konrads widerspräche eine solche Aktion jedoch nicht gänzlich. Immerhin war Konrad, dessen Familienname sich von einer Burg bei Grevenbroich-Frimmersdorf[23] ableitete, ein ehrgeiziger Machtmensch, der offensichtlich keinerlei Skrupel hatte, die ihn in seinem Streben nach Macht hätten behindern können. Das ruchlose Gemüt ihres Erzbischofs hatten die Neusser selbst mehrfach kennenlernen müssen, da er die für ihn strategisch wichtige Stadt offensichtlich mit einer Zuckerbrot-und-Peitsche-Strategie gefügig machen wollte. Zum einen verlieh beziehungsweise bestätigte er der Stadt Rechte und Privilegien, zum anderen errichtete er wie erwähnt vorübergehend eine erzbischöfliche Burg in der Stadt, um seinen Einfluss in Neuss zu vergrößern.[24]

Nach dem Tod Konrads IV. brachen jedenfalls *„zwischen den bisherigen im Kampf gegen die Staufer Verbündeten heftige Gegensätze auf. Bevor sie jedoch zum offenen Austrag kamen, fiel König Wilhelm Anfang 1256 im Kampf gegen die Friesen".[25]* Ein Aufstand der Friesen wurde also dem zwischen Köln und Neuss gewählten König zum Verhängnis. Sein Tod kam Konrad von Hochstaden durchaus recht, denn offensichtlich hatte der Holländer für den Geschmack des Erzbischofs zuviel Eigeninitiative entwickelt. Konrad war nicht an einem einflussreichen bzw. eingreifenden König interessiert, sondern vielmehr an seinen eigenen zahlreichen Fehden, die ihm zur Erweiterung seiner Macht dienten. Hierzu zählt etwa seine Dauerfehde mit der Grafschaft Jülich, deren Herrschaftsinteressen mit denen Konrads vor allem an der Erft kollidierten. Hinzu kamen unter anderem noch Kämpfe mit dem Bistum Paderborn sowie sein langer Machtkampf mit der Kölner Bürgerschaft.[26] Es kann daher nicht überraschen, dass die Wahl der Nachfolge für Wilhelm von Holland schließlich mit dem englischen Grafen Richard von Cornwall auf einen denkbar schwachen Kandidaten fiel. Auch wenn Richard der englischen Königsfamilie entstammte, so war er doch durch die Entfernung zu „seinem" neuen Königreich in seiner Herrschaftsausübung mehr als beschränkt. Dies weist sogleich auf die Entwicklungen jener Zeit hin.

Die Macht der Kaiser beziehungsweise Könige schwand merklich und stattdessen konnten die entstehenden und aufstrebenden Kurfürsten immer mehr Einfluss und Selbständigkeit erringen. Der Über-

gang ins Spätmittelalter hatte begonnen.[27] An der Dezentralisierung von Macht und Herrschaft hatten Wilhelm von Holland und Konrad von Hochstaden kräftig mitgewirkt, auch wenn Ersterer dies gewiss nicht bewusst erstrebt hatte. Wilhelm hatte nach königlicher Macht gestrebt, doch es gelang ihm nicht, seine Herrschaft über den Einflussbereich seiner wichtigsten Verbündeten, der drei rheinischen Erzbischöfe, hinaus auszudehnen.[28] Sein Aufbegehren blieb insofern erfolglos, als er den ihm zugekommenen Königstitel niemals mit einer ebenbürtigen realen Machtbasis hatte unterfüttern können. Konrad von Hochstaden hingegen konnte am Ende seines Lebens im Jahre 1261 auf eine lange Liste von Erfolgen zurückblicken, er hatte die Macht des Kölner Erz-bistums während seiner Regierungszeit gehörig ausgedehnt und war aus einer Vielzahl an Konflikten als Sieger hervorgegangen. Nach seinem Tod verspielten seine Nachfolger jedoch viele der Errungenschaften, die Konrad teilweise mit zweifelhaften Mitteln hatte verzeichnen können, so dass sein Lebenswerk den wehrhaften Erzbischof nur für kurze Zeit überdauerte.

Das kleine Stadtsiegel zeigt Karl den Großen, der die Aachener Pfalzkapelle an die Jungfrau Maria übergibt.

1 Vgl. Engels, Odilo: Die Staufer, Stuttgart 1994 (6. Auflage), S. 184ff.

2 Wisplinghoff leitete seine Betrachtung des berüchtigten Erzbischofs wie folgt ein: „In der Erzbischofswürde folgte auf den farblosen Heinrich von Molenark der gewaltige Konrad von Hochstaden, dessen Regierung eine besonders wichtige Epoche im Verhältnis der Stadt zu ihrem Herrn bezeichnete. Konrads von beinahe ständigen Kämpfen erfüllte Regierung begann 1238", Wisplinghoff, Erich: Geschichte der Stadt Neuss: Von den mittelalterlichen Anfängen bis zum Jahre 1794, Neuss 1975, S. 71. Ähnlich hatte dies auch schon Tücking gesehen: „Auf den im ganzen recht unbedeutenden Heinrich I. folgte einer der tüchtigsten Kirchen- und Reichsfürsten der damaligen Zeit, Konrad I., Graf von Hochstaden. In dem ersten Jahrzehent seiner Regierung wurde er durch Fehden mit benachbarten Fürsten und durch den mehr und mehr sich verschärfenden Streit zwischen Kaiser und Papst [...] sehr in Anspruch genommen", Tücking, Karl: Geschichte der Stadt Neuss, Düsseldorf / Neuss 1891, S. 20.

3 Rex clericorum.

4 Siehe zu Friedrich II. zusammenfassend Lexikon des Mittelalters IV, München 1989, Sp. 933-940.

5 „Albert von Stade (*Ende 12. Jh., † wohl nach 1265) war seit 1232 Abt des Marienklosters in Stade, das er nach einem fehlgeschlagenen Reformierungsversuch verließ, um 1240 in das Franziskanerkloster desselben Ortes einzutreten. Dort begann er seine Weltchronik (Annales Stadenses), die er bis in das Jahr 1256 fortführte. Mit der Annäherung an die eigene Zeit wird er ausführlicher, und das Werk bekommt einen eigenständigen Quellenwert; obwohl Albert mehrfach Briefe und Urkunden einarbeitete, sind seine Mitteilungen über den sächsischen Adel nicht immer zuverlässig. Er schrieb aus sächsischwelfischer Sicht", Eickels, Klaus van / Brüsch, Tania: Kaiser Friedrich II.: Leben und Persönlichkeit in Quellen des Mittelalters, Düsseldorf 2006, S. 469.

6 Willehelmus, frater comitis Hollandiae, a quibusdam episcopis et comitibus in Nussia in regem Romanum ad gubernandum imperium est electus, Annales Stadenses, 1247, S. 371, Z. 22-26. Bei den im Rahmen dieses Artikels angefertigten Übersetzungen ins Deutsche wurde aus Gründen der Verständlichkeit in einigen Passagen gekürzt bzw. frei übersetzt.

7 Aldendorff, Conrad: Beyträge zur Neußer Kronik, Düsseldorf 1785, S. 127f.

8 Vogel, Johann Philipp: Chorographia Novesiensis 4 (1778), S. 16.

9 Prisack, Wilhelm: Der Neußer Leben und Treiben auf dem großen Gebiete der Weltgeschichte und im stillen Gehege christlicher Sitte, Bildung und Kunst: Eine vollständige Geschichte der Stadt Neuss, von ihrer Entstehung bis in unsere Zeiten, Düsseldorf 1837, S. 92.

10 Ipso anno Petrus legatus et multi episcopi, videlicet Conradus Coloniensis, Syfridus Moguntinensis, Arnoldus Treverensis, Gerardus Bremensis, et multi alii episcopi et dux Brabantie cum multis comitibus in campo iuxta villam Worinch conventum faciunt et novum regem eligunt Wilhelmum comitem Hollandie, admodum iuvenem, cuius animum intellexerat ad consequendam tanti honoris celsitudinem optabiliter preparatum. Et plurimi eorum crucem ibi assumunt contra depositum imperatorem. Post modicum tempus electus rex una cum legato Coloniam ingreditur, pacifice a civibus admissus, qui in electione eius portas civitatis clauserant et usque ad id tempus imperatori adheserant; nunc autem fidelitatem iurant electo regi, Chronica regia Coloniensis, 1247, S. 291; Annales S. Pantaleonis Coloniensis, 1247, S. 542, Z. 3-11.

11 Mortuo vero Heinrico rege papa Innocentius pro alio rege laborabat, et inter principes non invenit aliquem, qui se regno vellet intromittere contra Fridericum et filium suum Conradum. Tandem dux Brabantie filium sororis sue, Wilhelmum comitem Hollandie, domno pape et episcopis Alemanie presentavit. Quem episcopi elegerunt in regem apud Coloniam, promittentes ei iuramento prestito rebus et personis fideliter assistere. Qui cum episcopis, comitibus et nobilibus obsedit Granis-aque et firmissimum castrum Werde in fluvio Reni et Ingelheim, que omnia sibi subiugavit, Ellenhardi Chronicon, S. 121, Z. 37-43. Auch die erste deutschsprachige Geschichtschronik in Prosa, die sog. Sächsische Weltchronik aus dem 13. Jahrhundert, gibt nur grob das Umfeld von Köln als Ort der Königswahl an: In deme selven jare do koning Heinric dot was, worden to rade de bischop van Megence und de van Colne unde de van Triere, dat se koren van des paveses gebode den greven Willekine van Hollant to koninge. Dat gescha bi Colne, Sächsische Weltchronik, 397, S. 257, Z. 31-33.

12 Ad reprimendam itaque potentiam sepedicti Friderici et Conradi dominus Wilhelmus de Hollandia comes, mediante legato sedis apostolice, per memoratos Moguntinum, Treverensem et Coloniensem archiepiscopos, presentibus ducibus, comitibus et terre nobilibus pluribus, apud villam Worunch in Romanorum regem sollempniter est electus. [...] Qui homo iuvenis et potens negocium potenter et alacriter est aggressus. Cepit enim oppidum regium Werdam, Aquisgranum, Bopardiam, multis laboribus et expensis, Gestorum Treverorum Continuatio V, S. 411, Z. 19-27 / Z. 36-42.

13 Görich, Knut: Die Staufer: Herrscher und Reich, München ²2008, S. 83ff. Gilliam, Helmut: Der Neusser Eid, in: Almanach für den Kreis Neuss 1980, Neuss 1980, S. 13-24.

14 Gilliam: Der Neusser Eid, S. 22. Gilliam stuft die Bedeutung des Neusser Eides freilich noch höher ein, da er ihn sogar als den entscheidenden Durchbruch beim Aufstieg des Papsttums bewertet. Zudem sei die „Parteinahme für den Welfen Otto IV. [...] die »erste Selbständigkeitsregung« der werdenden Stadt", ebd., S. 23.

15 Dies erkannte bereits Karl Tücking gegen Ende des 19. Jahrhunderts. „Wichtiger für unsern Ort wurde 1247 die Wahl des Grafen Wilhelm von Holland zum Gegenkönig. Es war zwar nicht, wie man bis in die jüngste Zeit gewöhnlich angenommen hat, Neuß der Wahlort, sondern Worringen; aber gleich darauf sehen wir den neuen König in unserer Stadt weilen, wo er mehrere Urkunden ausstellte und sich zum feierlichen Einzug in Köln rüstete", Tücking: Geschichte der Stadt Neuss, S. 21.

16 Vgl. die entsprechenden in Neuss ausgestellten Regesten nach Böhmer und Ficker: Regesta Imperii 5 (1198-1272), Nr. 4889, 4890, 4891, 4892.

17 Vgl. hierzu: Hägermann, Dieter: Studien zum Urkundenwesen Wilhelms von Holland, Köln / Wien 1977, S. 207.

18 Vgl. Rotter, Ekkehart: Friedrich II. von Hohenstaufen, München ²2004, S. 152f. Etwas anders sieht dies David Abulafia, der davon ausgeht, dass das Aufbegehren Wilhelms bereits zu diesem Zeitpunkt entscheidend geschwächt wurde und nicht etwa erst durch das spätere Zerwürfnis des Gegenkönigs mit seinen Verbündeten. „Konrad von Hohenstaufen stellte in jenen rheinländischen Gebieten, die sich dem Grafen von Holland angeschlossen hatten, die kaiserliche Herrschaft wieder her. Graf Wilhelm wurde nicht ganz und gar ausgeschaltet, aber existierte danach kaum noch als politische Größe", Abulafia, David: Herrscher zwischen den Kulturen: Friedrich II. von Hohenstaufen, Berlin 1991, S. 363.

19 „König Wilhelm hatte allmählich im nordwestlichen Deutschland ein nicht geringes Ansehen gewonnen und war auch zu Neuß, wo er seine ersten Urkunden erließ, später gern in seiner Oberherrlichkeit aufgetreten. Er hielt daselbst wiederholt Hoftage, so am 19. Juni 1251, wo er der Abtei Kamp Zollfreiheit zu Kaiserswerth bewilligte, und am Martinstage 1253, wo im Beisein von geistlichen und weltlichen Fürsten und vielen Edelen der Graf Theoderich von Kleve dem Edelherrn Konrad von Molenark die Burggrafschaft zu Tomberg verlieh.", Tücking: Geschichte der Stadt Neuss, S. 22. „Die kräftig aufstrebende erzbischöfliche Stadt hat zu dieser Zeit nicht selten als Tagungsort für Besprechungen mit fremden Fürsten und Herren gedient", Wisplinghoff, Erich: Konrad von Hochstaden, in: Lebensbilder aus dem Kreis Neuss (Bd. 2), Neuss 1995, S. 7-17, hier: 7.

20 Das Zitat stammt von Wilhelm Prisack, der die Privilegien, welche Konrad den Neussern gewährte, mit deren mutmaßlichem Einlenken und der Unterstützung im Kampf gegen Wilhelm von Holland zu erklären versucht. Vgl.: Prisack: Der Neußer Leben und Treiben, S. 92. Die Auffassung, dass der besagte Brand mit einer Belagerung der Stadt Neuss in Verbindung stand, ist heute überholt.

21 Löhrer, Fr. J.: Geschichte der Stadt Neuß von ihrer Gründung an bis jetzt, nach gedruckten und handschriftlichen Quellen, Neuss 1840, S. 69.

22 Tücking: Geschichte der Stadt Neuss, S. 22f.

23 Wisplinghoff: Konrad von Hochstaden, S. 7.

24 Von besonderer, wechselnder Art war das Verhältnis Konrads zu der Stadt Neuss, die zwar längst nicht so mächtig und reich war wie Köln, aber sicher die anderen Städte des Erzstifts sowohl im Rheinland wie in Westfalen an Bevölkerungszahl und Wirtschaftskraft erheblich übertraf. Auf kleinere Privilegierungen folgte 1250 eine Maßnahme [...], die man nur als Beweis eines kräftigen Mißtrauens ansehen kann. Er erwarb nämlich in der Nordostecke der Stadt ein Grundstück und ließ dort eine Burg errichten. Nur zu verständlich, daß die Bürger darüber wenig glücklich waren. Offenbar haben sie es jedoch in den folgenden Jahren gründlich verstanden, ihren Herrn von ihrer unbedingten Treue und Zuverlässigkeit zu überzeugen. Das wurde Anfang 1255 in einer Urkunde zum Ausdruck gebracht, in der er ihnen gestattete, die Befestigung niederzulegen. Weiter verpflichtete er sich und seine Nachfolger, künftig weder in der Stadt selbst noch im Burgbann einen Ersatzbau zu errichten. [...] Konrad hatte nun 1255 und 1259 als Dank und Anerkennung für geleistete Dienste die seit alters bestehenden und die neuerdings erworbenen Rechte, Freiheiten und guten Gewohnheiten der Stadt bestätigt", Wisplinghoff: Konrad von Hochstaden, S. 15.

25 Wisplinghoff: Konrad von Hochstaden, S. 9.

26 „Einige Jahre lang bestand nun am Niederrhein eine recht geschlossene Front gegen die staufische Reichsgewalt, aber nach dem für die Opposition glücklichen Ausgang der Streitigkeiten brachen die alten lokalen Gegensätze mit verdoppelter Wucht wieder auf. Hauptgegner des Erzstifts Köln waren am Niederrhein der Graf Wilhelm von Jülich, im südlichen Westfalen der Bischof von Paderborn Simon von der Lippe. Im Spätsommer 1254 fiel die endgültige Entscheidung. Graf Wilhelm beugte sich der überlegenen Macht Konrads, ohne erst an die Waffen zu appellieren, während der Bischof und seine Parteigänger vernichtend geschlagen wurden", Wisplinghoff: Geschichte der Stadt Neuss, S. 72f.

27 Görich: Die Staufer, S. 114ff.

28 Wolf, Gunther: Kaiser Friedrich II., in: ders. (Hg.): Stupor Mundi: Zur Geschichte Friedrichs II. von Hohenstaufen, Darmstadt ²1982, S. 527-541, hier: S. 537; Wies, Ernst W.: Friedrich II. von Hohenstaufen: Messias oder Antichrist, München ²2002, S. 258.

Manche Bücher haben es „in sich"

Johann Heinrich Breidbach, ein Zeuge für Frömmigkeit und

Selbstbewusstsein in Knechtsteden (1700-1720)

P. Ludger Horstkötter

In der Bibliothek des Missionshauses der Spiritaner in Knechtsteden findet sich in der Abteilung *Ascetica* unter der Signatur I L 1-273 ein unscheinbares Büchlein in rötlichem Leder mit Goldprägung, etwa 13 Zentimeter hoch und kaum drei Zentimeter dick, bestehend aus drei selbständigen Teilbänden.

Zwei gedruckte Werke

Der Jesuit Georg Scherer (1540-1605), Hofprediger in Wien, verfasste betrachtende Gebete zu 15 Kupferstichen zur Passion und Auferstehung Christi mit dem Titel *Preces ac meditationes piae in mysteria passionis ac resurrectionis D(omini) N(ostri) Iesu Christi*. Danach folgen die sieben Bußpsalmen, Litaneien zu Jesus, zu Maria und zu allen Heiligen sowie Gebete vor und nach der Beichte beziehungsweise Kommunion. Es handelt sich um eine neuere Auflage, ediert bei Wilhelm Friessem (senior) in Köln 1680, mit 176 Seiten.

Als zweites enthält der Band das Gebet- und Betrachtungsbuch eines anderen Jesuiten, der sich anonym als G. P. S. E. I. S. C. vorstellt, mit dem Titel *Cultura vineae mysticae*, erschienen zu Köln 1646, mit 84 Seiten. Hier finden sich Gebete für den Morgen, den Tag und den Abend, dazu

unter anderem Gebete zu den „Fünf Wunden Christi", Gebete vom hl. Augustinus und anderen Autoren, die Lauretanische Litanei und der Reisesegen.

Die lateinischen Texte beider Gebetbücher dürften heute nur noch wenige Spezialisten mit dem Fachgebiet „Frömmigkeit zur Zeit der Gegenreformation" interessieren.

Eine handschriftliche Gebetssammlung

Beim Katalogisieren dieses Sammelbandes stieß der Bibliothekar des Missionshauses Knechtsteden, Heiner Gerken, unlängst auf einen bisher nicht beachteten dritten Teil. Vor und nach beiden Drucken sind mehr als 100 handgeschriebene Blätter eingebunden. In 24 Kapiteln finden sich in lateinischer Sprache Gebete und Litaneien zum hl. Augustinus (der die Ordensregel der Prämonstratenser schrieb) und zum hl. Norbert (der den Orden im Jahre 1120/21 gründete) sowie zu Maria, zu Josef, zum Erzengel Michael, zum Schutzengel und für die Armen Seelen. Es gibt Hymnen auf das Altarssakrament und Betrachtungen zum „Vater unser", zur Passion und zu den „Fünf Wunden Christi", wobei der Schwerpunkt auf dem Erlöser-

officium parvum
De s augustino episcopo et ecclia doctore legisß latore præmonstratensium

invocatio

Salve pater sanctissime
et prosulum magister,
sectarcorum malles,
ecclesia columna
episcoporum gloria,
Doctorgß veritatis
admitte vota supplicum
precesß filiorum
Laudare stat pro viribus
Sanctissimum parentem
Ornare stat pro viribus
mirabilem patronum

Litanjæ
De s norberto fundatore ordinis candidi

kyrie eleison 2 christe audi nos
christe eleison 2 christe exaudi nos

pater de cælis deus.
fili redemptor mundi deus.
Spiritus s deus.
s: trinitas unus deus.
S: maria -
S. dei genitrix.
S virgo virginum.
Regina totius mundi.
mater et regina canonicorum
præmonstratensium.
ordinis candidi domina.
singularis s. norberti amatrix.
s: pater noster norberte

miserere nobis

ora pro nobis

Litanei zum hl. Augustinus.

Litanei zum hl. Norbert von Xanten.

tod Jesu und auf der Freude der Auferstehung liegt. Bedeutsam für die Ordensgeschichte ist ein Text zur privaten Erneuerung der Ordensgelübde. Wichtig für den Knechtstedener Historiker ist die Auflistung der elf Gesänge bei der Sakramentsprozession (Fronleichnam) vom Auszug aus der Kirche bis zur Rückkehr.

Auch dieser dritte handschriftliche Teil ist heute nur noch für wenige Fachleute interessant. Was also soll das Büchlein „in sich" haben, was es so bemerkenswert macht?

Passionszyklus aus 15 Kupferstichen von Albrecht Dürer

Die 1680 erschienene Neuauflage von Georg Scherer enthält Kopien von 15 Kupferstichen von Albrecht Dürer, durchweg nachgestochen von J. van Goosen (Jo Go. / Jo Gooßens), dazu das Titelblatt desselben Stechers und auf Seite 85 König David mit der Harfe (ohne Nachweis eines Stechers) als Einleitung zu den fünf Bußpsalmen. Einige Stiche tragen zusätzliche Angaben, beispielsweise dass Gerhard

Kupferstiche von Albrecht Dürer im Gebetbuch von Georg Scherer.

Stempelius, Kanoniker an St. Georg in Köln, 1580 die Vorlage zu der betreffenden Dürer-Kopie veranlasste, oder dass der Stich auf eine Dürer-Kopie des W D H (= Willem de Haen) zurückgeht. Die Themen der 15 Kupferstiche sind: Jesus betet am Ölberg (Seite 13), Gefangennahme (S. 22), Jesus vor Kajaphas (S. 26), Jesus vor Pilatus (S. 30), Geißelung (S. 34), Dornenkrönung (S. 38), Jesus, dem Volk präsentiert (S. 42), Ecce homo (S. 46), Pilatus wäscht seine Hände in Unschuld (S. 51), Veronika (S. 57), Jesus am Kreuz (S. 61), Kreuzabnahme (S. 70), Grablegung (S. 74), Abstieg in die Unterwelt (S. 76) und Auferstehung (S. 78). Alle Stiche sind recht dunkel gehalten, eng eingebunden und am Rand etwas beschnitten, aber vollzählig vorhanden. Das sehr seltene Büchlein von 1680 erzielt bei Auktionen Höchstpreise.

Liste der verstorbenen Knechtstedener von 1700 bis 1708

Das beiderseits beschriebene letzte Blatt ist von derselben Hand wie die Gebetstexte zuvor. Der anonyme Verfasser verzeichnet dort den Tod von neun Knechtstedener Prämonstratensern aus den Jahren 1700 bis 1708. Die Namen sind zwar auch aus anderen handschriftlichen Verzeichnissen bekannt, die sich noch heute in der Bibliothek des Missionshauses der Spiritaner in

„*Godefridus Frisch* obiit anno 1700 10 Februarii, quando locum obtinui, prior Tremoniensis ibique sepultus."

„*Gottfried Frisch* starb am 10. (!) Febr. 1700, als ich die Stelle erhielt [= als ich die Zusage für meine Aufnahme ins Kloster Knechtsteden bekam]. Er war Prior in Dortmund und wurde dort begraben."

Das Prämonstratenserinnen-Kloster St. Katharina in Dortmund, von dessen Gebäude noch Teile bis zur Zerstörung im Zweiten Weltkrieg an der „Zweiten Kampstraße" in Dortmund zwischen Hauptbahnhof und Altstadt standen, war ein Tochterkloster von Knechtsteden, das dort regelmäßig die Geistlichen stellte.[1]

„*Matthias Godefridi*, 1700 12 Julii obiit pastor in Clarholt ibique sepultus."

„*Matthias Godefridi* starb am 12. Juli 1700. Er war Pastor in Clarholz und wurde dort begraben."

Das adlige Prämonstratenser-Kloster Clarholz in Herzebrock-Clarholz im Kreis Gütersloh ließ im 17. und 18. Jahrhundert die Pfarrseelsorge in der Gemeinde St. Laurentius in Clarholz durchweg durch bürgerliche Priester aus anderen Prämonstratenser-Klöstern versehen.[2]

„*Theodorus Winter* obiit 1702 7 August pastor in Teveren ac postmodo hic senior ac hic sepultus."

„*Theodor Winter* starb am 7. August 1702. Er war Pastor in Teveren und danach Senior hier (im Kloster Knechtsteden) und wurde hier begraben."

Die Pfarrei St. Willibrord in (Geilenkirchen-) Teveren war dem Kloster Knechtsteden inkorporiert, so dass der Abt jeweils einen der Knechtstedener Prämonstratenser zum Pastor von Teveren berief.[3]

„*Leonardus Eschenbruk* obiit proh dolor 1703 1 Martii, abbas et vicarius generalis, avunculus meus, qui terror et malleus erat Steinfeldensium ac iurium huius domus defensor accerrimus. Sub ipso installatus sum anno 1700 21 Maii, ab ipso

Knechtsteden befinden (Fotokopien im Landesarchiv NRW, Abt. Rheinland: Handschriften R II Knechtsteden Nr. 4, 7 und 8), aber in Verbindung mit den übrigen Texten des Bandes bietet die Formulierung dieser Einträge einen Einblick in die Frömmigkeit des Schreibers und zeugt zugleich vom starken Selbstbewusstsein der damaligen Knechtstedener Prämonstratenser. Im Folgenden werden die neun lateinischen Einträge zu den Verstorbenen mit Übersetzungen und Erläuterungen vorgestellt:

„*Index confratrum meorum, qui mortui sunt eo quod venerim ad ordinem:*"

„*Verzeichnis meiner Mitbrüder, die verstorben sind, seitdem ich zum Orden kam:*"

Die Namensliste der Knechtstedener Prämonstratenser.

investitus sum eodem anno 19 Julii, ac in manus frustra protestantibus emisi professionem anno 1703 (!) 1 Junii. Cuius animae uti et aliorum sit deus benignus."

„Leonhard Eschenbruck starb - oh, welch ein Schmerz - am 1. März 1703, Abt und Generalvikar (des Generalabtes von Prémontré bei Laon in Nordostfrankreich), mein Onkel mütterlicherseits. Er war der Schrecken und der Hammer für die Steinfelder (Prämonstratenser) und der schärfste Verteidiger der Rechte dieses Klosters (Knechtsteden). Während seiner Amtszeit erhielt ich am 21. Mai 1700 einen Platz im Chor [= wurde ich als Postulant in den Konvent aufgenommen], von ihm wurde ich in demselben Jahr am 19. Juli eingekleidet, und in die Hände [des Abtes] - [obwohl einige] vergeblich widersprachen - legte ich am 1. Juni 1703 (Irrtum: 1702 ist gemeint!) die Gelübde ab. Seiner Seele ebenso wie der (Seele) der anderen sei Gott gnädig."

Peter Teveren (seit 1678 Abt von Knechtsteden), den der Abt von Prémontré 1693 zu seinem Generalvikar in der Westfälischen Ordensprovinz ernannt hatte, starb am 29. Oktober 1698 im Alter von 80 Jahren. Leonhard Eschenbruck, der ihm seit 1691 als Abtkoadjutor beigestanden hatte, folgte ihm im Amt des Abtes und auch des Generalvikars.[4]

„Joannes Dumbsmam (!), laicus, obiit 1703 2 decembris, in ambitu sepultus."

„Johann Dumbsmam (!), Laie, starb am 2. Dezember 1703 und wurde im Kreuzgang begraben."[5]

„Joannes Pulvermacher, pastor in Frimerstorff, obiit 1703 22 Decemb(ris) ac hic in ambitu sepultus."

„Johannes Pulvermacher, Pastor in Frimmersdorf, starb am 22. Dezember 1703 und wurde hier (in Knechtsteden) im Kreuzgang begraben."[6]

„Nicolaus Camp, prior Tremoniensis, obiit 1704 5 Maii ibique sepultus."

„Nikolaus Camp, Prior in Dortmund, starb am 5. Mai (!) 1704 und wurde dort begraben."[7]

„Hermanus Simonis, pastor in Hukart, obiit 1705 24 Martii, Tremoniae sepultus."

„Hermann Simonis, Pastor in (Dortmund)-Huckarde, starb am 24. März 1705 und wurde in Dortmund begraben." Dem Frauenkloster St. Katharina in Dortmund war die Pfarrkirche St. Urbanus in Huckarde übertragen worden. Das Amt des Pastors wurde von einem Knechtstedener Prämonstratenser wahrgenommen.[8]

„Casparus Hillenbrink, vir excellens, praepositus Hinsbergensis, obiit 1708."

„Kaspar Hillenbrink, ein ausgezeichneter Mann, Propst von Heinsberg, starb 1708." Das Kloster der Prämonstratenserinnen in der Altstadt von Heinsberg [heute steht dort die Kreissparkasse, Hochstraße 96] beanspruchte mit Unterstützung Steinfelds hartnäckig sein uraltes Recht, den Oberen (mit dem Titel „Propst") aus einem beliebigen Kloster des Ordens frei zu wählen, was aber Knechtsteden unter Berufung auf eine lange Gewohnheit mit Erfolg bestritt und verlangte, dass nur ein Mitglied des Knechtstedener Konventes zum Propst gewählt werden dürfe.[9]

Johann Heinrich Breidbach als Verfasser des Verzeichnisses

Der Schreiber der Eintragungen bezeichnet den verstorbenen Abt Eschenbruck als seinen Onkel mütterlicherseits, woraus zu folgern ist, dass er selber einen anderen Familiennamen trägt. Ohne in genealogische Forschungen einzutreten, kann aufgrund des Schriftbildes als sicher gelten, dass er derselbe ist, der auf die Titelseite des zweiten Teilbandes *Cultura* schrieb: *ad usum f(ratris) Joannis Henrici Breidbach anno 1700*, das heißt: *zur Nutzung durch Frater Johann Heinrich Breidbach im Jahre 1700.* - Von anderer Hand ist hinzugefügt *„+1720"*. Da ein Ordensmann aufgrund des Gelübdes der Armut kein Eigentum erwerben kann, war es für Ordensleute üblich, in einem Buch das *ad usum* vor den eigenen Namen zu setzen, was bedeutet: *Das Kloster hat dem ...N.N. .. dieses Buch zur Nutzung überlassen.*

Die Klosterlaufbahn des Johann Heinrich Breidbach

Was macht das letzte Blatt so interessant? Selten ist die Aufnahme eines Bewerbers in die Klostergemeinschaft so ausführlich dokumentiert wie hier. Die Einträge Breidbachs ermöglichen es, die damals übliche Praxis in ihren einzelnen Schritten datumsmäßig zu belegen. Bevor er im Februar 1700 vom Kloster die Zusage bekam, ist ein Aufnahmegesuch vorauszusetzen. Weil es damals mehr Bewerber als freie Stellen gab, hing die Aufnahme nicht nur von den geistigen Fähigkeiten und der Gesundheit des Kandidaten ab, sondern auch von den Beziehungen seiner Familie und Fürsprecher zu einflussreichen Mitgliedern der Klostergemeinschaft. Im Falle Breidbach ist der Abt sogar der Onkel des Bewerbers.

Unterschiedliche Familiennamen verdecken auf den ersten Blick die verwandtschaftlichen Beziehungen, die in fast allen Klöstern und Stiften gang und gäbe waren: Cousins, Onkel, Neffen und sogar Großneffen. Gleiches gilt für Frauenklös-ter, insbesondere für adlige Institute. Jedes Kloster - auch innerhalb des Prämonstratenser-Ordens - hatte seine eigenen Gewohnheiten, was zum Beispiel bei der Aufnahme an Kleidung, Essbesteck, Bettzeug und Möbeln mitzubringen war, welche Schulbildung ein Kandidat nachzuweisen hatte und vor allem welche „Statutengelder" bis zum Zeitpunkt der Profess zu entrichten waren und welches Erbteil für das Kloster rechtsverbindlich festgelegt wurde.

Johann Heinrich Breidbach wurde am 16. April 1682 in Köln geboren.[10] Er bekam die Zusage für Knechtsteden - nach eigenen Angaben - im Februar 1700. Drei Monate später, am 21. Mai 1700, dem Freitag nach Christi Himmelfahrt, begab er sich als „Postulant", also als „Zivilist" nach Knechtsteden. Dabei erhielt er bereits als Jüngster und damit Letzter in der Reihe der Ordensleute einen Platz, eine sogenannte „Stalle", im Chorgestühl, er wurde „installiert". Mit der Einkleidung (Investitur) am

Montag, dem 19. Juli 1700, begann sein Noviziat, eine Probezeit, die üblicherweise zwei Jahre dauerte, aber auch verkürzt oder verlängert werden konnte. Während dieser Zeit darf ein Novize - auch heute - jederzeit wieder austreten, andererseits kann ihn auch die Klostergemeinschaft jederzeit aus dem Kloster entlassen.

Erst seit 1917 gibt es im Kirchenrecht die Regelung, dass die Ordensgelübde nach dem Noviziat zunächst für drei Jahre abgelegt werden (zeitliche Profess), damals gab es nur eine einzige Profess auf Lebenszeit. Breidbach selbst gibt dafür - eindeutig lesbar - zwar den 1. Juni 1703 an, was jedoch nicht stimmen kann, da Abt Eschenbruck schon am 1. März 1703 starb. Der Catalogus hingegen nennt als Professtermin wohl korrekt den 6. Juni 1702, den Festtag des Ordensgründers Norbert.[11] Man fragt sich: Wie kann man sich im Rückblick auf die eigene Profess bei Jahr und Tag bloß so irren?

Der Einschub „*[obwohl einige] vergeblich widersprachen*" offenbart, dass es bezüglich seiner Profess Spannungen im Konvent gab, deren Ursache wir nur vermuten können. Abt Eschenbruck, der Onkel des Novizen, ging nicht auf den Protest ein.

Bibliotheksraum im Kloster Knechtsteden, der auch für kulturelle Veranstaltungen genutzt wird.
Foto: Archiv im Rhein-Kreis Neuss.

Fehlten dem Novizen etwa wichtige geistige oder körperliche Qualitäten, über die zwar der Onkel, aber nicht der Konvent hinwegsehen wollte? – Zu bedenken wäre noch eine andere Interpretation, die zwar grammatisch nicht dem lateinischen Text entspricht, aber dennoch vom altersschwachen Schreiber gemeint sein könnte. Zur damaligen Zeit gehörte es in den Klöstern zur Gewohnheit, immer nur (scheinbar) „widerstrebend" ein Amt anzunehmen. Das mochte einst einer echten Demut entsprochen haben, wurde inzwischen aber als selbstverständlich vorausgesetzt und nicht mehr ernst genommen.

Johann Heinrich Breidbach wurde am 20. September 1704 zum Diakon und, nach Erreichen des vorgeschriebenen 25. Lebensjahres, am 24. September 1707 zum Priester geweiht; am 12. Juni 1709 erhielt er vom Erzbistum Köln die Erlaubnis zum Beichthören außerhalb seines Klosters und zur Hilfsseelsorge.[12]

Der Knechtstedener Katalog verzeichnet zwar seine Primiz am 16. Oktober 1707,[13] aber kein Amt weder innerhalb des Klosters noch außerhalb. War er dafür nicht geeignet? Wurde er vom Konvent nach dem Tod des Abtes Eschenbruck, seines Gönners, vielleicht bewusst „gemobbt"? In welcher Pfarrei war er für die Hilfsseelsorge vorgesehen und warum hat er dort sein Amt als Kaplan nicht angetreten? Laut Katalog starb er am 16. April 1720 an einem Schlaganfall (vermutlich im Kloster Knechtsteden).[14]

Einblick in die persönliche Frömmigkeit

Der übliche Tagesablauf in Knechtsteden war geprägt von der festlich gestalteten heiligen Messe und von den Gebetszeiten „rund um die Uhr". Im Psalm 119, Vers 164, heißt es: Siebenmal am Tag singe ich dein Lob, und in Vers 62: Um Mitternacht stehe ich auf, um dich zu preisen. Messe und Chorgesang (von Mitternacht bis zum Abend in sieben Abschnitte aufgeteilt) nahmen insgesamt mehr als vier Stunden täglich in Anspruch. Hinzu kamen die verschiedenen Dienste im Haus: Verwaltung, Bibliothek, Archiv, Studium, Unterrichtung der Jüngeren, Üben des Choralgesangs und Betreuung der Gäste.

Ganz selten gelingt ein Einblick in die persönliche Frömmigkeit eines Ordensmitglieds. Denn die in den Archiven überlieferten Akten der Klosterverwaltung enthalten vorwiegend Geschäftliches: Prozesse, Verpachtungen, Einnahmen und Ausgaben. Bei seinem Eintritt mit 18 Jahren erhielt Breidbach - wie sein Vermerk auf dem Titelblatt ausweist - dieses Büchlein, das viele Gebete für die freie Zeit zwischen den Chordiensten enthält. Weitere Gebete hat er mit unterschiedlichem Schriftbild wohl im Lauf der Jahre zusammengestellt, und zwar in einem Satzspiegel, der genau diesem Büchlein entspricht, das ihn seit seinem Klostereintritt 1700 begleitet hat. Bevor alles - in späteren Lebensjahren - einen würdigen und stabilen Ledereinband bekam, musste das etwas größere Betrachtungsbuch von Scherer noch passend zurechtgeschnitten werden.

Die Erlösungstat Christi steht sowohl bei beiden Drucken als auch bei Breidbachs Aufzeichnungen im Mittelpunkt der Betrachtung. Das Leiden und die Auferstehung Jesu, veranschaulicht an den Kupferstichen Dürers, haben die Frömmigkeit Breidbachs geprägt. Vor allem die bei den Prämonstratensern hochverehrte Gottesmutter Maria, die heiligen Engel, der hl. Josef (Patron der Sterbenden), der hl. Augustinus als Verfasser der Ordensregel und der hl. Norbert als Ordensgründer werden als Mitchristen um ihre Fürbitte bei Gott ersucht. Erstaunlich ist, dass der hl. Andreas, der Patron Knechtstedens, kaum vorkommt, obwohl sich das Andreaskreuz als typisches Kennzeichen für Knechtsteden im Wappen mehrerer Äbte findet.

Johann Heinrich Breidbach, der 1720 an seinem 38. Geburtstag starb, dürfte kränklich gewesen sein. Für diese Vermutung spricht bereits 1702 der Protest einiger Mit-brüder bei seiner Profess und die Tatsache, dass für ihn kein Amt bekannt ist. Mit ein-heitlicher, aber altersschwacher Schrift schrieb er direkt nach einem Gebet für die Verstorbenen das *Verzeichnis meiner Mit-brüder, die verstorben sind, seitdem ich zum Orden kam.* Hier ist wohl ein innerer Zu-sammenhang zu sehen. Er dürfte sich in der Betrachtung des Leidens Christi in Verbin-dung mit dem Tod der Mitbrüder, deren Grabplatten er ja täglich sah, auch intensiv mit seinem eigenen Sterben auseinanderge-setzt haben. Das Verzeichnis bricht 1708 ab, ohne beim letzten Eintrag Monat und Tag zu nennen. Diese Angaben standen vermut-lich auf einem weiteren Blatt mit der Fort-setzung bis 1720. Mehrere irrtümliche Da-ten - und das sogar bei seiner eigenen Pro-fess - weisen deutlich auf seinen Kräftever-fall hin.

Einblick in das Selbstbewusstsein der Knechtstedener

Was macht das besagte letzte Blatt noch zusätzlich interessant? Selten wird die Stimmung im Konvent und das Selbstbe-wusstsein der Knechtstedener so deutlich fassbar wie hier. Zur Charakterisierung des Abtes Eschenbruck als „Schrecken und Hammer der Steinfelder" muss man wissen: Knechtsteden und das Prämon-stratenser-Kloster Steinfeld (seit 1969 Teil der Gemeinde Kall im Kreis Euskirchen) waren im späten 17. und 18. Jahrhundert die führenden Abteien in der so genann-ten Westfälischen Ordensprovinz der Prä-monstratenser. Dem trug der Generalabt Rechnung, indem er fast nur Äbte aus Knechtsteden oder Steinfeld zu seinem Generalvikar berief. Da die Knechtstede-ner offensichtlich den Eindruck hatten, dass sie unter den Intrigen der Steinfelder arg gelitten hatten, wertet der Schreiber seinen Onkel als einen, der den Steinfel-dern Einhalt geboten hatte und damit zum "Schrecken und Hammer der Stein-

felder" wurde. Aktenkundig werden diese jahrzehntelangen gravierenden Span-nungen mit Steinfeld in 14 Beschwerde-punkten, welche das Kloster Knechtsteden an den Generalabt von Prémontré am 13. März 1707 anlässlich der Visitation durch den neuen Generalvikar, den Steinfelder Abt Michael Kuell, adressierte.[15]

Für das starke Selbstbewusstsein der Knechtstedener spricht auch das Lob, Abt Eschenbruck habe die Rechte seines Klos-ters energisch verteidigt. Als Beispiel sei hier der Vergleich im Steuerstreit mit der Gemeinde Grefrath angeführt.[16] Manch ein Klosteroberer gab bei Meinungsver-schiedenheiten mit einflussreichen Nach-barn - um des lieben Friedens willen oder aus Furcht vor erheblichen Nachteilen - klein bei. Abt Eschenbruck gehörte aus Sicht seines Neffen nicht dazu.

1   *Catalogus Religiosorum Monasterii Knechtste-densis (= Handschrift im Missionshaus der Spiri-taner in Knechtsteden), S. 32: Gottfried Frisch, geb. 1631 in Sinsten (vermutlich Rommerskir-chen-Sinsteden), Profess 1651, Primiz 1656, mit Fleiß und Umsicht Provisor (= Verwalter) in Knechtsteden, dann Pastor [an St. Martin] in (Grevenbroich)-Frimmersdorf, danach Pastor [an St. Sebastian] in (Nettetal)-Lobberich, danach Prior in der Stadt Dortmund ab Oktober 1682, gestorben in Dortmund.*
Finken, Johann: Geschichte der ehemaligen Herr-lichkeit Lobberich, Lobberich 1902, S. 151, präzi-siert: seit dem 4. April 1669 Pastor in Lobberich, trat sein Amt als Prior in Dortmund im Oktober 1682 an und starb dort am 19. (!) Februar 1700.
2   *Catalogus, S. 50, nennt ihn: Matthaeus (!) Gode-fridi, geb. 28. Okt. 1665 (!) in Lobberich, Profess 4. Juni 1691, Primiz 4. Oktober 1693, gest. am 13. (!) Juli 1700 als Pastor in Clarholz.*
Mortuarium, scriptum et compactum anno 1723 (= Handschrift im Missionshaus Knechtsteden), S. 84, nennt ihn Matthaeus Görtz, gest. am 13 (!) Juli 1700 in Clarholz als Pastor.
Finken, S. 179, ergänzt: Mathäus Godefridi, geb. 1668 (!) in Lobberich, Priesterweihe 8. Oktober 1693, starb am 13. (!) Juni 1700 als Pastor in Clarholz und wurde dort begraben.
Torsy, Jakob: Der Regularklerus in den Kölner Bis-tumsprotokollen 1661-1825, Teil 2, Siegburg 1985, S. 370 Nr. 98: Matthaeus Godefridi wurde am 22. September 1691 zum Subdiakon und am 23. März 1693 zum Diakon geweiht, weitere An-gaben fehlen dort.

34

3   Catalogus, S. 39: Theodor Winter, geb. 1639 in Kaiserswerth, Profess 1661, Primiz 1664. – Beichtvater im Kloster Dortmund und zugleich Pastor in (Dortmund)-Kirchlinde, danach Pastor in Teveren, gest. am 7. August 1702 hier in Knechtsteden.
Torsy, S. 376 Nr. 207: Theodor Winter empfing am 9. März 1663 die vier niederen Weihen. Am 10. März 1663 wurde er zum Subdiakon, am 1. November 1663 zum Diakon und am 7. Juni 1664 zum Priester geweiht. Am 1. April 1670 erhielt er vom Erzbistum Köln die Erlaubnis zur Seelsorge außerhalb des Klosters.

4   Catalogus, S. 42: Leonhard Eschenbruck, geb 1647 in (Hückelhoven)-Brachelen, Profess 1669, Primiz 1671, Provisor (= Verwalter) in Knechtsteden, Prior ab 14. August 1687, zum Koadjutor des Abtes gewählt mit dem Recht der Nachfolge 1691 und Generalvikar des Abtes von Prémontré, gest. [im Knechtstedener Hof] in Köln am 1. März 1703, begraben im Marienchor der Knechtstedener Kirche.
Torsy, S. 369 Nr. 88: Leonhard Eschenbruck wurde am 22. März 1670 zum Subdiakon, am 14. März 1671 zum Diakon und am 18. September 1671 zum Priester geweiht. Am 12. Mai 1683 erhielt er vom Erzbistum Köln die Erlaubnis zum Beichthören außerhalb seines Klosters (auch für Schwestern seines Ordens und in reservierten Fällen).

5   Catalogus, S. 36f: Johannes Dumpsman, geb. 1625 in Neunkhausen (bei Hachenburg im Westerwaldkreis) von nicht katholischen Eltern, Laienbruder, Profess 1653, gest. am 2. Dezember 1703. Er versorgte das Kloster stets mit den nötigen Gefäßen, veredelte junge Obstbäume im Klostergarten durch aufgepfropfte Zweige und arbeitete mehrmals im Jahr für zwei oder drei Wochen in den Weinbergen des Klosters Knechtsteden in Remagen und Oberwinter.

6   Catalogus, S. 40: Johannes Pulvermächer, geb. 1641 in Heinsberg, Profess 1665, Primiz 1669, nacheinander Sakristan, Novizenmeister und Circator in Knechtsteden, dann eifriger Kaplan in Grefrath (Kreis Viersen), Pastor in Lobberich 1686, danach Pastor in Frimmersdorf, gest. am 22. (!) Dezember 1703. Finken, S. 151, ergänzt: Johann Pulvermacher (Pulvermecher), am 22. Oktober 1686 als Pastor in Lobberich eingeführt und am 30. Oktober 1691 zum Pastor in Frimmersdorf berufen, wo er am 23. (!) Dezember 1703 starb.
Torsy, S. 374 Nr. 172: Johann Pulvermecher empfing am 25. November 1665 die vier niederen Weihen. Am 19. Dez. 1665 wurde er zum Subdiakon, am 18. Okt. 1666 zum Diakon und am 21. April 1669 zum Priester geweiht. Am 19. September 1674 erhielt er vom Erzbistum Köln die Erlaubnis zum Beichthören außerhalb seines Klosters.

7   Catalogus, S. 46: Nikolaus Camp aus dem Ort Bergh bei Grevenbroich wurde getauft am 9. November 1664, Profess 2. August 1682, Primiz 7. Juni 1788. Er starb am 20. April (!) 1704 nach vierjähriger Amtszeit als Prior in Dortmund, nachdem er hier in Knechtsteden zuvor als Prior und Lektor gewirkt hatte und danach Beichtvater im Kloster Dortmund und Pastor in (Dortmund)-Kirchlinde war. Mortua-

rium, S. 61: gest. als Prior in Dortmund am 20. April (!) 1704. Torsy, S. 372 Nr. 123: Nikolaus Camp wurde am 12. Dezember 1685 zum Subdiakon, am 21. Dezember 1686 zum Diakon und am 23. Mai 1688 zum Priester geweiht. Am 12. August 1694 erhielt er als Prior von Knechtsteden vom Erzbistum Köln die Erlaubnis sowohl zur Predigt als auch zum Beichthören außerhalb seines Klosters (auch bei Schwestern seines Ordens und in reservierten Fällen).

8   Catalogus, S. 51: Hermann Nikolaus Simons aus Kaster, getauft 12. November 1673, Profess 3. Oktober 1694, Primiz 1697, Kantor (= Vorsänger) und Sakristan, verließ Knechtsteden am 16. Juli 1703, um Pastor in (Dortmund)-Kirchlinde zu werden, danach Pastor in Huckarde, wo er am 23. (!) März 1705 starb. Mortuarium, S. 54: gest. als Pastor von Huckarde am 23. März 1705. Torsy, S. 375 Nr. 196: Hermann Nikolaus Simons wurde am 11. Juli 1697 (am Fest des Ordensgründers, des hl. Norbert) im Kloster Knechtsteden zum Priester geweiht. Am 30. Juni 1703 erhielt er vom Erzbistum Köln die Erlaubnis sowohl zur Predigt als auch zum Beichthören außerhalb seines Klosters.

9   Catalogus, S. 40f.: Kaspar Hillebring (!), geb. 11. April 1645 in Odenkirchen, Profess 26. Mai 1665, Primiz 1669, Novizenmeister und Circator in Knechtsteden, Kaplan im Kloster Heinsberg, Pastor [an St. Kornelius] in (Alsdorf)-Hoengen, für fast ein Jahr erneut Novizenmeister in Knechtsteden und zugleich Subprior, danach wieder Pastor in Hoengen, Pastor in Lobberich 1691, dann 16 Jahre lang Propst im Kloster Heinsberg, wo er am 25. November 1708 starb. Finken, S. 151, ergänzt: Caspar Theodor Hillenbringh (Hillenbrinck), am 17. November 1691 zum Pastor in Lobberich berufen, von dort ging er am 24. Januar 1693 (nach der Wahl durch die Schwestern) als Propst nach Heinsberg, wo er am 25. November 1708 starb und wo er begraben wurde. Torsy, S. 371 Nr. 110: Kaspar Hillebrinck empfing am 25. November 1665 die Tonsur und die vier niederen Weihen. Am 4. Juni 1667 wurde er zum Subdiakon, am 31. Mai 1668 zum Diakon und am 21. April 1669 zum Priester geweiht. Am 5. Dezember 1670 erhielt er die Beichtvollmacht im Erzbistum Köln (jedoch nicht bei Ordensschwestern). Statt dessen erhielt er am 15. Februar 1676 im Bistum Lüttich (in dem damals die Gemeinde Hoengen und die Stadt Heinsberg lagen) die Vollmacht zur Predigt und zur Sakramentenspendung sowie zum Beichthören (jedoch nicht bei Ordensschwestern).

10 Catalogus, S. 54.

11 Catalogus, S. 54.

12 Torsy, S. 368 Nr. 75.

13 Catalogus, S. 54.

14 Catalogus, S. 54. Der Tod am 16. April 1720 wird im Mortuarium, S. 60, bestätigt.

15 Druck bei Ferdinand Ehlen: Die Prämonstratenser-Abtei Knechtsteden, Köln 1904, im Anhang „Urkundenbuch", Nr. 187 S. 158-160. Zu diesen Spannungen siehe auch Friedrich Wilhelm Saal: Die Abtei Knechtsteden im 17. Jahrhundert, Averbode 1962, S. 98-105, 167-169.

16 Ehlen, S. 78.

Vor 200 Jahren – Beginn der Katasteruraufnahme im Gebiet des Rhein-Kreises Neuss durch französische Vermesser

Ulrich Houben

Einleitung

Als die Franzosen im Jahre 1794 das Rheinland besetzten und die Parolen „Liberté, Egalité, Fraternité" verbreiteten, war den Bürgern noch nicht bewusst, welche Umwälzungen diese in ihrem täglichen Leben herbeiführen würden. Mit dem Frieden von Lunéville im Jahre 1801 wurde formell der Besatzungsstatus beendet. Die Rheinlande waren von nun an französisches Staatsgebiet, zunächst in der Republik (1799-1804) und anschließend im Kaiserreich unter Napoleon (1804-1815).[1]

Die vielen ehemaligen selbstständigen Territorien des westlichen Rheinlands wurden nun ein geschlossenes politisches Gebilde. Sowohl die Erzbischöfe von Trier und Köln als geistliche Herrscher als auch die weltlichen Landesherren - genannt seien der König von Preußen als Nachfolger der Herzöge von Kleve und der Fürsten von Moers sowie die Herzöge von Jülich-Berg – mussten auf ihre linksrheinischen Territorien verzichten. So ist auch zu erklären, dass sich die Bewohner nicht als Rheinländer verstanden, sondern eher als Jülicher, Klever oder Kölner Untertanen.

Unter dem Einfluss Napoleons änderte sich aber nicht nur die bisherige territoriale und politische Ordnung; tiefgreifender

waren die gesellschaftlichen und rechtlichen Reformen.[2] In Folge der Besetzung des linken Rheinufers 1794 hielt die Säkularisation ihren Einzug. Am 26. März 1798 traten die Gesetze zur Aufhebung der Feudalrechte in Kraft. Das bedeutete die Abschaffung der Feudalrechte auf dem Lande, den Wegfall des Zunftwesens, die Einführung der Gewerbefreiheit, die religiöse Gleichstellung und die Einführung des französischen Steuersystems. Das Grundsteuergesetz vom 23. November 1798 sollte eine gerechte und intensive Besteuerung von Grund und Boden ermöglichen. Großgrundbesitz und kirchliches Eigentum sollten gleich verteilt werden. Allerdings waren später nur noch finanzielle Rücksichten des Staates ausschlaggebend. Die Säkularisation wurde zu einem volkswirtschaftlichen Problem, dessen einschneidende Folge der große Besitzerwechsel war, dem eine soziale Umschichtung folgte.[3] Besonders bei den Klöstern fand ein tiefgreifender Umbruch statt: Die Gebäude wurden versteigert und in der Folge oft gewerblich genutzt. Die Ländereien erhielten neue Eigentümer, wobei Spekulanten nicht ausblieben. Im Arrondissement Krefeld, zu dem unter anderem Neuss und Kempen gehörten, fanden die Hauptverkäufe in den Jahren 1803 und 1804 statt. Es wurden 21 von 33 Mühlen,

Département de la Roer, Kupferkarte von P.A.F. Tardieu, 1807, Maßstab 1 : 40.000 (Ausschnitt).
Karten (8): Archiv im Rhein-Kreis Neuss.

13 Klostergebäude und 27 Höfe mit 828 Hektar Land verkauft. Mit dem Erlös der Konfiskationen und den Versteigerungen konnte Frankreich seine Schulden tilgen und Kriege führen.[4]

Systematisch wurde das Rheinland an die rechtlichen, administrativen und politischen Gegebenheiten Frankreichs angeglichen. So wurde 1802 das neue französische Zivilrecht, der Code Civil,

eingeführt, der die zentralen Elemente der Revolution, nämlich die Gleichheit aller Menschen vor dem Gesetz, eine unabhängige Justiz und das allgemeine Wahlrecht, umsetzte. Der Staatsbürger mit gleichen Rechten, der *citoyen*, war die zentrale Errungenschaft der Französischen Revolution. Noch 1842 schrieb die Kölnische Zeitung: *„Diese Gleichheit in den Pflichten und Ehren, diese Einheit im richtigen Be-*

griff des Bürgertums und dieser allgemeine und endliche Sieg der bürgerlichen Freiheit über Leibeigenschaft und Erbuntertänigkeit, der nicht eher ein vollkommener genannt werden konnte, bis alle Untertanen nur Einem und demselben Gesetze gehorchen, diese Gleichheit ist seit 45 Jahren Rheinlands kostbarstes Eigentum; es ist sich dessen mit Stolz bewusst; es ist ein politisches Glaubensbekenntnis."[5]

Wie tief und vorausschauend das französische Recht schon das Wesen der modernen Gesellschaft erfasst hatte, zeigt vor allem die Tatsache, dass der Code Civil im Rheinland erst nach fast einhundert Jahren durch das Allgemeine Bürgerliche Gesetzbuch in Deutschland abgelöst wurde, in dem sich viele Spuren aus der Franzosenzeit wiederfinden.

Nach der Auflösung der alten Territorien schuf man eine neue Gebietseinteilung, um die vielfältigen Aufgaben in Angriff nehmen zu können. Mit dem Gesetz vom 24. Floreal VIII (14. Mai 1800) wurde das nördliche linksrheinische Gebiet zum Roer–Département. Ein Département bestand aus mehreren Arrondissements (Distrikten), die wiederum in Kantone unterteilt waren. Die Verwaltungsordnung sah einen ausgeprägten Zentralismus vor. An der Spitze des Départements stand der Präfekt. Er führte die gesamte Verwaltung und war der Vorgesetzte aller Verwaltungsbeamten. Ihm nachgeordnet war der Unterpräfekt, der die Verbindung zu der unteren kommunalen Verwaltungsebene, der Mairie oder Bürgermeisterei, hielt und die Umsetzung der obrigkeitlichen Anordnungen überwachte.

Das Roer-Département war in vier Arrondissements unterteilt, nämlich Aix-la-Chapelle (Aachen), Cologne (Köln), Creveld (Krefeld) und Cleves (Kleve). In diesen vier Arrondissements bestanden 41 Kantone. Das Arrondissement Creveld umfasste – in französischer Schreibweise - folgende Kantone: Rheinberg, Moeurs, Kempen, Creveld, Urdingen, Bracht, Viersen, Neerson, Neuss, Odenkirchen und

Erkelens. Das Arrondissement Köln umfasste die Kantone Elsen, Dormagen, Wyden, Cologne, Bruhl, Zulpich, Lechenich, Kerpen, Juliers, und Bergheim. Ab dem 1. Vendemiaire IX (23. September 1802) galt im Département die französische Verfassung und damit die neue Verwaltungsorganisation.[6]

Eigentum und Steuern: Die Einführung des Katasters

Seit jeher bildeten Grundstücke und Gebäude die Eckpfeiler der Steuererhebung, jedoch waren während des Mittelalters und der frühen Neuzeit Adel und Klerus grundsätzlich von Grund- und Steuerabgaben befreit. 1763 sollten in Frankreich die himmelschreienden Ungerechtigkeiten durch ein Kataster behoben werden, was der Adel wiederum zu verhindern wusste. Erst mit der Französischen Revolution fielen alle Steuerbefreiungen fort. Im Streben nach einer gerechten Verteilung der Grundsteuer setzte sich die Erkenntnis durch, dass es ohne ein Parzellarkataster nicht gehen würde. Aus Kostengründen wurden zunächst 1800 Gemeinden durch Los ausgewählt und aufgemessen. Dies führte jedoch zu Unzulänglichkeiten, so dass man am 20. Oktober 1803 die Vermessung aller Gemeinden anordnete. Der einzig richtige Weg zum Erhalt zuverlässiger Daten für die Besteuerung allerdings war die Vermessung der Eigentumsgrenzen und die Ermittlung der Flächen. Napoleon ordnete am 27. Januar 1808 die Aufstellung des Parzellarkatasters an. Erst jetzt konnte es zu einer „einheitlichen gerechten" Steuererhebung kommen. Welche Bedeutung dies hatte, schreibt der Mathematiker und Direktor der bergischen Landesvermessung, Prof. Johann Friedrich Benzenberg: *„Soviel ist indessen sicher, dass, wenn die Katastrierung ausgeführt worden wäre (1763), die Revolution einen anderen Gang genommen hätte."[7]*

Nach langwierigen Verhandlungen in den Ministerien erschien 1811 in Paris die gesetzliche Grundlage zur einheitlichen Vermessung der Grundstücke und der Abschätzung der Kulturmassen, die Vermessungsanweisung „Récueil méthodique des lois, décrets, réglements, instructions et décisions sur le cadastre de la France, approuvé par le Ministre des Finances, 1811" (Systematische Sammlung der Gesetze, Verordnungen, Vorschriften, Anweisungen und Beschlüsse über das französische Kataster, genehmigt durch den Finanzminister, 1811).

Der „Géometre vérificateur" und der „Géometre délimitateur"

In jedem Département wurde das Kataster unter der Leitung eines Steuerdirektors angefertigt. Zur Beaufsichtigung und Prüfung der Vermessungsarbeiten wurde ein Obergeometer bestellt, ein „Géometre vérificateur", und zur Prüfung der Schätzungsarbeiten ein Steuerinspektor. Die Vermessungen führten Geometer der ersten und zweiten Klasse durch, drei erfahrene Landwirte schätzten die Kulturarten.

Bevor es zu den Vermessungen der Eigentumsgrenzen kam, wurde in jede Gemeinde ein „Géometre délimitateur" entsandt. Mit dem Steuerkontrolleur und den Gemeindevorstehern hatte er die Umfangsgrenzen der Gemeinde festzustellen. Waren keine natürlichen Grenzen vorhanden, mussten die Grenzpunkte mit Steinen kenntlich gemacht werden. Enklaven mussten mit der anderen Gemeinde ausgeglichen werden. Der „Géometre délimitateur" fertigte darüber eine Übersichtskarte (Gemeindegrenzkarte) und ein Protokoll („Procès-Verbal") an, aufgrund dessen der Präfekt die Gemeindegrenzen endgültig festlegte.

Jetzt konnte mit der Vermessung der Eigentumsgrenzen, der Parzellen (Flurstücke), begonnen werden. Hierzu teilte der Obergeometer die Gemeinde so in

Sektionen (Fluren) ein, dass diese auf ein Kartenblatt von der Größe 99 x 68 Zentimeter im Maßstab 1 : 2.500 kartiert werden konnten.[8] Die Sektionen wurden mit fortlaufenden Buchstaben und dem ortsüblichen Namen gekennzeichnet. Nach Artikel Nr. 119 des „Récueil méthodique" (RM) musste dann eine Triangulation (Dreiecksmessung) durchgeführt werden, damit die Übergänge der einzelnen Sektionen aneinander angepasst und auf der Übersichtskarte („Tableau d'assemblage") zusammenhängend dargestellt werden konnten. Auf eine doppelt gemessene Standlinie, die mit der Bussole orientiert wurde, wurde daher in jeder Gemeinde die nötige Anzahl von Dreiecken basiert, deren Winkel man mit dem Astrolabium ermittelte. Aufgrund der Orientierung mit der Bussole wurden die Sektionskarten mit einem Quadratnetz von 250 Meter Seitenlänge überzogen, das parallel zum Meridi-

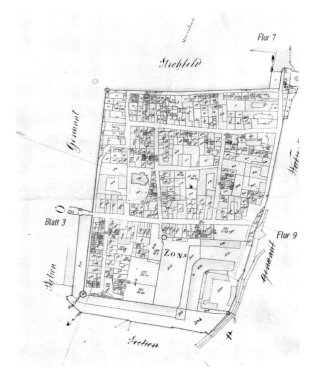

Sektionskarte Q von Zons von 1818 im Maßstab 1 : 1.250.

an verlief. Die Standli,nie war nach Norden orientiert und verlief durch die Kirchturmspitze der Gemeinde. Diese Vorgehensweise lässt sich beispielsweise anhand der Sektionskarte Q, genannt Zons, nachvollziehen, die 1818 durch F. Reichard und Heyden, Geometer erster Klasse, aufgenommen wurde.[9] Dort sind Meridian und Perpendikular in roter Tusche dargestellt. Das Gitterkreuz verläuft durch die Kirchturmspitze.

Die anschließende Stückvermessung geschah mit Hilfe unterschiedlicher Methoden. Die zu verwendenden Messinstrumente waren in Artikel Nr. 112 (RM) vorgegeben. Messmethoden waren:

1. Linienkonstruktionsverfahren mit Hilfe der Zehn-Meter–Messkette[10],
2. Aufnahme mit der Bussole, dem Graphometer oder Astrolabium und Messkette,
3. Parallelmethode mit Winkelkreuz und Messkette,
4. Messtischverfahren (Vorwärtseinschneiden).

Leider wurden die Messungszahlen der Katasteraufnahme als wertlos angesehen und später vernichtet, so dass ein rein grafisches Werk entstanden ist. Mit dem Fortschreiten der Einzelvermessung wurde jede Parzelle kartiert und nummeriert und in das Messregister, dem *„tableau indicatif"*, eingetragen. Der Obergeometer hatte die vorgenannten Arbeiten zu überprüfen. Dazu ließ er einige lange Linien, die über die ganze Sektion hinweggingen, im Feld abstecken und messen. Die Entfernungen mussten bis auf 0,5 Prozent mit den Karteneintragungen übereinstimmen. Zudem musste er in einer Sektion mindestens drei Parzellen komplett nachmessen und mit der Karte vergleichen.

Messkette.

Bussole.

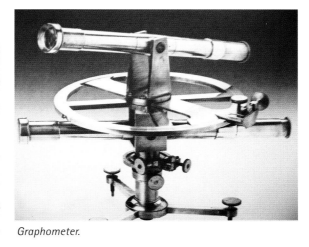

Graphometer.

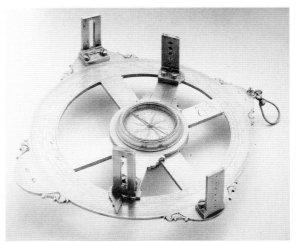

Astrolabium.

Die Abschätzung der Kulturarten und deren Klassen in den Grundstücken war von äußerster Wichtigkeit, sollte doch die Grundsteuer mit vollkommener Gleichheit auf alles Eigentum im Verhältnis zu seinem Reinertrag verteilt werden, wie es in den Artikeln Nr. 547 und 548 RM geregelt war. In die Mutterrolle („*Tableau indicatif*") wurden die Nummern der Grenzkarte, der Sektionskarte, der Parzelle, sowie der Name des Eigentümers, die Kulturart, der Flächeninhalt und der Reinertrag festgehalten. Nach Abschluss der Arbeiten legte man die Mutterrolle in den Gemeinden für einen Monat öffentlich aus. Während dieser Offenlegung konnten die Eigentümer Beschwerde gegen die Veranlagung erheben.

Urkatasterkarten im Archiv im Rhein-Kreis Neuss

Als 1811 die Vermessungsanweisung „*Récueil methodique*" die rechtlichen und praktischen Anweisungen für die Parzellarvermessung geschaffen hatte, begann man auch im heutigen Kreisgebiet sofort mit der Bestimmung der Gemeindegrenzen durch den Grenzvermesser („*Géometre Vérificateur*") und dem Aufmaß der Eigen-

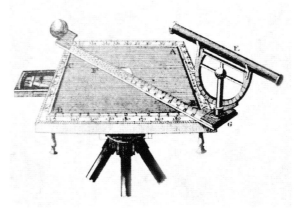

Messtisch.

41

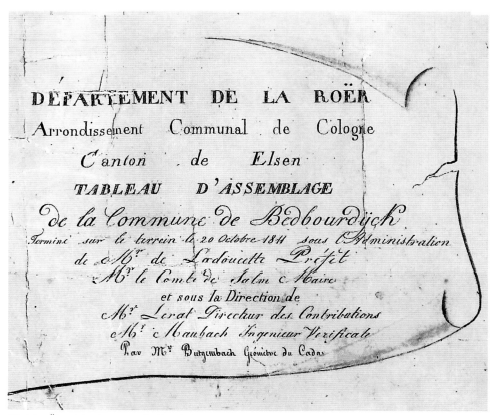

Titel der Übersichtskarte von Bedburdyck.

tumsgrenzen durch die Geometer erster und zweiter Klasse. Einige Karten aus dem Bestand der historischen Katasterkarten des Archivs im Rhein-Kreis Neuss sollen im Folgenden exemplarisch die Urkatasteraufnahme im Kreis veranschaulichen.[11]

Am 20. Oktober 1811 war die Übersichtskarte für die Gemeinde Bedburdyck durch den Geometer Burgenbach im Maßstab 1 : 10.000 fertiggestellt.[12] Auf dieser wurde genau vermerkt, um welches Gebiet es sich handelte und wer für die Ausführung und Überprüfung zuständig war. In einer Kartusche steht geschrieben:
„Département de la Roer
Arrondissement Communal de Cologne
Canton de Elsen
Tableau d'Assemblage
de la Commune de Bedbourdyck

Terminé sur le terrain le 20. Octobre 1811
sous l'Administration
de Mr. de Ladoucette, Préfet
Mr. le Comte de Salm, Maire
Mr. Lerat, Directeur des Contributions
Mr. Maubach, Ingenieur Verificateur
Par Mr. Burgenbach, Geometre du
Catasdre"

Übersetzung:
„Verwaltungsbezirk Rur
Kreis Köln
Bezirk Elsen
Übersichtskarte der Gemeinde Bedburdyck
abgeschlossen an Ort und Stelle am
20. Oktober 1811 unter der Verwaltung
des (Baron) Ladoucette, Präfekt
(des Roer-Departements)
Herr Graf zu Salm, Bürgermeister
Herr Lerat, Direktor der Steuern

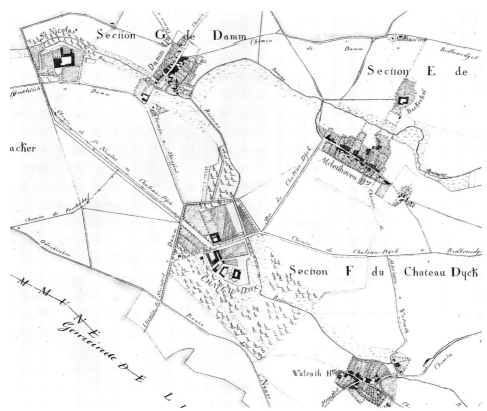

Kartenausschnitt der Übersichtskarte von Bedburdyck.

Herr Maubach, Ingenieur u. Eichbeamter sowie Herrn Burgenbach, Katastergeometer"

Die Gemeinde Bedburdyck war von den Gemeinden Hemmerden, Elsen, Jüchen, Kelzenberg und Liedberg umgeben. Die Geometer unterteilten das Gemeindegebiet in zehn Sektionen (Fluren) und zwar in: A „de Gierath", B „de Herberath", C „de Bebourdyck", D „de Rah", E „de Beckerhof", F „du Château Dyck", G „de Damm", H „de Klosteracker", I „de Neusser Stras" und K „de Neuenhoven".

Die Eigentumsgrenzen wurden mit Hilfe der zuvor erwähnten Meßmethoden in einer Sektion aufgemessen. Als Beispiel soll ein Ausschnitt aus der Karte der Sektion F „du Château Dyck"[13] dienen. Der Titel lautet:

„Mairie de Bedbourdyck
          „Gemeinde Bedburdyck
Section F   Flur F
Dite   genannt
Château Dyck   Schloss Dyck
Levé à une Eschelle de 1 à 2.500
    gezeichnet in einem Maßstab 1:2.500
Terminé le 12 Juin 1811
    abgeschlossen am 12. Juni 1811
Le Maire Le Comte de Salm
    der Bürgermeister Graf Salm
Le Vérificateur Maubach
    der Ingenieur Maubach
Le Géometre Burgenbach"
    der Geometer Burgenbach"

Die „Section F du Château Dyck" war umgrenzt von den Sektionen E „Becker-hof", G „Damm", H „Closteracker", I „Neus-ser Stras", C „Bedburdyck" und D „Rah".

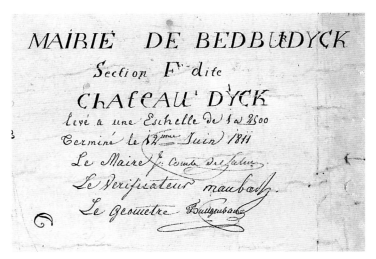

Titel der Sektionskarte von Schloss Dyck.

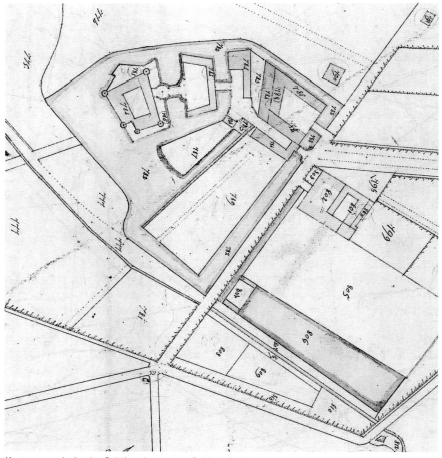

Kartenausschnitt der Sektionskarte von Schloss Dyck.

Die Übersichtskarte stellt die Wege und Gebäude im Maßstab 1 : 10.000 dar. Die Sektions– oder Flurkarten fertigten die Geometer direkt im Felde im Maßstab 1 : 2.500 an. Sie trugen die Gebäudegrundrisse, die Eigentums– und Nutzungsgrenzen, die Parzellennummern und, wenn bekannt, den Namen des Eigentümers einer Parzelle (Flurstück) ein. Der Kartenausschnitt von Schloss Dyck verdeutlicht diese Arbeitsweise.

Als weitere Beispiele der französischen Katasteruraufnahme sollen hier Kartenausschnitte von Liedberg angeführt werden. Die Gemeindegrenzkarte (Übersichtskarte)[14] wurde im Jahre 1812 im Maßstab 1 : 10.000 fertiggestellt. Angaben über den Geometer liefert das Blatt nicht. Umge-

ben wird die Gemeinde von den Kommunen Glehn, Kleinenbroich, Schelsen und Bedburdyck. Der „*Géometre Vérificateur*" unterteilte die Gemeinde in die Sektionen A „Furtherhof", B „Steinforth", C „Liedberg", D „Steinhausen" und E „Drolsholz".

Bemerkenswert an dieser Karte ist die Eintragung vom 19. November 1863, die in Düsseldorf vorgenommen wurde. Es ging um die Umgemeindung von Teilen Liedbergs durch Kabinettsorder vom 23. Mai 1863 und Verfügung der königlichen Regierung vom 3. August 1863. Danach kamen Gebietsteile von Liedberg an die Gemeinden Pesch und Kleinenbroich. Die neuen Grenzen wurden in der Originalkatasterkarte (noch die französische!) in Rot eingetragen.

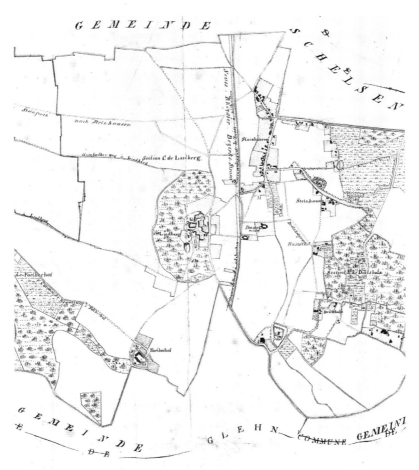

Kartenausschnitt der Übersichtskarte von Liedberg.

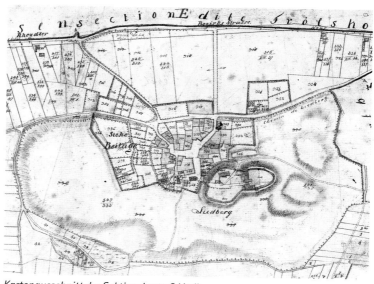

Kartenausschnitt der Sektionskarte C Liedberg.

Besondere Aufmerksamkeit verdient die Sektionskarte von Liedberg.[15] Ihr Titel lautet:

„Section C   *„Flur C*
Dite   *genannt*
Liedberg   *Liedberg*
En une Feuille   *auf einem Bogen*
Levé par moi Géometre
       gezeichnet durch mich Geometer
de 1. Classe   *der 1. Klasse*
I. P. Diederen"   *I. P. Diederen"*

Der Landmesser hat hier nicht nur die Eigentumsgrenzen kartiert und die wichtigen Daten für die Besteuerung erfasst, sondern auch versucht, den Liedberg plastisch darzustellen. Eindrucksvoll ist ihm dies durch so genannte Schraffen gelungen. Diese Karte ist eine der wenigen mit topografischer Darstellung. Dies ist auch deshalb von besonderer Bedeutung, weil schon damals der Sandstein vom Liedberg ebenso begehrt war wie das Trachytgestein vom Drachenfels. Auf der Karte ist das nach Norden orientierte Gitternetz deutlich zu sehen, das als Kartierungsgrundlage diente. Der Geometer hat in die Karte auch einige *„Points de la Triangulation"* (Dreieckspunkte) eingetragen.

In dem Formular *„Tableau indicatif"* (Mutterrolle) wurden die beschreibenden Daten einer Parzelle in Buchform erfasst. Für den weit überwiegenden Teil des Kreisgebietes des Rhein-Kreises Neuss befinden sich diese Unterlagen im Landesarchiv Nordrhein-Westfalen. Besonders bei den Reinerträgen und vorläufigen Einstufungen, die von den jeweiligen Klassen abhängig waren und die in Francs und Centimes angegeben wurden, kam es häufig zu Korrekturen. Letztlich lagen im *„Tableau indicatif"* alle Daten für die Parzellen eines Eigentümers vor. Mit diesen Daten und der kartografischen Darstellung war das Kataster für eine Sektion fertig und die Veranlagung zur Grundsteuer einer jeden Parzelle konnte nun erfolgen.

Von den Franzosen zu den Preußen

Im Kanton Neuss des Arrondissements Krefeld und im Kanton Elsen des Arrondissements Köln wurden die Arbeiten bis Ende 1812 abgeschlossen, so dass für diese Gebiete ein fertiges Grundsteuerkataster vorlag. Die Urkarten für den heutigen Rhein-

Kreis Neuss befinden sich seit mehreren Jahren im Archiv im Rhein-Kreis Neuss in Dormagen–Zons und werden dort von Historikern und Heimatforschern rege genutzt.

Durch die vielen Kriege, die Napoleon führte - erinnert sei an die fünf Koalitionskriege zwischen 1792 und 1812 - konnte das große Werk der Katasteruraufnahme nicht in dem Maße vorangetrieben werden, wie es die Anordnung von 1808 vorgesehen hatte. Nach dem Rückzug der „Großen Armee" aus Moskau im Oktober 1812 fehlten der französischen Regierung sowohl das Geld als auch das entsprechende Personal für diese Aufgabe.

In der Wiener Kongressakte vom 8. Juni 1815 wurden die Ländergrenzen neu festgelegt. Dabei erhielt Preußen die in der Rheinprovinz zusammengefassten Gebiete, die früher zu Kurtrier, Kurköln, Aachen, Jülich und Berg gehört hatten. Schnell hat man in Preußen die im Rheinland unter den Franzosen begonnenen Arbeiten des Katasters für eine gerechte Besteuerung als zweckmäßig erkannt. Mit Kabinettsorder vom 26. Juli 1820 wurden daher die Parzellarvermessung und die Ermittlung des Reinertrages für jede Parzelle angeordnet. Es entstand in Gesamtpreußen bis zum Jahre 1835 ein Steuerkataster.[16]

Am 5. Mai 1872 wurde in Preußen die Grundbuchordnung eingeführt, in der die Eigentumsrechte an einem Grundstück eingetragen wurden. Nun erhielten die Katasterkarten und -bücher einen hohen Stellenwert, sollten sie doch nach Paragraph 2.2 der Grundbuchordnung den Nachweis für ein Grundstück nach Lage, Umfang, Größe und Nutzung erbringen. Das Steuerkataster wurde zum Eigentumskataster.

Festzuhalten bleibt, dass die Französische Revolution und die Ausbreitung des französischen Rechts in den Rheinlanden bis heute Einfluss auf Steuer- und Rechtssachen (BGB) zum Vorteil für die Bürger genommen haben. Der Beginn der Katasteraufnahme vor 200 Jahren war wegweisend für die heutige Besteuerung des Grundeigentums.

1 Soénius,Ulrich: Wirtschaftliche Selbstverwaltung - ein Erbe der französischen Zeit, in: Theis, Kerstin/Wilhelm, Jürgen (Hrsg.): Frankreich am Rhein, Köln 2009, S. 145-159, hier S. 146.
2 www.wir-rheinlaender.lvr.de.
3 Klompen, Wilma: Die Säkularisation im Arrondissement Krefeld (= Schriftenreihe des Landkreises Kempen-Krefeld 13), Kempen 1962, S. 33ff.
4 Ebenda, S. 201ff.; Hantsche, Irmgard: Atlas zur Geschichte des Niederrheins, Bd. 2, Bottrop 2008, S. 56ff.; dies.: Geldern. Atlas. Karten und Texte zur Geschichte eines Territoriums, Geldern 2003, S. 46f.
5 Theis/Wilhelm, a.a.O.
6 Klompen, a.a.O., S. 29ff.
7 Osthoff, Friedrich: Die Entstehung des rheinisch-westfälischen Katasters 1808–1839, Bonn 1950.
8 10. Sonderdruck aus der Zeitschrift des Verbandes Preuß. Kataster-Obersekretäre und – anwärter, Nr. 3 und 4, 1932.
9 Archiv im Rhein-Kreis Neuss, Katasterkarten ZO 14 „Sammtgemeinde Zons, Section Q, genannt Zons".
10 1799 wurde in Frankreich als Grundeinheit das metrische Maß- und Gewichtssystem eingeführt. Als Urmaß galt ein 1-Meter–Stab, bestehend aus Platin-Iridium. Es war der 40-millionste Teil des Äquators. Der Meter wurde 1868 in Preußen und in Folge der Reichsgründung im gesamten Deutschen Reich eingeführt. Die heutige Festlegung ist seit 1983: 1 Meter entspricht der Länge der Strecke, die Licht im Vakuum während einer Dauer von 1/29979248 Sekunden durchläuft.
11 Herzlicher Dank gilt dem Geschäftsführer des Kreisheimatbundes Neuss für die freundliche Unterstützung.
12 Archiv im Rhein-Kreis Neuss, Katasterkarten BE 1 „Département de la Roer, Arrondissement Communal de Cologne, Canton de Elsen, Tableau d´Assemblage de la Commune de Bedbourdyck".
13 Archiv im Rhein-Kreis Neuss, Katasterkarten BE 22 „Mairie de Bedburdyck Section F dite Château Dyck".
14 Archiv im Rhein-Kreis Neuss, Katasterkarten LD 1 (ohne Titelangabe).
15 Archiv im Rhein-Kreis Neuss, Katasterkarten LD 5 „Section C dite Liedberg en une feuille".
16 Houben, Ulrich: 150 Jahre preußische Katasteraufnahme am Beispiel der Gemarkung Linn, Flur 3, in: Die Heimat 53 (1982), S. 175ff.

Die Teilung des Broichster Broichs in Kaarst im Jahre 1819

Robert Rameil

Durch das Amt Linn zog sich früher von (Krefeld-)Bockum bis (Düsseldorf-) Heerdt eine Waldkette. Man sprach, wenn man diese Wälder meinte, von „Büschen". Zwischen dieser Waldkette und dem Rhein lagen der Ossumer Herrenbusch, der Lohbusch in Nierst, der Isselbusch in der Rheinschlinge und letztlich der kleinste von allen, der Lanker Busch, wie Inseln.

Die „Büsche" waren mit Ausnahme des Busches, der dem Kloster Meerer gehörte, gemeinschaftlicher Besitz der so genannten Buschbeerbten, deren Anteile „Gewälde" oder auch „Gaben" hießen und die ursprünglich zu bestimmten Höfen gehörten. Auch geistliche Institutionen, wie das Stift Kaiserswerth und das oben genannte Kloster Meer besaßen große Anteile an den Büschen.

Nach der Besetzung des linken Rheinufers durch die französische Revolutionsarmee fand die alte politische Ordnung ein jähes Ende. Da die alten Buschordnungen nun nicht mehr gültig waren und somit auch das jährliche Buschgericht nicht mehr stattfinden konnte, das die Verpflichtungen der Buschbeerbten und die Vergehen gegen diese Ordnung kontrollierte, beschlossen die Beerbten überall im ehemaligen Amt Linn, nach und nach den Gemeinschaftsbesitz aufzulösen und zu parzellieren. Bei manchen Büschen geschah dies schon unter französischer Herrschaft, bei einer Reihe von anderen Büschen kamen die Anteilseigner erst in preußischer Zeit, also nach 1815, zu einer neuen Ordnung. Bei einigen Büschen wurde eine reine Teilung durchgeführt, bei anderen wurde die Form einer Versteigerung gewählt. Dabei schieden Anteilseigner aus der Gemeinschaft aus und neue Besitzer erwarben in deren Verlauf Parzellen.

Die Teilung des Broichster Broichs

Die Bezeichnung Broichster Broich lässt zunächst ein Bruchgelände vermuten, das auf der Niederterrasse an der Broicherseite direkt am Anstieg zur Mittelterrasse im Westen lag. Im Osten grenzte das Broich an den Büdericher Busch. Diese Grenze trennte früher das Amt Linn vom Amt Liedberg. Heute sind dies die Städte Meerbusch und Kaarst.

Auf der Tranchot-Karte wird das Kaarster Broich als Wald (frz.: bois) bezeichnet. Dabei handelt es sich vermutlich um einen Mischwald, in dem

Unterschriften unter dem Teilungsvertrag des Broichster Broichs.
Landesarchiv Nordrhein-Westfalen, Abteilung Rheinland.

es auch hochstämmige Bäume gab. Die gesamte Fläche betrug 249 preußische Morgen, 146 Ruten, das entspricht 56 ¼ Hektar. Das Broichster Broich bestand aus 37 Anteilen, die 27 Besitzern gehörten.

Die Beerbten des sogenannten Broichs-ter Broichs traten am 1. Februar 1819 im Haus des Wirtes Andreas Michels in Kaarst zusammen.[1] Folgende Anteilseigner oder ihre Vertreter erschienen zur Versammlung:

1.	Arnold Schmitz, Halbwinner, für Johann Misgeld, Küster in Grefrath (1)
2.	Quirin Aloys Hütten, Neuss (1)
3.	Mathias Bend, Halbwinner (1)
4.	Julius Caesar Farina, Kaufmann und Stadtrat in Düsseldorf (3)
5.	Mathias Fervers und Joseph Franken als Kirchmeister der Gemeinde Kaarst (1)
6.	Conrad Gierthmühlen Ackersmann (1)
7.	Heinrich, Jakob und Johann Binger (1)
8.	Heinrich Burgharz namens Peter Tilmann, Gottfried Schmitz, Peter Wilhelm Bend sowie Peter Hehnen (1)
9.	Heinrich Hannen (3)
10.	Michael Tilman und sein geistlicher Bruder Joseph Tilmann (1)
11.	Franz Anton Viehoff, Geistlicher aus Neuss, als Bevollmächtigter des Grafen Clemens Wenzeslaus von Honsbroech und Gräfin Lucia von Schaesberg zu Haag bei Geldern
12.	Wilhelm Fels, Halbwinner, als Bevollmächtigter des Appellationsrats Franz Sibenius aus Düsseldorf (2)
13.	August Hubrichs für sich und seine Schwestern Therese Schmitz und Sibilla Schmitz, Neuss, Mathias Jümpges, Jakob Jümpges und Laurenz Linnertz, Kaarster Brücke (1)
14.	Johann Kallen, Ackersmann in Neuss, Michael Münks für sich und Stephan Natzberg, Mathias Steves und Hermann Radmacher (1)
15.	Reiner Schmitz Kaarst namens seiner Herrschaft Everhard von Beywegh in Köln (1)
16.	Mathias Jümpges, Mathias Raspels, Jakob Wolters, Ackersleute (1)
17.	Heinrich Hennen, Johann Gielges und Joseph Franken (1)
18.	Johann Tilman (2)
19.	Heinrich Hennen als Bevollmächtigter der Gräfin Antoinetta von Hatzfeld zu Kalkum (2)
20.	Adolph Matheisen namens seines Vaters Heinrich sowie Peter Wilhelm Küppers und Engelbert Heinen (2)
21.	Heinrich Momm, Bürgermeister von Neuss (2)
22.	Wilhelm Kuller, Halbwinner (1)
23.	Jakob Theisen, Wirt (1)
24.	Mathias Pfeil, Bürgermeister von Kaarst, namens Pastorat (1)
25.	Andreas Michels, Wirt in Kaarst (1)
26.	Wilhelm Dicker (1)
27.	Heinrich Buscher (Hohen)Budberg (1)

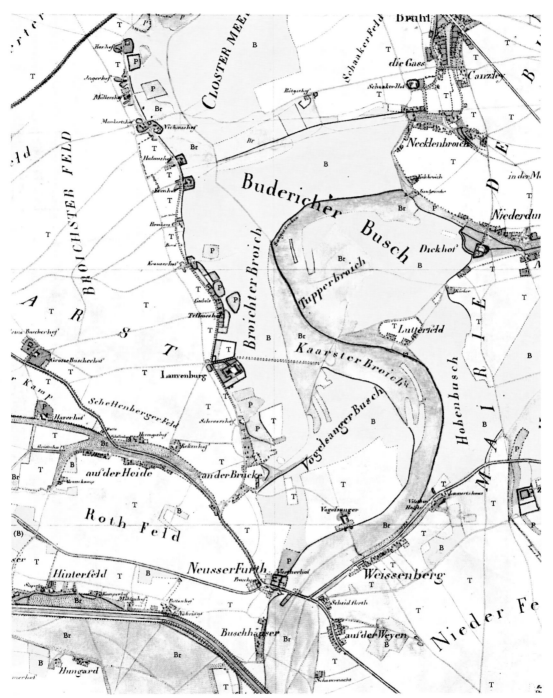

Das Broichster Broich nördlich der Lauvenburg.
Kartenaufnahme der Rheinlande durch Tranchot und v. Müffling, Blatt 44, Geobasis NRW, Bezirksregierung Köln (Ausschnitt).

Der Neusser Notar Everhard Dünbier.
Sammlung Geschichtsverein Meerbusch e. V. (©Dr. Ludwig Dünbier).

Die Personen, bei denen keine Herkunft angegeben ist, waren Einwohner von Kaarst. In den Klammern sind ihre jeweiligen Anteile am Broich angegeben. Eine Person konnte eine oder mehrere Anteile haben, von denen einige auch im Besitz von mehreren Personen sein konnten. Dahinter lassen sich vorausgegangene Erbteilungen vermuten.

Notar Everhard Dünbier aus Neuss beaufsichtigte und protokollierte die Verhandlungen. Zuvor wurde das Broich vermessen und eine entsprechende Karte angefertigt. Der Geometer wird in den Akten nicht genannt. Wahrscheinlich war es Peter Anton Broix aus Neuss, der auch die Vermessungen des Büdericher und Heerdter Busches vorgenommen hatte. Er wird als einer der beiden Zeugen der Verhandlung erwähnt. Zunächst wurden die Bedingungen in zwölf Paragraphen ausgehandelt, die nachstehend in vereinfachter Form zusammengefasst sind.

Obwohl das linksrheinische Gebiet seit 1815 zu Preußen gehörte und der preußische Taler im Umlauf war, wurde immer noch in der Währungseinheit der französischen Zeit gerechnet. Bei der Ermittlung des Wertausgleiches wurde der neue Taler zu 5,79 Franken gerade zu sechs Franken oder zwei Reichstalern angenommen. Jedes Los wurde zu 1200,85 Franken angeschlagen. Bei Bewertung der Parzellen sollte ein Wertausgleich durch hochstämmige Bäume geschaffen werden, die von Experten ausgesucht werden sollten. Bis Mitte März des folgenden Jahres mussten diese Bäume gefällt und von der jeweiligen Parzelle entfernt werden.

Für die Nachzucht gab es eine Baumschule, die ebenfalls anteilmäßig aufgeteilt wurde. Ein „Söhnchen" des oben erwähnten Andreas Michels (siehe Nr. 25) sollte die Lose ziehen.

Ein Wegerecht sollte für abseits liegende Parzellen eingeräumt werden.

Das Recht des Schweidganges, das heißt die Nutzung zum Weiden des Viehs im Broich, wurde der Gemeinde Kaarst zugesprochen.

Die für die Teilung angefertigte Karte sollte auf der Lauvenburg in Kaarst aufbewahrt werden. Wo die Karte sich heute befindet, ist nicht bekannt.

Die einzelnen Anteile variierten in der Größe von sechs Morgen 120 bis 149 Ruten (= 1 ½ Hektar). Insgesamt hatte das Kaarster Broich einen Wert von 44.431,45 Franken.

Nach Beendigung der Verlosung las der Notar allen Beteiligten den Vertrag vor, so dass sie ihre Unterschrift darunter setzen konnten. Mathias Bend erklärte, dass er wegen einer Augenkrankheit nicht unterzeichnen könne. Michael Münks, Hermann Radmacher und Augustin Hubrichs gaben an, im Schreiben unerfahren zu sein. Schließlich unterschrieben mit dem Notar die beiden Zeugen Peter Anton Broix und Peter Hertzog aus Neuss.

Auswärtige Besitzer

Wahrscheinlich stammten die Anteile, die in den Besitz von auswärtigen Personen gelangt waren, ursprünglich aus geistlichem Besitz. Immerhin hatten bis zur Beschlagnahme durch die französische Verwaltung zehn Klöster oder Abteien Besitz in Kaarst.[2]

Julius Caesar Farina hatte am 15. Februar 1804 den Evenhof auf der Broicherseite in Kaarst für 17.400 Franken gekauft. Vor der Säkularisation gehörte der Hof, der 40 Hektar Feld umfasste, dem Dominikanerkloster in Köln. Als Pächter bewirtschaftete Wilhelm Dicker den Evenhof.[3] Farina war Galanterie- und Parfümhändler. Er entstammte einer italienischen Familie, die seit dem 17. Jahrhundert in Düsseldorf ansässig war.[4]

Clemens Wenzeslaus von Honsbroech besaß in Büderich Haus Schackum[5], das von Pächtern bewirtschaftet wurde. Zum Hof gehörte auch ein Bruchwald südlich des Meerer Busches, der an das Kaarster Broich grenzte. Peter Anton Viehoff, dessen Großvater Pächter auf dem Fronhof in Büderich war, trat in vielen Notarverträgen des Grafen von Hoensbroech als Bevollmächtigter auf.

Gräfin Antoinetta von Hatzfeld war eine Geborene von Cortenbach, deren Familie die Lauvenburg bei Kaarst besaß.

Bürgermeister Heinrich Momm hatte in Kaarst 1808 Thönishöfchen mit circa 32 Hektar Feld aus dem ehemaligen Besitz des Klosters Marienberg zum Preis von 11.000 Franken erworben. Weitere säkularisierte Güter kaufte er in Büttgen, Holzheim und Neuss.

1   Landesarchiv Nordrhein-Westfalen, Abteilung Rheinland, Notare, Rep. 152 Nr. 42 (Notar Everhard Dünbier).
2   Klompen, Wilma: Die Säkularisation im Arrondissement Krefeld, Kempen 1962, S. 167.
3   Ebenda.
4   Wikipedia.org/wiki/Italiener_in_Düsseldorf (2012); Müller, Klaus: Unter pfalz-neuburgischer und pfalz-bayerischer Herrschaft (1614-1806), in: Weidenhaupt, Hugo (Hrsg.): Düsseldorf. Geschichte von den Ursprüngen bis ins 20. Jahrhundert, Düsseldorf 1988.
5   Rameil, Robert: Haus Schackum und Röttgeshof – Besitzer, Pächter und Rentmeister, in: Meerbuscher Geschichtshefte, Heft 25, Meerbusch 2008, S.163-176.

Verspürte Erdbeben im Gebiet des heutigen Rhein-Kreises Neuss bis zum Jahr 1846

Stefan Kronsbein

Einleitung

Die Niederrheinische Bucht zählt neben dem Oberrheingraben sowie der Schwäbischen Alb und dem Vogtland zu den aktivsten Erdbebengebieten Deutschlands. Berichte über historische Erdbeben sind für das Rheinland ab 800 überliefert.[1] Die Schwerpunkte der Erdbebenaktivität liegen in der südwestlichen Niederrheinischen Bucht. In vielen Fällen sind die Angaben bei historischen Erdbeben jedoch zu spärlich, um verlässliche Aussagen über Epizentrum, Stärke und Ausbreitung des jeweiligen Bebens treffen zu können. Das erste sicher bekannte niederrheinische Schadenbeben der Neuzeit fand 1640 bei Düren statt. Gegen Ende des Jahres 1755 begann im Gebiet um Düren und Aachen eine Erdbebenserie, deren Höhepunkt am 18. Februar 1756 ein Beben der Intensität VIII bei Düren war, es war das stärkste bis dahin bekannte Erdbeben in Deutschland. In manchen Ortschaften wagte fast niemand mehr in steinernen Häusern zu wohnen, und die Bevölkerung hauste wochenlang ohne Rücksicht auf das Winterwetter in Strohhütten, selbst Gottesdienste wurden ins Freie verlegt. Für die Stadt Neuss ist belegt, dass die Bevölkerung zweimal aus Dankbarkeit Prozessionen durchführte, weil es nicht zu Schäden gekommen war.[2] Die Erzbischöfliche Diözesanbibliothek Köln bewahrt ein Andachtsbüchlein auf mit dem Titel „*Schutz wider das erschröckliche Erd-Beben – das ist andächtige Anbettung Durch vorgeschriebene Kirchen-Gebetter und Verehrung des grossen h. Philippi Nerii; mit beygefügter authentischer Wunder-Geschicht; Cölln 1756*".[3] Noch bis Mai 1757 hielt eine erkennbare Serie der spürbaren Nachbeben an, aber auch noch Jahre später – bis zum Ende des 18. Jahrhunderts – lassen sich weitere Erdbeben einer Abfolge mit gleichem Entstehungsraum erkennen.

Erdbebenkatalog des Rhein–Kreises Neuss und makroseismische Belege

Nachdem vor wenigen Jahren ein Katalog der bis 1846 verspürten historischen Erdbeben am linken Niederrhein veröffentlicht wurde,[4] wird hier nun ein ausschließlich auf den Rhein-Kreis Neuss ausgerichteter Katalog vorgestellt, der noch nicht erfasste Belege sowie die Auswertung des 2010 erschienenen Pastoralbuchs des Pfarrers Wilhelm Jacobs (1720-1798) aus Lank[5] nachträgt.

Ein Ziel dieses Beitrages ist es, makroseismische Belege für den Untersuchungsraum Rhein-Kreis Neuss vorzulegen, um

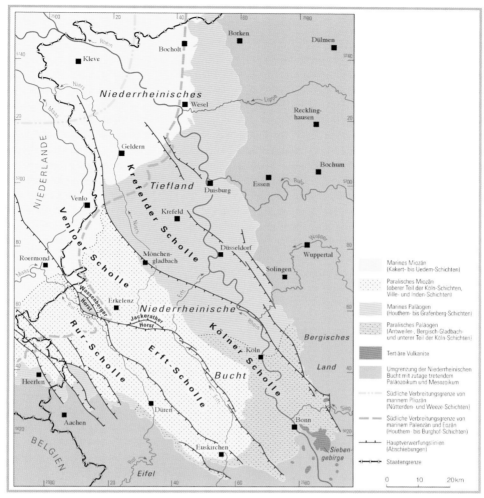

Tektonischer Bau der Niederrheinischen Bucht.

Aus: Geologischer Dienst, 2008, S. 12.

Häufigkeit und Erscheinungsform der verspürten Erdbeben zu ermitteln. Die gewonnenen Angaben können in die verschiedenen Erdbebenkataloge eingearbeitet werden. Sie ergeben dann ein immer genaueres Bild historischer seismischer Vorgänge und sind unter anderem Grundlage für Gefährdungseinschätzungen. Eine vollständige Auswertung des regionalen Schrifttums wurde angestrebt, konnte jedoch naturgemäß nicht erreicht werden. Ungedruckte Quellen sowie Zeitungen wurden nicht ausgewertet. Immerhin werden 39 verspürte Erdbebenereignisse aus insgesamt acht Orten (Dormagen, Dormagen-Zons, Grevenbroich-Elsen, Grevenbroich-

Hemmerden, Jüchen-Dyck, Jüchen-Otzenrath, Meerbusch-Lank, Neuss) mit 66 makroseismischen Belegen über einen Zeitraum von nur 206 Jahren, und zwar von 1640 bis 1846, nachgewiesen. Zwei Belege gehen eher allgemein auf die Bebenserie der Jahre 1755 sowie 1756 ein und beschreiben die weltlichen und kirchlichen Auswirkungen auf das Alltagsleben der Neusser Bevölkerung.

Das früheste im Kreisgebiet verspürte Erdbeben, das aus dem Schrifttum für den Kreis Neuss nachgewiesen werden konnte,[6] ist das Beben vom 4. April 1640. Da sich ab etwa Mitte des 19. Jahrhunderts die Qualität von schriftlichen und instrumentellen Aufzeichnungen erheblich verbessert hat, endet dieser Katalog mit dem Erdbeben vom 29. August 1846.

Bewertung und Ausblick

Die im Untersuchungsraum verspürten Erdbeben hatten ihre Entstehung nicht nur in den verschiedenen Verwerfungssystemen der Niederrheinischen Bucht und angrenzender Bereiche, ihr Epizentrum war zum Teil weiter entfernt. Dies war beispielsweise bei der Bebenfolge mit dem Entstehungsherd in Südengland vom 6. April 1580 beziehungsweise 1. Mai 1580 der Fall.[7] Es ist davon auszugehen, dass dieses starke Beben, wie es die Isoseistenkarte nahelegt, auch im Kreisgebiet verspürt worden ist, wenngleich hierfür bislang keine schriftlichen Belege bekannt sind.

Wenn man die im vorliegenden Katalog für den Rhein-Kreis Neuss verzeichneten Erdbeben vor 1640, dem Jahr der ersten Nennung eines Erdbebens für das Kreis-

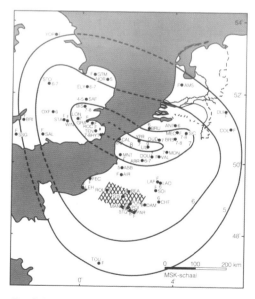

Das Schüttergebiet des Erdbebens bei London am 6. April 1580 mit den Linien gleicher Intensität (Isoseisten). Aus: Houtgast, 1991, S. 42.

gebiet, mit den niederländischen, den belgischen sowie den deutschen einschlägigen Katalogen in Beziehung setzt, darf man annehmen, dass im Untersuchungsraum eine erheblich größere Anzahl von Beben verspürt worden ist, als die deutschen Kataloge verzeichnen. So kann davon ausgegangen werden, dass die bekannten stärkeren Erdbeben, die in deutschen, niederländischen und belgischen Katalogen verzeichnet werden,[8] auch im nahen deutschen Grenzgebiet und wohl auch im Kreisgebiet Neuss verspürt worden sind.

Die Verbreitungsnachweise der Schüttergebiete verschiedener Erdbeben zeigen für die ab etwa dem Jahre 800 bekannten Beben eindeutig, dass die Beben auch im Kreisgebiet zu spüren waren.[9]

Zur Zeit wird diskutiert, ob sich diese Beben um 800 durch archäologische Befunde wie zum Beispiel in Köln[10] nachweisen lassen; für den Rhein-Kreis Neuss und auch den nördlichen Niederrhein haben sich jedoch bis jetzt keine Hinweise beispielsweise für Setzungsrisse oder Versätze an Gebäuden bei größeren römischen Siedlungen im Kreisgebiet wie Dormagen oder Neuss ergeben.[11]

Die makroseismischen Belege aus den Verzeichnisorten haben ihren Aussagewert, aber es bleibt zu beachten, dass sie abhängig von der Quellenlage ein Zufallsbild der verspürten Auswirkungen der jeweiligen Erdbeben zeichnen. Eine konsequente Auswertung des historisch-landeskundlichen Schrifttums und unveröffentlichten Archivmaterials – insbesondere auch des kirchlichen (zum Beispiel Kirchenchroniken) – kann auch in Zukunft wichtige Ergebnisse beisteuern.

So ist die auffallend hohe Belegdichte für den Ort Hemmerden mit 27 Nennungen nicht auf eine verstärkte Erdbebentätigkeit zurückzuführen, sondern ausschließlich das Ergebnis einer guten Quellenlage; Ähnliches gilt für die Orte Otzenrath und Zons (jeweils 11 Nennungen).

Schutz
Wider das erschröckliche
Erd-Beben
das ist
Andächtige Abbettung
Durch vorgeschriebene
Kirchen-Gebetter,
Und
Verehrung des grossen
H. PHILIPPI NERII.
Mit beygefügter Authentischen Wunder-Geschicht.

S Philippus Neri erhaltet Pabst Benedictum XIII damals
noch Cardinal Vincenz Maria Ursini P. Ordens

Cum Censura Ordinarii.

Cölln zu finden bey Frantz Balthasar Neuwirth Buchbin=
der unter Fetten-Hennen. 1756.

Titelblatt des Andachtsbüchleins mit dem Titel „Schutz wider das erschröckliche Erd-Beben ... Cölln 1756".
Repro: Prof. Dr. Reimund Haas, Archiv des Erzbistums Köln.

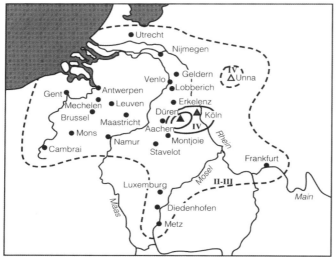

Das Schüttergebiet des Erdbebens bei Düren am 4. April 1640 mit den Linien gleicher Intensität (Isoseisten). Aus: Houtgast, 1991, S. 44.

Über Schäden im Kreisgebiet wird nur vom Erdbeben am 23. Februar 1828 berichtet (Dyck und Elsen: Nr. 38.1), häufiger ist dagegen die Schilderung eines Erdbebenfolgeereignisses wie das Verrücken von Möbeln, Schwanken von Gebäuden und Glockenanschlagen (Dyck, Hemmerden und Lank: Nr. 4.1, 7.3, 8.3, 12.1, 32.1 und 34.1). Es fällt auf, dass der Hinweisgeber der Belege aus Meerbusch-Lank, Pastor Wilhelm Jacobs, im Gegensatz zu anderen Gewährsleuten durchweg recht drastische Angaben zu den einzelnen seismischen Ereignissen macht. Nicht nur deswegen muss jedes Erdbeben beziehungsweise jeder makroseismische Beleg kritisch betrachtet werden; und nicht bei allen genannten Beben ist unbedingt erwiesen, dass es sich um eben solche handelt. So deuten beispielsweise bei dem Beben vom 22. Februar 1799 sowohl bei dem Nachweis aus dem Belegort Dormagen als auch Zons die Wetterschilderungen auf ein meteorologisches Phänomen hin, aber die ausdrückliche Erwähnung des verspürten Erdbebens in Verbindung mit dem Nachweis eines Bebens in der hiesigen Region bei J. Nöggerath (1870, S. 104) lassen ein seismisches Ereignis möglich erscheinen.[12]

In diese Betrachtung müssen auch die paläoseismischen Untersuchungen der verschiedenen Schürfe im Bereich der erdbebenverursachenden Verwerfungen mit einbezogen werden, die mit einiger Sicherheit Erdbeben in vorgeschichtlicher Zeit nachweisen. Die Schürfe Holthausen in Viersen-Dornbusch / Kreis Viersen (Viersener Sprung), Hillensberg in Selfkant-Hillensberg / Kreis Heinsberg (Feldbiss-Störung), Merzenich in Merzenich / Kreis Düren (Rurrand-Störung) und Metternich in Weilerswist-Metternich / Rhein-Sieg-Kreis (Swist-Sprung) zeigen, dass Erdbeben in der Niederrheinischen Bucht Magnituden bis zu 6,9 erreichen können,[13] im Vergleich dazu hatte das letzte größere Erdbeben von Roermond am 13. April 1992 eine Magnitude von 5,9.

Es ist wünschenswert, wenn mit historischen und geowissenschaftlichen Methoden sowie weiteren Feldarbeiten (zum Beispiel Schürfe) die Kenntnisse über regionale Erdbeben weiter vertieft werden. Dann wird es unter Umständen möglich sein, genauere Aussagen über eine Wiederkehrwahrscheinlichkeit von Erdbeben sowie deren maximaler Stärke und die davon ausgehende Gefährdung im Bereich der fortlebenden Verwerfungen mit ihren rezenten tektonischen Störungen machen zu können.[14] Neuere Arbeiten zeigen, dass der Niederrhein auch in seinem nördlichen Bereich eine erhebliche Erdbebentätigkeit verzeichnet.[15]

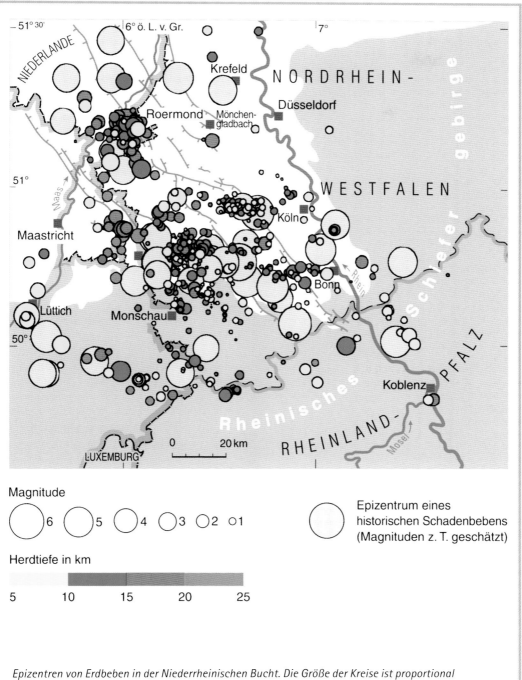

Magnitude

⬤ 6 ◯ 5 ◯ 4 ◯ 3 ○ 2 ○ 1

◯ Epizentrum eines historischen Schadenbebens (Magnituden z. T. geschätzt)

Herdtiefe in km

5   10   15   20   25

Epizentren von Erdbeben in der Niederrheinischen Bucht. Die Größe der Kreise ist proportional zur Magnitude, die Farbe gibt den Herdtiefenbereich an. Die grauen Kreise im Hintergrund sind die Epizentren von historischen Schadenbeben, soweit sie sich durch historisches Schrifttum lokalisieren lassen, eine Tiefenangabe ist daher nicht möglich.

Aus: Pelzing, 2008, S. 26.

Katalog der verspürten historischen Erdbeben im Kreis Neuss bis zum Jahr 1846

Einen Überblick über die Erdbebenaktivitäten in der Niederrheinischen Bucht gibt die kartografische Darstellung der Epizentren.

Hinweise zum Katalog der historischen Erdbeben im Rhein-Kreis Neuss:

- Die Beben haben in zeitlicher Abfolge eine fortlaufende Nummerierung erhalten, die nachfolgende Ziffer bezeichnet den Einzelbeleg. Dadurch ist eine ereignisbezogene Zuordnung möglich.
- Die Lokalintensität (I_L) der Belegorte sind von Klaus Lehmann und Rolf Pelzing (Geologischer Dienst Nordrhein-Westfalen, Krefeld) auf der Grundlage der Europäischen Makroseismischen Skala (EMS-98) abgeschätzt worden, sofern ausreichende Informationen zur Verfügung standen. Im Zweifelsfall ist keine Bewertung vorgenommen worden (k. A. = keine Angaben in der Spalte I_L = Lokalintensität).

Kurzform der makroseismischen Intensitätsskala (Europäische Makroseismische Skala 1998 / EMS-98)		
Intensität	Definition	Beobachtung
I	nicht fühlbar	Nur von Erdbebeninstrumenten registriert.
II	kaum bemerkbar	Nur ganz vereinzelt von ruhenden Personen wahrgenommen.
III	schwach	Nur von Wenigen verspürt.
IV	deutlich	Von Vielen wahrgenommen. Geschirr und Fenster klirren.
V	Stark	Hängende Gegenstände pendeln. Viele Schlafende erwachen.
VI	leichte Gebäudeschäden	Leichte Schäden an Gebäuden.
VII	Gebäudeschäden	Risse im Verputz, Spalten in den Wänden und Schornsteinen.
VIII	schwere Gebäudeschäden	Große Spalten im Mauerwerk; Giebelteile und Dachgesimse stürzen ein.
IX	zerstörend	An einigen Bauten stürzen Wände und Dächer ein. Erdrutsche.
X	sehr zerstörend	Einstürze von vielen Bauten. Spalten im Boden bis 1 m Breite.
XI	verwüstend	Viele Spalten im Boden, Bergstürze.
XII	vollständig verwüstend	Starke Veränderungen an der Erdoberfläche.

Katalog der im Gebiet des Rhein-Kreises Neuss nachweislich verspürten Erdbeben bis 1846

Nr.	Jahr	Monat	Tag	Uhrzeit	Ort	Ereignis mit Nachweis des Schrifttums	I_L
1						Am 4. April 1640 ein Erdbeben in der Niederrheinischen Bucht, Herd vermutlich im Rurtalgraben. In Düren wurden Mauern gespalten, während zu Köln viele Schornsteine einstürzten. Das Schüttergebiet umfasste außerdem die Niederlande, Belgien, Luxemburg und Nordfrankreich (vgl. KRONSBEIN 2008: 213-214; LEYDECKER 2011: 58; SIEBERG 1940: 60-61).	
1.1	1640	04	04	> 03	Neuss	*Damit sie das zu Ostern sorgfältiger und frommer täten, dazu forderte viele jenes gewaltige Erdbeben auf, das am Mittwoch der Karwoche (in sanctioris hebdomadae quarta feria), zwischen der dritten und vierten Morgenstunde in mehreren Provinzen und Königreichen Deutschlands, ja sogar Europas, lange und weit den größten Schrecken erregte. Es war in den Orten, wo es bemerkt wurde, gleichsam ein Vorzeichen für verschiedenartige Unglücke und für die drohende Strafe Gottes. Diese Geißeln möge der gute Gott gütig von uns abwenden. Das wird, wie wir hoffen, die von Tag zu Tag wachsende Frömmigkeit vieler Menschen erreichen.* (STENMANS 1966: 89)	k. A.
2						Erdbeben mit mehreren Stößen in der Hessischen Senke (vgl. KRONSBEIN 2008: 215; SIEBERG 1940: 78).	
2.1	1735	08	22	02	Zons	*1735, den 22. Augusti ist des Morgens umb 2 Uhren ein Ertbiebung gewesen hier.* (SCHWABACH 2005: 42 <Nr. 18>)	k. A.
3						Am 26. Dezember 1755 gegen 16.00 Uhr ein Erdbeben am Nordabfall der Eifel mit regionalen Schäden (Schornsteineinstürze). Dieses Beben gilt als Auftakt einer Erdbebenserie, die einschließlich weiterer Schadenbeben bis Dezember 1756 andauert. (vgl. KRONSBEIN 2008: 215-216; LEYDECKER 2011: 61; MEIDOW 1995: 223-225; SIEBERG 1940: 81-82)	
3.1	1755	12	26	> 16	Neuss	*Ein Naturereignis anderer und seltenerer Art verzeichnete der Stadtsekretarius Ende Dezember 1755: Erdbebungen, wie er schreibt, zwei kleine am 26. Dezember abends zwischen 4 und 5 Uhr <...* (LANGE 1969: 174)	k. A.

Nr.	Jahr	Monat	Tag	Uhrzeit	Ort	Ereignis mit Nachweis des Schrifttums	I_L
3.2	1755	12	26	16	Hemmerden	*1755 ist den 26. Dezember Nachmittags um 4 Uhr ein leichtes Erdbeben verspürt worden.* (BLOMENKAMP 1999: 115)	III
3.3	1755	12	26	16	Hemmerden	*1755 26. 12. 4 Uhr nachm[ittags] entstand ein leichtes Erdbeben <...* (BREMER 1959: 624)	III?
3.4	1755	12	26	> 15	Zons	*1755, den 26. Dezembris, als auf das Fest Sancti Stephani, hatt sich leyder Gottes alhier zu Zonß und ville Stunden weit und breith herümb sowohl dieß-, als jenseith Rheins des Nachmittagß zwischen 3 und 4 Uhren eine kleine Ertbebung verspühren lassen <...* (SCHWABACH 2005: 79 <Nr. 312>)	III?
4	In der Nacht vom 26. auf den 27. Dezember 1755 ein ausgebreitetes Schadenbeben am Nordabfall der Eifel mit zwei starken Stößen um 23.45 und 0.30 Uhr, wobei der zweite Stoß der stärkste gilt. Dieses Erdbeben hatte umfangreiche Sachschäden im Epizentralgebiet im Raum Aachen – Düren zur Folge, auch wird über Personenschäden berichtet. Das Schüttergebiet umfasst weite Teile Westdeutschlands, der Niederlande, Belgiens, Luxemburgs und Nordfrankreich. (vgl. KRONSBEIN 2008: 216-219; LEYDECKER 2011: 61; MEIDOW 1995: 45-59; SIEBERG 1940: 82-84)							
4.1	1755	12	27	> 00	Lank	*Erdbebung* Eodem Anno 1755 den 25ten Dezembris [wahrscheinlich ist die Nacht vom 26. auf den 27. Dezember 1755 gemeint] *in der Nacht Sanct Stephani zwischen 12 und 1 Uhren zu Lanck, zu Linn, Creyveld, Düsselorff et cetera eine zimlich starcke Erdbebung gespüret worden. Auff solche Art, als wan in einer Statt etliche Kutschen vorbeyfahren, hat es gerappelt. Die Wachende haben gespüret, daß die Bettstatt sich erhoben habe, und es hat geheulet, wie ein von fern gehörtes Donnerwetter. Schüßelen und telleren haben wacker gerappelt.* (KUNZE 2010: 117-118)	IV

Katalog der im Gebiet des Rhein-Kreises Neuss nachweislich verspürten Erdbeben bis 1846

Nr.	Jahr	Monat	Tag	Uhrzeit	Ort	Ereignis mit Nachweis des Schrifttums	I_L
4.2	1755	12	27	> 00	Hemmerden	*Dito immediate nach Mitternacht in festo Jois ist dieses Erdbeben mit drei Stössen, davon der zweite zimblich stark, mit starken unterirdischen saussen und Braussen abermals verspürt worden.* (Blomenkamp 1999: 115)	IV?
4.3	1755	12	27		Hemmerden	*...> ebenso* [ein Erdbeben am] *27.12. <...* (Bremer 1959: 624)	k. A.
4.4	1755	12	27		Neuss	*Zu diesem Unglück* [= Erdbeben] *kam 26. zum 27. Dezember ein großer Schrecken, der, Gott sei Dank, weder uns noch den Nachbarn Schaden zufügte.* (Stenmans 1966: 293)	IV-V
4.5	1755	12	27	00:30 01:00 01:15	Zons	*und die folgende Nacht aber umb halber ein Uhr die erste und ümb ein Uhr die zweyte und ein viertel Stunt dritte Ertbebung in dieser Nacht hintereinander sich gar starck haben verspühren lassen, also das es bey vielen Menschen eine große Forcht und Schrecken eingejagt, nota bene: also und dergestalt, das die Herren Capuciner in Bonn und die Herren Observanten in Neuß in selbiger Nacht aus Forcht vom Chor zum Garten hinein gelauffen. <Und vom letzten Decembris bis in den ersten January 1756 nota bene: ist gantz Statt Cöllen verühig gewesen, also das ville Menschen immerwehrent die gantze Nacht mit Processionen aus einer Kirchen bis in die andere bis entlich zur hohen Thumb-Kirchen bettend gegangen aus Forcht, das dieselbe Statt, wie gesagt ist worden, mögte versincken, bey welcher Andacht aber die Thumb-Kirch vill zu klein gewesen. Gott erhalte sie und uns alle!>* (Schwabach 2005: 79 <Nr. 312>)	IV-V (V bezieht sich auf Bonn und Köln!)
4.6	1755	12	27		Neuss Otzenrath	*Orte, an denen die Erdbeben nach den historischen Quellen ohne nähere Angaben verspürt wurden.* (Meidow 1995: 166)	k. A.

Katalog der im Gebiet des Rhein-Kreises Neuss nachweislich verspürten Erdbeben bis 1846

Nr.	Jahr	Monat	Tag	Uhrzeit	Ort	Ereignis mit Nachweis des Schrifttums	I_L
4.7	1755	12	27	00:30	Neuss Otzenrath	*Ohne näheren Angaben berichten Otzenrath, Neuß <...* (SIEBERG 1940: 82)	k. A.
5						Einer der täglichen Erdstöße zwischen dem 28. und 31. Dezember 1755 mit dem Epizentrum der Gegend um Aachen / Düren (vgl. KRONSBEIN 2008: 219; MEIDOW 1995: 223; SIEBERG 1940: 84).	
5.1	1755	12	29	00	Neuss	*Ein Naturereignis anderer und seltenerer Art verzeichnete der Stadtsekretarius Ende Dezember 1755: Erdbebungen, wie er schreibt <...> zwei weitere am 29. Dezember um Mitternacht; das letzte war das stärkste.* (LANGE 1969: 174–175)	k. A.
6						Ein ausgebreitetes Erdbeben am Nordrand der Eifel am 26. Januar 1756 kurz vor 4.00 Uhr. (vgl. KRONSBEIN 2008: 219-220; LEYDECKER 2011: 82; MEIDOW 1995: 223; SIEBERG 1940: 85)	
6.1	1756	01	26	> 03	Hemmerden	*Desgleichen [= Erdbeben] am 26. Jannary 1756 morgens zwischen 3 und 4 Uhren.* (BLOMENKAMP 1999: 115)	k. A.
6.2	1756	01	26		Hemmerden	*...> [ebenso ein Erdbeben am] 26. 1. <...* (BREMER 1959: 264)	k. A.
6.3	1756	01	26	03:45	Neuss	Und abermals am 26. Januar 1756 „morgents ein Viertel vor 4 Uhr ist hinwider ein Erdbeben mit einer kleinen Erschütterung wahrgenohmen" worden. *Schrecken und Furcht befielen die Menschen und schlimme Vorahnungen. Die Jesuiten riefen zum Gebet auf und veranstalteten eine Bittprozession, an der auch der Magistrat teilnahm. Und als die Fastnachtstage herannahten, an deren alteingewurzelten Bräuchen die Bevölkerung trotz wiederholter Verbote festhielt, schärfte der Rat den Mitbürgern mit besonderem Ernst ein, „wegen der mächtig-fürchterlichen Zeiten deren öfteren Erdbebungen" alle Spiele, Tänze, Feiern, Verkleidungen und Ausgelassenheiten bei Strafe zu unterlassen.* (LANGE 1969: 175)	V

Katalog der im Gebiet des Rhein-Kreises Neuss nachweislich verspürten Erdbeben bis 1846

Nr.	Jahr	Monat	Tag	Uhrzeit	Ort	Ereignis mit Nachweis des Schrifttums	I_L
6.4	1756	01	26	02:45	Zons	*1756, den 26. January des Morgens ein viertel Stunt auff 3 Uhren ist widerümb eine Ertbebung gewesen, aber nit starck.* (SCHWABACH 2005: 80 <Nr. 313>)	III?
6.5	1756	01	26	< 04	Otzenrath	*Otzenrath.* (SIEBERG 1940: 85)	k. A.
7	Am 18. Februar 1756 ein kräftiges Schadenbeben mit einem Schüttergebiet, das durch die Städte Rouen, London, Amsterdam, Halle / Saale, den Vogelsberg und Straßburg beschrieben werden kann. In Aachen werden große Gebäudeschäden verzeichnet, auch sind zwei Tote und ein Verletzter zu beklagen. Gebäudeschäden finden sich auch in Köln und im weiteren Umland (vgl. KRONSBEIN 2008: 220-223; LEYDECKER 2011: 62; MEIDOW 1995: 60-79; SIEBERG 1940: 85-89).						
7.1	1756	02	18	08 09 ~ 12	Dyck, Hemmerden	*Den 18. Febr. morgens umb 8 Uhren ist abermahlen ein Erdbebben entstanden, so alle Vorige ahn Dauer und stärke überdroffen, also dass aussen hofgräffliche Haus zur Dyck die Glocke im Thurm zu dreimahlen angeschlagen, undt einige stein Vom schorrnstein am Oranien Hauss herunter geworffen, auch hiesiger Kirchthurm hin- und hergewanket. Dito umb 9 Uhr ist abermahl ein kleiner stoß gewesen, wie auch nachmittags, davon Ich nichts gewahr geworden.* (BLOMENKAMP 1999: 115)	V-VI
7.2	1756	01	18	08	Zons	*1756, den 18. February, des Morgens grath umb 8 Uhren ist widerümb eine starcke Erbebung gewesen, welche aber auch ville Menschen verspührt, und ville Menschen dieselbige auch nit verspührt. Obschon dieselbigen Menschen auch in einem Hauß gewesen, so ist der eine im Hauß selbige gewahr worden, und die anderen in der Stuben selbige nit gewahr worden. Gott hilf uns! So ist diese würklich die sechste Ertbebung gewesen. Nota bene: Die sechste Ertbiebung [1756] ist so starck gewesen, das zu Brawweiler die Cloister-Kirch creutzweis durch und durch gebarsten oben das Gewölbt.* (SCHWABACH 2005: 80 <Nr. 315, 317>)	III-IV

Nr.	Jahr	Monat	Tag	Uhrzeit	Ort	Ereignis mit Nachweis des Schrifttums	I_L
7.3	1756	02	18	> 08	Lank	*Den 18ten Februar hat man dahier wiederumb eine Erdbebung gespüret. Morgens zwischen 8 und 9 Uhren hab ich gesehen und gehöret, daß meine sich auffschlagende Tischen, Theeschüßelger im Schränkelgen und Gläser im Hauß wakker gerappelt, meine Bücher längs ein ander geschaufft, meine Scheur starck gekracht bey einem Heulen in der Lufft, wie sonst im Sommer eine starcke Windbraut.* (KUNZE 2010: 118)	IV
7.4	1756	02	18	~ 08	Otzenrath	*Nähere Angaben fehlen für Otzenrath <...* (SIEBERG 1940: 85-89)	k. A.
8-35						Nach dem Hauptbeben vom 18. Februar 1756 finden bis zum 31. Mai 1757 im Bereich des Nordabfalls der Eifel fast täglich Nachbeben statt. Das Ende der Erdbebenserie ist nicht genau erkennbar, sie scheint bis in die 1770er Jahre anzudauern. Die im Neusser Kreisgebiet verspürten Erdbeben werden nachfolgend wiedergegeben (vgl. KRONSBEIN 2008: 223-228; LEYDECKER 2011: 62; MEIDOW 1995: 223-225; SIEBERG 1940: 89).	
8.1	1756	02	19	07 / 17	Hemmerden	*Den 19. Febr. morgen umb 7 uhr, und nachmittags umb 5 Uhr ist ein geringes Erdtbebben gewesen.* (BLOMENKAMP 1999: 115)	III?
8.2	1756	02	19	~ 05:52	Zons	*Die 7te Ertbebung ist gewesen den 19. February [1756], morgens ungefähr 8 Minuten vor 6 Uhren. Gott bewahre uns.* (SCHWABACH 2005: 80 <Nr. 316>)	k. A.
8.3	1756	02	19	06	Lank	*Den 19ten dito morgens 6 Uhren hab ich mit vielen Anderen wieder eine Erdbebung gespüret, bin in und mit dem Bett und Bettstatt hin und her geschüttelt worden, ungefähr 1 Vatter Unser lang.* <...> *Den 19ten Mertz haben wir hier wegen der Erdbebung das 2te 13stündige Gebet und Fastag per integrum diem gehalten.* (KUNZE 2010: 118)	IV
9.1	1756	02	20		Hemmerden	*Den 20. abermahl ein Erdebben.* (BLOMENKAMP 1999: 115)	k. A.

Katalog der im Gebiet des Rhein-Kreises Neuss nachweislich verspürten Erdbeben bis 1846

Nr.	Jahr	Monat	Tag	Uhrzeit	Ort	Ereignis mit Nachweis des Schrifttums	I_L
9.2	1756	02	20	04	Zons	*Die 8te Ertbiebung ist gewesen den 20ten* [Februar 1756], *morgenß gleich für 4 Uhren <...* (SCHWABACH 2005: 80 <Nr. 318>)	k. A.
9.3	1756	02	20	04:30	Zons	*...> und die 9te Ertbiebung ist gewesen grath ümb halber fünff* [am 20. Februar 1756], *aber nit so starck gewesen als letzt Gewesene. Gott beschütze uns!* (SCHWABACH 2005: 80 <Nr. 318>)	k. A.
9.4	1756	02	20	~ 04	Lank	*Den 20ten morgens circa 4 Uhren wieder also.* (KUNZE 2010: 118)	k. A.
10.1	1756	02	21	22:00	Zons	*Die 9te Ertbiebung ist gewesen den 21. February, abends ümb 10 Uhren, aber nit starck. Gott behüte uns! Und seint deren noch ville gewesen, welche ich nit annotirt hab. Gott seye uns gnädig.* (SCHWABACH 2005: 80 <Nr. 319>)	III?
11.1	1756	02	25		Hemmerden	*Den 25. des nachts abermahl Erdtbebben.* (BLOMENKAMP 1999: 115)	k. A.
12.1	1756	02	28		Dyck, Hemmerden	*...> und* [ein Erdbeben] *am 28. 2. 1756, zuletzt lang und stark. Der Kirchturm wankte, auf Dyck schlug die Glocke an.* (BREMER 1959: 264)	V-VI
13.1	1756	03	02	03	Hemmerden	*Den 2. Merty nachts umb 3 Uhr ein zimblich langes doch gelindes Erdtbebben.* (BLOMENKAMP 1999: 115)	k. A.
14.1	1756	03	03	05	Hemmerden	*Den 3. morgen umb 5 Uhr.* (BLOMENKAMP 1999: 115)	k. A.
15.1	1756	03	09		Hemmerden	*Den 9.* [ein Erdbeben]. (BLOMENKAMP 1999: 115)	k. A.
16.1	1756	03	10		Hemmerden	*Den 10.* [ein Erdbeben]. (BLOMENKAMP 1999: 115)	k. A.
17.1	1756	03	11		Hemmerden	*Und 11. des nachts abermahl zwar gelinde doch zimlich langwierige Erderschütterungen gewesen.* (BLOMENKAMP 1999: 115)	k. A.
18.1	1756	03	12		Hemmerden	*Den 12.* [ein Erdbeben]. (BLOMENKAMP 1999: 115)	k. A.

Katalog der im Gebiet des Rhein-Kreises Neuss nachweislich verspürten Erdbeben bis 1846

Nr.	Jahr	Monat	Tag	Uhrzeit	Ort	Ereignis mit Nachweis des Schrifttums	I_L
19.1	1756	03	13		Hemmerden	*Den 13.* [ein Erdbeben]. (BLOMENKAMP 1999: 115)	k. A.
20.1	1756	03	14		Hemmerden	*Den 14.* [ein Erdbeben]. (BLOMENKAMP 1999: 115)	k. A.
21.1	1756	03	15		Hemmerden	*Den 15.* [ein Erdbeben]. (BLOMENKAMP 1999: 115)	k. A.
22.1	1756	03	16		Hemmerden	*Den 16.* [ein Erdbeben]. (BLOMENKAMP 1999: 115)	k. A.
23.1	1756	03	17		Hemmerden	*Den 17.* [ein Erdbeben]. (BLOMENKAMP 1999: 115)	k. A.
24.1	1756	03	18		Hemmerden	*Den 18.* [ein Erdbeben]. (BLOMENKAMP 1999: 115)	k. A.
25.1	1756	03	19		Hemmerden	*Den 19.* [ein Erdbeben]. (BLOMENKAMP 1999: 115)	k. A.
26.1	1756	03	20		Hemmerden	*Den 20.* [ein Erdbeben]. (BLOMENKAMP 1999: 115)	k. A.
27.1	1756	03	21		Hemmerden	*Den 21.* [ein Erdbeben]. (BLOMENKAMP 1999: 115)	k. A.
28.1	1756	03	22		Hemmerden	*Und 22. weitere Erdzitterungen verspürt worden.* (BLOMENKAMP 1999: 115)	k. A.
29.1	1756	08			Hemmerden	*Im August* [1756] *wiederholte sich das Beben mehrmals.* (BREMER 1959: 264)	k. A.
30.1	1756	10	28	22:45	Zons	*1756, in festo Simonis et Judae, den 28. Octobris, des Nachtß ein viertel für eilff ist eine Ertbebung gewesen.* (SCHWABACH 2005: 82 <Nr. 331>)	k. A.
31.1	1756	11	19	> 02	Zons	*1756, den 19. Novembris, des Morgens zwischen 2 ad 3 Uhren ist widerümb eine schwäre Ertbebung gewesen. Gott behüte uns!* (SCHWABACH 2005: 82 <Nr. 333>)	k. A.
32.1	1759	08	23	> 05	Lank	*Den 23ten August ist morgens zwischen 5 und 6 Uhren dahier wieder gespüret eine zimlich starcke Erdbebung, dauernd ungefehr 1 Vatter Unser lang. Ich in meiner Kammer an der Erden hörte die Glaß Fensteren rappelen.* (KUNZE 2010: 139)	IV
32.2	1759	08	23	04:45	Otzenrath	*Ohne näheren Angaben gemeldet <...> Otzenrath <...* (SIEBERG 1940: 90)	k. A.

Katalog der im Gebiet des Rhein-Kreises Neuss nachweislich verspürten Erdbeben bis 1846

Nr.	Jahr	Monat	Tag	Uhrzeit	Ort	Ereignis mit Nachweis des Schrifttums	I_L
Allg. 1	1755 1756				Neuss	*In den letzten Tagen des Jahres 1755 und im Anfang des J. 1756 ereigneten sich wiederholte Erderschütterungen in Neuss selbst und in der Umgegend (nach Rathsprotokollen), wodurch die Menschen in Schrekken und große Furcht geriethen. Es wurden darum Gebete und eine Procession aus der Jesuitenkirche angestellt, welcher auch der gesammte Magistrat beiwohnte; und als die Fastnachtstage herankamen, in welchen Tagen zwar bisdann noch immer das Vermummen und „Fuhjagen" nächtlicher Wirthshausbesuch untersagt worden war, so wurde in diesem Jahre besonders wegen der „mächtig fürchterlichen Zeiten deren öffterer Erdbebungen" alles Spielen, Tanzen, Zusammenkünfte, Verkleidung und Ausgelassenheit aufs ernsthafteste und unter Strafandrohung verboten.* (LÖHRER 1840: 377)	k. A.
Allg. 2	1756				Neuss	*Zweimal haben wir Gott mit einer Prozession gedankt, weil die Stadt bei wiederholten Erdbeben keinen Schaden erlitten hat.* (STENMANS 1966: 294)	k. A.
33.1	1760	01	20	22:30	Otzenrath	*Noch gemeldet Otzenrath <...* (SIEBERG 1940: 91)	k. A.
34.1	1760	01	21	21:45	Lank	*Den 21ten January 1760 abends 1/4 vor 10 Uhr hat man hier wiederumb gespühret eine zimlich starcke Erdbebung. Mein Vogel fiele darob von seinem Stecken in seinem Korb. Sonst ist hier doch kein Schaden darob geschehen. Andere sagen, daß in derselben Nacht noch 4 andere, aber nicht so starcke Erdbebungen hier gespüret wären.* (KUNZE 2010: 143)	IV?

Katalog der im Gebiet des Rhein-Kreises Neuss nachweislich verspürten Erdbeben bis 1846

Nr.	Jahr	Monat	Tag	Uhrzeit	Ort	Ereignis mit Nachweis des Schrifttums	I_L
35.1	1762	07	31	13:00	Zons	*1762, den 31. July, mittagß 1 Uhr ist eine Ertbiebung gewesen.* (SCHWABACH 2005: 92 <Nr. 415>)	k. A.
35.2	1762	07	31	13:00	Hemmerden	*1762 den 31. August ist nachmittags um 1 uhr ein zimbliches Erdtbebben gewesen.* (BLOMENKAMP 1999: 115)	k. A.
35.3	1762	07	31	12:45 23:45	Otzenrath	*Für den zeitlich nicht genau festzulegenden Hauptstoß am 31. werden genannt: <...> Otzenrath <...* (SIEBERG 1940: 91)	k. A.
36	Am 22. Februar 1799 nachts mehrere Erdstöße in der Hessischen Senke, die auch in Düsseldorf gespürt worden sein sollen. (vgl. KRONSBEIN 2008: 236-237; SIEBERG 1940: 104)						
36.1	1799	02	22	> 00	Dormagen	*22. [Februar] Die verflossene Nacht war eine der stürmischsten seit Menschengedenk. Als 12 Uhr geschlagen war, da hob sich ein Gewitter aus Westen, das mit fürchterlichem Donner und flammenden Blitzen heraufzoh. Grässlich heulte der wüthendste Sturmwind, und lichterloh erhellten die Blitze die pechschwarze Nacht. Hagel und Regen stürzten zügellos darein, und es schien, als wenn sich alles von unten zu oben kehren wollte. Tausende der Dachziegel wurden abgedeckt, und mehrere Scheuren neigten sich dem Einsturz. Allgemein, wie der Schrecken, ist die Meinung, dass es ein Erdbeben gewesen seye.* (CARDAUNS & MÜLLER 1966: 163)	

Katalog der im Gebiet des Rhein-Kreises Neuss nachweislich verspürten Erdbeben bis 1846

Nr.	Jahr	Monat	Tag	Uhrzeit	Ort	Ereignis mit Nachweis des Schrifttums	I_L
36.2	1799	02	25	> 00	Zons	*Am 25. [Februar 1799], der nachts ist ein schweres Unge-witter gewesen, wobey auff einigen Örter ein Erdbiebung sich hatt lassen spüren, auff vielen Orter sind die Bäum vom starcken Wind aus der Erden gegagt, einige Gebau zusammen gefallen.* (Schwa-bach 2005: 182)	
37	Am 22. Dezember 1807 morgens um 3.00 Uhr werden Erderschütterungen in Düs-seldorf gespürt (vgl. Kronsbein 2008: 237; Leydecker 2011: 65; Sponheuer 1952: 11).						
37.1	1807	12		> 02	Hemmerden	*Im Dezember 1807, morgens zwischen 2 und 3 Uhr ist ein starkes Erdbeben gewesen.* (Blomenkamp 1999: 115)	k. A.
38	Starkes Erdbeben im Gebiet von Maas, Rhein, Mosel und Ruhr am 23. Februar 1828 mit Epizentrum in Belgien. Das Schüttergebiet umfasst weite Teile Belgiens und der ehemaligen Rheinprovinz. (vgl. Kronsbein 2008: 239-240; Leydecker 2011: 65;; Spon-heuer 1952: 19-20).						
38.1	1828	02	23	~ 08:30	Dyck Elsen	*In Elsen bei Neuss bekam die Kirche einen Riß, ebenso das aus Quaderstein erbaute Vor-tor des Schlosses Dyck.* (Spon-heuer 1952: 20)	VI?
39	Erdbeben am Mittelrhein zwischen Koblenz und Bingen nahe der Stadt St. Goar am 29. Juli 1846 um 21.24 Uhr. Das Schüttergebiet umfasst weite Teile Westdeutsch-lands, Belgiens, Nordostfrankreichs, Luxemburgs und der südöstlichen Niederlande. Im Epizentralgebiet zwischen den Orten Simmern, Kaub und Bornhofen gibt es mittelschwere bis schwere Gebäudeschäden (vgl. Kronsbein 2008: 239-240; Leydek-ker 2011: 66; Meidow 1995: 91-104; Sponheuer 1952: 28-30).						
39.1	1846	07	29		Neuss	*In Neuss verspürt.* (Meidow 1995: 299)	III?

Literatur und Quellen

Alexandre, Pierre: Les seismes en Europe Occidentale de 394 à 1259. Noveau catalogue critique. Observation Royal de Belgique – Koninklijke Sterrenwachte van Belgie, Serie Geophysique, Nr. Hors-Serie – Reeks Geofisika Nr Buiten Reeks, Bruxelles 1990.

Alexandre, Pierre: Voorlopige lijst van de belangrijkste aardbevingen waargenomen in België en grensgebieden vanaf 700 tot 1910 <Stand 2005-10-26> [datafile http://seismologie.oma.be/index.php? LANG = NL&CNT = BE&LEVEL = 230], 2005.

Blomenkamp, Johann: Chronik der Pfarre Hemmerden. Aufgezeichnet im Jahre 1874, in: Geschichtsverein für Grevenbroich und Umgebung (Hrsg.): Zur Geschichte Hemmerdens, Beiträge zur Geschichte der Stadt Grevenbroich, Bd. 13, Grevenbroich 1999, S. 98-151.

Bremer, Jakob: Die reichsunmittelbare Herrschaft Dyck der Grafen jetzigen Fürsten zu Salm-Reifferscheidt, o.O. (Grevenbroich) 1959.

Cardauns, Hermann / Müller, Reiner (Hrsg.): Die Rheinische Dorfchronik des Joan Peter Delhoven aus Dormagen (1783-1823), Dormagen 1966.

Geologischer Dienst Nordrhein-Westfalen (Hrsg.): Karte der Erdbebenzonen und geologischen Untergrundklassen der Bundesrepublik Deutschland 1:350.000, Bundesland Nordrhein-Westfalen (Karte zu DIN 4149), o.O. (Krefeld) 2006.

Geologischer Dienst Nordrhein-Westfalen (Hrsg.): Paläoseismische Untersuchungen im Bereich der Niederrheinischen Bucht, Scriptum 17, Krefeld 2008.

Houtgast, G.: Catalogus van Aardbevingen in Nederland, KMNI-Publicatie 176, De Bilt (Nederland), 1991.

Klostermann, Josef: Erdbeben. Ursache und Wirkung, in: Geologisches Landesamt Nordrhein-Westfalen (Hrsg.): Erläuterungen zu Blatt C 5102 Mönchengladbach, Krefeld 1990, S. 75-78.

Klostermann, Josef / Kremers, Jürgen / Röder, Rainer: Rezente tektonische Bewegungen in der Niederrheinischen Bucht, in: Fortschritte in der Geologie von Rheinland und Westfalen, Bd. 37, Krefeld 1998, S. 557-571.

Kronsbein, Stefan: Katalog der historischen Erdbeben am linken Niederrhein bis zum Jahr 1846, in: Natur am Niederrhein, Band 23, Krefeld 2008, S. 205-242.

Kunze, Mike: Das Pastoraljahrbuch des Pfarrers Wilhelm Jacobs (1720-1798) aus Lank, Im Rheinbogen, Schriftenreihe des Heimatkreises Lank e.V., Beiträge zur Lanker und Meerbuscher Geschichte, Bd. 16, Meerbusch 2010.

Lange, Joseph: Neuss im Mittelalter und Neuzeit, in: Stenmans, Peter / Lange, Joseph / Bömmels, Nicolaus / Kreiner, Karl / Gilliam, Helmut: Neuss im Wandel der Zeiten, Neuss 1969, S. 51-355.

Lehmann, Klaus: Erdbeben am nördlichen Niederrhein. Eine Bestandsaufnahme, in: Schriftenreihe der Deutschen Gesellschaft für Geowissenschaften, 73 = Natur am Niederrhein 25 [Geologie und Archäologie am Niederrhein. Festschrift für Prof. Dr. Josef Klostermann zum 60. Geburtstag], Hannover und Krefeld 2010, S. 83-93.

Leydecker, Günter: Erdbebenkatalog für die Bundesrepublik Deutschland mit Randgebieten für die Jahre 800-2008, Geologisches Jahrbuch, Reihe E: Geophysik, Heft 59, Hannover 2011.

Löhrer, Franz Joseph: Geschichte der Stadt Neuß von ihrer Gründung an bis jetzt, Neuss 1840.

Meidow, Hein: Rekonstruktion und Reinterpretation von historischen Erdbeben in den nördlichen Rheinlanden unter Berücksichtigung der Erfahrungen bei dem Erdbeben von Roermond am 13. April

1992 (Diss. Universität Köln), Köln 1995.

Meier, Thomas: Archäologie und Naturereignis, in: Siedlungsforschung, Bd. 23, Bonn 2005, S. 253-290.

Noeggerath, Jakob: Die Erdbeben im Rheingebiet in den Jahren 1868, 1869 und 1870, in: Verhandlungen des naturhistorischen Vereines der preußischen Rheinlande und Westphalens Bonn 1870, 27, S. 1-132.

Pelzing, Rolf: Erdbeben in Nordrhein-Westfalen, Krefeld 2008.

Schwabach, Thomas (Bearbeiter): Die Schwieren-Chronik aus Zons. Bemerkenswertes aus einer niederrheinischen Kleinstadt und ihrer Umgebung 1733-1823. Veröffentlichungen des Kreisheimatbundes Neuss Nr. 15, Dormagen 2005.

Sieberg, August: Beiträge zum Erdbebenkatalog Deutschlands und angrenzender Gebiete für die Jahre 58 bis 1799, Mitteilungen des Deutschen Reichs-Erdbebendienstes, Heft 2, Berlin 1940.

Sponheuer, Wilhelm: Erdbebenkatalog Deutschlands und der angrenzenden Gebiete für die Jahre 1800 bis 1899, Mitteilungen des Deutschen Erdbebendienstes, Heft 3, Berlin 1952.

Stenmans, Peter: Litterae Annuae. Die Jahresberichte des Neusser Jesuitenkollegs 1616-1773, Schriftenreihe des Stadtarchivs Neuss, Bd. 4, Neuss 1966.

1 Vgl. z.B. Noeggerath (1870) und allgemein Sieberg (1940); Klostermann (1990).
2 Vgl. Lange (1969, S. 175); Stenmans (1966, S. 294).
3 Erzbischöfliche Diözesan- und Dombibliothek Köln, BA 1781.
4 Vgl. Kronsbein (2008).
5 Vgl. Kunze (2010).
6 Vgl. Stenmans (1966, S. 89).
7 Vgl. Kronsbein (2008, S. 212-213).
8 Vgl. für Deutschland Leydecker (2011), für die Niederlande Houtgast (1991) und für Belgien Alexandre (2005).
9 Vgl. Alexandre (1990); Houtgast (1991); Sieberg (1940).
10 Vgl. Meier (2005) zu den Forschungen von Sven Schütte. Zur Zeit werden in Köln Untersuchungen an römischen Bauten mit einem Laserscanverfahren gemacht, um das beziehungsweise die Erdbeben um 800 mit seismischen und archäologischen Methoden gegebenenfalls nachzuweisen.
11 Mündliche Hinweise von Sabine Sauer (Stadt Neuss) vom 16. Oktober 2007 und Sven Schütte (Stadt Köln) vom 23. November 2007; Christoph Reichmann (Museum Burg Linn) konnte für den unteren Niederrhein nördlich Neuss ebenfalls keine Einwirkungen von seismischen Ereignissen benennen (mündlicher Hinweis vom 18. August 2011).
12 Für die Annahme, dass es sich bei diesem Ereignis um ein Erdbeben handeln kann, spricht auch der Beleg aus Krefeld mit Hinweisen auf Kerken-Aldekerk und Kerken-Nieukerk, der ebenfalls von einem verspürten Erdbeben in einer Unwetternacht berichtet (Kronsbein 2008, S. 236-237).
13 Vgl. Geologischer Dienst (2008).
14 Vgl. Geologischer Dienst (2006); Geologischer Dienst (2008); Klostermann (1990); Klostermann & al (1998).
15 Vgl. Lehmann (2010).

Tod in Nizza

Zum Ableben von Fürst und Altgraf Joseph zu Salm-Reifferscheidt-Dyck

Karl Emsbach

Innerhalb der rund 600 Jahre währenden Reihe der Besitzer von Herrschaft und Schloss Dyck aus der Familie von Reifferscheidt kommt Fürst Joseph (1773 – 1861) die größte Bedeutung zu. Als geschickter Staatsmann und Politiker lavierte er sich durch die turbulente Zeit des ausgehenden Ancien Regimes, der französischen Herrschaft am Rhein und schließlich die ersten Jahrzehnte unter der Hohenzollernmonarchie. Schon die Zeitgenossen schätzten und bewunderten seine wissenschaftlichen Leistungen auf dem Gebiet der Botanik; seiner Initiative verdankt der großartige Park um Schloss Dyck seine Existenz. Mit seiner Frau Constance de Théis, einer gefeierten französischen Literatin, unterhielt er Salons in Paris und Aachen, die Zentren für Künstler und Wissenschaftler verschiedenster Disziplinen bildeten.

Es ist verständlich, dass Fürst Joseph wiederholt Gegenstand historiographischer Forschungen war. Auch wenn bis heute keine ausgesprochene Biographie vorliegt, sind wir über Leben und Werk dieses bedeutenden Mannes recht gut unterrichtet[1] – allerdings mit einer bemerkenswerten Ausnahme: Über die letzten Lebensjahre des betagten Mannes, die er aus Gründen chronischer Atemwegserkrankung vorzugsweise in Nizza verbracht hat, liegen so gut wie keine Nachrichten vor.

Ein kurzer Aufenthalt in Nizza im Frühjahr 2012 gab nun Gelegenheit zu einigen Nachforschungen, wobei sich besonders die lokale Zeitung als informative Quelle erwies. Am 22. März 1861 vermeldete der „Messager de Nice" in einer kurzen Nachricht den Tod des Fürsten am Vortag und bat, diese Meldung zugleich als Einladung zur Totenmesse am 23. des Monats in der Kirche St. Pierre d'Arène zu verstehen. Dieser Messe gedachte das Blatt am 24. März in einem längeren Artikel, der hier in wörtlicher Übersetzung wiedergegeben wird.[2]

„Nachruf

Um 9 Uhr Vormittag des gestrigen Tages ist hier die Totenmesse für seine Durchlaucht Fürst und Altgraf zu Salm-Reifferscheidt-Dyck etc., Generalmajor in preußischen Diensten, Chef des 17. Regiments der Landwehr, Träger des Großkreuzes des Roten-Adler-Ordens, Großoffizier der Ehrenlegion etc. gehalten worden, geboren in Dyck am 4. September 1773, verschieden in Nizza (Villa Lyons 47) am 21. März 1861.

Seine Eminenz der Bischof von Nizza,[3] umgeben von seinem Kapitel und et-

Fürst Joseph.
Zeichnung von C. Schmid, Lithographie von W. Eskuchen, aus: Wunderlich, Heinke: Studienjahre der Grafen Salm-Reifferscheidt (1780-1791).

lichen Priestern der verschiedenen Pfarreien der Stadt, hat das Pontifikalamt zu Ehren des Verstorbenen zelebriert. Ein Bataillon des 90. Regiments, Sappeure und Musikzug an der Spitze, geleitet vom Oberstleutnant, haben dem Verstorbenen die militärischen Ehren erwiesen.

Der auf einem Leichenwagen ruhende Sarg, bedeckt von einem Sterbetuch mit dem Wappen des Fürsten, wurde zur Kirche St. Pierre d'Arène gefahren, wo eine hohe Messe mit Musik und Gesang stattfand.

Der Trauerzug wurde angeführt von Fürst Alfred von Salm, dem Neffen und Nachfolger des Verstorbenen, sowie dem Baron de Francq, seinem Urenkel.

Die Ecken des Sargtuches wurden gehalten von den Herren Gavini de Campile, Präfekt des Departements Alpes-Ma-

Sterbeurkunde Fürst Josephs in den Zivilstandsregistern von Nizza.
Archives départementales des Alpes Maritimes, Nizza.

ritimes, dem General Corréard, Kommandant der Unterdivision, dem Herrn de St. Aignan und dem Grafen von Diesbach. Unter den Anwesenden bemerkte man den Fürsten Stirbey, den Fürsten Stourdza, den Vizekonsul der Niederlande, Oberst Guilhem an der Spitze einer zahlreichen Delegation von Offizieren des 90. Regiments, M. Alleman, Kommandant der Departementsgendarmerie, Offiziere verschiedener Spezialeinheiten und schließlich eine große Zahl von hohen Persönlichkeiten aus Kreisen der auswärtigen Kolonie der Stadt Nizza.

Nach der Messe erteilte Bischof Sola den Segen. Der aufgebahrte Leichnam wird in der Kirche verbleiben, bis er in Kürze zum Schloss Dyck (Rheinpreußen) geleitet wird, wo er in der Familiengruft beigesetzt werden wird.

Der Fürst, der nun in unserer Mitte verstorben ist, trotz seines Alters frisch und fröhlich, war mehreren souveränen Häusern verwandtschaftlich verbunden. Aber er hat seine durch Geburt erworbene hohe Position nur benutzt zur Förderung der Künste und Wissenschaften. Als bekannter Botaniker war er Mitglied verschiedener wissenschaftlicher Akademien. Der Prinz hat Studien betrieben bei Redouté,[4] dem er einer der brillantesten Schüler war oder besser gesagt Mitarbeiter. Denn er hat unter seiner Mitwirkung ein großartiges Album geschaffen, das an Bedeutung den wissenschaftlichen Monumenten von Linné gleichkommt.[5]

Wegen des Einflusses, den er in den Rheinlanden genoss, ist er bereits bei der Gründung der Ehrenlegion zum Kommandanten einer Kohorte ernannt worden.

Echter Grandseigneur – in jeder Beziehung des Wortes - hat er edlen Gebrauch gemacht von seinem Vermögen. Darin unterstützt von einer berühmten Frau, die die Seele seiner Salons war und deren Grazie aus ihrem Herzen kam. Diese Frau: das ist die Baronin de Francq. Das Grab mag den Körper aufnehmen, sein Herz aber bleibt bei ihr!!!

Das Leben des Fürsten lässt sich in drei Worten zusammenfassen: Großzügig, liebenswert, geliebt! Sie sagen mehr als die beste Lobrede!"

Der von dem Herausgeber und Chefredakteur A. Aliziary de Roquefort unterzeichnete Artikel erlaubt in Verbindung mit anderen Dokumenten eine eindeutige Verifizierung des Domizils Fürst Josephs in Nizza. Die im Nekrolog genannte Villa Lyons – üblicherweise in der Schreibart „Lions" bezeichnet – war eine der großartigen Residenzen an der Prachtstraße Nizzas, der „Promenade des Anglais". Im hinteren Teil des rund 100 Meter tiefen Grundstücks gelegen, erlaubte sie einen ungehinderten Blick auf die nahe Bucht. Der eigentliche Zugang erfolgte über die parallel rückseitig gelegene Rue de France. Beide Straßen haben bis heute ihren damaligen Namen behalten. Das Haus war im frühen 19. Jahrhundert von Alexandre Lions erbaut worden, der damit namengebend gewirkt hat. Das 13 Achsen breite Haupthaus ist später noch um zwei seitliche Anbauten vergrößert worden.

Fürst Joseph war nicht der Eigentümer der Villa, sondern die Familie Lions vermietete das Anwesen an ihre prominente Kundschaft in der „Saison", das heißt üblicherweise den Winter und das Frühjahr hindurch. Auch Fürst Joseph hat in den rund zwei Jahrzehnten, für die sein Aufenthalt in Nizza bezeugt ist, das Haus nicht ständig bewohnt, sondern ist natürlich im

Sommer und Herbst immer wieder auf Schloss Dyck zurückgekehrt. Neben Fürst Joseph haben auch andere prominente Persönlichkeiten zeitweilig in der Villa residiert. Zu erwähnen wären beispielsweise die Großherzogin Stephanie von Baden oder – nach Josephs Tod – der 1848 zurückgetretene bayrische König Ludwig I., der dort auch 1868 verstorben ist.[6]

Heute existieren von der Villa keine Überreste mehr. Das Gebäude ist Anfang des 20. Jahrhunderts niedergelegt und im Jahre 1910 durch ein großbürgerliches Mehrfamilienhaus ersetzt worden (Rue de France 95).

Angesichts der Tatsache, dass der Bischof von Nizza mit seinem Domkapitel die Totenmesse zelebriert hat, mag es verwundern, dass die Exequien nicht in der Kathedrale gehalten wurden, sondern in der deutlich bescheideneren Kirche St. Pierre d'Arène. Vermutlich war es schlicht die Nähe zu dem nur wenige Schritte vom Sterbehaus entfernten Gotteshaus in der Rue de France. Möglicherweise hat Joseph noch selbst diesen Wunsch geäußert.

Die im Nachruf genannten Fürsten von Stirbey (aus Rumänien) beziehungsweise Stourdza (aus Moldawien) bewohnten Villen in der Nachbarschaft der Villa Lions. Nicht nur enger Nachbar, sondern auch Freund und Gesinnungsgenosse war Comte Louis Alexandre Ladislas de Diesbach-Belleroche. Er war nicht nur einer der vier Leichentuchträger, sondern er hat auch (zusammen mit dem Apotheker Jean Draghi) den Tod des Fürsten bei den städtischen Behörden gemeldet und bezeugt.[7] Der mit Stammsitz bei Bern beheimatete Graf teilte auch die Leidenschaft Fürst Josephs für die Botanik. Der 1860 in Nizza etablierten „Societé Centrale d'Agriculture" gehörte er als Gründungs- und Vorstandsmitglied an.

Aus rheinischer Sicht gilt ein besonderes Interesse Baron und Baronin de Francq. Der an exponierter Stelle als Anführer des Trauerzuges genannte Baron de Francq ist wegen des fehlenden Vor-

Zeitgenössische Ansicht der Kirche St. Pierre d'Arène, Nizza.

Bibliothèque du Chevalier Victor de Cessole, Nizza.

Villa Lions, Domizil Fürst Josephs in Nizza.
Didier Gayraud: Belles demeures en Riviera 1835-1930, Nizza 2005, S. 120.

namens nicht leicht zu identifizieren. Ganz sicher unrichtig ist die im Text genannte Zuweisung als Urenkel Josephs, denn Fürst Joseph hatte (außer zwei früh verstorbenen Kleinkindern) keine leiblichen Nachkommen. Baron der Francq ist vielmehr ein Nachfahre seiner zweiten Frau Constance de Théis aus deren erster Ehe mit dem Chirurgen Jean Baptiste de Pipelet. Die gemeinsame Tochter Clémence „Minette" heiratete 1813 Baron Louis Bernard de Francq und hatte mit ihm drei Kinder. Diese Kinder, die schon im zarten Alter Vollwaisen wurden, sind von Joseph in sein Haus aufgenommen und wie eigene Familienmitglieder behandelt worden. So erklärt sich die Bezeichnung als „Urenkel". Von den Kindern Minettes verheiratete sich Felix Adolphe de Francq mit Charlotte von St. Rémy, mit dem Kosenamen Ozélie. Deren Sohn Emanuel de Francq ist demnach der gesuchte „Urenkel".[8]

Unbekannt war aber bislang, in welch besonders enger und herzlicher Beziehung Joseph zu Emanuels Mutter, der am Schluss des Nachrufs geradezu hymnisch gepriesenen „Baronne de Francq" gestanden hat. Ihr vollständiger Name ist zwar ebenfalls nicht genannt, aber leicht zu verifizieren durch das im „Archiv im Rhein-Kreis Neuss" vorhandene Gästebuch der Constance, das nach dem Tod von der angeheirateten Enkelin Charlotte fortgeführt wurde. Charlotte hat offensichtlich die Tradition des gastfreundlichen Hauses nach dem Tod der Großmutter ihres Gatten (1845) fortgeführt und an der Seite Fürst Josephs gewissermaßen die Rolle der Hausherrin übernommen. Mit ziemlicher Wahrscheinlichkeit stammen aus ihrer Feder auch die amateurhaften Zeichnungen mit Motiven von Nizza aus dem besagten Gästebuch. Das enge Verhältnis zwischen Fürst Joseph und Charlotte Ozélie de Francq, die ja kei-

ne eigentlichen Blutsverwandten waren, kommt auch in dem großzügigen testamentarischen Legat zum Ausdruck. Nach dem Tode Josephs erbten Charlotte und ihr Sohn die ehemalige Deutschordenskommende Ramersdorf gegenüber Bonn, ein umfangreiches und stattliches Anwesen, das Joseph 1807 im Zuge der Säkularisation ersteigert hatte.[9]

Fürst Josephs Leichnam blieb noch rund drei Wochen nach seinem Ableben in der Kirche St. Pierre d'Arène aufgebahrt. Erst am 11. April erfolgte die Überführung zum Nikolauskloster,[10] der traditionellen Grablege der Familie.

Das Nikolauskloster war im Zuge der Säkularisation 1802 profaniert und die Kapelle entweiht worden. Joseph erwarb zwar 1806 den gesamten ehemaligen Klosterkomplex, ließ aber die Kapelle ausräumen und als Lager für den angrenzenden land-

wirtschaftlichen Betrieb nutzen. Erst 1859, angesichts des nahen Todes, ließ er die Kapelle wieder zu einem Gotteshaus ausstatten und unter dem Mittelgang des Schiffes eine neue Gruft anlegen, in der er im April 1861 als erster seines Hauses seine letzte Ruhestätte fand.[11]

Die Beisetzung selbst gestaltete sich sehr schnell und schlicht. Nachdem der Leichnam am Mittag des 16. April am Bahnhof Kleinenbroich eingetroffen war, erfolgte zunächst die Überführung zu einem Trauergottesdienst in der Pfarrkirche von Bedburdyck und noch am Nachmittag wurde der Sarkophag in der Gruft des Nikolausklosters verschlossen. Obwohl auf eine offizielle Benachrichtigung verzichtet worden war, erwies eine große Trauergesellschaft, darunter der Grevenbroicher Landrat Kaspar von Heinsberg sowie mehrere Abordnungen der Schützen, Fürst Joseph die letzte Ehre.[12]

Die Bucht von Nizza, Mitte 19. Jahrhundert.
Aquarell, wahrscheinlich von Ozélie de Francq.
Archiv im Rhein-Kreis Neuss,
Gästebuch der Fürstin Constance.

1   Bis heute unverzichtbar ist die Darstellung von Jakob Bremer: Die reichsunmittelbare Herrschaft Dyck der Grafen, jetzigen Fürsten zu Salm-Reifferscheidt, Mönchengladbach 1959, bes. S. 77f. und 189-200. Aus den Arbeiten jüngerer Zeit sei verwiesen auf Margit Sachse: Als in Dyck Kakteen blühten... Leben und Werk des Dycker Schlossherrn Joseph Altgraf und Fürst zu Salm-Reifferscheidt-Dyck (1773-1861), Pulheim 2005; Sonja Geurts: „... dem Fortschreiten der Wissenschaft förderlich..." Zur Bedeutung der Pflanzensammlungen des Fürsten Joseph Salm-Reifferscheidt-Dyck, in: Jahrbuch für den Rhein-Kreis Neuss 2006, S. 50-63.

2   Archives municipales de Nice. Die mehrfachen offensichtlichen orthographischen Fehler beim offiziellen Titel des Fürsten wurden stillschweigend korrigiert.

3   Bischof von Nizza war seit 1858 Jean Pierre Sola, geb. 16.7.1791 in Carnignole/Piemont (Almanach Imperial pro 1861, Paris 1861, S. 398).

4   Pierre Joseph Redouté (1759-1840), der „Raffael der Blumen", gilt als bedeutendster Pflanzenmaler aller Zeiten.

5   Carl von Linné (1707 – 1778) begründete die bis heute gültige Systematik des Tier- und Pflanzenreichs.

6   Zum Bauwerk und seinen Bewohnern vgl. ausführlich Didier Gayraud: Belles demeures en Riviera 1835-1930, Nizza 1905, S. 120.

7   Die entsprechenden Zivilstandsregister befinden sich in den „Archives départementales des Alpes Maritimes" in Nizza.

8   Zu den biographischen Daten von Constance de Théis und ihren Nachkommen vgl. Claude Schopp: Postface zu Constance de Salm: Vingt-quatre heures d'une femme sensible, Neuauflage Paris 2007, S. 153ff.

9   Handbuch der historischen Stätten Nordrhein-Westfalen, 3. Aufl. Stuttgart 2006, S. 166.

10 So der Eintrag im „Registre des Actes de Sépulture" der Pfarrei (Les archives historiques du diocèse de Nice).

11 Karl Emsbach/Max Tauch: Kirchen, Klöster und Kapellen im Kreis Neuss, Köln 1986, S. 92.

12 Grevenbroicher Kreisblatt, 21. April 1861.

Der Deutsche Krieg (1866) – Notizen des Infanteriesoldaten Franz Heinrich Mahr aus Neuss-Grimlinghausen

Johannes Schmitz

Ab 1850 verschärfte sich zunehmend der Gegensatz zwischen Preußen und Österreich. Beide Großmächte rangen um die Vorherrschaft im Deutschen Bund, der lediglich ein loser Staatenbund souveräner Einzelstaaten war. In der deutschen Öffentlichkeit wurde immer lauter die Frage nach einer deutschen Einigung gestellt. Ziel der preußischen Außenpolitik unter Ministerpräsident von Bismarck war es, den Einfluss Österreichs im Deutschen Bund zurückzudrängen und die Reichseinigung – unter Ausschluss Österreichs – herbeizuführen. Preußen sollte der dominierende Staat in dem zu gründenden Deutschen Reich werden.

Der Deutsche Krieg (1866) zwischen Preußen, welches mit den norddeutschen Kleinstaaten verbündet war, und Österreich, auf dessen Seite die Mittelstaaten wie die Königreiche Sachsen und Hannover kämpften, entzündete sich an der Frage der Verwaltung der beiden Herzogtümer Schleswig und Holstein. Diese standen seit 1864 unter preußisch-österreichischer Verwaltung. Der preußische Sieg über Österreich am 3. Juli 1866 bei Königgrätz in Böhmen hatte zur Folge, dass der Deutsche Bund aufgelöst wurde. Der Deutsche Krieg, er war einer von drei Einigungskriegen, stellte einen wichtigen Schritt zur Reichseinigung im Jahr 1871 dar.

Quellen

Durch Zufall wurde in einer privaten Sammlung die Hinterlassenschaft des preußischen Infanteriesoldaten Franz Heinrich Mahr und seiner Familie aus Neuss-Grimlinghausen entdeckt, der am Deutschen Krieg teilnahm. Es handelt sich um ein schwarzes Notizheft, ein Fotoalbum, zwei Totenzettel, eine Todesanzeige und einen Geleitschein. Im Stadtarchiv Neuss hat sich ein Bauantrag Franz Heinrich Mahrs aus dem Jahr 1913 erhalten.[1] Daneben werden in den Stadtarchiven Neuss und Düsseldorf die amtlichen Ge-

Vorderer Einband von Johann Heinrich Mahrs Fotoalbum. Einband: Karton, rot gefärbtes Leder. Verschluss: Messingschnalle. Foto: J. Schmitz

Franz Heinrich Mahr als Musiker in Uniform.   *Repro: J. Schmitz.*

burts-, Hochzeits-, Sterbe- und Melderegister verwahrt, die Auskunft über den Stammbaum der Familie Mahr geben.

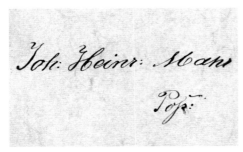

Blatt 1 des Fotoalbums. Autogramm Johann Heinrich Mahrs.　　　　*Repro: J. Schmitz.*

Das Notizheft, das Franz Heinrich Mahr während des Deutschen Krieges führte, umfasst 18 beschriebene Blätter. Die Eintragungen wurden mit Tinte und Bleistift vorgenommen. Einige Blätter wurden herausgerissen. Die Eintragungen, die Franz Heinrich Mahr mit Tinte in sein Notizheft schrieb, sind sauber ausgeführt; die Eintragungen, die er mit Bleistift vornahm, sind sehr flüchtig und teilweise schwer zu entziffern. Meist handelt es sich bei den Eintragungen um musikalische Übungen, Beschreibungen der Marschroute, besondere Erlebnisse, Soldzahlungen sowie Adressen. Die Aufzeichnungen erfolgten teilweise in Form von kurzen Tagebucheintragungen.

Franz Mahr begann mit der Führung des Heftes, als seine Truppeneinheit den Befehl zur Mobilmachung erhielt. Einige Hinweise lassen darauf schließen, dass er, bevor seine Truppeneinheit ausrückte, einige Eintragungen in das Heft mit Tinte schrieb.[2] Im Feld schrieb Franz Mahr ausschließlich mit Bleistift. Der schwarze Einband des Heftes weist starke Gebrauchsspuren auf. Ab Juli 1867 erfolgten keine Eintragungen mehr, obwohl noch einige Blätter unbeschrieben waren. Die Gründe dafür lassen sich nicht erschließen.

Der Quellenwert des Notizheftes basiert darauf, dass nur wenige Selbstzeugnisse einfacher Soldaten aus der Zeit des Deutschen Krieges überliefert sind. So wurden bis heute lediglich drei Tagebücher von Mannschaftsdienstgraden bekannt.[3] Die Quelle erlaubt einen lebendigen Einblick in den Lebensalltag eines Infanteristen.

Zusätzlichen Wert erhält die Quelle dadurch, dass weitere Zeugnisse aus dem Leben Franz Mahrs und seiner Familie überliefert sind: Ein Foto zeigt ihn als jungen Soldaten in Uniform, ein zweites Foto als älteren Mann in Zivil und weitere Familienangehörige. Die Fotos gehören zu einem kleinen Fotoalbum, das ursprünglich dem Bruder Franz Heinrich Mahrs, Johann Heinrich, gehörte. Auf dem ersten Blatt des Fotoalbums schrieb Johann Heinrich Mahr seinen Namen nieder und gibt seinen Beruf, *„Pohs[tillon]"* (Spielmann in einem Musikkorps), an. Die

Johann Heinrich Mahr in Armeeuniform mit Trompete.　　　　*Repro: J. Schmitz.*

Entstehungszeit des Fotoalbums kann somit auf etwa 1860 datiert werden.

Wie dem Fotoalbum der Familie Mahr zu entnehmen ist, war die Familie sehr musikalisch. Neben Franz Heinrich Mahr und seinem Bruder Johann Heinrich verdienten im späten 19. und frühen 20. Jahrhundert zahlreiche weitere Angehörige der Familie Mahr als (Armee-)Musiker ihren Lebensunterhalt.[4] Aufgrund der Beschriftung der Bilder durch die Tochter Franz Mahrs, Helene Mahr, können die Fotos eindeutig zugeordnet werden. Über den weiteren Lebensweg Franz Mahrs sind wir durch eine Todesanzeige und zwei Totenzettel informiert.

Die Familie Mahr

Die Familie Mahr[5] stammt ursprünglich aus Kalkum (Düsseldorf). Der Vater von Franz Heinrich Mahr, Adolph Theodor, wurde in der Pfarrkirche St.-Lambertus in Kalkum getauft. Das Taufregister der Pfarrkirche überliefert, dass die Familie Mahr auf dem „Geißerhoff" wohnte. Die Landwirtschaft bildete somit die Lebensgrundlage. Wahrscheinlich war der Hof, auf dem die Familie Mahr lebte, lediglich gepachtet. Spätestens ab 1836, seit der Geburt des ersten Sohnes Wilhelm, hielt sich die Familie Mahr nachweisbar in Grimlinghausen auf, einem Dorf fünf Kilometer südlich von Neuss an der Erftmündung. Die Mahrs müssen eine angesehene und gebildete Familie gewesen sein, obwohl sie zu den eher armen Einwohnern zählten. Adolph Theodor Mahr wurde von 1829 bis 1852 in den Gemeinderat von Grimlinghausen gewählt.[6] Als „beigeordneter Bürgermeister" führte Adolph Mahr von Februar 1844 bis September 1846 das Personenstandsregister der Gemeinden Grimlinghausen und Norf. Weil Adolph Theodor Mahr zur Zeit der Geburt seiner Tochter Elisabeth das Amt bekleidete und deswegen nicht selbst die Geburt im amtlichen Register beglau-

bigen durfte, nahm dies der Bürgermeister Karl Kahler vor.

Johann Heinrich, der Bruder Franz Heinrichs, arbeitete nach seinem Militärdienst als „Postillon", als „Agent und Musiker"[7], wie seine amtliche Meldebescheinigung berichtet, die im Stadtarchiv Neuss verwahrt wird. Er wohnte zunächst am Freithof in Neuss und verzog später nach Heerdt, wo er auch verstarb. Johann Heinrich Mahr verdiente als Gewerbetreibender (Agent) seinen Unterhalt, ohne dass die Quelle Näheres berichtet. Das Musizieren war lediglich ein Nebenerwerb. Mündlichen Berichten zur Folge, zog Johann Heinrich von Kirmes zu Kirmes, um etwas Geld zu verdienen.[8]

Franz Heinrich Mahr als Kriegsteilnehmer

Dank des bereits erwähnten Notizbuches sind wir über die Erlebnisse Franz Heinrich Mahrs während des Deutschen Krieges gut unterrichtet. Auf der Rückseite des vorderen Einbandes des Notizbuches teilt er dem Leser zunächst seinen Namen, die Armeeeinheit, der er angehörte, und seinen Dienstrang mit. Franz Heinrich Mahr diente als Spielmann im 8. Festungsregiment Nr. 57 in Wesel. Er selbst bezeichnet sich als „Postillon". Danach berichtet er über die Beweggründe, die ihn veranlassten, in die preußische Armee einzutreten, und nennt sein Geburtsdatum: *„Geboren den 24. April 1842 in Grimlinghausen bei Neuß am Rhein. Da gibt es viel Wasser aber wenig Weihn[.]"*[9]

Offensichtlich trat Franz Heinrich Mahr aus Armut in die Armee ein und war 24 Jahre alt, als der Konflikt 1866 ausbrach. Über die Geschichte des Infanterieregiments, dem er angehörte, sind wir durch eine Chronik, die Ende des 19. Jahrhunderts verfasst wurde, gut unterrichtet.[10]

Das 8. Infanterieregiment Nr. 57 war 1860 gegründet worden und in drei Bataillone gegliedert: Das erste Bataillon stand in Wesel, das zweite Bataillon war zeitweise in Neuss stationiert und der Standort des dritten Bataillons war Geldern.[11] Zur Gründung eines Musikkorps wurden für 600 Taler Musikinstrumente angeschafft. Den ersten Einsatz hatte das Infanterieregiment bei einem Manöver 1861 südlich von Neuss.[12] Bei der Mobilmachung 1866 umfasste das Regiment Nr. 57 knapp 3250 Mann, zu denen 64 Musiker gehörten.[13]

Sicherlich besuchte Franz Heinrich Mahr lediglich die Volksschule und erhielt keine höhere Bildung. Dies wird aus den Eintragungen auf dem vierten und fünften Blatt seines Notizbuches deutlich. Weil Franz Heinrich Mahr der lateinischen Sprache nicht kundig war, notierte er sich für die Tonstufen Terz bis Dezime die entsprechende Übersetzung in Deutsch in sein Notizheft.[14] Seinen Kameraden, mit denen er zusammen spielte, waren diese Begriffe offenbar geläufig.

Musikalische Übung auf Blatt 5 des Notizbuches.
Repro: J. Schmitz.

Am 28. Mai 1866 verließ das 8. Infanterieregiment seinen Standort in Wesel. Franz Heinrich Mahr überliefert: *„28. [Mai] aus Wesel mar[schiert] nach Sterkrathe[,] von da nach Duisburg, des Mitags eingeladen [...]".* Von Duisburg aus wurden die Soldaten mit der Eisenbahn nach Zeitz an die sächsische Grenze gebracht.[15]

Wahrscheinlich musste Franz Heinrich Mahr mit mehreren Musikern, die ihm unbekannt waren und aus anderen Truppeneinheiten stammten, zusammen spielen. So notierte er in seinem Notizbuch: *„Füßelier Johann Göbel beim Landwehrstamm in Geldern[;] Husar Jacob Heiter beim 1. Vestungsregiment Husaren Regiment 4 Eskardon Nr. 8 in Paderborn[;] Den Herrn Hugo Spitz in Ketterig vor der Brücke[;] Den Ulan Johann Görgen, 1. Eskardron Vestungs-Ulanen-Regiment Nr. 5 in Düsseldorf[;] Herrn Schnitzler in Dahlen[.]"[16]* Auf Blatt 1 und 5 schrieb Mahr Noten und Spielanweisungen nieder: *„G Trompete, die lezte Fentiel zu E tragt[;] F Trompete[,] die letzte Fentiel zu D tragt[;] Tenorhorn steth in C und H[.]"[17]* Des Weiteren hielt er eine Übung fest:

Das 8. Infanterieregiment war Teil der preußischen Elbarmee, die über Sachsen kommend, welches mit Österreich verbündet war, in den österreichischen Landesteil Böhmen einfallen sollte.[18] Die Infanteriesoldaten waren sicherlich froh, dass sie während der langen Märsche musikalisch begleitet wurden. Wie Franz Heinrich Mahr überliefert, waren stundenlange Märsche üblich. Hin und wieder wurde ein Ruhetag eingelegt.[19]

Mitte Juni 1866 näherte sich die Elbarmee dem Gegner. Mahr berichtet: *„ 10. Juni nach Schildau[,] 15. [Juni] auf der Grenze Biwack[,] 16. [Juni] 7 Uhr morgens die sächsische Gränze überschrieden, marschiert bis 1 Stunde hinter Oschatz im Quartire."[20]* Nach der Regimentschronik soll die Musikkapelle beim Überqueren der Grenze den Preußenmarsch gespielt haben, der von den Soldaten *„begeistert mitgesungen wurde"[21]*.

Die mit Österreich verbündete sächsische Armee, die unter Führung des sächsischen Kronprinzen Albert stand, hatte sich aufgrund der Übermacht der preußischen Armee nach Böhmen zurückgezogen. In Böhmen sollte die Vereinigung mit der österreichischen Armee erfolgen. Auf sächsischem Boden fanden keine Kampfhandlungen statt, so dass Franz Heinrich Mahrs Einheit ungehindert vorrücken konnte. Bereits vier Tage nach dem Überschreiten der sächsischen Grenze erreichte Mahr Dresden, die Hauptstadt Sachsens. Das Infanterieregiment schlug seine Zelte im Schlossgarten auf.

Das Leben als gewöhnlicher Infanterist muss sehr entbehrungsreich gewesen sein. So berichtet die Regimentschronik, dass am ersten Abend das Infanterieregiment Franz Heinrich Mahrs *„die Nacht ohne Holz und Stroh verbringen"*[22] musste. Auch Versorgungsengpässe bei Lebensmitteln traten auf, wenn der Tross mit den vorrückenden Einheiten nicht mithalten konnte. Die große körperliche Belastung durch die langen Märsche, das heiße Wetter im Sommer 1866 und das entbehrungsreiche Leben forderten ihren Tribut. Unter den Soldaten breiteten sich epidemieartig Infektionskrankheiten wie die Cholera aus. Insgesamt 94 Soldaten aus Mahrs Einheit starben an diesen Seuchen.[23] Um diesen Infektionskrankheiten zu begegnen, schrieb Franz Heinrich Mahr einige Rezepte auf:

„Rezebt gegen den Stickhusten
Candis 5 Stück
Süßholz 1 Stück
Senna Blätter 1 Stück
Sublika Schwefel 1 Quarth
Anis gemeiner 1 Quarth
Gemischt und gepulfert nach Naturstärk eingenommen

Für den Durchfal
Drokenbrod mit Salz und Kümel
Für den Ausschlag im Gestige der Rinder. Lebertrahn mit Kreide zu Salbe."[24]

Am 23. Juni 1866 passierte die Elbarmee die böhmische Grenze, um die sich zurückziehende sächsische Armee zu stellen. Ziel war Gitschin, um sich dort mit den beiden anderen preußischen Armeen, der ersten und zweiten Armee, die an der schlesischen Grenze standen, zu vereinen. Franz Heinrich Mahr berichtet: *„27. [Juni] nach Böhmisch Eichern[,] 28. Schlacht bei Münchengrätz, da in Quartire[.] 29. Ruhetag[,] 30. Biwak[.] Den 1. [Juli] Biwack und 2. [Juli] Schlacht bei Königsgrätz[.]"*[25]

Der sächsische Kronprinz Albert hatte seine Truppen bei Münchengrätz mit der Absicht zusammengezogen, die Straße nach Gitschin zu sichern und eine Vereinigung der Elbarmee mit den beiden anderen preußischen Armeen zu verhindern. Aufgrund der irrigen Annahme der Sachsen, es stünde ihnen nur die preußische Vorhut gegenüber, gelang es den preußischen Verbänden relativ leicht, die österreichisch-sächsischen Einheiten zu überrumpeln und strategisch wichtige Positionen bei Münchengrätz einzunehmen. Die österreichisch-sächsischen Verbände wurden zurückgeworfen. Die Elbarmee nahm daraufhin die Verfolgung des Gegners auf, ohne ihn allerdings zu stellen. In teilweise erschöpfenden Nachtmärschen gelang es den zurückweichenden Verbänden, eine halbkreisförmige Verteidigungsstellung bei Königgrätz zu beziehen.[26]

Entgegen der Angabe Franz Heinrich Mahrs fand die Schlacht bei Königgrätz erst am 3. Juli 1866 statt. Am Tag zuvor hatten allerdings preußische Vorausabteilungen die Stellungen des Gegners ausgekundschaftet. Das irrtümliche Datum kann wohl damit erklärt werden, dass die Elbarmee, die den südlichen Flügel der preußischen Armee bei Königgrätz bildete, erst sehr spät in die Kämpfe eingriff. Der einzige Weg war nur schwer passierbar und zunächst musste eine zerstörte Brücke wieder hergestellt werden.[27] Franz Heinrich Mahr fehlte als Infanterist schlicht die Übersicht über die Geschehnisse auf dem Schlachtfeld.

Es gelang der preußischen Armee nach heftiger Gegenwehr, den Gegner zur Aufgabe seiner vordersten Verteidigungsstellung zu zwingen und die österreichisch-sächsische Armee beinahe vollständig einzukesseln. Die Verluste, insgesamt 52.000 Soldaten, waren auf beiden Seiten hoch. 108 Soldaten des Infanterieregiments Nr. 57, zu dem Franz Heinrich Mahr gehörte, waren gefallen.[28] Aufgrund der enormen Erschöpfung der Soldaten verzichtete das preußische Hauptquartier auf die Fortsetzung der Kampfhandlungen und ließ die geschlagenen österreichisch-sächsischen Truppen ziehen.[29] Franz Heinrich Mahr berichtet: *„[...], im Schlachtfelde im Biwack[.] 4. Juli Biwack bei Lipa[.]"*[30]. Auffallend ist, dass Mahr in seinen Schilderungen nicht auf die großen menschlichen Verluste eingeht. Wahrscheinlich war dies eine Strategie, um das Erlebte zu verdrängen.

Auch wenn die österreichischen Truppen nicht vollständig geschlagen waren, so war die Schlacht von Königgrätz der Wendepunkt in der Auseinandersetzung. Der österreichische Kaiser versuchte auf diplomatischem Wege, einen Waffenstillstand herbeizuführen, der in einen Friedensvertrag münden sollte. Die österreichischen Truppen zogen sich Richtung Wien zurück, so dass die Elbarmee ungehindert vorrücken konnte. Erst am 7./8. Juli 1866 nahm die Elbarmee die Verfolgung des Gegners wieder auf. Elf Tage marschierte Franz Heinrich Mahrs Einheit, ohne einen Ruhetag einzulegen. Die Marschroute ging über Iglau nach Aspern vor den Toren Wiens. Mit dem Vorfrieden von Nikolsburg am 26. Juli 1866 wurden die Kampfhandlungen eingestellt.[31]

Einen Einblick in den Lebensalltag eines einfachen Infanteristen, der durch Böhmen marschierte, bieten die Notizen, die Franz Heinrich Mahr auf dem dritten Blatt in seinem Notizbuch machte. Dort legte er ein kleines Wörterbuch der tschechischen Sprache an.

„Melika	*- Milch*
Maßlo	*- Butter*
Bromburer	*- Kartoffeln*
Daliß	*- Söller*
Hernitschek	*- Topf*
[...]sehr	*- Käse*
Melika	*- Milch"*[32]

Mahr schrieb einfache Wörter auf, die notwendig waren, um mit der böhmischen Bevölkerung Kontakt aufnehmen zu können und einen Schlafplatz und Essen zu erhalten. Es fiel ihm offensichtlich schwer, in der ihm nicht vertrauten Sprache zu schreiben. Der erste Begriff *„Melika"* wurde mehrfach überschrieben, so dass sich Franz Heinrich Mahr genötigt sah, ihn am Ende seines kleinen Wörterbuches erneut aufzuschreiben. Zwar entsprechen die Wörter nicht der heutigen tschechischen Schreibweise, sie kommen ihr aber sehr nahe. So wird der Begriff *„Melika"* korrekt *„mléko"* geschrieben.

Auf den letzten Seiten seines Notizbuches hielt Franz Heinrich Mahr die Lohnzahlungen und Zuwendungen fest, die er während des Feldzuges erhielt.[33] Zahlmeister war sein Kapellmeister. Als Lohn erhielt Franz Heinrich Mahr 25 Groschen, *„jeden ersten des Monats 2 Thaler, 2 Groschen Ferpflegungszuschus"*. An Sachzuwendungen erhielt ein Infanteriesoldat nach Mahr *„alle Fiertage ein brod 5 Pfund 18 Loth, alle 7 1/5 Monat ein paar Stiefel, alle 8 Monat ein Hemd, alle 3 3/5 Monat ein paar Sohlen. Vom dritten Paar Stiefeln die Schäfte abgeben."* Die Zusammenstellung über die Kleiderzuwendungen, die Franz Heinrich Mahr erhielt, führte er bis zum 2. Juli 1867 fort. Daneben bezog Mahr weitere Ausrüstungsstücke, die anscheinend nicht einer turnusgemäßen Zuteilung unterlagen und wohl zu Beginn des Feldzuges ausgegeben worden waren: Brotbeutel, mehrere *„täschgentts"*, Hand- und Taschentücher, Unterwäsche und Strümpfe.[34]

Während des Deutschen Krieges wurden auch Freundschaften zwischen den preußischen Soldaten und der einheimischen Bevölkerung geschlossen. So notierte Franz Heinrich Mahr die Adresse eines „*Fräulein Theresia Lehmer[,] Göllersdorf Haus N. 40 bei Stockerau[,] Österreich*" und eines „*Herrn Martin Schott*" aus Tepl in Böhmen.[35] Offenbar beabsichtigte Franz Heinrich Mahr, in Kontakt zu bleiben und beiden zu schreiben. Vielleicht gab er ihnen auch seine Adresse. Auf diese Weise könnten die fehlenden Blätter in Mahrs Notizbuch erklärt werden.

Der Rückzug der Elbarmee erfolgte über Niederösterreich. Am 16. August 1866 wurde die Moldau in Böhmen überschritten und am 2. September die sächsischböhmische Grenze bei Klingenthal überquert. Über den weiteren Weg schreibt Franz Heinrich Mahr: „*Den 7. Zeitz[.] Dan den 8. auf die Bahn[.] Den 9. nach Hannover[.] Und da sind wir gefahren nach bis heute[.]*"[36]

Hannover sollte der vorläufige neue Standort des Regiments Nr. 57 bleiben. Die preußische Regierung befürchtete offensichtlich Aufstände im Königreich Hannover, das sie während des Deutschen Krieges annektiert hatte. Erst nach vier Jahren wurde das Infanterieregiment Franz Heinrich Mahrs an seinen alten Standort am Niederrhein zurückverlegt.[37]

Im Jahr 1878 wurde auf dem Münsterplatz in Neuss ein Kriegerdenkmal errichtet, das an die Gefallenen der Einigungskriege von 1864, 1866 und 1870/71 aus dem Kreises Neuss erinnern sollte. Der Kölner Künstler Wilhelm Albermann wurde nach einer Ausschreibung mit der Ausführung des Ehrenmals beauftragt.[38] Bei dem Denkmal handelte es sich um ein reich gegliedertes Pfeilerdenkmal, das insgesamt elf Meter hoch war. Während des Zweiten Weltkrieges wurde es schwer beschädigt. Drei Reliefplatten, die jeweils von einem Medaillon bekrönt werden, wurden aus den Trümmern gerettet und auf dem Hauptfriedhof in Neuss wieder aufgestellt. Die Medaillons der Reliefplat-

Reliefplatte des Kriegerdenkmals von 1878 zum Gedenken an die Gefallenen der Kriege von 1864, 1866 und 1870/71. Das Medaillon stellt Kaiser Wilhelm I. dar. Foto: J. Schmitz.

ten zeigen Kaiser Wilhelm I., den Kronprinzen Friedrich und das Stadtwappen von Neuss. Die Reliefs sind heute stark verwittert und die Inschriften nur noch schwer zu entziffern. Weil keine erläuternde Inschrift vorhanden ist, die einen Hinweis auf die Einigungskriege gibt, dürfte heute nur noch sehr wenigen Bürgern die Bedeutung dieses Denkmals bekannt sein. Drei Bürger Grimlinghausens sind der Inschrift zufolge während der Einigungskriege gefallen: Andreas Pascher, Peter Rosslenbroich und Mathias Speck. Nach der Zerstörung des Ehrenmals auf dem Münsterplatz ließ die Stadt Neuss zum Gedenken der Gefallenen der

Ehrenmal vor dem Zeughaus in Neuss.
Foto: I. Kantur.

Bronzetafel am Ehrenmal vor dem Zeughaus.
Foto: I. Kantur.

Einigungskriege des 19. Jahrhunderts und des Zweiten Weltkrieges eine Bronzetafel an dem Ehrenmal vor dem Zeughaus anbringen, das während der Weimarer Republik zum Gedenken an die Gefallenen des Ersten Weltkrieges errichtet worden war.

Franz Heinrich Mahr als Zivilist

Nach der Militärzeit kehrte Franz Heinrich Mahr in seinen Heimatort Grimlinghausen zurück und arbeitete als „Ackerer".[39] Über den genauen Zeitpunkt seines Ausscheidens aus dem Militärdienst können keine Aussagen gemacht werden, weil das preußische Militärarchiv bei einem Bombenangriff auf Potsdam 1945 zerstört wurde.

Franz Heinrich Mahr ehelichte 1872 Anna Elisabeth Küpper und verdiente wie sein Vater Adolph Theodor Mahr als Landwirt seinen Lebensunterhalt. Die Familie verfügte nur über wenig Land. Aus der Ehe mit Anna Elisabeth Küpper gingen zehn Kinder hervor, von denen sechs frühzeitig starben. Drei Kinder verstarben wenige Stunden beziehungsweise Tage nach der Geburt, noch bevor sie getauft worden waren und die Söhne Jakob (drei Jahre) und Franz Wilhelm (sieben Jahre) verstarben im Spätsommer 1881 kurz nach einander. Für die Eltern muss der Tod der beiden Kinder sehr schmerzhaft

gewesen sein. Lediglich die Kinder Christine, Hermann Hubert, Helene und Jakob erreichten das Erwachsenenalter. Helene, von manchen Dorfbewohnern auch „Lenchen" genannt, und Jakob blieben unverheiratet.

Jakob folgte seinem Vater Franz Heinrich Mahr und arbeitete als „cultivateur", wie ein Geleitschein aus dem Jahr 1918 überliefert. Die alliierten Besatzungstruppen nach dem Ersten Weltkrieg hatten in ihren Besatzungszonen die Bewegungsfreiheit der Bürger eingeschränkt. Dieser Geleitschein war von dem Kommandant der belgischen Truppen in Norf ausgestellt worden und erlaubte Jakob Mahr, „avec une voiture" (mit einem Fuhrwerk) Güter nach Neuss und Norf zu fahren. „A pied" (zu Fuß) durfte er das Gebiet der Gemeinde Grimlinghausen-Norf nicht verlassen. Offenbar beabsichtigte Jakob Mahr dort einen Teil seiner Ernte zu verkaufen. Der Geleitschein war allerdings nur für einen begrenzten Zeitraum im Dezember 1918 und Januar 1919 gültig. Das Dokument verdeutlicht eindrucksvoll, welchen Restriktionen die Bürger in den Besatzungszonen unterworfen waren.

Hermann Hubert Mahr verzog nach Neukirchen bei Grevenbroich und arbeitete wie sein Bruder Jakob als Landwirt. Noch heute ist der Familienname Mahr in Neukirchen vertreten; Nachkommen von Christine Mahr, die Familie Sieben, leben in Neuss-Grimlinghausen.

Wohnhaus der Familie Mahr. Ölgemälde von F. P. Sturm. Das Gemälde gibt das Aussehen des Hauses um 1934 wieder.
Repro: J. Schmitz

Wie Abbildungen und ein Grundriss überliefern, wohnte die Familie Franz Heinrich Mahrs in einem bescheidenen Haus an der Kieselstraße 1, der heutigen Kasterstraße, ganz in der Nähe des Rheins. Unmittelbar vor der linken Hausecke stand ein Wegekreuz aus dem 18. Jahrhundert.[40] Auf der rechten Seite wurde das Wohnhaus von einem Stall flankiert. Hinter dem Wohnhaus befanden sich weitere Wirtschaftsgebäude: Backhaus, Ställe und Scheune. Die Gebäude umschlossen einen rechteckigen Innenhof,[41] zur Rheinuferstraße hin lag ein Garten. Die Geschwister Jakob und Helene blieben nach dem Ableben ihrer Eltern in dem Haus wohnen. Nach 1975, dem Tod Helenes, wurden die Gebäude niedergelegt und durch einen Neubau ersetzt.

1913 verstarb Franz Heinrich Mahrs Ehefrau Anna Elisabeth. Er muss ein religiöser und sozial engagierter Mensch ge-

Lageplan des Anwesens der Familie Franz Mahr (1913).
Stadtarchiv Neuss, Grimlinghausen, C. 01, 97.
Repro: Stadtarchiv Neuss.

Franz Heinrich Mahr als älterer Mann.
Repro: J. Schmitz.

Todesanzeige von Franz Heinrich Mahr.
Repro: J. Schmitz.

wesen sein und gehörte bis ins hohe Alter der kirchlichen Gemeindevertretung und dem Gemeinderat an. Im Alter von 78 Jahren verstarb Franz Heinrich Mahr am 16. März 1920 in Grimlinghausen. Von einem seiner Kinder, Helene Mahr, bekam ein Sammler aus Neuss-Grimlinghausen die Quellen geschenkt, die nun veröffentlicht werden konnten.

Zusammenfassung

Franz Heinrich Mahr trat als junger Mann in die preußische Armee ein, weil er die Hoffnung hatte, dort ein gesicher-

tes Auskommen zu haben. Er diente im Infanterieregiment Nr. 57, das in Wesel stationiert war. Während des Deutschen Krieges 1866 nahm Franz Mahr als Musiker an dem Konflikt teil. Mit Ausbruch des Krieges legte er ein Notizbuch an, welches er teilweise wie ein Tagebuch führte. Zwar liefern die Aufzeichnungen Mahrs keine neuen Erkenntnisse über den Kriegsverlauf oder berühmte Persönlichkeiten, sie bieten aber einen lebendigen Einblick in den Alltag eines einfachen Soldaten. Dies ist umso bedeutsamer, weil zumeist nur Quellenmaterial von höheren Dienstgraden überliefert ist.

1   Lageplan des Anwesens der Familie Franz Mahr (1913). Stadtarchiv Neuss, Grimlinghausen, C. 01, 97.
2   So schrieb Franz Mahr seinen Namen, persönliche Angaben und die Truppeneinheit, der er angehörte, mit schwarzer Tinte auf die Rückseite des vorderen Einbandes.
3   Das Kriegstagebuch des preußischen Gefreiten Albert Koch aus dem West- und Mainfeldzug des Jahres 1866, hrsg. von Hartwig Stein, Frankfurt am Main 2009, S. 106. Siehe dazu auch: Bergmann, Ernst von: Kriegsbriefe 1866, 1870/71 und 1877, Leipzig 1914. Ein Kriegstagebuch aus dem Ersten Weltkrieg wurde in der Reihe „Jahrbuch für den Rhein-Kreis Neuss" bereits in Auszügen vorgestellt. Siehe dazu: Ströher, Peter: „Man kann es gar nicht fassen, daß sich die Menschen gegenseitig soviel Leid antun können", in: Jahrbuch für den Rhein-Kreis Neuss 2010, hrsg. vom Kreisheimatbund Neuss e.V., 2009, S. 100-117.
4   Fotoalbum, Bl. 1-3.
5   Informationen über die Familie Mahr sind den Personenstandsbüchern der Stadtarchive Neuss und Düsseldorf sowie des Archivs im Rhein-Kreis Neuss in Dormagen-Zons entnommen.
6   Bürgermeister war Karl Kahler von 1841-1851.
7   Stadtarchiv Neuss, Melderegister.
8   Für den Hinweis sei Rüdiger Schmitz herzlich gedankt.
9   Notizbuch, Rückseite des vorderen Einbandes.
10 Feiber, Richard: Geschichte des Infanterieregiments Herzog Ferdinand von Braunschweig (8. Westfälisches) Nr. 57, Berlin 1901.
11 Feiber, S. 10.
12 Feiber, S. 16f.
13 Feiber, S. 23.
14 Notizbuch, Bl. 4f.
15 Notizbuch, Bl. 7. Zur Marschroute siehe: Feiber, Karte I.
16 Notizbuch, Bl. 3.
17 Notizbuch, Bl. 1 und 5.
18 Helmert, Heinz / Usczeck, Hansjürgen: Preußisch-Deutsche Kriege von 1864-1871, Berlin 1975, S. 155ff.
19 Notizbuch, Bl. 7-11.
20 Notizbuch, Bl. 7.
21 Feiber, S. 27.
22 Feiber, S. 26.
23 Feiber, S. 58, 61f.
24 Notizbuch, Bl. 12.
25 Notizbuch, Bl. 8.
26 Notizbuch, Bl. 8. Helmert / Usczeck, S. 118-129.
27 Helmert / Usczeck, S. 130-132.
28 Feiber, S. 50.
29 Helmert / Usczeck, S. 140f.
30 Notizbuch, Bl. 8. Die Ortschaft Lipa war Teil des Schlachtfeldes von Königgrätz.
31 Notizbuch, Bl. 8. Helmert / Usczeck, S. 142, S. 170.
32 Notizbuch, Bl. 2.
33 Notizbuch, Bl. 18-20.
34 Ebenda.
35 Notizbuch, Bl. 13.
36 Notizbuch, Bl. 11.
37 Feiber, S. 62f., S. 242f.
38 Schmidt, Werner: Spuren des Bildhauers Wilhelm Albermann im Kreis Neuss, in: Jahrbuch für den Kreis Neuss, hrsg. vom Kreisheimatbund, Neuss 2002, S. 134-141; Heß, Jürgen: Neusser Denkmäler, hrsg. von: Die Heimatfreunde, Neuss 2011.
39 Vgl. ebenda.
40 Das Wegekreuz wurde vor wenigen Jahren restauriert.
41 Stadtarchiv Neuss, Grimlinghausen, A 1002.

Die Chronik des Rommerskirchener Pfarrers Dr. med. Christian Aumüller (1873-1885)

Martin Lambertz

Pfarrer Aumüller und seine Chronik

Schon in den Jahrbüchern für den Rhein-Kreis Neuss der Jahre 2005 und 2006 wurde eine Quelle aus Rommerskirchen vorgestellt und in Auszügen präsentiert. Es handelte sich um die Chronik des Schmiedemeisters und Landwirts Johann Peter Hurtz. In dem vorliegenden Beitrag soll, ebenfalls in Auszügen, eine weitere Quelle aus der Rommerskirchener Geschichte vorgestellt werden.

Die Rede ist von der sogenannten „Pfarrchronik" der Jahre 1873 bis 1885, welche vom damaligen Pfarrer Christian Aumüller verfasst wurde und heute im Archiv der Gemeinde Rommerskirchen gelagert ist. Mittlerweile ist die Chronik dank der Arbeit des Geschichtskreises Rommerskirchen auch in digitalisierter Form im Internet abrufbar (http://wiki-de.genealogy.net/Geschichtskreis_Rommerskirchen).

Pfarrer Aumüller, an den heute eine Straße im Rommerskirchener Ortsteil Gill erinnert, wurde im Jahre 1807 am 5. Oktober in Münster geboren. Bereits zwei Tage später in der Liebfrauenkirche in Münster auf den Namen Christian Heinrich getauft, studierte er ab 1828 an der Universität Münster an der philosophischen Fakultät und am medizinisch-chirurgischen Institut. 1833 beendete er sein Studium durch Promotion an der Friedrich-Wilhelms-Universität Berlin.

Ein Jahr später praktizierte er als Arzt, Chirurg und Geburtshelfer in Coesfeld. Am 1. September 1835 heiratete er in seiner Geburtsstadt Münster die 28-jährige Catharina Elisabeth Antoinetta Ester, mit der er drei Töchter hatte. Nach der Heirat ließ Aumüller sich als praktischer Arzt und Wundarzt in Xanten nieder, bevor er bis 1839 in Zündorf beheimatet war. Im Jahr 1840 verstarb Aumüllers Frau. Von nun an begann ein grundlegender Wandel im Leben des damals 33-jährigen. Er begann ein Theologiestudium und wurde 1843 durch den Kölner Erzbischof von Geissel in der Minoritenkirche zum Priester geweiht. Anschließend erhielt er in Köln-Deutz eine Stelle als Kaplan, die er drei Jahre innehatte, bevor er Pastor in Rösrath wurde. 1852 wechselte er nach Birk, wo er bis zu seiner Versetzung nach Rommerskirchen im Jahre 1873 seiner Kirche diente. Mit seinem Eintreffen in der Gemeinde Rommerskirchen begann er damit, die im vorliegenden Beitrag vorgestellte Chronik zu verfassen. Zuvor hatte er auch in Birk eine ähnliche Chronik sowie ein Gesangs- und Gebetbuch verfasst. Am 22. Juni 1892 verstarb Aumüller und wurde an seiner letzten Wirkungsstätte begraben. Auf dem „alten Friedhof" in Rommerskirchen an der heutigen Kirchstraße ist noch heute sein Grabstein zu sehen.

Dr. Christian Heinrich Aumüller (1807-1892), Pfarrer in Rommerskirchen von 1873 bis 1892.

Bevor die abgedruckten Auszüge für sich selber sprechen sollen, noch einige Bemerkungen zum Aufbau der Quelle und zu der Zeit, in der sie entstand. Die Quelle umfasst insgesamt 178 handgeschriebene Seiten. Aumüller hat seine Chronik, wie meist bei dieser Form der Niederschrift üblich, nach Jahren geordnet und innerhalb der Jahre mal größere, mal kleinere Kapitel mit jeweils einzeln vergebenen Überschriften betitelt. Teilweise macht er zusätzlich Randbemerkungen, die teils von erklärender, teils kommentierender Natur sind.

Inhaltlich stellt Aumüller sowohl das Dorfgeschehen als auch die Ereignisse der Politik in nah und fern dar. Besonderes Augenmerk legt er immer wieder auf Geschehnisse, die, seiner Meinung nach, den Sittenverfall der Zeit darstellen. Einen weiteren Schwerpunkt bilden Ereignisse des soge-

nannten Kulturkampfes, der die Zeit prägte, in der die Chronik verfasst wurde.

Aumüller war von diesem Kampf des preußischen Staates gegen die katholische Kirche als Pfarrer unmittelbar betroffen. Besonders die Auseinandersetzungen mit dem liberal gesinnten Bürgermeister Kaiser sind es ihm immer wieder wert, näher geschildert zu werden. Der Kulturkampf und die mit diesem verbundenen Maßnahmen stellen den zentralen Bezugspunkt der Chronik dar, wenn man diese nicht nur aus lokalgeschichtlicher Sicht, sondern aus einer größeren Perspektive heraus betrachten möchte. In den folgenden Auszügen ist die Interpunktion und Orthographie des Originals weitgehend beibehalten worden. Zur besseren Verständlichkeit der Auswahl und der Auszüge selbst sind jeweils Kommentare in eckigen Klammern eingefügt.

1873: Aumüllers Ankunft in Rommerskirchen

„*Mittwoch Abend den 29. Januar 1873 kam ich mit meiner Tochter mit der Post von Köln hier an. Eine geringe Anzahl von Menschen, Große und Kleine, worunter aber nicht der Herr Vikar Lauffs, noch auch der Küster Hemmersbach waren, – dem Ersteren hatte ich den Tag meiner Ankunft angezeigt – warten Abends auf den Postwagen. Nach meinem Aussteigen begrüßte ich die Menge mit dem Gruße: `Gelobt sei Jesus Christus!` worauf man: `In alle Ewigkeit!` antwortete. Die treue bereits zwölf Jahre bei mir dienende Anna Katharina Winterscheid, aus Birk gebürtig, war einige Tage vorher hier angekommen, um das Nothwendigste für die Aufnahme einzurichten. Am andern Morgen hatte sich in der erhellten Kirche eine größere Zahl der Pfarrgenossen eingefunden, um ihren neuen Pfarrer kennen zu lernen. Wie wird man sich gewundert haben! Als man denselben, wenngleich noch sehr rüstig, aber mit ganz hellweißem Haupthaar die Kirche durchschreiten und nun die Donnerstags-Segensmesse halten sah! Später erfuhr ich, daß böse Menschen nicht allein mit einem anonymen Abmahnen zufrieden gewesen waren, sondern auch eine künstliche Aufregung in der Pfarre gegen mich erwirkt hatten. Die Quelle woher? Und warum? Ist mir später leider zu bekannt geworden.*"

1873: Die sogenannten Maigesetze

„*Am 9. Januar brachte der Cultusminister Dr. Falk[1] die ersten kirchenpolitischen Gesetzesvorlagen in die Kammer der Abgeordneten, sodaß von diesem Tage an der feindliche Kampf der preußischen Regierung gegen die katholische Kirche datirt. In dem Grade als der Unglaube und in Folge dessen die Unsittlichkeit zunächst unter den s[o] g[enannten] Gebildeten und von diesen unter dem Volke in den letzten*

Jahren in erschreckender Weise überhand genommen hat, hat man auch immer mehr die Kirche Jesu Christi gehaßt, beschimpft und angefeindet."

1873: Ein Beispiel für die Versuche Aumüllers, den Verfall der Sitten aufzuhalten

„*Allerwärts, wo es Menschen gibt, finden sich auch Schwächen und böse Gewohnheiten, so auch in hiesiger Pfarre. Zuerst tritt die Genußsucht hervor, bei Alt und Jung. Die Jugend hält Naschen und das damit verbundene Lügen kaum noch für eine Sünde. Die Erwachsenen sind mehr oder weniger dem Bier- und Schnapstrinken ergeben, und sogar Frauen dem Anisetttrinken. Jüngst fragte mich ein Pfarrgenosse: `H[err] P[astor]! haben Sie wohl jemals einen Ort gefunden, wo die Wirthshäuser so viel und so lange besucht werden, wie in Rommerskirchen?` `Nirgends, setzte er hinzu, ist es so schlimm, wie hier.` Man war hier früher gewohnt, Sonntags nach kurzem Gottesdienste die Wirthshäuser zu füllen, sich halb oder ganz voll zu trinken, dann nach Tisch entweder auszuschlafen oder am Nachmittage gemischte Gesellschaften zu besuchen, am Abende aber regelmäßig wieder ins Wirtshaus einzukehren und dort bis in die Nacht zu verweilen. Darum mußte es vielfach bei Wirthen und Gästen Unzufriedenheit erregen, als ich stets Hochamt und Predigt an Sonn- und Feiertagen hielt und an höhern Festen auch Nachmittags und Abends Andachten zu halten anfing. Man warnte mich, doch keine zweite Andacht zu halten; es sei dies hier und in der Umgebung keine Sitte; ich würde sehen, daß die Leute nicht kämen. Glücklicher Weise machte ich aber eine bessere Erfahrung. Wenn ich an hohen Festtagen in der Predigt verkündet hatte, heute gehe kein guter Christ ins Wirthshaus, aber zweimal in die Kirche; dann mochten diese Worte manchem Zuhörer ein Ärgerniß sein, mehrere aber befolgten sie:*

denn der Wirthshausbesuch nahm wenigstens am Morgen ab und Nachmittags und Abends, namentlich bei mehrstimmiger Complet füllten sich die Bänke der Kirche. Gibt man den Leuten Gelegenheit zum Guten, so sieht man auch häufig mit Freuden, wie solche von Menschen benutzt wird. Mit Unmäßigkeit hängt auch immer Unkeuschheit zusammen. So leider auch hier. In diesem Jahre kamen vier uneheliche Geburten vor; die meisten Bräute treten defloriert in den Ehestand. Wie soll da Gottes Segen kommen können? In der Nachbarpfarre Nettesheim sollen die unehelichen Geburten noch häufiger vorkommen. Gott bessere es!"

1875: Die ersten Auswirkungen des Kulturkampfes

„Freitag den ersten Januar fing das neue Jahr mit trübem Himmel und bei drei Grad Kälte an; man sah besorgt zum Himmel, was es in seinem Verlaufe bringen würde. Schon gleich im Anfange hörte man nichts Gutes: denn Sonntag den zehnten erzählte man sich bereits, daß der Bürgermeister Kaiser[2] mit dem Polizeidiener Paschen vor dem Hochamte bei dem hier wohnenden Gottfried Reis eine Haussuchung gehalten und nach der Liste der hiesigen Mitglieder des Mainzer Katholikenvereins[3] geforscht habe. Reis wurde nun aufgefordert, von dem Vorstande abzutreten, durfte jedoch den Borromäus-Verein[4] ferner leiten und die Bibliothek-Bücher desselben ausleihen, was früher der Lehrer Spies hierselbst besorgt hatte."

1875: Das Schulwesen als zentrales Konfliktfeld zwischen Staat und Kirche

„Mittwoch den 20. Januar, am Feste des h[eiligen] Sebastianus [...] wo von 6 Uhr Morgens bis nach dem Hochamte vor dem hochwürdigsten Gute Betstunden gehalten

werden, und beim Hochamte in der Regel ein auswärtiger Festprediger – dieses Jahr der Herr Vikar von Oekoven – und andere fremde Geistliche erschienen, kamen auch die Schulkinder in die Kirche zum Hochamte; bis dahin hatte die Schwester für die Mädchen Schule gehalten. Nach dem Hochamte eilte der Bürgermeister Kaiser zum Lehrer Spies und zu den Schwestern und fragte, wer den Kindern die Erlaubnis zu diesem Kirchenbesuche gegeben habe? „Der Herr Pastor" war die richtige Antwort. Solches sei gegen die Schulordnung und ungesetzlich, erwiderte er, und diesen Nachmittag müßten sie Schule halten. Man entgegnete ihm jedoch, daß heute Mittwoch und somit am Nachmittage schulfrei sei. Daß am Nachmittage Vesper und 4 Uhr Complet sei, die sehr fleißig besucht würden, kam nicht zur Berücksichtigung. Für mich aber ward diese Angelegenheit, wie es höchst wahrscheinlich ist, die Veranlassung zur Absetzung von der Lokal-Schulinspection, welche von der Königl[ichen] Regierung zu Düsseldorf am 5. Febr[uar] [...] dekretirt und Donnerstag den 18. Febr[uar] durch Polizeidiener Paschen mir zugestellt wurde."

1875: Konflikt mit den Sitten in Rommerskirchen

„Am 4. April [...] wurden die Erstkommunikanten 43 an der Zahl, 26 Knaben und 17 Mädchen, zur h[eiligen] Kommunion[5] geführt. Ich hatte ihnen ernstlich verboten, an diesem und folgenden Tage, Fest Mariä Verkündigung, den hier üblichen Schmarotzergang zu halten. Die Knaben nämlich versammeln sich nach der Vesper-Andacht, besuchen die verschiedenen Ortschaften und in denselben ihre Verwandten und Gutsbesitzer und lassen sich von ihnen mit Bier oder Wein tractiren, auch wohl mit Schnaps. Die Mädchen machen es, aber nur in ihrem Orte, ähnlich so. Die Mädchen von Rommerskirchen scheuten sich sogar nicht zu der protestantischen Familie Günters auf

Auszug aus der Original-Chronik.

dem Hermannshof in Eggershoven zu gehen; wo man nicht wußte, was die Mädchen wollten.

Abends um 9 Uhr bei tiefer Dunkelheit kamen die Knaben erst wieder zu Hause, einzelne vollständig oder halb betrunken. Den Betreffenden wurde zur Strafe dafür kein Kommunionandenken von mir gegeben; und Sonntag den 11. April hielt ich in der Frühmesse und im Hochamte über diese Unsitte eine scharfe Strafpredigt gegen die Kinder, namentlich aber gegen deren Eltern und die regalirenden Gastgeber. Ob diese Unsitte damit ausstirbt?!"

1875: Das „Brotkorbgesetz"

„Am 22. April [...] wurde das s[o]g[enannte] Brodkorbgesetz[6], wonach den renitenten Geistlichen, welche die „Maigesetze" nicht anerkennen wollen, die bisherigen Staatszuschüsse entzogen werden, vom Könige, von Wiesbaden aus unterzeichnet und am 26. April im Staatsanzeiger veröffentlicht. Durch dieses Gesetz

verlor ich etwa 18 Thaler [...] welche mir die Regierungshauptkasse in Düsseldorf durch den Steuerempfänger auszahlte. Andere verloren mehr oder weniger, viele ihre ganze baare Einnahme. Wir sollen nämlich durch Hunger mürbe werden.- Obs hilft?!"

1876: Die Schulfrage

„Die brennendste Frage ist jetzt unbedingt die Schulfrage: ob die Volksschulen konfessionell, simultan, oder konfessionslos sein sollen. Die Liberalen wollen das Christenthum verdrängen und ein neues Heidenthum einführen. Der Ungläubigen, namentlich in den gebildeten Ständen und bei den protestantischen Fabrikarbeitern, gibt es Unzählige. Sie alle sind die grimmigsten Feinde des Christenthums. Letzteres wollen sie durch heidnische Schulen stürzen. Die unglückliche Regierung, die blinde, hilft ihnen mächtig zu ihrem Zwecke. Dagegen erheben sich nun die christlichen Eltern, namentlich in den Rheinlanden und Westfalen. Allenthalben werden Volksversammlungen in dieser Hinsicht gehalten; so auch in Köln und Neuß. Aus ersterer Stadt sind uns Subscriptionsbogen zugegangen für eine Petition an die beiden Kammern zur Erhaltung der konfessionellen Volksschulen. Dieselben lagen am 6. Januar in der Sakristei zur Unterschrift aus. Am 9. Januar sollte diese vom `katholischen Volksverein` ausgegangene Petition schon nach Berlin abgeschickt werden, somit erhielt sie hier nur dreißig Unterschriften. Sie wurde abgeschickt an Kaufmann Eduard Fuchs – den bekannten Volksredner in fast allen Versammlungen weit und breit umher – Propsteigasse 29, Köln. – Am 13. Februar erhielten wir auch von Neuß aus Subscriptionsbogen für denselben Schulzweck. Dieselbe erhielten mehrere Unterschriften."

1876: Kollekten für bedürftige Geistliche

„Die Noth derjenigen Geistlichen, welche durch das 'Brodkorbgesetz' theilweise oder ganz ihr Gehalt verloren haben, ist vielfach groß. Bei der bedeutenden Zahl derselben reichen die Beiträge des Paulusvereins nicht aus, um allenthalben wirkliche Noth abzuhalten. Darum wurden im Auftrage der geistlichen Behörde die Pfarrer durch ihren Dechanten zu außerordentlichen Zusammenkünften berufen, um über neue Mittel und Wege zur Stillung der Noth zu berathschlagen. Das General-Vikariat schlug dazu eine vierteljährige Kirchenkollecte vor. Das hiesige Dekanat versammelte sich Mittwoch den dritten Mai in Neuß Nachmittags im Lokal der `Constantia`⁷. Ich ging Mittags zu Fuß nach Grevenbroich und fuhr dann mit der Bahn nach Neuß; ebenso ging es Abends wieder zurück und kam zehn Uhr wieder an – eine für mein Alter etwas zu beschwerliche Tour. Wir beschlossen die Kollecte, aber ohne die `Erläuterung` des General-Vikariates, die jeder von uns ge-

druckt erhielt, auch nur theilweise der Gemeinde vorzulesen, damit wir mit den Staatsgesetzen nicht in Collision kämen. [...] Am 29. Juli [...] erhielt ich vom Bürgermeister die Aufforderung gemäß landrathlicher Verfügung, anzugeben, woran ich die Kollecte für gesperrte Geistliche abgesandt habe. In der Antwort bemerkte ich, daß diese für hülfsbedürftige Geistliche auf Anordnung der geistlichen Behörde selbstverständlich auch an letztere abgesandt sei. Weiteres habe ich darüber nicht gehört."

1877: Aumüller gerät in den Verdacht, gesetzwidrig gehandelt zu haben

„Sonntag den 11. November hatte ich, wie immer, wenn wir die Bruderschaft vom heiligsten Herzen Mariä halten, in der Frühmesse, die der Bürgermeister mit Frau stets besucht, die Bruderschaftspredigt zu halten, worin ich vom Leiden Christi zu predigen pflege. Der Inhalt war heute der leidende Heiland am Oelberge, warum und wofür er Blut geschwitzt habe. Unter anderem kam darin vor, daß die vom Herrn vorausgesehenen Verfolgungen seiner h[eiligen] Kirche vom Anfange bis zum Ende der Welt eine Mitursache seines blutigen Schweißes gewesen seien. `Der kirchliche Liberalismus unserer Tage, den der h[eilige] Vater so entschieden und so oft verurtheilt hat; die Katholiken, welche die Rechte ihrer Kirche preisgeben; die Liberalen, welche die Pflicht, die Kirche mit ihren Rechten, wo und wie sie können, zu vertheidigen, nicht erfüllen; alle diese Liberalen, welche aus Vernachlässigung dieser ihrer Pflichterfüllung und wegen Zustimmung in Bedrückung der Kirche, Bischöfe und Priester ewig verloren gehen, haben dem Herrn am Oelberge den blutigen Schweiß ausgepresst.` Der Bürgermeister, der seinen Sitz neben dem Predigtstuhle hat, sah sich - hüstelnd - links und rechts um und merkte sich seine Umgebung / Wenn er aufgeregt ist, pflegt er zu hüsteln / Sofort nach der Frühmesse wurde der Polizeidiener gerufen und wurde beauftragt, an verschiedene Personen Vorladungen auf das Bureau mit Strafandrohung im Falle des Nichterscheinens herumzutragen. Die Zahl der Vorgeladenen für heute und morgen stieg auf mehrere Zwanzig. Einzelne redeten sich aus, sie hätten meine Worte nicht verstanden; ein Anderer, er habe geschlafen; Mehrere sagten, was sie gehört hatten. Ihre Aussagen mussten sie unterschreiben. Ich wurde auf Dienstag den 13. November Nachmittags 4 Uhr auf das Amt beschieden. Daß ich meine Aussage aufrecht erhielt, versteht sich von selbst, nur rectificirte ich die Angabe des Bürgermeisters, als hätte ich alle Liberale verdammt, dahin, daß ich nur die liberalen Katholiken, welche die Rechte ihrer Kirche preisgäben, gemeint hätte. 'Ob ich diese Erklärung nicht auch öffentlich machen wollte?' Was ich unbedenklich zugab und mir für den folgenden Sonntag die Gelegenheit verschaffte, dieses Thema nochmals und eindringlich der Pfarrgemeinde klar zu machen und ans Herz zu legen, daß s[o] g[enannte] liberale Katholiken mit ihren antikirchlichen Grundsätzen von der Gemeinschaft der Kirche und somit vom Himmel ausschlössen. Dem Bürgermeister dictirte ich meine schriftlich aufgesetzte Erklärung. - Daß dieses Verfahren des Bürgermeisters eine große Aufregung in der Pfarre verursachte, versteht sich von selbst; ebenso, daß seine Achtung dadurch nicht vergrößert wurde. Am folgenden Morgen kam der Polizeidiener mit einem großen Briefe auf die Post, traf dort den Dr. Markowitz - einen Liberalen und Freund des Bürgermeisters - hielt den Brief empor und sagte triumphirend: 'Sehen Sie, Herr Doctor! Dieser Brief geht nach dem Staatsprokurator.' Ich sah und hörte aber von der Sache nichts weiter, vernahm aber wohl, daß nach einiger Zeit ein ebenso großer Brief von der Staatsprokuratur an den Bürgermeister hier ange-

kommen sei. Kurz darauf erzählte man sich in dem auf der Post häufig sich versammelnden Klübchen der liberalen Gutsbesitzer, 'es sei erlaubt, daß der Pastor die Liberalen in die Hölle thue.' - Am 7. Dezember schrieb ich an den königl[ichen] Landrath von Heinsberg in Neuß.- Sonntag den 11. November [...] glaubte der Bürgermeister Kaiser in meiner Predigt eine Übertretung des Kanzelparagraphen entdeckt zu haben. Sofort musste nach der h[eiligen] Messe der Polizeidiener, versehen mit einer Masse gedruckter Formalien in der Pfarre umhereilen und einige zwanzig Leute unter Androhung einer Strafe von 1-3 Mark im Falle des Nichterscheinens am selben Sonntage auf das Bürgermeisteramt vorladen, ohne daß ihnen der Zweck des Erscheinens mitgetheilt wurde. Allda wurden sie über meine Predigt inquirirt und protokollirt. - Ich bin nun von Verschiedenen gefragt worden, ob die Polizei die Befugnis habe, an einem Sonntage unter Strafandrohung ohne Zweckangabe Jeden in ihrem Bezirke zur Inquistition und Protokollirung auf das Bureau zu bescheiden? Da mir die Grenzen der Polizeigewalt in dieser Hinsicht nicht bekannt sind; so bitte ich E[uer] Hochwohlgeboren mir die gewünschte Antwort auf jene Frage gefälligst mittheilen zu wollen, um in einem etwa wieder vorkommenden Falle Anders richtig bescheiden zu können. E[uer] Hochw[ohlgeboren] ergebenst[er]. Ein paar Tage darauf gingen der Bürgermeister und der Polizeidiener Paschen umher, und forderten von den Vorgeladenen ihre Vorladungszettel zurück. Die Antwort des Landraths an mich verzögerte sich etwa drei Wochen und bestand in dem Bemerken, daß in dieser Angelegenheit nicht er / der Landrath /, sondern der Staatsprokurator der Vorgesetzte des Bürgermeisters sei, an den ich mich zu wenden hätte. - Man ersuchte mich nun, von dem Verfahren des Bürgermeisters Anzeige an den Staatsprokurator zu machen, um etwa seine Absetzung zu erwirken: denn bei

*Ungesetzlichkeiten pflegt die Staatspro-
kuratur nicht zu spaßen. `Nein, antwor-
tete ich, das wäre ja Rache und daher
unchristlich.`Somit hat die Denunciation
des Bürgermeisters mit einem Schrecken
für ihn geendet; und ich glaube nicht, daß
ich sobald wieder von ihm denuncirt werde. Vielleicht fürchtet er mich jetzt mehr,
als ich ihn. Er hat sich blamirt.*"

1878: Hoffnung auf ein Ende des Kulturkampfes

*„Der Nuntius Masella[8] in München be-
sucht um die Mitte Juli den Reichskanzler
Bismark auf des letzteren Veranlassung
im Badeorte Kissingen. Seit dem zweiten
Attentat, heißt es allgemein, seien der
Kaiser und seine Familie mit vielen Droh-
briefen beängstiget, so daß man das
Schlimmste fürchtet. In dieser Noth wünschen sie sehnlichst den Frieden mit den
Katholiken. Bismark, der den Culturkampf angefangen hat, soll ihn auch be-
endigen. Es ist wohl kein Zweifel, daß die
königliche Familie mit Ernst das Ende des
Kampfes wünscht. Aber wünscht dieses
auch Bismark? Er wünscht es gewiß insofern, als die Katholiken sich den Mai-
gesetzen unterwerfen sollen. Aber auch
mit Abschaffung der Maigesetze? `Nach
Canossa gehen wir nicht,` hat er öffent-
lich in der Kammer erklärt. Und er ist ein
konsequenter Hartkopf. Er unterhandelt,
heißt es, mit Masella um einen modus
vivendi. Rom aber will einen vollen und
dauerhaften Frieden. [...] Nach einigen
Monaten fruchtloser Verhandlungen zwischen Rom und Berlin stocken die letzteren, `da Rom`, wie Bismark erklärt, `für
die Aufgebung der Maigesetze nichts bietet.` Er soll verlangt haben, daß der Papst
dem `Centrum` befehle, eine Regierungs-
partei zu werden. `Dazu`, soll der Papst
erklärt haben, `habe ich keine Macht und
kein Recht.` Von da an stockten die Un-
terverhandlungen, die Bismark nur als
Machtfrage führte, so daß Windhorst, der
Führer des Centrums im Reichstage bei
Berathung des Socialistengesetzes öffentlich Bismark vorwarf, seine Unterhand-*

Im Rommerskirchener Ortsteil Gill erinnert heute eine Straße an den ehemaligen Pfarrer.

lungen mit Rom zur Beendigung des Cul-
turkampfes seien nur ein Wahlmanöver,
aber nie ernstlich gemeint gewesen. Bei
der Stockung der Verhandlungen ent-
brannte der Culturkampf in Posen, Rheinland und Westfalen mit neuer Schärfe =
ein Fingerzeig nach Rom mit dem Zaun-
stocke. Aber Rom lässt sich nicht ein-
schüchtern, gibt am wenigsten Prinzipien
auf, noch bietet es die Hand zu einem
faulen Frieden, wie Bismark hoffte."

1879: Noch kein Ende des Kulturkampfes

„Daß in Preußen noch der katholiken-
feindliche Liberalismus herrscht, besthä-
tigte er [Bismarck] Mittwoch den 29. Januar indem er den Antrag des Centrums,
die aufgehobenen Verfassungsartikel 15,
16 und 18 wiederherzustellen, durch
Übergang zur einfachen Tagesordnung mit
großer Majorität ablehnte. Darum treibt
der Culturkampf bei uns noch so herrliche
Blüthen und Früchte - zum Verwundern
für alle Verständigen."

1880: Konflikt um den Religions-unterricht

„[...], da wandten Bürgermeister Kaiser,
Schulinspector Saurland, die Schulvorstände Zillekens und Ferken in Sinsteden
und Neunzig von Rommerskirchen sich
zuerst an den Landrath von Heinsberg, er
möge in Betracht meiner Beleidigung des
ganzen Schulvorstandes officiell beim Gerichte gegen mich klagen. Derselbe wies
dieses Ansinnen als ungerechtfertigt zurück und bemerkte ihnen, er glaube, daß
ich nur meine seelsorgliche Pflicht erfüllt
habe. Darauf wandten sie sich mit derselben Bitte an die königl[iche] Regierung zu
Düsseldorf. Und siehe, selbst diese wies
ihre Bitte ab. Wenn sie klagen wollten,
möchten sie eine Einzelklage machen und
ihr das Resultat dann mittheilen. Jetzt

waren die Herren in Verlegenheit, da sie
eine Civilklage scheuten: denn wenn sie
verloren, dann würden sie zu dem Schaden noch auch von allen Seiten sich Spott
und Schande aufladen. Da fand sich zu
rechter Zeit ein Retter in der Noth. Es ist
in dieser Chronik schon verschiedentlich
mitgetheilt, wie der Kulturkämpfer
Schmitz, Bürgermeister von Grevenbroich,
ein besonderes Auge scharfer Beobach-
tung für unsere jährliche Prozession nach
Kevelaer hatte und wie er in früher Stunde mit dem Hut auf dem Kopfe in ihrer
Mitte bei unserem Betreten der Stadt erschien und lautes Beten und Singen als
polizeiwidrig verbot. An diesen liberalen
Freund erinnert man sich, der sich ja alle
Jahre nicht so dienstwillig gezeigt hatte.
Als Bürgermeister ist er zugleich Stellvertreter des Staatsanwaltes beim dortigen
Gerichte. - In letzterer Eigenschaft hat er
das Recht, von Staatswegen Jemanden in
Anklagenstand zu setzen. Sollte er ihnen
diesen Liebesdienst wohl abschlagen?
Ganz gewiß nicht. Es wird ihm wahrscheinlich eine Freude gewesen sein, ja
eine doppelte, seinen Freunden in der
Noth zu helfen und einen verhassten Ul-
tramontanen zu züchtigen. Also leitete
Bürgermeister Schmitz von Staatswegen
den Prozeß gegen mich ein. - Am 13.
November 1880 Morgens zehn Uhr erscheint der Beigeordnete und Gutsbesitzer
Gottfried Wahlers von Sinsteden in der
Pastorat, bezahlt seine Pacht für Pasto-
ratland und fügt dann hinzu: 'Jetzt habe
ich noch eine andern Angelegenheit, nämlich diese Klageschrift der Staatsprokuratur von Düsseldorf Ihnen einzuhändigen.'
Ich nahm sie in aller Ruhe entgegen und
versprach sie in den ersten Tagen zu beantworten. Erfreulich konnte sie mir nicht
sein; höchst unangenehm war es mir aber,
diese Klage grad auf einen Samstag und
zwar vor dem Feste der Kirchweih, wo ich
am Morgen in der Frühmesse und am
Nachmittage in der Herz-Marien-Bruder-
schaft zu predigen hatte. [...] Am 15. verfasste ich meine Gegenschrift, einige Bo-

gen stark, übergab diese Herrn Wahlers und überließ Gott die Entscheidung. Donnerstag den 18. besuchte ich den rechtskundigen Pastor Lindeke in Büsdorf, um dessen Gutachten zu vernehmen. Dieser meinte, es würde wohl keine Vorladung stattfinden, da ich ja nur meine seelsorgerische Pflicht erfüllt habe und den Herrn Schulvorständen ihren Standpunkt klargestellt. Er rieth mir aber für den Fall einer gerichtlichen Vorladung einen Advokaten zu nehmen, das habe er bei seinen Anklagen auch gethan. Ich hatte zuerst vor, mich selbst zu vertheidigen, folgte aber hierin dem Rathe Anderer. Als mir nun am 7. Dezember [...] die gerichtliche Vorladung zukam, ersuchte ich den Advokaten Schlick in Grevenbroich - einen guten Katholiken -, meine Sache vor Gericht zu vertreten. Er sagte zu. Der Termin war auf Donnerstag den 16. Dezember festgesetzt. - Auf denselben Tag waren auch Lehrer Spies gegen Lehrerin Holtz nebst Zeugen vorgeladen. Bürgermeister Kaiser vertrat die Schulvorstände. Lehrer Bayer in Sinsteden wurde von Advokat Schlick als Schutzzeuge in meiner Angelegenheit geladen. Saurland, Schulinspector, mußte zeugen in der Angelegenheit der Lehrerin von Holtz. Letztere hatte auch Herrn Schlick zu ihrem Vertheidiger gewählt. Spies hatte einen Advokaten aus Düsseldorf zur Vertheidigung angerufen. Am 16. Dez[ember] war der Postwagen ganz besetzt. Nebst mir fanden sich darin von Lehrer Spies, Lehrerin v[on] Holtz und 2 Schutzzeugen für Letztere. Es war ein trüber Tag. Schnee bedeckte die Erde, 5° Temperatur nach Reaumur, also kalt. Lehrerin und ich suchten gleich unseren Vertheidiger auf. Er schlief noch. Erstere entfernte sich daher wieder, ich blieb auf Einladung in der Wohnung, etwa eine Stunde lang in großer Langweile bei der Mutter des Anwalts. Darnach kommt die Frau Schlick verstört ins Zimmer und sagt zu mir: `Als mein Mann aufstehen wollte, bekam er einen Schuß ins Bein mit solchem Schmerze, daß er aufschrie und sich

wieder legen musste. Was sollen wir nun anfangen?` Hier war guter Rath theuer. Ich wurde zu ihm ans Bett geführt. Er klagte über großen Schmerz in der rechten Hüfte. `Es ist ein s[o] g[enannter] Hexenschuß`, sagte er, `und mir rein unmöglich im Gerichte aufzutreten`. Für den Fall, daß ich mich selbst vertheidigen wolle, zeigte er mir zwei günstige Entscheidungen des Reichsgerichtes für dem meinigen ähnliche Falle. Auch sah ich in seinem Hefte die skizzirte Vertheidigungs Rede. `Aber`, setzte er hinzu, `wenn ich Ihnen rathen soll, dann tragen Sie auf Vertagung Ihrer Sache an. Mein Schreiber soll dann sogleich zum Richter gehen und ihm meine Krankheit melden. Nach 4 Wochen werde ich Sie dann vertheidigen.` Seinen Vorschlag nahm ich an und beantragte die Vertagung meiner Sache. Der Termin dafür wurde dann auf den 13. Januar künftigen Jahres festgesetzt, ebenso die Klage des Lehrers Spies. Donnerstag der 13. Januar 1881 war ein kalter und trüber Tag, unterwegs schneite es. Gutsbesitzer Velder in Sinsteden hatte mir seinen Wagen angeboten. Um 9 Uhr war der Gerichtssaal von Menschen ganz angefüllt. Die Klage zwischen dem hiesigen Lehrer und der Lehrerin wurde vor meiner Angelegenheit verhandelt und durch das Zeugniß des Schulpflegers Franz Saurland, der in diesem Streite eine wenig ehrenvolle Rolle gespielt hat, und durch die geschickte Vertheidigung der Lehrerin von Holtz durch Advokat-Anwalt Schlick zu Gunsten Letzterer gegen Lehrer Spies entschieden. Spies wurde abgewiesen und in die Kosten verurtheilt. - Nun kam meine Angelegenheit vor. Ich saß auf der Anklagebank. Der Bürgermeister Schmitz von Grevenbroich, als Vertreter des Staatsprokurators, stand nun gegen mich auf und bemühete sich nach Vorlesung meines Schreibens an den Bürgermeister Kaiser in Betracht des verbotenen Religionsunterrichtes zu beweisen, daß ich durch dieses Schreiben die Schulvorstände beleidigt und somit den und den Paragraphen des

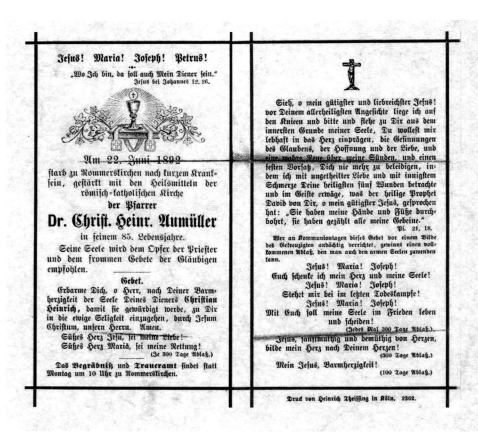

Der Totenzettel des 1892 verstorbenen Chronisten.

neuen Gesetzes übertreten hätte, und trug deswegen auf fünfzig Mark Strafe an. Bürgermeister Kaiser trat als Zeuge gegen mich auf. Advokat Schlick hatte Lehrer Bayer von Sinsteden als Schutzzeugen laden lassen. Er bezeugte, daß durch meine Religionsstunde in der Frühe vor der Schulzeit keine Verspätung der Kinder in seiner Schule statt gefunden habe. Jetzt trat Advokat Schlick auf und stellte diese ganze Angelegenheit als eine Culturkampfklage mit großer Lebendigkeit und Geschick dar, wobei die Kläger hart mitgenommen wurden. Als Richter fungirte der Katholik Großmann - gutgesinn - als Schöffen der Gutsbesitzer Laufs, ein liberaler Protestant, und der Gutsbesitzer Schmitz in Evinghoven, ein liberaler Katholik. Nach etwa einer viertel Stunde traten diese drei wieder in den Gerichtssaal und der Richter verkündete das Urtheil, daß Pfarrer Dr Aumüller wegen Beleidigung der Schulvorstände schuldig befunden und zu zwanzig Mark und in die Kosten zu verurtheilen sei. Lautlos entfernte sich die Menge. Ich besuchte den Pfarrer Witte, der mich trösten wollte, was jedoch bei meiner Stimmung unnöthig war. Ich entschloß mich zu appeliren. Pfarrer Witte meinte, ich wäre freigesprochen worden, wenn statt des kulturkämpferischen Schöffen Schmitz der am 16. Dezember v[origen] J[ahres] fungirende konservative Director der Zuckerfabrik in Wevelinghoven Beisitzer des Gerichtes gewesen wäre, da der Richter ein guter Katholik sei. Er sei aber durch die beiden liberalen Schöffen überstimmt. Doch sollte aus dieser Gerichtsaffaire etwas Gutes hervorgehen. Am 16. Dezember bei der ersten Vorladung hatte ich den Pfarrer Witte in Grevenbroich nicht besucht, hörte aber, daß er in der Allerheiligen-Octav eine Mission mit sehr günstigem Erfolge abgehalten habe. Am 13. Januar 1881 besuchte ich ihn jedoch vor und nach der Gerichtsverhandlung, wo ich über die Mission mich genauer erkundigte und viel Segensreiches erfuhr. Dieses regte in mir gleich den Wunsch und die Absicht an, auch meiner Pfarre nun gleiche Wohlthat zu verschaffen. Wie wunderbar sind doch Gottes Wege! Ohne diese Klagegeschichte wäre ich wohl nicht mit Pfarre Witte zusammengekommen und hätte an Abhalten einer Mission nicht gedacht. Gottes unendliche Güte hatte sie aber für meine Pfarre auch bestimmt. Als ich bei meiner ersten Vorladung den Pfarrer zu besuchen nicht vorhatte; wurde urplötzlich mein Vertheidiger Schlick krank, und die Verhandlung wurde ausgesetzt. Am Tage meiner zweiten Vorladung besuchte ich meinen Herrn Confrater, der mir die Wohlthat einer Mission auseinandersetzte, für welche ich mich gleich entschloß, und nichts hinderte die Gerichtsverhandlung. Die Strafe von zwanzig Mark nebst Kosten für mich schlug ich für Nichts an in Betracht der geistlichen Wohlthat für meine Pfarrkinder, welche ihnen eine h[eilige] Mission bringen würde. So benutzt der gütige Gott oft das Böse, um Gutes daraus hervorzubringen. Dank Ihm, innigen Dank Ihm für diese große Gnade! Er hat Alles wohl gemacht."

1882: Die Rückübertragung der Lokalschulinspektion an die Geistlichen

„Mittwoch den 2. August erhielt ich die Ernennungsurkunde für die Lokalschulinspection. Sie war datiert vom 18. Juli. Da sie sehr interessant ist, so folgt die Abschrift anbei.

`Wir nennen Euer Hochwürden hiermit auf Grund des Gesetzes vom 11. März 1872 zum Lokalschul-Inspector der katholischen Volksschule zu Rommerskirchen, Sinsteden und Vanikum unter Vorbehalt des jederzeitigen Wiederrufs. – Es geschieht dies in der Erwartung, daß Sie das Wohl der Ihrer Aufsicht anvertrauten Schule zu fördern, auch in den Herzen der Schuljugend wie der Lehrer eine patriotische Gesinnung und Liebe zum Kaiserhause zu wecken und zu pflegen mit allem Eifer bedacht sein und den in dieser Hinsicht bestehenden und noch zu erlassenden Gesetzen und Anordnungen willige Folge leisten werden. – Das fragliche Ehrenamt ist höherer Bestimmung zufolge unentgeltlich zu verwalten. Königliche Regierung Abteilung für Kirchenverwaltung und Schulsachen, gez. Schütz`

Vom Christenthum ist darin keine Rede, Religion nicht erwähnt, Erziehung nicht genannt, möglich, daß dieses Alles unter `Wohl der Schule` miteinbegriffen sein soll. Aber die patriotische Gesinnung und Liebe zum Kaiserhause sind hervorgehoben und überbieten alles Andere wahrscheinlich an Wichtigkeit. Um aber recht fein und gehorsam zu sein, wird gleich im Anfange der jederzeitige Widerruf betont. Für dieses Ehrenamt hält man uns wieder fähig; aber Reichsfeinde sind wir doch noch: denn unsere Gehaltssperre bleibt bestehen!!! Kreisschulinspectoren bekommen Gehalt, aber die Lokalschulinspectoren müssen sich begnügen mit der Ehre. So ist es `höherer Verfügung zufolge` angeordnet. O diese wohlwollende, väterliche Regierung!! Mein erster officieller Besuch der Schulen fand Montag den 21. August in Rommerskirchen statt, am Dienstag in Vanikum und Mittwoch in Sinsteden, nachdem mir dieselben Jahre lang verschlossen waren. Man soll den Ruin der Entsittlichung der Schuljugend aufhalten, den die neuen Schulgesetze herbeigeführt haben. Ob dieses jetzige Flickwerk solches vermag? Wer kann das hoffen? – Nur eine blinde Regierung!"

1882: Diebstahl und Raub

„In den letzten Monaten dieses Jahres liest man fast alle Wochen in den Zeitungen von Kirchendiebstählen. Die Diebe entkommen immer. So brach man Freitag den 1. Dezember in die Kirche zu Stommeln ein. Die dicken Mauern hinderten jedoch, daß man nicht in die Sakristei kam. Man entwendete nur für etwa sechs Thaler an Werth. Am folgenden Tage bestahl man die Kirche in Königsdorf. Bald darauf hörte man vom Einbruch in den Pfarrhof zu Bergheimer Dorf. Der Rector von Kentenich wird von 5 Strolchen Abends geprügelt. Ein Geistlicher wird Abends auf dem Wege überfallen und aller seiner Kleider bis auf Hemd beraubt.

Montag den 11. Dezember will ein Fremder unsere Kirche besehen. – Dieses zu thun ist häufig schon bei Dieben vorgekommen: man läßt sich vom Küster das Werthvolle zeigen und spekulirt dabei alle Thüren und Eingänge durch, und bricht dann in der folgenden Nacht ein. So geschah es in Königsdorf. Die Diebe sind dann wie feine Herren gekleidet. – Des Küsters Sohn Peter verweigerte dem Fremden das Öffnen der Kirche. Er war anständig gekleidet. Da fragt er: 'Meint ihr, daß ich ein Dieb sei?' 'Das sage ich nicht', antworte Peter, 'aber ich schließ die Kirche nicht auf.' Der Küster war abwesend. Nachts um 2 Uhr ist Geräusch um die Kirche, die Hunde bellen. Der Vikar steht zweimal auf, sieht aber nichts. Am anderen Morgen untersucht man rund umher die Kirche, findet aber nichts beschädiget. Glücklicher Weise ist unsere Kirche allseitig von nahen Häusern umgeben, was die Diebe doch ängstlich machen muß. Vom 8. Dezember an haben wir bereits unsere silbernen Sachen dem Herrn Vikar zur Aufbewahrung übergeben. – Endlich erwischte man einen Dieb. Es sollen Leute aus der Schweiz und Elsaß sein. Auch entdeckte man bald ein ganzes Depot von Diebeswaaren in der Gegend von Niederempt. Diese ganze Gegend dort umher soll diebisch sein. Man hat mehrere dieser Nachtshelden ins Gefängniß gebracht. Einen dieser Gefürchtheten fand man eines Morgens erschossen auf dem Wege liegen. Man glaubt, dieses habe die eigene Bande gethan. Bei den Haussuchungen in der Gegend von Niederempt hat man viele gestohlene Sachen gefunden, auch Kirchensachen. Selbst der Bürgermeister soll in diese Sache verwickelt sein.

Auf dem alten Friedhof in Rommerskirchen ist noch heute Aumüllers Grabstein zu sehen.

Man hat ihn auch ins Gefängnis geführt. – Aber wo Sittlichkeit fehlt, wie kann da Ehrlichkeit blühen?"

1882: Ein Beispiel für die häufigen Ausführungen über die Ernte und das Wetter

„Die Witterung des Jahres war mehr naß als trocken, namentlich regnete es viel im Sommer und Herbst, so daß Roggen und Weizen vielfach nicht ganz trocken einge-scheert wurden. An Qualität gab es hier etwas mehr als Mittelerndte in diesen Früchten. Hafer gereicht gut. Die Knollen waren vielfach durchgewachsen; die Blät-ter waren groß, die Knollen wässerig und wenig zuckerhaltig. Kartoffeln geriethen bei der Nässe schlecht und waren faulig.

Obst gab es wenig, Wein mittelmäßig. Wegen des nassen Wetters ging es mit der Erndte der Zuckerrüben langsam, so daß Mitte November, wo Schnee und Frostwet-ter eintrat, noch viele Felder voll Knollen standen. Die Noth war hier groß und der Arbeiter waren wenige; es schien den Be-sitzern ein großer Schaden bevor zu stehen. Doch Gott erbarmte sich und ließ nach ei-niger Zeit wieder milde, wenngleich auch nasse Witterung eintreten, so daß sämmt-liche Knollen eingeheimst werden konn-ten."

Schlussbemerkung

Die getroffene Auswahl kann selbstver-ständlich keineswegs einen Anspruch auf Vollständigkeit erheben. Auch die in den Auszügen hauptsächlich dargestellten Themenkomplexe sind keineswegs im Sin-ne der Quelle umfassend abgebildet. Inso-fern kann nur jedem, dem dieser Einblick Freude bereitet hat, empfohlen werden, sich einmal ausführlicher mit der „Aumül-ler-Chronik" zu befassen. Gelegenheit hierzu bieten die eingangs erwähnten im Internet abrufbaren Digitalia des Ge-

schichtskreises Rommerskirchen. Eine vollständige Transkription der Quelle liegt zurzeit (2012) noch nicht vor, befindet sich allerdings in Arbeit.

1. *Adalbert Falk (1827-1900) war von 1872 bis 1879 preußischer Kultusminister.*
2. *Johann Heinrich Kaiser war von 1873 bis 1911 Bürgermeister der Alt-Gemeinde Rommerskir-chen.*
3. *Der Mainzer Katholikenverein bildete sich 1872 als Reaktion auf die beginnende antikirchliche Gesetzgebung mit dem Ziel, die katholische Bevölkerung für den Kampf des politischen Ka-tholizismus, namentlich des Zentrums, zu mo-bilisieren.*
4. *Der Borromäusverein ist eine 1845 in der preu-ßischen Rheinprovinz gegründete katholische Einrichtung, die versuchte unter anderem durch den Ausbau des Bibliothekswesens, eine breite Volksbildung im katholischen Sinne zu erreichen.*
5. *Zu jener Zeit lag das Alter für die Erstkommu-nion bei 12 bis 14 Jahren.*
6. *Durch das sogenannte Brotkorbgesetz wurden allen Geistlichen die staatlichen Zuwendungen gestrichen, wenn diese sich nicht mit der neuen kirchenpolitischen Gesetzgebung einverstan-den erklärten. Dieses Gesetz traf die Betrof-fenen allerdings unterschiedlich hart, da nicht jeder Pfarrer von den Zuwendungen des Staa-tes abhängig war.*
7. *Die „Constantia" war eine vom Religionslehrer Dr. Kleinheidt initiierte, am 27. Februar 1861 in Neuss gegründete konservative, katholische Gesellschaft. Sie verstand sich als Gegenge-wicht gegen die liberalen Strömungen der Zeit. Mitglieder waren vor allem Lehrer und Geistli-che, aber auch Handwerker, Kaufleute und Bauern.*
8. *Gaetano Kardinal Aloisi Masella (1826-1902) war von 1877 bis 1879 Apostolischer Nuntius in München.*

125 Jahre katholische Pfarrgemeinde St. Josef in Neuss-Weißenberg: Vom 19. ins 21. Jahrhundert

Manfred Söhnlein

Lange Gründungsphase

Wer anlässlich des Jubiläumsjahres 2013 auf die Gründungsjahrzehnte der Pfarrgemeinde St. Josef und ihrer Pfarrkirche blickt, bleibt zunächst etwas verwirrt zurück. Der Anfang war nämlich recht holprig: Der erste Anlauf zu einer neuen katholischen Pfarrgemeinde in Neuss, der zweiten nach St. Quirin, wurde im Jahre 1856 gemacht. Es blieb aber bei einem Schenkungsversprechen eines Neusser Priesters für den Unterhalt eines Seelsorgers. Bedingung war, dass innerhalb von zehn Jahren mit dem Bau einer Kirche begonnen werde. Das Angebot wurde nicht aufgegriffen. Daher wurde es auch mit einem Baubeginn bis 1866 nichts.

Die Bewohner des Schulbezirkes Weißenberg werden hiermit freundlichst zu einer **Versammlung** eingeladen, welche im Lokale des Wirthen **Schmalbach**
am nächsten Donnerstag den 30. Mai,
Nachmittags 5 Uhr,
abgehalten wird. Gegenstand der Berathung bildet der
Bau einer Kirche
im genannten Bezirke; Wahl eines Vorstandes; Gründung eines Kirchenbau-Vereins.
Um zahlreiches Erscheinen bittet
A. Esser, Kaplan.

Der Beginn der Gemeindegeschichte.
Neusser Zeitung, 29. Mai 1872.

Erst 1871, also 15 Jahre später, legte eine Stiftung den Grundstock für einen Baufonds, und ein Jahr darauf gründete Kaplan Andreas Esser von St. Quirin einen Kirchbauverein, der 1883 über das damals enorme Vermögen von 57.000 Mark verfügte.

„Pfarrgemeinde St. Josef Neuss-Weißenberg" das gilt heute. Damals aber gehörte Weißenberg nicht einmal zu Neuss. St. Josef wurde vor knapp 125 Jahren aus Teilen gebildet, die zu den Pfarrgebieten St. Quirin in Neuss, St. Mauritius in Büderich (unter anderem Weißenberg) und St. Martinus in Kaarst gehörten. Das Pfarrgebiet entsprach dem schon seit dem 18. Jahrhundert bestehenden Schulbezirk Weißenberg. Weißenberg selbst war eine zu Büderich gehörende Ortschaft, die erst 1910 nach Neuss eingemeindet wurde.

Diese Eingemeindung war letztlich eine Folge der Gründung der Pfarrgemeinde, auch wenn es zwischen der Gründung von St. Josef und dem Jahr 1910 nicht weniger als 22 Jahre dauerte. Die Teile, aus denen sich St. Josef bildete, das waren insgesamt 13 Ortschaften beziehungsweise Siedlungen. Deren Bewohner hatten, um zu ihren Pfarrkirchen zu kommen, bis zu 4,5 Kilometer – damals in der Regel zu Fuß – zurückzulegen: ein schwieriges

Die Pfarrkirche St. Josef in Neuss-Weißenberg.

Unterfangen. Der Wunsch nach einer „eigenen" Kirche war nur zu verständlich.

Die Gründungsaktionen fielen in die Zeit des Kulturkampfes. Eine Folge der Auseinandersetzungen zwischen Staat und Kirche war die Einstellung der wöchentlichen Sammlungen für den Kirchbauverein. Sein Gründungsvater Kaplan Esser sorgte jedoch dafür, dass der Verein nicht aufgelöst wurde.

Der erste Stein

Am 21. Februar 1883 beschloss der Verein einstimmig, mit dem Bau der Kirche baldmöglichst zu beginnen. Am 24. Oktober 1883 konnte nach einem feierlichen Hochamt in St. Quirin der erste Stein zu den Fundamenten gelegt werden. Sie waren schon nach vier Wochen bis zur Sockelhöhe fertiggestellt. Für den Bauentwurf und die Bauleitung zeichnete der Regierungsbaumeister Julius Busch aus Neuss verantwortlich. Nach Wiederaufnahme der Bauarbeiten im Frühjahr 1884 fand am 16. März 1884 die feierliche Einsegnung des Grundsteins durch Dechant Heimbach statt.

Der Stein entstammt der Katakombe des hl. Kallixtus in Rom. Er liegt im vorderen Teil der Chorabschlussmauer, wo heute die Chororgel steht. Bereits am 10. Dezember 1884 konnte Dechant Heimbach die Kirche, die insgesamt 86.000 Mark gekostet hatte, benedizieren. Von dem Tag an wurden in St. Josef regelmäßig Messen und Andachten gehalten.

Hochachtung nötigt noch heute das damalige Engagement der Gemeindemitglieder ab: Altäre, Fenster, Kommunionbank, Beichtstühle, Kanzel, Chorgestühl, Kreuzweg, Fahnen und Kirchengeräte wurden geschenkt. Wer eine Kirchenbank stiftete, konnte für eine gewisse Zeit einen festen Platz beanspruchen. Seit 1901 zeigt die Turmuhr von St. Josef, „was die Stunde geschlagen hat". Auch für sie war gesammelt worden.

Im Jahr 1885 erhielt die Gemeinde den ersten eigenen Seelsorger: Rektor Hermann-Josef Kamp. Den Dienst, den er übernahm, hatten zuvor Geistliche aus Büderich und Neuss versehen. Hilfsbereitschaft wurde damals großgeschrieben. Die neue, junge Gemeinde war also nicht auf sich allein gestellt. Am Weißen Sonntag des Jahres 1886 wurden zum ersten Mal die Kommunionkinder zum Tisch des Herrn geführt. Die erste Taufe fand am 30. Januar 1887 in der Kirche statt. Wenig später wurde erstmals das Ewige Gebet gehalten. Die treibende Kraft hinter der Gründung von Kirche und Gemeinde St. Josef, Kaplan Esser, wurde Ende August 1886 zum Oberpfarrer in Jülich ernannt. Sein Abschied fand unter großer Beteiligung der Gemeindemitglieder statt. Sie hatten ihm viel zu verdanken.

St. Josef erst 1888 konsekriert

Erst vier Jahre nach der Benedizierung der Kirche wurde St. Josef durch den Kölner Erzbischof Kardinal Krementz im Rahmen einer Firmungs- und Visitationsreise am 7. Oktober 1888 konsekriert. Im selben Jahr richtete die Gemeinde durch unentgeltlich geleistete Arbeit ein der Kirche geschenktes, „an der Eisenbahn" gelegenes Land zu einem würdigen Begräbnisplatz her. Der Weißenberger Friedhof ist bis heute der einzige kircheneigene Friedhof in Neuss.

Die Amtszeit des ersten Seelsorgers blieb kurz. Nach Streitigkeiten über die erste Kirchenvorstands-Wahl versetzte Erzbischof Philipp Kardinal Krementz Rektor Kamp schon 1889 und ernannte Pfarrer Heinrich Klinker zum neuen St. Josef-Seelsorger. Ebenfalls 1889 löste sich der Kirchbauverein auf. Das Werk war getan. Erst 1898 erhielt die wachsende Gemeine ihren ersten Kaplan, den Neupriester Oberempt.

In diesen Jahren sorgte die Gemeinde auch für die angemessene Unterbringung

St. Josef auf einer historischen Ansichtskarte von Anfang des 20. Jahrhunderts.

Stiftungen, Sammlungen, Vereine

Sammlungen und Stiftungen machten den weiteren Aufbau der Gemeinde erst möglich. Bis 1907 erreichten die gestifteten Geldbeträge ein Volumen von rund 84.000 Mark. 1888 hatte ein Gemeindemitglied eine Orgel gestiftet, die von der Bonner Firma Klais gebaut wurde. Der angesichts „der lobenswerten Arbeit der Orgelbauer" als äußerst mäßig erachtete Preis belief sich auf 6.325 Mark.

Der schon 1872 gegründete Kirchengesangsverein, der bei der Gründung der Pfarrgemeinde eine wesentliche Rolle spielte, beging 1897 sein 25-jähriges Stiftungsfest. Bei diesem „Urverein", der auch heute noch als Kirchenchor sehr lebendig ist, blieb es aber nicht: Borromäusverein, Bonifatius- und Kindheit-Jesu-Verein, der Katholische Arbeiterverein, der Volks- und Jünglingsverein und andere traten hinzu. Das kräftige Mitfeiern der Gemeindemitglieder von St. Josef mit den früheren Pfarreien Büderich, Kaarst und Neuss auf deren Schützenfesten fand nicht den Beifall des Pastors und auch nicht den der Behörden. Der Landrat bestimmte darum am 17. April 1900, dass die Pfarrgemeinde Weißenberg nur eine gemeinsame Kirmes – und zwar an den Pfingsttagen – abhalten durfte. Ausdrücklich wurden „Tanzlustbarkeiten" zur Zeit der Neusser, Büdericher und Kaarster Kirmes untersagt. Vermutlich haben die Menschen des Neusser Nordens dies zum Anlass genommen, ihr Schützenfest mit einigem zeitlichen Abstand selbst zu kreieren und im Laufe der Jahrzehnte kräftig auszubauen.

Weißenberg zu Neuss

In ruhiges Fahrwasser geriet die Gemeinde nach dem Aufbau, der durch die mit dem Kulturkampf ausgelösten Wirren beeinträchtigt wurde, nicht. Die Stadt Neuss, die sich in der zweiten Hälfte des

ihres Personals. 1898 entstand neben der Kirche das neue Pfarrhaus. Daneben wurden zwei kleine Backsteinbauten errichtet, in denen der Küster und der Organist wohnten. Das alte Pfarrhaus von 1885 wurde in eine Kaplanei umgewandelt. Gegenüber der Kirche hatte die Gemeinde 1902 ein Grundstück von der Gemeinde Büderich angekauft. Auf ihm wurde 1911 ein Schwesternhaus errichtet, das unter anderem der ambulanten Krankenpflege, als Kinderbewahrschule und als Heimstatt für Vereine dienen sollte. Das Haus wurde 1912 eingeweiht und von Schwestern der Augustinerinnen des Mutterhauses in Neuss übernommen. Auch für dieses Projekt war ein Sammelverein gegründet worden. Das Haus ist noch immer „im Dienst": Dort wohnt heute der Leitende Pfarrer der vier Gemeinden des Seelsorgebereichs Neuss-Nord; im hinteren Teil beherbergt es den Kindergarten St. Josef.

19. Jahrhunderts von einer Agrar- in eine Industriestadt wandelte, zielte auf die Eingemeindung der umliegenden Ortschaften: 1910 wurde Weißenberg, 1913 Neusserfurth eingemeindet. Der nördliche Teil der Kirchengemeinde St. Josef blieb bei der politischen Gemeinde Kaarst mit der Folge, dass sich der Pfarrbezirk über zwei Kommunen erstreckte. Dies galt bis zur Kommunalreform im Jahr 1975.

Erster Weltkrieg und Inflation

Der Erste Weltkrieg kostete die Gemeinde nicht nur drei Glocken, die zu Kriegszwekken abgegeben werden mussten, und die Prospektpfeifen der Orgel. Er führte auch zu einem Niedergang der religiösen Betätigung und der Sittlichkeit. Die Chronik berichtet darüber: *„Dem erhebenden religiösen Aufschwung des Jahres 1914, der mit großer Genugtuung begrüßt worden war, war ein gewaltiges Zurücksinken in Gleichgültigkeit und Materialismus gefolgt."* Eine Folge des verlorenen Krieges war auch die wirtschaftliche Not der Gemeinde. Die Kirchenkasse war 1922 durch die galoppierende Inflation vollkommen erschöpft. Gehälter konnten nur mit geliehenem Geld gezahlt werden. Da St. Josef aufgrund der sozialen Struktur der Mitglieder äußerst einkommensschwach war, klaffte im Pfarretat 1922/23 eine Lücke von 60.000 Mark. Die Bemühungen, diese Schieflage umzukehren, führten, da an den Steuersätzen für die wenigen Kirchensteuerzahler gedreht werden musste, zu harten und unliebsamen Auseinandersetzungen. Unter anderem stellten Mitglieder, die zwar kirchenrechtlich zu St. Josef gehörten, seelsorgerisch aber von St. Marien betreut wurden, den Antrag, ihre Kirchensteuer zu den günstigeren Sätzen nach St. Marien abführen zu können. Der Kirchenvorstand von St. Josef ging 1927 das Problem mit dem erneuten Vorschlag einer Steuergemeinschaft der Neusser Pfarreien an. Erfolg hatte er nicht. Aber auch in diesen schweren Jahren geschah Positives: 1926 wurden zwei neue Glocken geweiht als Ersatz für die als Kriegsopfer 1917 konfiszierten Glocken.

Die Weihe neuer Glocken, 1926.

Finanzen kommen in Ordnung

Der auf Pfarrer Klinker folgende Pfarrer Joseph Schlinkhoven wurde nach 20-jähriger Tätigkeit in äußerst krisenhaften Jahren 1927 pensioniert. Sein Nachfolger Karl Kraemer trat im Oktober des Jahres ein schweres finanzielles Erbe an. Es gelang ihm aber, planvoll durch äußerste Sparsamkeit und mit kleinen und kleinsten Spenden St. Josef finanziell allmählich wieder in Ordnung zu bringen. Sichtbares Zeichen dafür: Der neu eingedeckte Kirchturm „mit bestem Schiefer" von der Obermosel , eine Warmluftheizung für die Kirche und eine Zentralheizung für das Pfarrhaus.

In seine Zeit als Pfarrer an St. Josef fiel auch die ihm am Herzen liegende Gründung der St. Sebastianus-Schützenbruderschaft im Jahre 1932 nach langem Kampf. Den im folgenden Jahr an die Macht gekommenen Nationalsozialisten passte die kirchliche Bindung des Schützenvereins nicht ins Konzept. Sie schufen ein Konkurrenzunternehmen, einen Bürgerschützenverein, zu dem Pfarrer Kraemer sogleich auf Distanz ging: „*Mit dem braunen Gesindel stelle ich mich nicht auf eine Stufe*", ist von ihm überliefert.

Ein anderer Sturm, als der, den die Nationalsozialisten in Deutschland entfachten, tobte am 10. Januar 1936. Durch ihn wurde die Pfarrkirche arg mitgenommen. Die erheblichen Schäden beliefen sich auf 20.000 Mark. Für die dafür nötige Anleihe übernahmen St. Quirin, St. Marien und Hl. Dreikönige eine Bürgschaft. Solidarität galt nach wie vor in Neuss.

Karl Kraemer war von 1927 bis 1941 Pfarrer an St. Josef. In dieser Zeit wurde die Chronik von St. Josef nicht fortgeführt. Gründe dafür sind nicht bekannt. In der Chronik findet sich nur eine nicht datierte, sehr kurze Übersicht über die Jahre 1927 bis 1941.

Im Zweiten Weltkrieg

Das Gemeindeleben litt nach der Machtübernahme durch die Nationalsozialisten

Sturmschäden auf der Neusser Furth, 1936.

Der Chor in der Weihnachtszeit, 1936.

In der Nacht vom 25. auf den 26. Mai 1943 wurde die Pfarre wieder schwer getroffen. Eine Bombe schlug in den Vorgarten des Pfarrhauses ein. Es wurde unbewohnbar. Die Kirche selbst wurde stark in Mitleidenschaft gezogen. Sämtliche 33 Fenster waren zerstört, das rechte Seiten- und das Hauptdach weitgehend abgedeckt, das Gewölbe im rechten Seitenschiff gerissen. In der Marienkapelle drohte Einsturzgefahr. Es wurde notdürftig repariert und die Kirche wenige Tage später auch wieder genutzt.

Bei einem heftigen Luftangriff am 23. September 1944 wurden die Kirchenfenster erneut zerstört. Ein Angriff am 6. Januar 1945 machte alle mühsamen Ausbesserungsarbeiten an der Kirche zunichte. Das Gewölbe im rechten Seitenschiff riss auf, und Strebepfeiler wurden zerstört. Am 2. März 1945 besetzten amerikanische Truppen die Stadt Neuss. Schon am Sonntag, den 11. März, wurde in der Pfarrkirche wieder Gottesdienst gefeiert. Die amerikanischen Soldaten hielten um 11 Uhr eine eigene hl. Messe, die sehr gut besucht war.

unter dem ständig schärfer werdenden Druck. Der Religionsunterricht an den Schulen wurde systematisch unterdrückt, Priester vom Unterricht ausgeschlossen. Prozessionen mussten sich neue Wege suchen. Der Religionsunterricht wurde im Laufe der Jahre gänzlich gestrichen, Kruzifixe wurden aus den Klassenzimmern entfernt. Mit Beginn des Zweiten Weltkrieges wurden die Beeinträchtigungen immer stärker: Läuteverbot, Beschränkung der Zahl der Gottesdienstteilnehmer, Verlegung der Fronleichnamsprozession in die Kirche, Abgabe der Glocken (nur die Marienglocke blieb der Gemeinde). Dem im November 1941 in sein Amt in St. Josef gekommenen Pfarrer Peter Becker gelang es trotz aller Einschränkungen und Schikanen, die Arbeit des Müttervereins und der Caritas zu aktivieren.

Wiederaufbau

Trotz der nach wie vor immens großen Not der Bevölkerung ging die Gemeinde wieder an die Arbeit: Wiederaufnahme der Jugendarbeit, Gründung der Kolpingsfamilie Neuss-Furth, Wiederaufbau der Caritas-Arbeit, Wiedereröffnung der von den Nationalsozialisten geschlossenen Pfarrbücherei. 1946 wurden 112 Kinder getauft, doppelt so viel wie 1945. Von 1945 bis 1947 stieg die Zahl der sonntäglichen Gottesdienstteilnehmer von 1.800 auf 2.500 bei 7.000 Gemeindemitgliedern.

Im Dezember 1946 wurde ein Pfarrbüro eingerichtet. Neben der seelsorgerischen Aufbauarbeit stand die Wiederherstellung der Josefkirche. Die hier nicht einzeln zu beschreibenden Schäden waren immens. Nach der Währungsreform 1948 war an größere Bautätigkeit oder Anschaffungen nicht zu denken. Für das Notwendigste wurde 1948 erneut ein „Kirchbauverein St. Josef" gegründet. Aus der Zeit der Wiederherstellung der Kirche stammen die drei Chorfenster: „Die Geburt Jesu", links, „Die Erlösung", Mitte, und „Das Weltgericht" nach Entwürfen von Ernst Jansen-Winkeln und eine neue Josefsstatue von Otto Bussmann.

Pfarrer Becker hatte in extrem schwieriger Zeit für den inneren und äußeren Aufbau der Gemeinde mit seinen Gemeindemitgliedern Erstaunliches geleistet. Sein früher Tod 1954 mit nur 59 Jahren machte die Gemeinde sehr betroffen.

Neue Gemeinden in der Nordstadt

Der neue Pfarrer, August Kohaupt, sah sich einer sehr schnell wachsenden Gemeinde gegenüber. 1955 hatte sie bereits über 10.000 Mitglieder. Dafür war unter anderem der Zuzug von Vertriebenen und Flüchtlingen ursächlich. Die Entwicklung führte schließlich zur Gründung von drei neuen Pfarreien in der Nordstadt innerhalb eines Jahrzehnt: September 1955 Gemeinde Christ-König; Oktober 1966 St. Thomas Morus; März 1967 Hl. Geist. Heute sind es diese Gemeinden, die zusammen mit St. Josef den Seelsorgebereich Neuss-Nord bilden. St. Josef wurde damals „kleiner".

Wandlung im Inneren der Kirche und in der Gemeinde

Anfang 1961 waren wieder Reparaturen notwendig, denn heftige Stürme hatten erneut den Kirchturm getroffen. Das Jahr 1963 brachte vorübergehend große Verunsicherung, denn neue stadtplanerische Maßnahmen für den Kreuzungsbereich sahen sogar den Abriss aller kirchlichen Gebäude an der Gladbacher Straße

Der Kirchenraum vor den Umbauarbeiten in den sechziger Jahren.

vor, und es wurden bereits künftige Standorte für eine neue Kirche und ein neues Pfarrzentrum gesucht. Diese Pläne wurden jedoch nicht realisiert.

Umfangreiche Renovierungsarbeiten begannen 1969. Die Kirche bekam eine neue Heizungs- und eine Lautsprecheranlage. Der Chorraum wurde höher gelegt, der beschädigte neugotische Hochaltar, sowie die Kanzel und die Kommunionbank wurden entfernt. Das Chorgestühl wurde in die nördlichen Seitenkapellen verlegt und 1971 wurde der neue Hochaltar aufgestellt. Die veränderte innere Gestalt der Kirche sollte vor allem eine Antwort auf den „Geist des 2. Vatikanischen Konzils" sein. 1968 wurde für St. Josef der erste Pfarrgemeinderat gewählt und zu Weihnachten der erste Pfarrbrief verteilt. Den ersten Kommunionhelfer gab es 1976, und die Vorbereitung der Kommunionkinder und der Firmlinge wurde weitgehend Laien übertragen. Ende der sechziger Jahre machte die hohe Zahl von Anmeldungen für den Kindergarten die Gründung eines zweiten Kindergartens in Trägerschaft der Gemeinde notwendig.

1978 starb Pfarrer August Kohaupt. Er hatte der Gemeinde 24 Jahre – länger als alle seine fünf Vorgänger – vorgestanden. Gewiss hatten seine Zeit in Weißenberg nicht Krieg und Kriegsschäden und auch nicht Kulturkampf und Inflation geprägt. Aber ob die Arbeit auf Grund der Umbrüche in Kirche und Gesellschaft für ihn leichter war als die seiner Vorgänger? Das lässt sich heute von uns kaum einschätzen. Leicht war sie sicher nicht und sicher war auch er mit Um- und Aufbau, Reparatur und Anpassung befasst.

Papst-Johannes-Haus: Gemeindezentrum für St. Josef

Mit dem Amtsantritt des neuen Pfarrers Joachim Hosmann 1979 begann erneut eine Phase baulicher Veränderungen. Die Pfarrgemeinde vermisste schon länger schmerzlich ein Pfarrzentrum. Das Gebäude gegenüber der Kirche und seine Räumlichkeiten reichten bei weitem nicht mehr aus. Noch im Oktober 1979 beschloss der Kirchenvorstand die Gründung eines Bauvereins für die Errichtung des Pfarrzentrums. Mit dem Vorhaben kamen erneut erhebliche finanzielle Belastungen auf die Gemeinde zu. 1983 begann die Baumaßnahme mit dem Abbruch des alten Pfarrhauses. Am Fest Johannes des Täufers 1984 wurde der Grundstein gesegnet. Am 28. April 1985 wurde das Papst-Johannes-Haus – der Name erinnert an den unvergessenen Papst Johannes XXIII. - von Weihbischof Dr. Luthe gesegnet und seiner Bestimmung übergeben.

St. Josef „verliert" den Turm

Im Jahr 1984 bot St. Josef einen merkwürdigen Anblick. Immense Wasserschäden im Inneren der Kirche waren durch undichte Fenster, schwere Schäden am Turmhelm und den Dächern der Kirche verursacht worden. Die Kirche musste von Grund auf saniert werden. Begonnen wurde mit dem Turmhelm, der insgesamt abgetragen und durch einen neuen ersetzt wurde. Der alte fehlte somit eine gewisse Zeit, was der Kirche Skurrilität verlieh. Das gesamte Kirchendach wurde saniert und mit neuem Schiefer eingedeckt. Die Arbeiten dauerten knapp zwei Jahre. Danach boten Kirche und Papst-Johannes-Haus eine harmonische Einheit.

Jubiläum mit Bischof Bohn, Diözese Santa Cruz do Sul, Brasilien

1988 beging die Pfarre St. Josef ihr 100-jähriges Bestehen. Zum Jubiläum stiftete die St. Sebastianus-Bruderschaft eine neue Glocke. Eine zweite neue Glocke, die Barbara-Glocke, erinnert seither die Gemeinde an frühere Zeiten, als von St. Josef aus die Sterbeglocke beim Tod eines Ge-

Die Renovierung des Turms, 1984.

Der brasilianische Bischof Dom Sinésio Bohn, 1988.

Die geschmückte Kirche anlässlich des 100-jährigen Bestehens 1988. Im Bild rechts das Gemeindezentrum.

meindemitglieds geläutet wurde. Die jetzt sechs Glocken ergeben in ihrer klanglichen Abstimmung die Töne des Hymnus „Veni Creator Spiritus".

Das 100-jährige Bestehen der Pfarre wurde ausgiebig – der Ausdruck ist angebracht – aber nicht etwa ausschweifend gefeiert. Es war auch vieles sehr Nachdenkliches dabei. So die Begegnungen der Gemeinde mit dem brasilianischen Bischof von Santa Cruz do Sul, Dom Sinésio Bohn, der am 9. Oktober 1988 den Pontifikalgottesdienst als den Höhepunkt der Festwoche zelebrierte. Der Bischof wird seither von den Gemeindemitgliedern als guter Freund von St. Josef gesehen.

Der Bischof selbst empfindet sich auch so. Er hat St. Josef in fast jedem Jahr besucht und erfuhr durch die Gemeinde in beträchtlichem Umfang finanzielle Unterstützung (zum Beispiel durch den Missionsbasar). Die Verbindung hält bis heute an, auch nach dem Ausscheiden Dom Sinésios aus seinem Bischofsamt im Jahre 2010. Zudem ist St. Josef ihm zu Dank verpflichtet, weil er Pfarrer Hosmann nach seinem krankheitsbedingten Ausscheiden aus seinem Amt hier im Jahr 1990 aufnahm und für ihn bis zu seinem Tod im April 2000 sorgte.

Friedhof erweitert

Der 1888 geweihte Friedhof der Gemeinde hatte sich schon in den 1980er Jahren zunehmend als zu klein erwiesen. Nach einer Reihe von Anläufen entschied sich der Kirchenvorstand 1990 schließlich dafür, ein direkt neben dem bestehenden Friedhof gelegenes Grundstück zur Erweiterung zu erwerben. Mit den Maßnahmen zur Erschließung und Gestaltung des neuen Teiles wurde im Jahr 1991 begonnen. 1995 wurde er eingeweiht.

Planen und neugestalten:
St. Josef wird schöner

Nach einer recht langen Vakanz ernannte der Erzbischof mit Schreiben vom 17. März 1991 Pfarrer Johannes Büsching zum neuen Pfarrer an St. Josef. Er war zuvor Pfarrer der Gemeinde St. Elisabeth in Köln-Pesch gewesen. St. Josef erhielt aber im Jahre 1991 nicht nur den länger ersehnten neuen Pfarrer, erstmals seit 13 Jahren wurde auch wieder ein Kaplan, Wolfgang Zierke, zugeteilt. Beide Geistlichen machten sich daran, die unvermeidliche Stagnation der Vakanzzeit aufzubrechen.

Mitte der neunziger Jahre machte schon ein Entwurf zur „Personal- und Pastoralplanung 2000" im Erzbistum Köln die Runde. Die „Sache" sollte ein Jahrzehnt später virulent werden. Im Kirchenvorstand ging ein Arbeitsausschuss an die Vorbereitung der künstlerischen Ausgestaltung der Pfarrkirche. Die „Schwachstellen" waren einfach unübersehbar. Auch dabei ging es ins dritte Jahrtausend hinein.

Der Förderverein für den Bau des Pfarrzentrums „Papst-Johannes-Haus" sah seine Aufgabe 1994 zu Recht als erfüllt an und löste sich auf. Etwa zeitgleich wurde ein „Pfarrverein St. Josef" gegründet, dessen Einnahmen (Mitgliedsbeiträge, Spenden, Veranstaltungen) insbesondere für das Pfarrzentrum bestimmt sind. Kirchbauvereine, Bauvereine und Förderkreise begleiten St. Josef seit der Gründung vor 125 Jahren. Das ist ein gutes Zeichen; allerdings auch Ausweis dafür, dass den Gläubigen immer (letztlich freiwillig) etwas abverlangt werden musste, ja dass sie sich selbst etwas abverlangten.

Schon 1993 bildeten die Restaurierung und die Vervollständigung der Kirchenorgel einen Schwerpunkt der Planungen für das Innere der Kirche. Dabei wurde ein Konzept entwickelt, das die vorhandene Substanz erhalten sollte und eine gute sowie harmonische Abrundung beinhaltete. Immerhin kam mit dem Kostenvoranschlag auf die Gemeinde eine Belastung von 135.000 DM zu. Die Kosten des Projekts selbst waren weit höher. Im März 1995 wurde die renovierte und erweiterte Orgel eingeweiht.

Im April stellte Paul Nagel, Künstler aus Wesseling, seine Gedanken für die Innenraumgestaltung von St. Josef vor. Für Nagel war der Kirche ihre Mitte, der Altar, „verloren" gegangen. In der Festschrift zum 100-jährigen Jubiläum hatte schon der Architekt H.W. Bokler über den Altar geschrieben: „Ich würde ihn mir in noch erlesenerem Material wünschen, den Maßverhältnissen des Gotteshauses angepasst." Bokler hatte sich damit aus Sicht vieler eher vorsichtig ausgedrückt.

Der Wunsch von Pfarrer Büsching, im Jahr 2000 endlich die Neugestaltung des Kircheninneren erleben zu können, ging noch nicht in Erfüllung. Zu Ende des Jahres wurden der Beginn der Arbeiten und ein Abschluss der Neugestaltung bis zum Palmsonntag in Aussicht gestellt. Die Gemeinde hatte es aber länger mit einem Provisorium zu tun. Erst am 20. Mai weihte Weihbischof Dr. Friedhelm Hofmann den neuen Altar. Fertig war die Neugestaltung damit zwar noch nicht, aber der Bischof hatte Recht, als er sagte: „Dem Künstler ist es gelungen, eine wunderschöne Einheit im Chorraum zu schaffen". Die Gestaltung sei modern, füge sich aber in die neugotische Umgebung ein zu einer „Symphonie des Gotteslobes". Die Umgestaltung erfuhr ihre Fortsetzung, als im Jahr 2002 am Patroziniumstag der neue Tabernakel gesegnet und zum Osterfest der neue Osterleuchter seiner Bestimmung übergeben wurden. Es folgten noch unter anderem die Ausmalung des Chorraumes, die des Hauptschiffes und der Seitenschiffe. An dieser Stelle ist kein Raum für die Beschreibung aller durchgeführten Arbeiten und deren Ergebnisse. Als Fazit sollte die Bemerkung eines Priesters vor Messbeginn gelten, der zu-

Der aktuelle Innenraum.

vor St. Josef noch nie betreten hatte: *„Ich muss Ihnen sagen, Sie haben eine erstaunlich schöne Kirche."* Dies war die erste bauliche Maßnahme, die nicht der Not gehorchend durchgeführt werden musste. Die Mühen haben sich gelohnt. Im April 2004 stellte das Erzbistum St. Josef als „Kirche des Monats" vor: Das hatte sie verdient. Für die Gemeindeglieder ist sie allerdings weit mehr als Kirche des Monats.

Im November 2002 unterzeichnete Erzbischof Kardinal Meisner eine Urkunde, die die Errichtung des Pfarrverbandes im Seelsorgebereich D im Dekanat Neuss-Nord für die Pfarrgemeinden St. Josef, Neuss-Weißenberg, und St. Thomas Morus, Neuss-Vogelsang, beinhaltete. Dies hatte zunächst keine Auswirkungen.

Sparkonzept „Zukunft heute"

Im Jahr 2005, dem Jahr, in dem Papst Johannes Paul II. verstarb und Joseph Ratzinger zu seinem Nachfolger als Benedikt XVI. gewählt wurde, ging es für die Kirchengemeinden im Erzbistum Köln „ans Eingemachte". Das Sparkonzept „Zukunft heute" nahm langsam Konturen an. Aufgrund schwindender Kirchensteuereinnahmen durch Arbeitslosigkeit und durch Kirchenaustritte sah sich das Erzbistum zu kräftigem Sparen gezwungen.

Die Antworten auf die gegebene und künftige finanzielle Situation der Pfarrgemeinde St. Josef waren unter anderem: Umzug des Pastoralbüros (St. Josef und St. Thomas Morus) aus dem Pfarrhaus in das Gemeindezentrum, Schließung der Bücherei, Veräußerung des Pfarrhauses, Schließung des Jugendheimes nach Sanierung dort, neue Dienstwohnung des Pfarrers, Trägerwechsel des zweiten Kindergartens St. Franziskus mit dem Ziel der Abgabe an die Lebenshilfe e.V. zu Beginn des Jahres 2007. Diese Vorhaben bedurften der sorgfältigen Prüfung und Planung. Dies kostete Zeit. Seit Ende 2006 ist die Bücherei aufgelöst, sind die Folgedienste geregelt und besteht das gemeinsame Pastoralbüro. Nicht jede der Maßnahmen ließ sich so wie gedacht verwirklichen und wenn doch, war der Zeitrahmen nicht immer einzuhalten. Das Pfarrhaus zum Beispiel wurde nicht verkauft, sondern vermietet. Insbesondere die Abgabe des Kindergartens verursachte Kopfschmerzen, Ärger und Unverständnis. Sie wurde auch erst am 1. Juli 2008 vollzogen. Insgesamt hat sich das Konzept aber als tragfähig erwiesen.

St. Josef im Seelsorgebezirk Neuss-Nord

Die Pfarrgemeinde St. Josef hat in den 125 Jahren ihres Bestehens manchen Sturm überstanden, Probleme gemeistert, Altes bewahrt und Neues angepackt. Das jüngste Neue, der „Pastoralplan 2020 – Struktur der Seelsorgebereiche" traf die Gemeinde recht unvermittelt. Maßgebend dafür waren die mehr als nüchternen beziehungsweise ernüchternden Personalprognosen des Erzbistums. Der Mangel wird eher noch größer.

Die Gemeinden St. Josef, Christ König, St. Thomas Morus und Heilig Geist wurden nach dem Pastoralplan im Jahr 2008 in einem Seelsorgebereich zusammengefasst. Im Fall von St. Josef ist dies keine Fusion. Allerdings haben die vier Pfarrgemeinden einen gemeinsamen Leitenden Pfarrer und einen Pfarrgemeinderat. Im Jahr 2008 wurden die personellen Konsequenzen des Pastoralprojekts sicht-

und erfahrbar. St. Josef „verlor" seinen langjährigen Pfarrer Büsching, der mit Ablauf des 30. Juni entpflichtet wurde und zurück nach Köln ging. Christ König (inklusive Hl. Geist) und St. Thomas Morus trennten sich ebenfalls von ihren Pfarrern. Die Gemeinden mussten sich auf drei neue Priester einstellen: Leitender Pfarrer wurde Hans-Günther Korr, zuvor in Frechen tätig, Pfarrvikar Klaus Nickl kam aus Wuppertal und Kaplan Malwin März arbeitete zuvor als Kaplan in Rösrath bei Köln. St. Josef hatte bis 2008 acht „eigene" Pfarrer gehabt. Der neunte ist eben nicht mehr nur für St. Josef zuständig. Dies wurde akzeptiert und ist inzwischen eingeübt.

Weitab von Neuss wurde der Verfasser vor langen Jahren nach seinem Wohnort gefragt. Die Antwort quittierte der Fragesteller, der sich ein wenig auskannte, mit der Bemerkung: „Sie leben also im Schatten von St. Josef!" – „Ja das ist so, und zwar gerne!" Dieses „Gerne" hat in hohem Maße mit der Kirchengemeinde St. Josef zu tun, die seit 125 Jahren zahlreichen Menschen im Norden von Neuss sehr viel bedeutet.

1813 – 1913
Das historische Gedenken im Kreisgebiet an die Völkerschlacht von Leipzig

Peter Ströher

Das Jahr 1913 muss für die Menschen in den damaligen Kreisen Grevenbroich und Neuss und in der Stadt Neuss ein außergewöhnliches und freudiges Jahr gewesen sein, denn in jenem Jahr feierte man dort wie überall in Deutschland gleich mehrere bedeutende patriotische Feste. Zu den üblichen nationalen Feier- und Gedenktagen im Jahreslauf wie Kaisers Geburtstag (27. Januar) und dem Sedantag (2. September) traten 1913 das 25-jährige Thronjubiläum Kaiser Wilhelms II. (16. Juni) und im März und Oktober die Jubiläumsfeiern zum einhundertsten Jahrestag der Völkerschlacht von Leipzig im Jahre 1813, dem entscheidenden Wendepunkt im Befreiungskrieg der Deutschen gegen die napoleonische Herrschaft.[1] Dass schon im Sommer des darauffolgenden Jahres der Untergang dessen begann, dem man in Schulfeiern, Umzügen, Festreden und Gottesdiensten gedachte, konnte von den Zeitgenossen niemand ahnen.

Da die Völkerschlacht nun wieder mit einem „runden" Jahrestag verbunden ist, soll im Folgenden dargestellt werden, wie die Menschen 1913 dieses Jubiläum im heutigen Kreisgebiet feierten und welche Bedeutung dem historischen Ereignis von 1813 dabei zugesprochen wurde. Wichtige geschichtliche Jahrestage fordern nahezu in jeder Epoche zum Rückblick auf und in

Festansprachen und Gedenkveranstaltungen ist jede Generation bemüht, einen Bezug des historischen Ereignisses zur jeweiligen Gegenwart herzustellen. Damit sagen Jubiläumfeiern viel über das Selbstverständnis der jeweils Handelnden und ihre Zeit aus und sind deshalb von historischem Interesse.

Die Feierlichkeiten wurden 1913 in zwei zeitlichen Abschnitten abgehalten, nämlich am 10. März in Erinnerung an die Stiftung des Eisernen Kreuzes und der Landwehr im März 1813 (und natürlich auch der Völkerschlacht selbst) und am 18. Oktober, dem exakten Jahrestag der Schlacht und dem Tag der Einweihung des Völkerschlachtdenkmals in Leipzig. Bei beiden Terminen spielte das Bürgertum in seiner charakteristischen Organisationsform, dem Verein, die tragende Rolle. Nationale und patriotische Rituale waren im Wilhelminismus in erster Linie Angelegenheit des Bürgertums, oftmals auch des Bildungsbürgertums. Damit spiegelt auch unser Kreisgebiet eine für das Kaiserreich insgesamt gültige Konstellation wider.

Die Gedenkfeiern im März

In der Kreisstadt Neuss fand am Sonntag, dem 9. März 1913, die kreisweite öf-

Gedenkkarten für die Jahrhundertfeier der Völkerschlacht.
Aus: www.goethezeitportal.de/wissen/postkarten.

fentliche Gedenkfeier für die Völkerschlacht statt. Diese wurde nicht von staatlichen oder kommunalen Stellen organisiert, sondern von einem Verein, nämlich dem Kreiskriegerverband Neuss - dies unterstreicht die Bedeutung des Bürgertums als Träger des nationalen Gedankens. Der Verband stand unter dem Protektorat des preußischen Landwirtschaftsministers Freiherr Clemens von Schorlemer, der dem Kriegerverband allerdings nicht wegen seines aktuellen Amtes nahestand, sondern weil er von 1888 bis 1897 Landrat des Kreises Neuss gewesen war und seit 1905 Neusser Ehrenbürger war. Vorsitzender des Kreiskriegerverbandes Neuss war Hauptmann der Reserve Heinrich Hoffmann aus Löveling, der mit Schreiben vom 2. März Landrat Dr. Alexander von Brandt zur Gedenkfeier einlud,[2] an der dieser ebenso wie Bürgermeister Franz Gielen als Ehrengast teilnahm. Die *„Hundert-Jahrfeier*

der vaterländischen Gedenktage"[3] in der festlich beflaggten Stadt Neuss begann am Nachmittag bei *„hellem Sonnenschein"* mit dem Anmarsch der *„Krieger- und Veteranenvereine aus den Landgemeinden mit Trommelschlag und Pfeifenklang"* zum Marktplatz. Dort nahmen der Verbandsvorsitzende Hoffmann, der Landrat und der Bürgermeister vor zahlreichen Schaulustigen die Parade ab, die von zwei Reitern in Uniformen preußischer Husare von 1813 angeführt wurde. Laut Einladung der örtlichen Kriegervereine galt für die Teilnehmer eine strenge Kleiderordnung: *„dunkler Anzug, Cylinder, Orden, Ehren- und Vereinsabzeichen."*[4] Anschließend zogen die Teilnehmer zum mit Blumen geschmückten Kriegerdenkmal auf dem Münsterplatz, wo der Vorsitzende des Kreiskriegerverbandes eine kurze Ansprache hielt, welche die typischen Elemente der zu diesem Anlass gehaltenen Festreden enthielt – zumindest

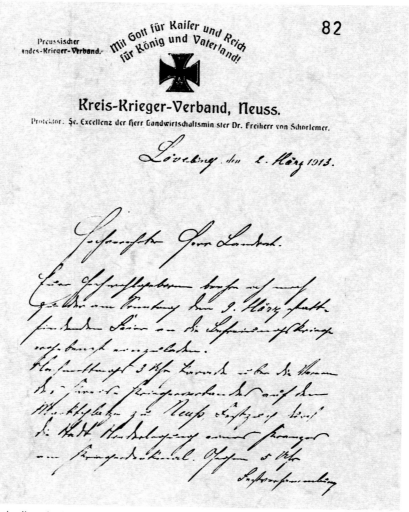

Mit Gott für Kaiser und Reich
für König und Vaterland!

Preussischer
Landes-Krieger-Verband.

Kreis-Krieger-Verband, Neuss.

Protektor: Se. Excellenz der Herr Landwirtschaftsminister Dr. Freiherr von Schorlemer.

Einladungsschreiben des Kreiskriegerverbandes Neuss an Landrat Dr. von Brandt.
Archiv im Rhein-Kreis Neuss, Landratsamt Neuss 418.

soweit sie aus der örtlichen Presseberichterstattung zu rekonstruieren sind. Dabei würdigte er den Gedenktag als einen „*der denkwürdigsten des preußischen und des deutschen Volkes*", das „*mit Bewunderung und dankerfüllt auf zu jenen Helden*" schaut, „*die vor hundert Jahren ihrem schwer gebeugten Vaterland die Freiheit erstritten und die Macht des übermütigen Franzosenkaisers brechen halfen.*" Hoffmann stellte die Reichseinigung von 1871 in direkten Zusammenhang mit der Völkerschlacht, wobei auch der Verweis auf die „Erbfeindschaft" mit Frankreich nicht fehlte: „*Heute schauen wir aber auch in jene Zeit zurück, in der ½ Jahrhundert später der König von Preußen wieder zu den Waffen rief, wiederum zum Kampfe gegen französischen Übermut.*" Das Opfer der Vorfahren stellt für die Gegenwart und Zukunft die Verpflichtung dar, dass „*wir, sollte unser oberster Kriegsherr unser bedürfen, ebenso freudig bereit seien, für unser Vaterland zu kämpfen und zu*

Einladungsanzeigen von Kriegervereinen aus dem Kreis Neuss.
Neuß-Grevenbroicher Zeitung, 8. März 1913.

sterben." Für die passende musikalische Begleitung der Zeremonie am Kriegerdenkmal sorgten der Männergesangsverein Eintracht und die Kapelle des 5. Rheinischen Infanterieregiments. Im Hauptfestsaal des Hotels Berghaus und im Festsaal des Hotel Pilartz nahm die Feier ihren Fortgang. Auch bei den Feiern in den Sälen waren der Landrat und der Bürgermeister nicht die Hauptredner, sie sprachen lediglich Grußworte. Im Hotel Berghaus hielt Hoffmann die Festrede, und im Hotel Pilartz tat dies ebenfalls ein Vertreter der organisierten Veteranen. Die Feiern waren weiterhin geprägt von mehreren patriotischen Wort- und Musikbeiträgen, zu denen auch „Die Wacht am Rhein" und die Nationalhymne gehörten. Am folgenden Tag fand für die Kriegervereine im Quirinusmünster ein feierliches Hochamt statt, die evangelischen Christen versammelten sich in der Christuskirche. Anlässlich der Jahrhundertfeiern im März 1913 ehrte die Stadt Neuss auf Beschluss der Stadtverordnetenversammlung die in der Stadt noch lebenden Veteranen der Einigungskriege mit einem Ehrensold von je 20 Mark, sofern das Einkommen der Betroffenen 2000 Mark im Jahr nicht überschritt. Ferner bewilligten die Neusser Stadtverordneten Geld für die Anschaffung des Buches „Kampf und Sieg vor hundert Jahren" von Generalleutnant von Steinaecker, das an die Abiturienten der Städtischen Oberrealschule und an die besten Schüler der einzelnen Klassen der Oberrealschule und der Oberklassen der Volksschulen verteilt wurde.[5]

Im Gegensatz zu Neuss fanden die Feierlichkeiten des Kreiskriegerverbandes Grevenbroich am 10. März in kleinerem Rahmen statt. Der Verein gedachte bei einer Versammlung im Gasthof von Markus Halboth an der Kölner Straße der Ereignisse des Jahres 1813. Die Festrede hielt mit Professor Ernst Appel, Oberlehrer am Städtischen Progymnasium, ein Repräsentant des Bildungsbürgertums, der laut Berichterstattung in der Neuß-

ERINNERUNGSNUMMER
· 1813 ·

Sonderausgabe
der Leipziger
Jllustrirten Zeitung

Die Sonderausgabe der Leipziger Illustrierten Zeitung erinnerte auf ihrer Titelseite an die Stiftung des Eisernen Kreuzes.
Archiv im Rhein-Kreis Neuss, Sammlung Lange.

Grevenbroicher Zeitung vom 12. März unter anderem betonte, *„Opferwilligkeit, Freiheitlichkeit und Tapferkeit"* seien *„auch heute notwendig, um den Frieden und die Macht unseres Reiches hochzuhalten".* Auch hier schlossen sich Hochrufe auf das Vaterland, Anekdoten, Gedichtvorträge und Lieder der Festansprache an und veranschaulichen damit den geselligen Vereinscharakter der Jahrhundertfeiern.

An den Gedenkveranstaltungen im März 1913 beteiligten sich neben den Krieger- und sonstigen Vereinen und den kommunalen Vertretern auch die Schulen. Die Feiern in den Schulen liefen keineswegs spontan ab, sondern waren durch staatliche Anweisungen vorgegeben. So informierte der preußische Minister der Geistlichen und Unterrichtsangelegenheiten am 11. Februar 1913 in einem Rundschreiben über die königlichen Regierungen - also die Bezirksregierungen - die nachgeordneten Oberbürgermeister,

Landräte und Bürgermeister, *„Seine Majestät der Kaiser und König haben zu befehlen geruht, dass im März dieses Jahres die Gedenktage der vor hundert Jahren erfolgten glorreichen Erhebung der Nation, der Stiftung des Eisernen Kreuzes und der Landwehr gefeiert werden".* Zugleich wies er sie an, am 10. März den Unterricht ausfallen zu lassen und *„patriotische Schulfeiern"* abzuhalten.[6] Diese Verfügung galt für alle unter staatlicher Aufsicht stehenden Schulen, somit auch für Universitäten und Technische Hochschulen. Das Datum 10. März 1913 war mit Bedacht gewählt, denn exakt an jenem Tage einhundert Jahre zuvor während der Befreiungskriege hatte König Friedrich Wilhelm III. am Geburtstage seiner drei Jahre zuvor verstorbenen populären Gattin Luise per Dekret das Eiserne Kreuz gestiftet. Das Eiserne Kreuz war in der noch ständisch geprägten Gesellschaft des frühen 19. Jahrhunderts ein Novum, denn diese von Karl Friedrich Schinkel entworfene Tapferkeitsauszeichnung wurde ohne Unterschied des Ranges sowohl an Offiziere als auch an Mannschaften für herausragende Leistungen verliehen und galt somit als Symbol für die Gleichheit aller Kämpfer. Das Eiserne Kreuz wurde gezielt nur in Zeiten größter nationaler Bedrohung ausgegeben, nämlich 1870/71 und in den Weltkriegen, nicht aber in den Einigungskriegen von 1864 und 1866.[7] Auch die Landwehr war 1813 eine Neuschöpfung, die den Charakter der Befreiungskriege als „Volkskrieg" repräsentiert. Denn in ihr dienten alle wehrpflichtigen Männer im Alter von 17 bis 40 Jahren, die nicht zu den regulären Einheiten eingezogen waren oder als Freiwillige Jäger dienten. Die Landwehr war als Ergänzung zum stehenden Heer gedacht, ihre Angehörigen waren den regulären Militäreinheiten gleichgestellt.

Die Einzelheiten der Gedenkfeiern überließ das Ministerium den Verantwortlichen vor Ort, doch sollen, *„soweit es anhängig ist, kirchliche Feiern veran-*

staltet werden, an denen sich die Behörden und Schulen, die Kriegervereine,
Jugendorganisationen und alle sonst dazu bereiten Vereine und Korporationen
beteiligen können"[8]. In diesem Sinne feierten auch die Menschen in Delhoven,
wie der dortigen Schulchronik zu entnehmen ist: „Am 10. März wurde die
Jahrhundertfeier der Erhebung Preußens
gefeiert. Um neun Uhr war feierliches
Hochamt, an dem die Schule und der
Kriegerverein anwesend waren. Daran
schloss sich eine dementsprechende Feier in der Schule an."[9] Die Schulleitungen
waren bei der Terminierung der Feierlichkeiten offenbar durchaus flexibel,
denn die Katholische Elementarschule in
Dormagen verband die Jahrhundertfeier
mit der Feier des 25-jährigen Thronjubi-
läums des Kaisers und hielt beides am
15. Juni ab. In Dormagen nahmen an
diesem Tage sämtliche Vereine des Ortes
an einem Festumzug teil, und auf dem
Schulplatz fand eine Parade statt. Dabei
wurden Musikstücke, patriotische Lieder
und festliche Deklamationen vorgetra-
gen und Bürgermeister Peter Krisinger
hielt die Festansprache.[10] Auch die Schulchronik der Münsterschule in Neuss berichtet über einen geradezu klassischen
Ablauf der Schulfeier: „Am 10. März
fand, in den einzelnen Schulklassen ge-
sondert, eine Gedenkfeier der Erhebung
Preußens und der Stiftung des Eisernen
Kreuzes durch Gesang, Ansprache und
Vortrag von Gedichten statt, die um so
wirksamer wurde, da am Tage vorher in
Neuss eine öffentliche Feier der Kriegervereine veranstaltet worden war."[11]

Die Völkerschlacht bei Leipzig

Bevor ein Blick auf den zweiten Teil der
Jahrhundertfeiern im Oktober geworfen
wird, soll im Folgenden zunächst der Frage nachgegangen werden, was 1813 bei
Leipzig eigentlich geschehen war, denn
das Wissen um die Völkerschlacht ist an

ihrem zweihundertsten Jahrestag wohl
nicht mehr so verbreitet wie noch vor einhundert Jahren. Woran erinnerten sich die
Schüler und die patriotisch gesinnten Erwachsenen bei den Gedenkfeiern in Grevenbroich, Neuss und anderswo im Jahr
1913 überhaupt? Bis zu den Material-
schlachten des Ersten Weltkriegs war die
sogenannte Völkerschlacht bei Leipzig die
bis dahin größte Einzelschlacht in der Geschichte Europas. Die schiere Größe dieser
Schlacht mit über einer halben Million Beteiligten, aber vor allem die Tatsache, dass
sie die für Preußen und seine Alliierten
siegreiche Entscheidungsschlacht gegen
Napoleon war, begründet bis heute die
große Bedeutung dieses Ereignisses für die
deutsche Geschichte. Sie war der Höhepunkt der sogenannten Befreiungskriege,
also der Beseitigung der napoleonischen
Herrschaft über die deutschen Staaten,
und damit der zentrale Bezugspunkt für
das nationale Einigungsstreben der Deutschen im 19. Jahrhundert.

In Folge des desaströsen Russlandfeld-
zugs Napoleons von 1812 war Frankreichs
Herrschaft über weite Teile Europas un-
umkehrbar ins Wanken geraten.[12] Zar
Alexander I. war 1812/13 der mächtigste
und wichtigste Gegenspieler des französischen Kaisers auf der europäischen
Bühne. Nach der Katastrophe in Russland
wechselten mehrere Verbündete der Franzosen die Seiten: So vereinbarte der bisherige Bündnispartner Preußen in der
Konvention von Tauroggen Ende Dezember 1812, dass die preußischen Verbände
aus dem Kampf gegen Russland ausschie-
den. Anfang 1813 schloss König Friedrich
Wilhelm III. von Preußen sogar einen
Bündnisvertrag mit Russland und erklärte seinem bisherigen Verbündeten Frankreich am 16. März den Krieg. Zeitgleich
erließ er in Breslau den Aufruf „An mein
Volk" und appellierte damit öffentlich um
Unterstützung im Kampf gegen Frankreich. In die Märztage 1813 fallen auch
die Stiftung des Eisernen Kreuzes am 10.
März und die Aufstellung der Landwehr

am 17. März sowie nur wenig später die Aufstellung des Landsturms am 21. April. Nationale Begeisterung erfasste weite Teile der deutschen Bevölkerung, das Kriegsziel war zu einem öffentlichen, publizistisch begleiteten Anliegen geworden. Österreich verhielt sich 1813 zunächst neutral, und sein Außenminister Clemens Graf von Metternich setzte auf Verhandlungen zwischen den Konfliktparteien, um einen Krieg noch zu verhindern. Nach deren Scheitern trat Österreich im August 1813 jedoch ebenfalls der Koalition gegen Napoleon bei, der seit Juli auch bereits Schweden angehörte. Schon im August kam es zu ersten Kämpfen auf deutschem Boden zwischen französischen und Rheinbundtruppen einerseits und Koalitionstruppen andererseits. Da die preußisch-österreichisch-russische Koalition in der Anzahl der Soldaten und Geschütze den Franzosen und ihren Verbündeten potentiell weit überlegen war, war Napoleons Machtposition in Mitteleuropa hochgradig gefährdet. Im Oktober suchte

Napoleon, der inzwischen sein Hauptquartier von Dresden nach Leipzig verlegt hatte, im Großraum Leipzig eine Entscheidungsschlacht. Seine Absicht war, möglichst rasch den Sieg zu erringen, bevor die Streitkräfte der Alliierten ihre volle Stärke erreicht hatten und ihre quantitative Überlegenheit ausspielen konnten. Napoleon führte seine Truppen persönlich an, so wie auch die anderen Monarchen persönlich auf dem Schlachtfeld anwesend waren.

Vom 16. bis zum 19. Oktober 1813 standen sich bei Leipzig, also auf dem Territorium des mit Napoleon verbündeten Königreichs Sachsen, auf der einen Seite die Armeen Frankreichs, des Herzogtums Warschau und des Rheinbundes, dem unter anderem die Königreiche Bayern, Sachsen, Württemberg und Westfalen angehörten, und andererseits die drei Armeen der Koalition gegenüber. Dies waren die Böhmische Armee (Österreicher, Russen und Preußen unter dem Kommando des österreichischen Generals Fürst zu Schwarzen-

Historische Ansichtskarte zur Jahrhundertfeier.   *Verlagsbuchhandlung Bachmann, Leipzig.*

berg), die Schlesische Armee (Russen und Preußen unter dem Kommando Blüchers) und die Nordarmee (Preußen, Russen und Schweden unter dem Kommando Bernadottes). Deutsche standen also auf beiden Seiten der Front. Der Begriff „Völkerschlacht"[13] ist auch deshalb gerechtfertigt, weil nicht nur Armeen mehrerer Länder auf dem Schlachtfeld kämpften, vielmehr waren diese Armeen auch selbst „multikulturell" zusammengesetzt, da ihnen Ungarn, Kroaten, Italiener, Kosaken, Ukrainer, Polen, Balten und andere Nationalitäten angehörten. Auf dem Höhepunkt der Schlacht standen den rund 190.000 Franzosen und ihren Verbündeten rund 350.000 Preußen, Österreicher, Schweden und Russen gegenüber. Nachdem es Napoleon am ersten Tag der Kämpfe – noch bevor die Koalitionstruppen ihre volle Stärke erreichten - nicht gelungen war, dem Gegner den entscheidenden Schlag zu versetzen, wurde seine Niederlage aufgrund der eindeutigen Kräfteverteilung unausweichlich. Nach drei Tagen militärischen Ringens war Napoleons Niederlage am Abend des 18. Oktober offensichtlich. Die Alliierten nahmen am 19. Oktober Leipzig ein, und den Franzosen gelang es nur mit Mühe, nach Westen über Erfurt zum Rhein zu entkommen. Die Verbündeten verloren in der Völkerschlacht 52.000 Gefallene, davon hatten die Russen mit 22.000 Toten den größten Anteil zu tragen, die Franzosen hatten rund 70.000 Tote, Verwundete und Gefangene zu verzeichnen. Die Koalition hatte einen großen Sieg errungen, und *„das Debakel kostete Napoleon alle deutschen Gebiete östlich des Rheins"*.[14] Das Ergebnis der Völkerschlacht war aber nicht nur für die östlich des Rheins gelegenen Gebiete Deutschlands von Bedeutung. Denn auf lange Sicht lässt sich die Inbesitznahme auch des westlichen Deutschlands durch die Preußen im Jahr 1815 und damit auch die Installierung der preußischen Verwaltungsstrukturen mit den Landkreisen durchaus auch auf den Ausgang der Völkerschlacht zurückführen.

Die Gedenkfeiern im Oktober

Der eigentliche Höhepunkt des Jubiläumsjahres 1913 waren die Feiern im Oktober. Am Samstag, dem 18. Oktober, erfolgte nämlich nicht nur in Leipzig in Anwesenheit des Kaisers, der höchsten Repräsentanten des Staates und vieler ausländischer Ehrengäste die Einweihung des Völkerschlachtdenkmals – auch in der so genannten Provinz, also auch in unserem Kreisgebiet, gedachte man mit einem umfangreichen Festprogramm öffentlich des 100. Jahrestages der Völkerschlacht.

Eine besonders aufwändig gestaltete Jubiläumsfeier fand in der Kreisstadt Grevenbroich statt, über deren Ablauf die Grevenbroicher Zeitung ausführlich berichtete:[15] National gestimmte Bürger versammelten sich am Nachmittag gegen 17 Uhr auf dem Marktplatz zu einem Festzug, den Trommler- und Pfeiferkorps des Jünglingsvereins und Schüler der

Einladungsanzeige in der Grevenbroicher Zeitung, 18. Okober 1913.

oberen Klassen der Volksschulen und des Progymnasiums anführten. Zahlreiche Grevenbroicher Vereine waren im Zug vertreten: Der Kriegerverein, die Freiwillige Feuerwehr, der katholische Jünglings- und Arbeiterverein und der Turnklub, *„und sonstige Bürger in großer Zahl, die Vereine sämtlich mit ihren Fahnen".* Unter Musikbegleitung zweier Kapellen begab sich der Zug zum Welchenberg, wo zum gemeinsamen Gesang aller zehn Strophen des patriotischen Liedes „Flamme empor" (*„Flamme empor! / Steige mit loderndem Scheine / Von den Gebirgen am Rheine / Glühend empor!"*) ein großes Freudenfeuer abgebrannt wurde und der Vorsitzende des Kriegervereins, der Amtsrichter und Oberstleutnant der Reserve Rath, eine Ansprache hielt. Rath nutzte dabei das historische Ereignis zur Bekräftigung der Vaterlandsliebe in Gegenwart und Zukunft: *„Angesichts der mächtigen Flammen, die zum Himmel empor ragen, in Hinblick auf die Erinnerung an die große Zeit, deren Gedenken wir heute begehen, erneuern wir das Gelübde der Treue und Anhänglichkeit an unser altes ruhmreiches Preußen, an unser großes und geliebtes deutsches Vaterland und an das glorreiche Haus der Hohenzollern, das berufen sein sollte, die Einigung der deutschen Völker herbeizuführen."* Nach der Rede sangen die Versammelten „Heil dir im Siegerkranz", es folgte der Zapfenstreich mit anschließendem Gebet.[16] Im Schein von sechzig Fackeln, die von Angehörigen der Freiwilligen Feuerwehr getragen wurden, zog der Festzug in die Stadt zurück und durch die festlich geschmückten und illuminierten Straßen zum Kriegerdenkmal am heutigen Platz der deutschen Einheit. Dort hielt der Direktor des örtlichen Gymnasiums Franz Ernst eine patriotische Rede, in der er auf die Situation im Jahre 1813 verwies, als *„unser Vaterland in Elend, Schmach und Zerrissenheit lag"* und betonte, dass in Vergangenheit und Gegenwart die Einigkeit der Fürsten und die Opferbereitschaft der

Jugend die Grundlage für die Einheit der Nation seien. Nach dem Hoch auf den Kaiser und dem gemeinsamen Gesang von „Deutschland, Deutschland über alles" begab sich der Festzug anschließend zum Restaurant „Rheinischer Hof" in der Bahnstraße, in dessen großem Saal Bürgermeister Alfred Harnisch, der zugleich Vorsitzender des Festausschusses war, die Feiernden begrüßte. Hauptlehrer Johannes Jansen hielt eine Rede, an die sich Musik, Heilrufe auf den Kaiser, Deklamationen sowie kurze heitere und ernste Redebeiträge anschlossen. Die Protagonisten der Grevenbroicher Feierlichkeiten – Amtsrichter Rath, Gymnasialdirektor Ernst, Hauptlehrer Jansen - machen wiederum deutlich, wie stark das nationale Gedenken 1913 eine Angelegenheit des Bürgertums, insbesondere des Bildungsbürgertums, war. Gleichwohl dürften sich auch die Angehörigen der Arbeiterschicht dem Ereignis nicht entzogen haben, schließlich hatte die Maschinenfabrik Grevenbroich ihren Beschäftigten an diesem Tage ab 14 Uhr freigegeben, um diesen den *„Zuge zum Welchenberg zu ermöglichen"*[17]. Die Jahrhundertfeier war also von der Intention her ein schichtenübergreifendes Ereignis, das Bürgertum und Arbeiterschicht unter dem Vorzeichen des nationalen Konsenses zusammenführte oder zumindest zusammenführen sollte. Am Tage nach dem Fakkelzug durch die Stadt stand für den Grevenbroicher Turnklub ein weiterer Termin an, der auf den eigentlichen Zweck der körperlichen Ertüchtigung der Jugend hinweist: Die *„Turngenossen"* nahmen an den *„Kriegsspielen des Gaues"* anlässlich des Völkerschlachtjubiläums in Viersen teil.[18]

Auch die Stadt Neuss stand an diesem 18. Oktober 1913 ganz im Zeichen der Jahrhundertfeier der Völkerschlacht. Sämtliche öffentlichen Gebäude und viele Privathäuser hatten geflaggt und am Morgen fand – wie ja bereits am 10. März - im St. Quirinus-Münster ein feierliches Hochamt statt, dem die Spitzenvertreter der Behörden, Abordnungen der Kriegervereine und ordensgeschmückte Veteranen aus den Einigungskriegen beiwohnten. Die Neusser Schuljugend gedachte des Jubiläums in Form von Klassenfeiern und gemeinsamen Spaziergängen.[19]

Am Abend des 18. Oktober veranstaltete der Neusser Kriegerverein eine Gedenkfeier im Pelzer´schen Saal in der Niederstraße, wo *„seine Mitglieder mit ihren Damen"* vom Stadtverordneten Theodor Lazarus und von Bezirkskommandeur Rudolph begrüßt und von der Musikkapelle der Jülicher Unteroffizierschule musikalisch unterhalten wurden. Hauptredner war Oberlehrer Thiemann vom Königlichen Gymnasium, der laut Presseberichterstattung die Völkerschlacht vom *„geschichtlichen Standpunkt würdigte und ... ihre segensreichen Folgen für die spätere Einigung der deutschen Stämme im neuen starken deutschen Reich"* in den Vordergrund rückte und damit die Verbindung zwischen dem historischen Ereignis und der Gegenwart herstellte.[20]

Die Neusser Jünglingskongregation St. Marien hielt am Sonntag, dem 19. Oktober, eine öffentliche patriotische Gedenkfeier im Hotel Berghaus in Neuss ab, in deren Mittelpunkt die Aufführung zweier Theaterstücke stand. Zu Eintrittspreisen von 50 Pfennig bis 1,50 Mark wurden die patriotischen Schauspiele „Theodor Körner, Vaterländisches Schauspiel zur Jahrhundertfeier" und „Blut und Kreuz, Drama aus der Schreckenszeit der französischen Revolution" aufgeführt.

Auch am folgenden Tag, dem 20. Oktober, wurde in Neuss der Völkerschlacht gedacht. Am Morgen fand im Pelzer´schen Saale die Kreislehrerkonferenz der Schulinspektionsbezirke Krefeld (Land) und Neuss (Stadt und Land) statt. Dabei hielt Lehrer Menke die Lehrprobe *„Verlauf und Bedeutung der Schlacht bei Leipzig"*[21]. Am Nachmittag veranstalteten die Stadt und der Landkreis Neuss anlässlich des Jahrestages ein Turn- und Spielfest, an dem alle Volksschulen der Stadt und mehrere des Landkreises teilnahmen.

„Nach einem Zuge durch die Stadt marschierten die Jugendlichen Turner zum Kampfplatze", dem städtischen Sportplatz an der Bergheimer Straße. Unter den Augen der Ehrengäste – unter anderem Landrat Dr. von Brandt und Oberbürgermeister Gielen – fanden zunächst Freiübungen der Turnerinnen und Turner statt, denen Wettkämpfe im Hürdenlauf, Hochsprung, Schleuderball und Schlagball folgten.[22] Der Auftritt der Turnerinnen war eine der seltenen Gelegenheiten, bei der auch Mädchen beziehungsweise Frauen öffentlich in Erscheinung traten. Ansonsten war deren Rolle bei den Feiern sehr marginal und auf gelegentliche Auftritte von Lehrerinnen beschränkt, deren Schüler patriotische Stücke vortrugen. Am Abend schließlich kam die Lehrerschaft der Stadt Neuss im Pelzer´schen Saale in Neuss zu einer eigenen Gedenkveranstaltung zusammen. Teilnehmer waren unter anderem Bürgermeister Gielen und der Kreis- und Stadtschulinspektor Dr. Sondermann. In der Begrüßung betonte der Vorsitzende, Rektor Josef Coßmann, dass es das *„Bestreben der Neusser Lehrerschaft"* sei, *„die Kinder zu Religiosität und Vaterlandsliebe zu erziehen"*[23]. Nachdem Schüler das Festspiel „Vor hundert Jahren" und Turnübungen dargeboten hatten, hielt Lehrer Braun die Festrede, der die Aufführung der dramatischen Dichtung „Die Leipziger Schlacht" folgte. Die herausragende Rolle der Lehrer als klassische Vertreter des Bildungsbürgertums wird bei diesen Festveranstaltungen besonders deutlich. Die Schule war *der* Ort, wo die Erziehung zur nationalen Gesinnung erfolgte und entsprechend waren die Schüler in die Festprogramme eingebunden.

Auch in den kleineren Bürgermeistereien gedachte man der Völkerschlacht. In Hemmerden verband der Veteranen- und Kriegerverein sein Stiftungsfest am 12. Oktober mit einer Feier des großen Jahrestages in der Restauration zur Post mit Festbankett, Festrede und Festball.[24] Die

Büdericher Volksschule hielt für die Eltern und Ortsbewohner am Sonntagnachmittag (19. Oktober) im mit über 800 Besuchern überfüllten Festsaal der Witwe Werhahn eine öffentliche Gedenkfeier ab, bei der Theaterstücke und Liedvorträge geboten wurden, und *„von sieben kleinen uniformierten Knaben wurde eine Kaiserparade der ABC-Schützen abgehalten"*[25]. Festredner war auch hier ein Lehrer, nämlich Hauptlehrer Theodor Hellmich. Die Jahrhundertfeier in Wevelinghoven wurde am Vorabend mit Kanonendonner eingeleitet, die Straßen und Häuser waren am Festtag mit Flaggen geschmückt. Im überfüllten Saal des Zentralhotels hielt der Kriegerverein die Feier ab, dessen Vorstandsmitglied Lehrer Siebert die Festrede hielt. Ähnlich lief die Feier in Hochneukirch ab: Der dortige Kriegerverein feierte mit Festrede, Hochrufen, Musik und patriotischen Wortbeiträgen den Jahrestag der Völkerschlacht.[26]

Das Völkerschlachtdenkmal

Die Gedenkfeiern im Kreisgebiet am 18. Oktober spannten nicht nur den Bogen in die Vergangenheit, sondern auch zu der feierlichen Einweihung des Völkerschlachtdenkmals in Leipzig. So informierte die Neusser Zeitung an diesem Tag ihre Leser über den genauen Ablauf der Einweihungsfeierlichkeiten und sie berichtete in einem ausführlichen Artikel auf der Titelseite über die Entstehungsgeschichte des monumentalen Mahnmals, das mit 91 Metern Höhe alle anderen nationalen Denkmäler in Deutschland und in Europa deutlich überragte. Der Beitrag präsentierte das Denkmal als Symbol für die Einigung Deutschlands unter preußischer Führung und als Quell nationaler Stärke und Geschlossenheit.

Auch bei der Jahrhundertfeier in Grevenbroich ging der Kriegervereinsvorsitzende Rath in seiner Ansprache am lodernden Gedenkfeuer auf dem Welchenberg auf das Denkmal in Leipzig ein: *„Umgeben von den deutschen Fürsten und den Vertretern der freien Städte, von den Vertretern verbündeter und befreundeter Souveräne und von den Vertretern der Regimenter, die vor 100 Jahren Schulter an Schulter mit den Preußen die große Schlacht geschlagen haben, hat der Kaiser heute dem gewaltigen Denkmal die Weihe gegeben, das das dankbare Vaterland den Kämpfern der großen Völkerschlacht auf dem Schlachtfeld bei Leipzig errichtet hat. Wenn die Feuer des heutigen Tages erloschen sind, wenn die Erinnerung an die große Völkerschlacht im hastigen Getriebe des heutigen Daseins erloschen ist, dann soll das gewaltige Denkmal die Erinnerung an eine große Zeit wach halten bis in die fernsten Jahre."*[27]

Vergegenwärtigt man sich die patriotische Begeisterung, die im März und Oktober 1913 greifbar wird, mag es verwundern, warum es ein ganzes Jahrhundert gebraucht hat, um in Leipzig ein Denkmal für die Völkerschlacht zu errichten. Dabei hatte der Dichter Ernst Moritz Arndt, selbst Teilnehmer der Völkerschlacht, schon 1814 in der Flugschrift „Ein Wort zur Feier der Leipziger Schlacht" die Errichtung eines Denkmals am Originalort gefordert. Mehrere Umstände haben bei der großen zeitlichen Verzögerung eine Rolle gespielt. Zum einen hatte das Königreich Sachsen, das ja auf der Seite der Verlierer von 1813 stand und erhebliche Gebietsverluste hinnehmen musste, nur wenig Interesse, vor dem Hintergrund der nationalen Begeisterung des 19. Jahrhunderts an sein Bündnis mit Napoleon erinnert zu werden. Zum anderen existierte bereits seit 1821 in Berlin auf dem Kreuzberg ein von Karl Friedrich Schinkel entworfenes Denkmal im neugotischen Stil für die Befreiungskriege. Dieses war vom preußischen König gestiftet und damit keine vom Bürgertum ausgehende Initiative wie das Leipziger Denkmal. Die entscheidende Ursache ist aber wohl in dem nach 1813 rasch zutage tretenden

Gegensatz zwischen den Forderungen des liberalen Bürgertums nach konstitutioneller Mitwirkung und den konservativen dynastischen Obrigkeitsstaaten im Deutschen Bund zu sehen. Fanden am 18. und 19. Oktober 1814 an vielen Orten in Deutschland noch freiheitliche Nationalfeste zur Erinnerung an die Befreiung von Napoleon statt, so wurden in den folgenden Jahren in vielen deutschen Staaten bürgerlich-nationale Feste unterdrückt und verboten.[28] Das Gedenken an 1813 wurde so eine im Wesentlichen dynastische Angelegenheit und am 50. Jahrestag der Schlacht 1863 weihten König Ludwig I. von Bayern und die anderen deutschen Bundesfürsten die Befreiungshalle in Kelheim ein. In Leipzig wurden 1863 zwar Fundamente für ein Völkerschlachtdenkmal gelegt, doch geriet dieses Vorhaben während der Reichseinigungskriege und der Reichsgründung in Vergessenheit.[29]

Einweihung des Völkerschlachtdenkmals am 18. Oktober 1913. Im Vordergrund chargierte Studenten. Aus: Preuschen, Erwin: Deutschland im Spiegel seiner Geschichte. Ein Hausbuch für die deutsche Familie, Reutlingen 1914, S. 446.

So war es denn erst lokalem bürgerlichen Engagement zu verdanken, dass doch noch ein Denkmal errichtet wurde: Im Jahre 1894 gründete der Leipziger Architekt Clemens Thieme (1861 – 1945) den „Deutschen Patriotenbund“, dem mehrheitlich Leipziger Bildungsbürger angehörten, zum Zwecke des Denkmalbaus. Der Patriotenbund wollte ein völkisch-nationales Monument errichten - ein Volksdenkmal, das nicht einen einzelnen Monarchen verherrlichen sollte, sondern das vielmehr in einer überper-

sönlichen Formensprache die Opferbereitschaft des Volkes für den nationalen Mythos „Befreiungskrieg" verkörperte. Dem Verein gelang es, mit Spenden und einer Lotterie die benötigten sechs Millionen Goldmark aufzutreiben. Die Stadt Leipzig stellte dem Verein das Gelände im Südosten der Stadt kostenlos zur Verfügung. So konnte am 18. Oktober 1898 die Grundsteinlegung des gewaltigen Bauwerks nach den Plänen des Berliner Architekten Bruno Schmitz erfolgen, der bereits das Kyffhäuserdenkmal entworfen hatte. Wilhelm II. und der sächsische König Friedrich August III. standen dem Projekt reserviert gegenüber – dem Kaiser war insbesondere die Zugehörigkeit Thiemes zu den Freimaurern suspekt. Nach 15-jähriger Bauzeit wurde das Denkmal, das inmitten des historischen Schlachtfeldes steht, am 18. Oktober 1913 feierlich eingeweiht, und zwar in Anwesenheit des Kaisers und des sächsischen Königs, der deutschen Bundesfürsten und anderer hochrangiger Gäste. Es war das letzte große politische Fest des wilhelminischen Deutschland. Wilhelm II. begab sich in Begleitung von Friedrich August III. über eine mit Obelisken und Ehrenpforten gesäumte Feststraße unter dem Jubel gewaltiger Zuschauermassen zum Denkmal, wo Clemens Thieme die Weiherede hielt. Zum Festprogramm gehörte neben Reden, Gesang und der Be-

Titelseite der Neusser Zeitung vom 18. Oktober 1913.

sichtigung des neuen Bauwerks durch die Fürsten auch die Ankunft der „Eilboten" des Deutschen Turnerbundes. Insgesamt über 40.000 Staffelläufer hatten sich von mehreren historisch bedeutsamen Orten zu einem Sternlauf nach Leipzig aufgemacht, wo die letzten Läufer dem Kaiser ihre mit national-geschichtlichen Botschaften ge-

füllten Staffelstäbe überreichten.[30] Eine Etappe dieses Stafettenlaufs verlief am 16. Oktober auch durch unser Kreisgebiet, und zwar von Waterloo kommend durch Büttgen und Neuss, von wo der Lauf nach Düsseldorf fortgesetzt wurde.[31] Die Mitwirkung der Turner überrascht nicht, war die von Friedrich Ludwig Jahn begründete

Titelseite der Neuß-Grevenbroicher Zeitung vom 16. Oktober 1913.

deutsche Turnbewegung doch selbst ein Kind der Befreiungskriege. Bereits im Juli 1913 hatte in Leipzig das 12. Deutsche Turnfest mit 72.000 Teilnehmern und 200.000 Zuschauern stattgefunden, und auch die Turner in Grevenbroich und Neuss waren ja an den lokalen Jahrhundertfeiern beteiligt. Der Deutsche Patriotenbund gab anlässlich der Einweihung des Völkerschlachtdenkmals eine Weiheschrift heraus, deren Pathos die Sakralisierung des nationalen Mythos zum Ausdruck bringt. *„Das Denkmal der Befreiung und der nationalen Wiedergeburt Deutschlands"*, so heißt es dort, ist ein *„Dankeszeichen für den allmächtigen Gott, der mit uns war, ein*

Ehrenmal für die gefallenen Helden, ein Sinnbild des kettensprengenden deutschen Gedankens, ein Ruhmestempel der deutschen Art, im reinsten Idealismus geläutert, in eiserner Zeit bewährt und gestählt, ein Mahnzeichen für kommende Geschlechter, den auf dem Grunde der Freiheit erwachsenen Reichsbau zu schirmen und zu fördern."[32] Zwar weihte der Kaiser am 18. Oktober in unmittelbarer Nähe des Völkerschlachtdenkmals auch eine russische Gedächtniskirche ein und traf am benachbarten Schwarzenberg-Denkmal mit dem österreichischen Thronfolger Franz Ferdinand zusammen, doch wird überaus deutlich, wie wenig das Denkmal und die Einweihungsfeier dem internationalen Charakter der Schlacht Rechnung trugen. In Deutschland haben die Protagonisten von 1913 den Sieg von 1813 für Preußen und das Deutsche Reich exklusiv vereinnahmt.

Zu diesem Festtag druckten die Neuß-Grevenbroicher Zeitung und die Neusser Zeitung grafisch aufwändig gestaltete Titelseiten mit den Porträts der Monarchen, Heerführer und Staatsmänner von 1813. Redakteur Josef Vincenz Grunau, auch bekannt als Autor heimatkundlicher Beiträge, verfasste für die NGZ vom 16. Oktober einen patriotisch überschwänglichen Artikel über den historischen Jahrestag: Die Feier in Leipzig möge eine Vaterlandsliebe entflammen *„mit dem Geiste, der ein Volk von Helden schuf, deren Kraft tiefe Wurzeln schlug in gläubigem Christentum, die aus diesem Goldgrunde deutsche Stärke, Reinheit und Opferfreudigkeit bis zum letzten Blutstropfen sog."* Wie viele der Festredner des Völkerschlachtjubiläums schreibt auch er der Jugend die entscheidende Rolle für Deutschlands Zukunft zu: *„Unsere Zukunft aber liegt vor allem in unserer Jugend, sie mag bei dieses Denkmals Stufen, erschüttert von der Erinnerung der großen Tage von Leipzig, die Hand zum Schwur erheben: Mit Gott für Kaiser und Reich, für Volk und Vaterland!"* Nur zehn Monate später wurde die Jugend mit genau diesen Parolen auf den Schlachtfeldern des Ersten Weltkriegs geopfert.

Fazit

Will man die Ereignisse rund um die Jahrhundertfeiern im Kreisgebiet zusammenfassen, lassen sich folgende Beobachtungen festhalten: Der Jahrestag der Völkerschlacht war definitiv ein wichtiges Datum, das gleich an zwei Terminen unter großer Anteilnahme der Bevölkerung öffentlich gefeiert wurde. Angeregt wurden die Jubiläumsfeiern von der Regierung, die den Handelnden vor Ort die Art der Ausgestaltung der Feiern weitgehend überließ. Allzu präzise Vorgaben waren dabei entbehrlich, da dank einer schon etablierten nationalen Feierkultur die nötigen Gestaltungselemente bekannt waren und auf diese leicht zurückgegriffen werden konnte. Wie auf Reichsebene (Deutscher Patriotenbund) waren auch auf Kreisebene bürgerliche Vereine, insbesondere die Kriegervereine, die treibende Kraft, während die offiziellen Vertreter der Stadt Neuss sowie der Landkreise Neuss und Grevenbroich eher marginale Rollen einnahmen. Nur im Bereich der unter staatlicher Aufsicht stehenden Schulen ging die Initiative für die Jahrhundertfeiern vom Staat aus. Bei den Gedenkveranstaltungen standen Angehörige des örtlichen Bildungsbürgertums im Vordergrund, insbesondere dominierten die Lehrer. Über die schulischen Feiern war in besonderem Maße die Schuljugend in das patriotisch-nationale Gedenken eingebunden. Die Feiern wiesen mit Paraden, Ansprachen, Hochrufen, Gottesdiensten und Gesang bewährte Elemente der Feier- und Gedenkkultur auf. Ansprachen und Presseartikel interpretierten die Völkerschlacht von 1813 einseitig als Beginn der 1871 vollendeten Einigung Deutschlands unter der Führung Preußens und deuteten das Völkerschlachtdenkmal als den ideellen Orientierungspunkt für die Gegenwart und

Zukunft des Deutschen Reiches. Für die Redner war dabei der politische und militärische Gegensatz zum „Erbfeind" Frankreich von den Befreiungskriegen über die Reichseinigung bis zur Jahrhundertfeier der immer wiederkehrende zentrale Bezugspunkt. Die Jahrhundertfeier war sowohl auf Reichsebene als auch im lokalen Raum die letzte feierliche Inszenierung von Staat und Gesellschaft im Wilhelminismus.

1 Als weiteres herausragendes nationales und gesellschaftliches Ereignis im Jahre 1913 wäre die Hochzeit von Prinzessin Victoria Luise, dem jüngsten Kind des Kaiserpaares, mit Prinz Ernst August III. von Hannover am 24. Mai in Berlin zu nennen, zu der der europäische Hochadel zum letzten Mal vor dem Krieg zusammenkam.

2 Archiv im Rhein-Kreis Neuss, Landratsamt Neuss, Akte 418 „Kaisers Geburtstag und sonstige patriotische Feiertage 1880 – 1918". Hoffmann war auch Ehrenbürgermeister von Holzheim.

3 Ausführlicher Bericht in der NGZ vom 10.03. 1913.

4 NGZ vom 08.03.1913.

5 Stadtarchiv Neuss, Protokollbuch der Stadtverordnetenversammlung Neuss 1910-1913, S. 484.

6 Archiv im Rhein-Kreis Neuss, Akten Stadt und Amt Zons 5 „Feier patriotischer Feste und Gedenktage, Kaisersgeburtstagsfeier 1894-1936".

7 Stein, Hans-Peter: Symbole und Zeremoniell in deutschen Streitkräften vom 18. bis zum 20. Jahrhundert, 2. überarbeitete Auflage, Herford/Bonn 1986, S. 56f.

8 Archiv im Rhein-Kreis Neuss, Akten Stadt und Amt Zons 5 „Feier patriotischer Feste und Gedenktage, Kaisersgeburtstagsfeier 1894-1936".

9 Archiv im Rhein-Kreis Neuss, Chronik der Schule zu Delhoven, unpaginiert.

10 Archiv im Rhein-Kreis Neuss, Chronik der Katholischen Elementarschule in Dormagen, S. 104f.

11 Stadtarchiv Neuss, Chronik der Münsterschule, S. 59.

12 Zur allgemeinen Vorgeschichte der Völkerschlacht: Clark, Christopher: Preußen. Aufstieg und Niedergang. 1600 – 1947, München 2007, S. 414ff.

13 Für den detaillierten Verlauf der Kämpfe siehe: Lieven, Dominic: Russland gegen Napoleon. Die Schlacht um Europa, München 2011, S. 511-551.

14 Lieven, S. 550.

15 Grevenbroicher Zeitung vom 21.10.1913.

16 Das Gebet nach dem Zapfenstreich geht auch auf das Jahr 1813 zurück. Nach der Schlacht bei Großgörschen besuchte der preußische König Friedrich Wilhelm III. auf Einladung von Zar Alexander I. das russische Lager. Als die russischen Soldaten nach dem Zapfenstreich noch einen Choral sangen, war Friedrich Wilhelm so beeindruckt, dass er dies auch in der preußischen Armee einführte.

17 Grevenbroicher Zeitung vom 18.10.1913. Der Welchenberg diente während der Weimarer Republik auch als Schauplatz für die Feiern des Verfassungstages. Vgl. dazu den Beitrag von Stephen Schröder: Für Vaterland und Republik. Verfassungsfeiern im Gebiet des Rhein-Kreises Neuss während der Weimarer Republik in diesem Band.

18 Grevenbroicher Zeitung vom 18.10.1913.

19 NGZ vom 20.10.1913.

20 NGZ vom 20.10.1913. Vgl. ebenfalls Neusser Zeitung 20.10.1913.

21 Stadtarchiv Neuss, Schulchronik des III. Mädchenbezirks, S. 11.

22 Stadtarchiv Neuss, Chronik der Kreuzschule Neuss, S. 31f. und Neusser Zeitung vom 21.10.1913.

23 Neusser Zeitung vom 21.10.1913.

24 Ankündigung in der NGZ vom 11.10.1913.

25 Neusser Zeitung vom 21.10.1913.

26 Grevenbroicher Zeitung vom 21.10.1913 (zu Wevelinghoven und Hochneukirch).

27 Grevenbroicher Zeitung vom 21.10.1913.

28 Schellack, Fritz: Nationalfeiertage in Deutschland von 1871 bis 1945, Frankfurt a.M. 1990, S. 10f.

29 Zur Vorgeschichte und Einweihung des Denkmals siehe Hoffmann, Stefan-Ludwig: Sakraler Monumentalismus um 1900. Das Leipziger Völkerschlachtdenkmal, in: Reinhart Koselleck, Michael Jeismann (Hg.): Der politische Totenkult. Kriegerdenkmäler in der Moderne, München 1994, S. 249-280, hier S. 251.

30 Zur Einweihungsfeier vgl. Hoffmann, S. 275ff.

31 NGZ vom 17.10.1913.

32 Das Völkerschlachtdenkmal. Weiheschrift des Deutschen Patriotenbundes, bearbeitet von dessen ersten Schriftführer Dr. Alfred Spitzner, Leipzig 1913, S. 6.

Für Vaterland und Republik

Verfassungsfeiern im Gebiet des Rhein-Kreises Neuss während der Weimarer Republik

Stephen Schröder

Die Weimarer Republik tat sich schwer mit ihren nationalen Symbolen. Ob es um die Nationalfarben ging oder um die Gestaltung des Wappentiers – mit Ausnahme der Nationalhymne führte kaum ein Bereich nationaler Symbolik, die doch Sinn und Identität stiften sollte, nicht zu heftigen Diskussionen und politischen Grabenkämpfen. Ähnliches lässt sich auch hinsichtlich des Verfassungstags sagen, der jährlich an die Unterzeichnung der Weimarer Reichsverfassung (WRV) durch Reichspräsident Friedrich Ebert am 11. August 1919 erinnerte. Obwohl die WRV ausgesprochen freiheitliche und soziale Züge trug und im Ausland teilweise als vorbildlich galt, ist es in den Weimarer Jahren nicht gelungen, den 11. August zum reichsweiten Nationalfeiertag zu bestimmen. Lediglich in den Ländern Hessen und Baden konnte der „Verfassungstag" als gesetzlicher Feiertag verankert werden.[1] Die historische Forschung hat in diesen Schwierigkeiten im Umgang mit den nationalen Symbolen bisweilen ein Spiegelbild der generellen Zerrissenheit der politischen Kultur der von rechts wie links massiv bekämpften Republik gesehen, teilweise sogar eine Ursache ihrer Schwäche.[2]

In Preußen war der 11. August ebenfalls kein gesetzlicher Feiertag. Die Regierung setzte sich jedoch auf administrativem Weg dafür ein, dass der Verfassungstag feierlich begangen wurde. Hält man sich vor Augen, dass an der preußischen Regierung von 1919 bis 1932 die staatstragenden Parteien der „Weimarer Koalition", bestehend aus SPD, katholischem Zentrum und linksliberaler DDP, beteiligt waren,[3] so kann dieses Engagement nicht weiter verwundern. Seitens des preußischen Innen- beziehungsweise Staatsministeriums ergingen denn auch jährlich Erlasse und Beschlüsse mit Vorgaben für die Landes- und Kommunalbehörden, was Fragen der Beflaggung, der einzuladenden Behörden und Vereinigungen sowie anderer Rahmenbedingungen der Feierlichkeiten am Verfassungstag anbetraf. Hinsicht der „*Gestaltung der Feier[n] im einzelnen (Ansprachen, gegebenenfalls auch musikalische oder deklamatorische Darbietungen und dergl.)*" wurde den Behörden indes „*weitestgehende Handlungsfreiheit gelassen, da die Verschiedenheit der örtlichen Verhältnisse eine einheitliche Regelung ausschließt*"[4]. Berücksichtigt man, dass sich die Festlichkeiten nicht auf das Verfassungswerk im engeren Sinne konzentrierten, sondern zugleich Demokratie- und Republikfeiern waren,[5] so wird offenkundig, dass sich hier ein weites Feld namentlich für regionalgeschichtliche Forschungen eröffnet: Durch genaue Un-

Verfassung des Deutschen Reiches (Ausschnitt) mit der Erwähnung der Reichsfarben.
Abbildungen (7): Archiv im Rhein-Kreis Neuss.

tersuchungen der Feiern „vor Ort" können sich Einblicke in die politische Kultur der regionalen Eliten sowie gegebenenfalls von Teilen der Medien oder der Bevölkerung eröffnen, welche wiederum dazu beitragen können, unser allgemeines Wissen über die Gesellschaft in Weimar-Deutschland zu vertiefen.

Gestützt auf eine systematische Auswertung der unterschiedlich dicht überlieferten Presse sowie auf einschlägige Archiva-

lien zeichnet der Beitrag die Verfassungsfeiern im diesbezüglich noch nicht untersuchten Gebiet des heutigen Rhein-Kreises Neuss (fortan Raum Neuss) nach. Der Fokus liegt dabei auf den zentralen, seitens der Stadt- beziehungsweise Kreisverwaltung(en) organisierten Feierlichkeiten in Neuss und Grevenbroich. Dies erscheint nicht zuletzt insofern sinnvoll, als die dortigen Veranstaltungen häufig als gemeinsame Feiern konzipiert und verstanden wurden, zu denen auch die Repräsentanten der kreisangehörigen Städte und Gemeinden eingeladen wurden. Letztere wiederum verzichteten deshalb nicht selten auf eigene Verfassungsfeiern.[6] Nicht eigens thematisiert werden die in den Zeitungen gelegentlich erwähnten Aktivitäten von Vereinigungen (zum Beispiel von Kriegervereinen oder auch des Verbandes preußischer Polizeibeamter) sowie die im Raum Neuss spätestens Mitte der 1920er Jahre nachweisbaren Verfassungsfeiern der Schulen, die wegen der Ferien häufig einige Tage vor dem 11. August begangen wurden.[7]

Administrative und politische Rahmenbedingungen

Dass die zentralen Verfassungsfeierlichkeiten in den 1920er und frühen 1930er Jahren in den Städten Neuss und Grevenbroich stattfanden, hatte mit der damaligen Verwaltungsstruktur des Raumes Neuss zu tun, der zu Beginn der Weimarer Republik keine administrative Einheit bildete, sondern im Wesentlichen in die Landkreise Grevenbroich und Neuss sowie in die Stadt Neuss zerfiel. Namentlich der Kreis Neuss befand sich damals in einer äußerst problematischen Situation: Im Jahre 1913 war die Stadt Neuss, die damals die entscheidende Grenze von 40.000 Einwohnern überschritten hatte, aus dem Kreisverband ausgeschieden und bildete seither einen eigenen Stadtkreis. Der „Restkreis" Neuss, dessen Einwohnerzahl Mitte der 1920er Jahre mit nur 38.412 deutlich unter derjenigen des Nachbarkreises Grevenbroich (53.632) lag,[8] bestand seit dieser Zeit aus zwei getrennten Teilen, die nicht miteinander verbunden waren. Die Kreisverwaltung hatte ihren Sitz hingegen in der Stadt Neuss belassen und war somit „*exterritorial*"[9]. Tiefgreifende Veränderungen erfuhren die Verwaltungsstrukturen durch die am 1. August 1929 durchgeführte kommunale Neugliederung des rhei-

nisch-westfälischen Industriegebietes: Aus den Kreisen Grevenbroich und Neuss (ohne die nach wie vor kreisfreie Stadt Neuss) sowie aus einem Teil des damals aufgelösten Kreises Gladbach entstand der Großkreis Grevenbroich-Neuss mit knapp 100.000 Einwohnern (Gebietsstand: 1.12.1930). Sitz der Kreisverwaltung wurde nunmehr Grevenbroich.[10]

In politischer Hinsicht wurde der streng katholische Raum Neuss – im Jahre 1925 lag der Anteil der Katholiken zwischen 85,9 Prozent im Landkreis Grevenbroich und 96,04 Prozent im Landkreis Neuss (Stadt Neuss: 87,91 Prozent)[11] – von der Zentrumspartei dominiert, sowohl in den Landkreisen als auch – etwas weniger ausgeprägt – in der Stadt Neuss. Überblickt man die Wahlen zur Nationalversammlung beziehungsweise zum Reichstag, so zeigt sich, dass das Zentrum zwar mehr oder weniger kontinuierlich an Stimmen verlor, dass aber das heutige Kreisgebiet während der gesamten Weimarer Zeit eine ausgesprochene Hochburg des politischen Katholizismus blieb. Noch bei der letzten wirklich freien Reichstagswahl vom 6. November 1932 lagen die Werte, die in der Stadt Neuss (41,06 Prozent) und im Großkreis Grevenbroich-Neuss (47,42 Prozent) erzielt wurden, weit über denjenigen der preußischen Rheinprovinz (33,2 Prozent), vom Reichsdurchschnitt (11,9 Prozent) überhaupt nicht zu sprechen. Auch die Nationalsozialisten, die bei der Reichstagswahl vom 31. Juli 1932 ihr bestes Ergebnis im Raum Neuss erreichten (Stadt Neuss: 23,99 Prozent; Großkreis Grevenbroich-Neuss: 20,21 Prozent), konnten die Vorherrschaft des Zentrums nicht brechen und blieben ihrerseits hinter den im Reich und der Rheinprovinz erzielten Resultaten zurück. Neben der Stärke des politischen Katholizismus beschreibt die relative Schwäche der Sozialdemokratie bei einer gleichzeitig überdurchschnittlich starken Kommunistischen Partei (KPD) ein zweites Charakteristikum der politischen Entwicklung im Raum Neuss während der Weimarer Republik. Für die Verfassungsfeiern war zudem bedeutsam, dass das heutige Kreisgebiet bis Anfang 1926 unter ausländischer (vor allem belgischer) Besatzung stand und die Besatzungsmacht in Person des Kreisdelegierten Einfluss auf die Feiern nehmen konnte.

Die Verfassungsfeiern in der Stadt Neuss und im Landkreis Neuss (1922 – 1928)

Die erste zentral organisierte Verfassungsfeier im Raum Neuss fand im Jahre 1922 in der Stadt Neuss statt, während für den Landkreis im selben Jahr noch keine analogen Feierlichkeiten nachgewiesen werden können. Im Vergleich mit anderen Städten kann dies als ein früher, wenn auch keineswegs außergewöhnlicher Beginn angesehen werden: Im Vorjahr war die erste amtliche Feier auf Reichsebene in Berlin durchgeführt worden,[12] für 1922 sind Feierlichkeiten in diversen Städten belegt, so zum Beispiel in Gießen, Worms, Duisburg, Mühlheim und Oberhausen. Andere Städte wie Moers oder Wetzlar begründeten ihre Feiertradition hingegen erst in späteren Jahren.[13]

Die Neusser Feierlichkeiten bestanden aus einer Abendveranstaltung (Beginn: 20 Uhr) im festlich geschmückten Saal des Stadtgartenrestaurants, zu der die Bürgerschaft seitens der Stadtverwaltung über die örtliche Presse ausdrücklich eingeladen wurde. Darüber hinaus bat die Parteileitung des Zentrums ihre Anhänger durch eine auffällige, auf der Titelseite der ihr nahestehenden Neuß-Grevenbroicher Zeitung (NGZ) geschaltete Anzeige um möglichst zahlreiches Erscheinen.[14] Schon die erste Verfassungsfeier in der Stadt Neuss war also auf eine möglichst breite Beteiligung der Bevölkerung angelegt. Im Zentrum der Feier stand die Festrede, die nach der Begrüßung durch den Beigeordneten Karl Thielemann der Neusser Stadtschulrat Langenberg hielt. Langenberg ging nicht

nur auf Genese und Inhalt des Verfassungswerks ein, sondern richtete auch deutliche Appelle an die verschiedenen Parteigruppen, vor allem an die Gegner der jungen Republik auf der politischen Rechten und Linken. Unter dem offenkundigen Eindruck des rechtsextremistischen Mordes an Außenminister Walter Rathenau am 26. Juni 1922 forderte er beide Lager unter anderem dazu auf, ihre Ziele auf dem Boden der Verfassung und nicht durch Heimtücke und Gewalt zu verfolgen. Ferner griff der Redner das Motto der Berliner Verfassungsfeier des Jahres 1922 auf, als er gegen Ende konstatierte, dass die aus seiner Sicht dringend notwendige Gemeinschaftsarbeit auf Einigkeit und Recht und Freiheit aufbauen müsse. Im Anschluss an die mit lebhaftem Beifall aufgenommenen Ausführungen Langenbergs stimmte die Festgesellschaft in ein Hoch auf die deutsche Republik, das deutsche Vaterland und das deutsche Volk ein, bevor der offizielle Teil der Veranstaltung mit gesanglichen Darbietungen des Männergesangsvereins (MGV) „Cäcilia" ausklang. Insgesamt handelte es sich nach Einschätzung der NGZ um eine *„schlichte Feier, wie sie angesichts der traurigen Lage unseres Vaterlandes, die eine frohe Stimmung nicht aufkommen läßt, nicht anders zu erwarten war"*[15]. Obwohl die Feierlichkeiten der Folgejahre vielfach mehr Programmpunkte umfassten und überdies einen festlicheren Charakter aufwiesen, lassen sich bereits im Kontext der ersten Feier einige Elemente erkennen, die auch zukünftig von Bedeutung waren – so vor allem die durch Werbung und abendliche Terminierung angestrebte breite Bürgerbeteiligung, die Gesangsdarbietungen und die Festrede, aber auch Details wie der Saalschmuck in den Reichsfarben und das gemeinsame Hoch auf das Vaterland.

Noch stärker als 1922 stand das Gedenken an die WRV im „Katastrophenjahr" 1923 unter dem Eindruck der durch Inflation und Ruhrbesetzung dramatisch zugespitzten Gesamtlage des Deutschen Reichs.

Für den Raum Neuss war zudem von Bedeutung, dass das preußische Staatsministerium just in diesem Jahr die Feierlichkeiten auf alle Orte ausgedehnt wissen wollte, die Sitz eines Landratsamtes waren.[16] Demgemäß schrieb der damalige Landrat des Kreises Neuss, Dr. Simon Groener (Zentrum), am 6. August 1923 an die Bürgermeister des Kreises: *„Da es bei den hiesigen Verhältnissen sich nicht empfiehlt[,] in jeder Gemeinde eine besondere Feier zu veranstalten, ist [...] eine gemeinsame Feier mit der Stadt geplant, zu der alle Behörden des Stadt- und Landkreises von Seiten des Herrn Oberbürgermeisters öffentlich eingeladen werden. Die Veranstaltung wird sich – dem Ernst der Zeit entsprechend – im einfachen Rahmen abspielen. Seitens des Herrn Kreisdelegierten sind Einwendungen gegen diese Veranstaltung nicht erhoben worden, doch ist ein Flaggen an diesem Tage nicht gestattet*“[17]. Die letztgenannte Bemerkung verdeutlicht, wie sehr die Verfassungsfeiern im Raum Neuss wie im gesamten besetzten Gebiet von der Besatzungsmacht respektive von einem gedeihlichen Verhältnis zu derselben abhängig waren. Im Übrigen vollzog sich alles so, wie in Groeners Schreiben dargelegt: Am 11. August fand in der Aula der Neusser Oberrealschule eine gemeinsame Feier von Stadt- und Landkreis statt, zu der *„alle Kreise der Bevölkerung der Stadt Neuß*“ und auch die Landbürgermeistereien vorab über die Presse eingeladen wurden.[18] Anders als im Vorjahr wurde die Veranstaltung allerdings am Vormittag (Beginn: 11 Uhr) durchgeführt, vermutlich weil der Verfassungstag auf einen Samstag fiel. Auf die Beteiligung der Bevölkerung scheint sich dies nachteilig ausgewirkt zu haben, geht doch aus den Zeitungen hervor, dass neben den Spitzen der Behörden, darunter Landrat Groener und der Neusser Oberbürgermeister Hüpper (Zentrum) mit einer Anzahl von Stadtverordneten, Gewerkschaftsvertretern und Beamten, nur eine nicht eben große Zahl von Bürgern der Feier beiwohnte. Einge-

leitet wurde dieselbe durch gesangliche Darbietungen des MGV „Novesia“, denen sich eine *„kurze Ansprache*“ des ersatzweise eingesprungenen Oberstudiendirektors Georg Raederscheidt (Zentrum) anschloss. Raederscheidt wies vor allem auf die Bedeutung des Verfassungstages hin und kennzeichnete den Geist der WRV als denjenigen der Freiheit, des Gemeinschaftsfühlens und der Ordnung. Mit einem Hoch auf die Verfassung und die deutsche Republik schloss er seine Ausführungen. Aufgrund der Presseberichterstattung gewinnt man den Eindruck, dass die Feier vor allem von einer *„eindrucksvolle[n] Kürze und Schlichtheit*“ geprägt war, die *„bei allen Teilnehmern das Gefühl der Würde und Befriedigung*“ hinterließ.[19]

Als die Thematik des Verfassungstages im Folgejahr auf die Agenda der Stadt- und Kreisverwaltungen trat, hatte sich die äußere und innere Lage des Deutschen Reichs bereits merklich entspannt: Das Verhältnis zu den Alliierten sowie zur belgischen Besatzungsmacht nahm sich infolge des Abbruchs des passiven Widerstandes gegen die Ruhrbesetzung und der hoffnungsvollen Verhandlungen über den Dawes-Plan erkennbar verbessert aus. Im Inneren wiederum hatte sich die junge Republik durch die erfolgreiche Abwehr links- und rechtsextremistischer Putschversuche im Herbst 1923 behaupten und mit der Einführung der „Rentenmark“ im November 1923 den Grundstein für die Sanierung der maroden Währung legen können. Es begann die, wie sich aus der Rückschau zeigen sollte, kurze Phase der relativen politischen und wirtschaftlichen Stabilisierung der Weimarer Republik. Im Zeichen dieser Entwicklung fanden in den Jahren 1924 und 1925 auch die Neusser Verfassungsfeiern eine Form, die, was Konzeption und programmatische Gestaltung anbetraf, bis zur kommunalen Neugliederung 1929 und in Teilen darüber hinaus weitgehend beibehalten wurde, wobei natürlich diverse Elemente aus früheren Feiern einflossen. Dies betraf die

Tatsache, dass – soweit aus den Quellen ersichtlich – augenscheinlich sämtliche Verfassungsfeiern bis 1928 als gemeinsame Feiern des Landkreises und der Stadt durchgeführt wurden. Die Bürgerschaft wurde dazu jeweils vorab über die Presse von der Neusser Stadtverwaltung eingeladen, bisweilen sogar mehrmals und vielfach auch „*im Namen der übrigen Neußer Behörden*"[20]. Den Bürgermeistern der kreisangehörigen Städte und Gemeinden gingen ferner persönliche Schreiben des Neusser Oberbürgermeisters zu, der, „*im Einvernehmen mit dem Herrn Landrat, Sie und Ihre Beamten*" zur Verfassungsfeier einlud.[21] Alle Feiern fanden jeweils abends (Beginn: 19.30 Uhr) in festlich, unter anderem in den Reichsfarben geschmückten Sälen im Zeughaus (1924 – 1926) oder im Stadtgartenrestaurant (1927 – 1928) in Neuss statt. Hinsichtlich des Programms brachte bereits das Jahr 1924 bedeutsame Erweiterungen: So eröffnete die Neusser Stadtkapelle, die auch in den folgenden Jahren mitwirkte, die Verfassungsfeier durch einen Auszug aus dem „Tannhäuser". Im Anschluss – auch dies hatte es zuvor noch nicht gegeben – rezitierte eine Neusser Berufsschülerin drei Gedichte. Es folgten weitere gesangliche und musikalische Beiträge des MGV „Novesia" beziehungsweise der Stadtkapelle, ehe mit der Festansprache des Düsseldorfer Ingenieurs Thimm der Höhepunkt der Feier erreicht wurde. Weitere Darbietungen der Stadtkapelle und des MGV „Novesia" rundeten die Veranstaltung ab. Seit dem Folgejahr wurde nach der Festansprache noch regelmäßig die Nationalhymne von der Festversammlung gesungen.[22] Insgesamt bestanden die Neusser Verfassungsfeiern der Jahre 1924 bis 1928 somit üblicherweise aus folgenden Elementen, wobei im Einzelnen natürlich Spielraum für Variationen blieb: Festouvertüre – Gesang – Rezitation – weitere gesangliche und / oder musikalische Darbietungen – Festansprache – Deutschlandlied – musikalischer Ausklang. In den Jahren 1927 und 1928

fanden im Anschluss zudem Freikonzerte statt, was den auf breite bürgerschaftliche Beteiligung ausgerichteten Charakter der Veranstaltungen zusätzlich unterstrich.

Analysiert man die Gesangs- und Musikbeiträge im Einzelnen, so lässt sich für Neuss – ähnlich wie für Gießen oder Wetzlar[23] – eine recht deutliche Präferenz für nationale und patriotische Kompositionen erkennen. Richard Wagner wurde zwar nicht jedes Jahr gespielt, aber immerhin zweimal (1924, 1925). Zudem kamen Ausschnitte aus Carl Maria von Webers „Freischütz" (1928) zur Aufführung, der schon zeitgenössisch als die deutsche Nationaloper galt. Auch der „Krönungsmarsch" aus Edmund Kretschmers „Die Folkunger" (1926) kann in gewisser Weise in diese Linie eingeordnet werden.[24] Im Übrigen sprechen Liedtitel wie das „Deutsche Lied" (1924), „Das treue deutsche Herz" (1925) oder „An der Heimat halte ich fest!" (1927) für sich. Zu dieser Ausrichtung passte es schließlich auch, dass die NGZ im Jahre 1927 die aus ihrer Sicht dem Anlass entsprechende Liedauswahl des MGV „Teutonia" ausdrücklich lobte: „*Lieder von Heimat und Treue, vom großen Deutschland, das überall ist, wo die deutsche Sprache hallt*"[25]. Zeitgenössische Kompositionen fehlten hingegen – von wenigen Ausnahmen abgesehen[26] – weithin, und auch Liedgut aus dem Vormärz oder der 1848er-Revolution sucht man vergebens. Immerhin kam mit der „Festouvertüre" von Albert Lortzing (1926, 1927) auch das Werk eines Mannes zu Gehör, der sich zu den Zielen der Revolution von 1848 bekannt hatte.[27] Im Ganzen gilt jedoch auch für Neuss, dass die Verantwortlichen mit der Auswahl der Musikstücke, welche die Zuhörer unmittelbarer berührten als das gesprochene Wort, offenkundig Akzente im Bereich der gemeinsamen nationalen Wurzeln und weniger auf dem Feld von Demokratie und Republik setzen wollten. Eine ähnlich integrative Funktion scheint auch das obligatorische Hoch auf das deutsche Vaterland und vor allem das – vielfach im

Stehen und bisweilen „[b]egeistert" durchgeführte – gemeinsame Singen des Deutschlandliedes erfüllt zu haben. Beides vermochte sowohl die Anhänger als auch die Gegner der Republik zu einen.[28]

Ein zumindest ähnlicher Befund ergibt sich, wenn man die gesprochenen Wortbeiträge betrachtet. So gab es unter den Rezitationen ebenfalls genuin patriotische Texte.[29] Allerdings kam 1927 mit der „Republikanischen Hymne" des Arbeiterdichters Karl Bröger, die dem demokratischen Reichsbanner Schwarz-Rot-Gold gewidmet war, auch ein zeitgenössisch recht bekannter Repräsentant der Sozialdemokratie zu Wort. Da jedoch Bröger in den 1920er Jahren nicht nur für seine freiheitlich-republikanische, sondern auch für seine nationale Einstellung bekannt war, fiel auch dieser Beitrag nicht aus dem Rahmen.[30] Die Festansprachen wiederum waren naturgemäß beeinflusst von der politisch-weltanschaulichen Einstellung des jeweiligen Redners. Im Einzelnen waren dies die folgenden Persönlichkeiten[31]:

- 1924: Ingenieur Thimm (Düsseldorf)
- 1925: Beigeordneter Dr. Fritz von Hansemann (Neuss, der DNVP nahe stehend)[32]
- 1926: Landesrat bei der rheinischen Provinzialverwaltung Paul Gerlach (Düsseldorf, SPD)
- 1927: Reichstagsabgeordneter für den Wahlkreis Düsseldorf-West Johannes Blum (Krefeld, Zentrum)
- 1928: Beigeordneter Karl Thielemann (Neuss, SPD)

Jenseits aller Unterschiede gab es aber auch Gemeinsamkeiten, was das patriotisch-vaterländische Moment anging. So schimmerte in verschiedenen Reden die Freude über den Erhalt des Reiches nach dem Ersten Weltkrieg durch. Vor allem aber durchzog fast alle Beiträge die Hoffnung auf ein und dasselbe Ziel: „ein Wiedererstehen unseres deutschen Vaterlandes"[33]. Um dieses Ziel zu erreichen, wurde nicht selten die Einigkeit des deutschen Volkes beschworen. Unterschiedliche Akzente wurden hingegen hinsichtlich der Bewertung der aktuellen

Staats- und Regierungsform gesetzt. Während Gerlach, Blum und Thielemann als Vertreter der den Weimarer Staat bejahenden Parteien zu einem vergleichsweise günstigen Urteil über Staatsform und Verfassung gelangten und alle Bürger aufforderten, sich auf den Boden der neuen Tatsachen zu stellen – hier wurden deutliche Akzente in Richtung einer Demokratie- und Republikfeier gesetzt –, betonte von Hansemann in stärkerem Maße die Vergänglichkeit von Verfassungen und Gesetzen, wohingegen „das deutsche Volk und der deutsche Staat [...] ewig bestehen [sollen]"[34].

In diesem Zusammenhang kam es 1926 sogar zu einem kleinen Eklat: Landesrat Gerlach hatte in seiner Rede nicht nur die WRV und die zeitgenössisch sehr umstrittene Erfüllungspolitik gegenüber den Alliierten gelobt, sondern sich auch entschieden gegen „gewisse Rechtskreise"[35] gewandt, denen er unter anderem Hoffnungen auf einen Putsch unterstellte. Die Ortsgruppe Neuss der nationalliberalen Deutschen Volkspartei (DVP), welche die Republik nach 1918 zunächst abgelehnt hatte, sich unter ihrem Vorsitzenden Gustav Stresemann im Laufe der Zeit aber mit ihr arrangierte, fühlte sich dadurch provoziert und schrieb im Nachgang zur Verfassungsfeier folgenden, in der Presse veröffentlichten Brief an den Neusser Oberbürgermeister Hüpper: „Die Deutsche Volkspartei hat in jahrelanger Arbeit in der Regierung gezeigt, daß sie auf dem Boden der Reichsverfassung steht, daß sie insbesondere nicht daran denkt, Verfassungsänderungen irgend welcher Art auf gesetzeswidrigem Wege durchzusetzen oder Bestrebungen, die eine gewaltsame Aenderung des republikanischen Volksstaates bezwecken, zu unterstützen. Die Deutsche Volkspartei hat deshalb auch sich der Teilnahme an der Verfassungsfeier am 11. August nicht versagt. Die Teilnehmer an der Feier im Zeughause haben es aber mit Bedauern erleben müssen, daß der diesmalige Festredner die zwischen den verfassungstreuen Parteien bestehenden Gegensätze scharf herausarbeitete. Er benutzte seine eigene parteipolitische Einstellung dazu, den anderen Parteien, insbesondere den Rechtsparteien, zu denen sich auch die Deutsche Volkspartei rechnet, Vorwürfe zu machen, denen bei dieser Gelegenheit nicht entgegengetreten werden konnte [...]. Es muß unseres Erachtens in Zukunft ausgeschlossen sein, daß die Verfassungsfeier für eine einseitige Parteikundgebung ausgenutzt wird. Die Deutsche Volkspartei muß unter ausdrücklicher Betonung ihrer grundsätzlichen Verfassungstreue ihre Teilnahme an der Verfassungsfeier für die Zukunft davon abhängig machen, daß im vorgenannten Sinne die erforderlichen Garantien geboten werden"[36]. Auch wenn die Angelegenheit keine nachhaltige Wirkung gezeitigt zu haben scheint – 1927 nahmen wieder Stadtverordnete der DVP an der Verfassungsfeier teil[37] –, verdeutlicht der Vorgang doch die prinzipielle politische Brisanz der Feierlichkeiten, bei denen es, zumindest im Hintergrund, stets auch um grundsätzliche politische Fragen und Deutungen ging.

Jenseits der politischen Repräsentanten nahmen an den Verfassungsfeiern regelmäßig Vertreter verschiedenster Behörden teil, darunter naturgemäß auch solche der Kreisverwaltung und der kreisangehörigen Gemeinden, sowie Bürgerinnen und Bürger aus Stadt und Land. Insgesamt nahm sich der Besuch – mit Ausnahme der Jahre 1923 und eventuell 1926 – gut aus. Ob daraus jedoch auf eine weit verbreitete innere Verbundenheit mit der Verfassung geschlossen werden kann, erscheint fraglich, zumal die Neusser Bürgerschaft dem in der Presse veröffentlichten Appell zur Beflaggung ihrer Häuser im Jahre 1928 kaum Folge leistete. Die Neußer Zeitung, die in ihrer politischen Haltung „meist farblos oder gemäßigt liberal"[38] war, empfand dies als wenig verwunderlich: „Es ist eben kein Resonanzboden da. Ein Festtag will von innen heraus erlebt sein; nicht von oben her 'verordnet'"[39]. Bereits 1927 sowie in den Folgejahren 1929/30, als zum Teil sehr aufwendige Feiern veranstaltet wurden, waren im „sonst so beflaggungsfreudigen" Neuss kaum Fahnen zu sehen.[40]

Die Verfassungsfeiern im Landkreis Grevenbroich (1924 – 1928)

Ganz anders als in Neuss wurde der Verfassungstag im Landkreis Grevenbroich begangen. Erste Spuren für dahingehende Planungen lassen sich hier erst im Jahre 1924 ermitteln, als Landrat Dr. Karl Schoenfeld (Nationalliberal) in Reaktion

Aloys Vogels, Landrat des Kreises Grevenbroich 1925 – 1929.

Dr. Hans von Chamier-Glisczinski, Landrat des Kreises Grevenbroich-Neuss 1929-1932.

auf einen entsprechenden Beschluss des preußischen Staatsministeriums die Leiter der in Grevenbroich ansässigen Reichs-, Staats- und Kommunalbehörden für den 4. August 1924 zu einer Besprechung über die äußere Gestaltung des Verfassungstages einlud. Die Versammlung, die an diesem Tag tatsächlich zusammentrat, beschloss *„einstimmig, abgesehen vom Flaggen der Häuser, am Verfassungstage keine Feier zu veranstalten, weil im besetzten Gebiet doch kein patriotisches Lied, insbesondere nicht die Nationalhymne gesungen werden dürfe, und deshalb eine dem Tage entsprechende Feier nicht möglich sei"*. So geschah es dann auch.[41] Bedenkt man, dass im benachbarten Neuss bereits in den Jahren 1922 und 1923 zumindest ein Hoch auf das Vaterland ausgesprochen und *„von Heimatstimmung getragen[e]"*[42] Chöre präsentiert wurden, so nimmt sich die Grevenbroicher Entscheidung keineswegs zwingend aus.

Die erste Verfassungsfeier fand im Landkreis Grevenbroich folglich erst 1925 und damit zu einem vergleichsweise späten Zeitpunkt statt. Für die Festkultur an der Erft war diese Feier indes insofern bedeutsam, als sie sowohl hinsichtlich der Organisation und der angesprochenen Zielgruppe als auch mit Blick auf Zeit, Ort und äußere Gestaltung prägend wirkte, was die Festlichkeiten der drei folgenden Jahre anbetraf. So belegen die überlieferten Akten bereits für das Jahr 1925, dass die Fäden bei der Vorbereitung jeweils beim Landratsamt Grevenbroich zusammenliefen.[43] Dort wurden im Vorfeld des Verfassungstages Übersichten über die einzuladenden Gäste erstellt, wobei neben Repräsentanten des Kreises (Kreistag, Kreisausschuss, Kreisverwaltung) gemäß den Vorgaben des Staatsministeriums stets auch solche anderer in Grevenbroich ansässiger Behörden (zum Beispiel Postamt, Katasteramt, Schulaufsichtsbehörde, Finanzamt, Stadt Grevenbroich) berücksichtigt wurden sowie Vertreter der Innungen beziehungsweise weiterer Vereinigungen oder später auch

der Kirchen. Zudem lud Landrat Dr. Aloys Vogels (Zentrum), der von 1925 bis 1929 an der Spitze des Kreises stand, gegebenenfalls zu gemeinschaftlichen Besprechungen über die Gestaltung des Verfassungstages ein. Auch war es das Landratsamt, das sich um die Herrichtung des Saales und die Bekanntmachungen in der Presse sorgte. Aus Letzteren lässt sich wiederum ersehen, dass die Grevenbroicher Feiern in weitaus weniger ausgeprägtem Maße auf eine Beteiligung der Bevölkerung ausgerichtet waren, als dies in Neuss der Fall war. Zwar nahmen nach der – im Vergleich zu Neuss allerdings lückenhafteren – Presseberichterstattung zumindest 1928 auch Vertreter der Bürgerschaft an den Feierlichkeiten teil. [44]
In den Ankündigungen der Verfassungsfeiern, die einige Tage zuvor in der Grevenbroicher Zeitung erschienen, wurde dieselbe indes nicht direkt angesprochen. Vielmehr lud Landrat Vogels jeweils nur die *„hier vertretenen Reichs-, Staats- und Kommunalbehörden, die Vertreter der Innungen sowie die Vertreter der Arbeitgeber- und Arbeitnehmerverbände [...] zur Feier [...] besonders ein"*[45]. Dazu passt auch, dass sämtliche Verfassungsfeiern des Landkreises Grevenbroich nicht wie in Neuss in Form einer Abendveranstaltung in einem öffentlichen Saal oder einer Restauration durchgeführt wurden, sondern jeweils vormittags um 10 Uhr im Sitzungssaal des Kreishauses in Grevenbroich. Da der 11. August in den Jahren 1925 bis 1928 stets auf einen Arbeitstag fiel, war schon die Terminierung nicht dazu angetan, die breite Masse der Kreisbevölkerung zu erreichen. Insgesamt gewinnt man den Eindruck, dass die Grevenbroicher Feiern – verglichen mit Neuss – einen stärker amtlich-förmlichen Charakter aufwiesen und überdies einfacher gehalten waren, was ihren Ablauf anging. Zwar stand auch in Grevenbroich eine Ansprache im Mittelpunkt der Veranstaltungen. Auch wurde regelmäßig ein Hoch auf das deutsche Vaterland ausgebracht und die Nationalhymne gesungen. Bei mindestens einer Feier

wurde sogar ein Eichendorff-Gedicht rezitiert.[46] Von gesanglichen und / oder musikalischen Elementen, die in Neuss eine wichtige Rolle spielten und über die folglich in den Zeitungen ausführlich berichtet wurde, erfährt man mit Blick auf Grevenbroich aus der Presse oder aus den Akten indes nichts. Gleiches gilt erst recht für im Anschluss an die Feste durchgeführte Freikonzerte. Stattdessen sprach die Grevenbroicher Zeitung noch mit Blick auf den 11. August 1928 von einer „*eindrucksvolle[n] und schlichte[n] Feier*"[47]. Dass namentlich das Jahr 1928 keine entscheidende Erweiterung der programmlichen Gestaltung brachte, „*die Feier*" vielmehr gemäß einer Verfügung des Landrates „*im bisherigen Rahmen abzuhalten*" war, verdient dabei insofern Erwähnung, als das preußische Staatsministerium in diesem Jahr empfohlen hatte, außerhalb der amtlichen Feier durch Anregung von sportlichen und anderen Veranstaltungen in der Bevölkerung für einen möglichst volkstümlichen Charakter des Verfassungstages zu sorgen.[48]

Was indes die bei dieser Gelegenheit gehaltenen Reden anbetraf, so übernahm es Landrat Vogels in den Jahren 1925 und 1928 selbst, die Ansprachen zu halten[49] – auch dies ein kleines Indiz für den eher amtlichen Charakter der Grevenbroicher Feiern. 1926 oblag diese Aufgabe dem Syndikus Dr. Welters,[50] während der Redner des Jahres 1927 nicht bekannt ist. Inhaltlich zeigen sich freilich keine auffälligen Unterschiede zu den Feierlichkeiten in Neuss. Vogels würdigte in seinen Ansprachen die WRV als Grundlage für die Festigung und Einigung des deutschen Volkes sowie für die seit dem Kriegsende geleistete Wiederaufbauarbeit. Die Wahrung der Reichseinheit sah er als bedeutendsten Erfolg nach dem Krieg an, an dem er der Nationalversammlung großen Anteil einräumte. Beide seiner Reden endeten in der Hoffnung auf eine bessere Zukunft und einen Aufstieg Deutschlands. Welters wiederum betonte stark den Gedanken der Einigkeit.

Die Verfassungsfeiern der Stadt Neuss (1929 – 1932)

Mit der Errichtung des Großkreises Grevenbroich-Neuss im Zuge der kommunalen Neugliederung vom 1. August 1929 endete in Neuss die Zeit der gemeinsamen Verfassungsfeiern von Stadt und Land. Zwischen 1929 und 1932 veranstaltete die Stadt Neuss eigene Feierlichkeiten,[51] die sich allerdings in vielfacher Hinsicht an den Veranstaltungen der vorausgegangenen Jahre orientierten, auf welche die Stadt – soweit ersichtlich – bereits maßgeblichen Einfluss ausgeübt hatte.[52] So waren alle Verfassungsfeiern nach wie vor auf eine breite Beteiligung der städtischen Bevölkerung ausgerichtet, welche dazu im Vorfeld über die lokale Presse regelmäßig eingeladen wurde. Sämtliche Feiern fanden zudem zu abendlicher Stunde (Beginn: 20 Uhr oder 20.30 Uhr) auf dem Marktplatz (1929) oder in großen, würdigen Sälen (1930: Bürgergesellschaft, 1931–1932: Zeughaus) jenseits der genuin amtlichen Sphäre statt. Auch der Ablauf veränderte sich kaum. Sieht man von kleineren Variationen ab, zählten die folgenden Programmpunkte noch immer zum Standardrepertoire der Neusser Feiern: Musikalische Ouvertüre der Städtischen Kapelle beziehungsweise der Neusser Orchestervereinigung – gesangliche Darbietungen verschiedener Akteure – Rezitation – Festansprache – Deutschlandlied – musikalischer Ausklang. Hinsichtlich der Auswahl der Musikstücke dominierten weiterhin deutsche Kompositionen vor allem des späten 18. und 19. Jahrhunderts: Richard Wagner (1929), Carl Maria von Weber (1930, 1931) sowie Edmund Kretschmer (1930), aber auch Albert Lortzing (1932) wurden nach wie vor aufgeführt, darüber hinaus Giacomo Meyerbeer (1932), Max Bruch (1931) sowie Ludwig van Beethoven (1930, 1931). Gerade Beethoven als der in musikalischer Hinsicht vielleicht einflussreichste Deutsche überhaupt, aber natürlich auch Wagner verdeutlichen in diesem Kontext das offenkundige Bestreben der Verantwortlichen, die Verfassungsfeiern durch die Einbeziehung höchster nationaler Kulturgüter zu „veredeln". Zeitgenössische Kompositionen waren hingegen noch immer relativ selten, und wenn sie aufgenommen wurden, handelte es sich nicht um Werke der musikalischen Innovation. Demokratisches Liedgut fehlte – soweit ersichtlich – gänzlich, vielmehr bewegten sich die gesanglichen Beiträge nach wie vor hauptsächlich im Bereich heimatbezogener beziehungsweise patriotischer Thematiken (1929: „Heimat", 1930: „Wir wandern doch", 1931: „Vom Rhein", 1932: „Schwur am Rhein", „Bleib deutsch, du herrlich Land am Rhein"). Dasselbe gilt für die rezitierten Texte.

Den Höhepunkt der Neusser Feierlichkeiten während der Weimarer Republik beschrieb das Jahr 1929, als reichsweit das zehnjährige Bestehen der WRV gefeiert wurde. Mit dem ehemaligen Reichskanzler Wilhelm Marx (Zentrum), der im Jahre 1899 für den Wahlkreis Krefeld(Land)-Grevenbroich-Neuss ins Preußische Abge-

Festbuch zum 10. Jahrestag der Reichsverfassung mit Geleitworten von Reichspräsident von Hindenburg und Reichskanzler Müller.

ordnetenhaus gewählt worden war und seither recht enge Beziehungen zur Quirinusstadt unterhielt,[53] war es den Neusser Verantwortlichen gelungen, zu diesem Anlass einen hochkarätigen Referenten zu gewinnen. Marx nahm indes nicht nur an der abendlichen Verfassungsfeier der Stadt teil, die eigens nach draußen auf den sehr gut gefüllten Marktplatz verlegt wurde. Er publizierte bereits am 10. August einen umfangreichen Artikel zum Thema „Verfassung und Weltanschauung. Zum 10-jährigen Bestehen der neuen Reichsverfassung"[54], welcher auf der ersten Seite der NGZ erschien. Überdies wirkte er am Vormittag des Verfassungstages an der Tagung der katholischen Jugend und des Gaubundes linker Niederrhein der Windthorstbewegung mit, die ebenfalls mit einer Verfassungsfeier verbunden war. Bereits bei dieser Veranstaltung hielt Marx die „*Verfassungsrede*"[55]. Marx` Reden vom 11. August 1929 sind nicht zuletzt deshalb von Interesse, weil der Reichskanzler a. D. als der prominenteste Redner, der je im Raum Neuss bei einer Verfassungsfeier sprach, neben der – bei allen Feierlichkeiten erkennbaren – Würdigung des Vaterlandes beziehungsweise des deutschen Volkes, mithin also der nationalen Aspekte, den Fokus vergleichsweise stark auf die Belange von Republik und Demokratie richtete. So sprach er nicht nur ausdrücklich davon, dass der 11. August ein Freuden- und Jubeltag für das ganze deutsche Volk sein solle. Gegen die Kritiker der WRV gerichtet, machte er auch deutlich, dass dieselbe staatsrechtlich ordnungsgemäß zustande gekommen und für jeden Staatsbürger verpflichtend sei. Schmerzlich zu bedauern sei es deshalb, „*daß noch immer einzelne Kreise des deutschen Volkes die Verfassung nicht anerkennen, ihre Bestimmungen mißachten und die durch sie festgelegten Farben und Abzeichen der deutschen Republik mißachten und verhöhnen. [...] Unbegreiflich ist es, dass auch Kreise, die sich mit Vorliebe national nennen, es an der schuldigen Achtung vor den Ehren-*

zeichen des Staates fehlen lassen". Marx würdigte neben verschiedenen Einzelbestimmungen auch die Verfassung als Ganzes, die für das Volkswohl und die segensreiche Entwicklung Deutschlands wertvolle Bestimmungen enthalten. *„Das schließt keineswegs aus, daß wir auch die große Vergangenheit des deutschen Reiches ehren und achten. Wir schmähen auch nicht die Farben Schwarzweißrot, die an die Größe des alten Reiches erinnern. Wir verlangen aber auch mit größerem Rechte die Anerkennung und Ehrung unserer jetzigen Reichsfarben".* Marx machte indes keinen Hehl daraus, dass das deutsche Volk noch etwas lernen musste, *„wenn es den vollen Segen der neuen Staatseinrichtung genießen will. Die demokratische Republik ist in Weimar geschaffen worden. Dem Volke ist das Recht, damit aber auch die Pflicht auferlegt, für das allgemeine Wohl zu sorgen",* was Marx zufolge noch nicht in zufriedenstellendem Maße geschah. Als Vorbild sah er Reichspräsident von Hindenburg an, den *„Zeuge[n] der glänzenden Vergangenheit",* der den Eid auf die WRV geschworen habe und an diesem festhalten werde. Marx Bemühen, Neues und Bewährtes miteinander zu verbinden, gipfelten in dem Ruf: *„Das in der deutschen Republik geeinte deutsche Volk lebe hoch!"*[56]

Stärker noch als 1929 wurde die Verfassungsfeier im Folgejahr von der aktuellen politischen Situation in Deutschland beeinflusst. Dies hatte zum einen mit der Tatsache zu tun, dass die Festlichkeiten in Neuss wie im ganzen Reich mit dem Gedenken an den vollständigen Abzug der ausländischen Besatzung aus Deutschland verbunden wurden, und lag zum anderen an den für den 14. September angesetzten Reichstagswahlen, die infolge der Auflösung des Parlaments durch Reichskanzler und Reichspräsident notwendig geworden waren. Der neue Neusser Oberbürgermeister Wilhelm Henrichs (Zentrum) ging in seiner mit rauschendem Beifall bedachten Rede im vollbesetzten Saal der Bürgergesellschaft nicht nur recht ausführlich auf

Wilhelm Marx, ehemals Reichskanzler und Festredner in Neuss 1929.
Aus: Hehl, Ulrich: Wilhelm Marx 1863 – 1946. Eine politische Biographie, Mainz 1987, Frontispiz.

die durch Uneinigkeit geprägten politischen Verhältnisse ein, die unter anderem eine positive Willensbildung im Parlament verhinderten. Er gab darüber hinaus auch zu verstehen, dass die durch die WRV gegebene Staatsform der demokratisch-parlamentarischen Republik angesichts der aktuellen politischen Verhältnisse nicht gänzlich die für das gegenwärtige Leben beste Form darstelle. Ihre Wurzel hatte die aktuelle Krise Henrichs zufolge indes nicht in der Verfassung, die er sowohl aufgrund ihrer historischen Verdienste – sie hatte Deutschland in den Wintermonaten 1918 vor der Rätediktatur gerettet – als auch wegen der Hilfsmittel, die sie aus seiner Sicht (etwa durch die Bestimmungen über den Reichspräsidenten) gegen die aktuellen Krisenerscheinungen bereithielt, ausdrücklich würdigte. Im Übrigen zielte Henrichs Rede auf Einigung und nationale Gemeinschaft, nicht auf Kampf.[57]

Eine deutliche Akzentverschiebung lässt sich sodann mit Blick auf die Festrede des Folgejahres beobachten. Wie im Reich allgemein stand die damalige Verfassungsfeier in Neuss im Zeichen des 100. Todestages des Freiherrn vom Stein, dessen Leben und Wirken der Kölner (früher Neusser) Historiker Prof. Dr. Gerhard Kallen ins Zentrum seiner Ausführungen stellte. Mit Blick auf die aktuelle Notzeit betonte er: *„Heute hat ihn [den Freiherrn vom Stein, St.Sch.] die Not der Zeit wieder auferstehen lassen; wieder ruft man nach dem Führer, wieder hängt alles ab von der moralischen Haltung der Nation. Dieser Ruf ist solange vergeblich, als nicht die Geführten für den Führer reif sind. Das Volk muß wieder Opfersinn und mutige Zuversicht hervorbringen, höchstgesteigerte Selbstverantwortlichkeit, Ehrfurcht, eiserne Disziplin und Bereitschaft zur Tat*“[58]. Nicht Verfassung und Republik standen 1931 im Mittelpunkt der Feiern, sondern der vergleichsweise „unpolitische" Blick zurück in die Geschichte – verbunden mit der zumindest nicht entschieden zurückgewiesenen Perspektive einer neuen Führergestalt. Dass Kallen im „Dritten Reich" eine große Nähe zum Nationalsozialismus erkennen ließ,[59] passt zu seinen Worten vom 11. August 1931.

Ganz anders, weil ausgesprochen energisch im Sinne einer positiven Würdigung und Verteidigung der WRV sowie ihrer demokratisch-republikanischen Grundsätze, war die Festrede des Jahres 1932 gehalten. Ihr kraftvoller Inhalt wird indes nur vor dem Hintergrund der katastrophalen Situation verständlich, in der sich das am Rande des Bürgerkriegs taumelnde Deutsche Reich im Sommer 1932 befand: Straßenkämpfe forderten fast täglich Tote oder Verletzte; durch den so genannten „Preußenschlag" wurde die sozialdemokratisch geführte preußische Regierung am 20. Juli 1932 kurzerhand abgesetzt; nur wenige Tage später gingen NSDAP und KPD als klare Sieger aus der Reichstagswahl vom 31. Juli hervor. Vor diesem Hintergrund sprach Dr. Karl Klein, Chefredakteur des zentrumsnahen Düsseldorfer Tageblatts, am 11. August davon, die größte Gefahr für den demokratischen Staat liege darin, dass dem Volk die Gewalt entgleite und stattdessen eine mechanistische Institution wie zur Vorkriegszeit entstehe. *„Die politischen Ereignisse der letzten Wochen hätten diese Gefahr deutlich gezeigt. Dem würde man aber gewachsen sein, wenn man auf Selbstbestimmung, auf Persönlichkeit und auf Volksrecht Wert lege. Daß im heutigen Staat Reformen notwendig seien, sei jedem bekannt. Nur müßten sie auf der Grundlage des demokratischen Volksgeistes durchgeführt werden*". Bedenkt man, dass die Verfassungsfeiern des Jahres 1932 gemäß den Vorgaben aus Berlin dem Gedenken an den 100. Todestag Goethes – also wiederum einem „unpolitischen", konsensfähigen Thema – gewidmet werden sollten[60], so erscheint Kleins *„offenes Bekenntnis zur Republik als dem wahren Volksstaat*"[61], wie die sozialdemokratische Presse zustimmend und zutreffend schrieb, noch bemerkenswerter. Zusätzlich unterstrichen wurde die Botschaft durch die Tatsache, dass Volksfront und Reichsbanner – zwei Bündnisse zur Verteidigung der Republik[62] – uniformiert und in großer Stärke auf der Empore des Zeughaussaales Platz genommen hatten und anlässlich der Nationalhymne Schwurfinger und Faust erhoben, woraufhin die im vollbesetzten Saal versammelte Festgesellschaft *„[z]ögernd, aber immer mehr hingerissen folgte*"[63]. All dies zeigt aber: Von einer *„völligen Entpolitisierung der Verfassungsfeiern zu Beginn der dreißiger Jahre*"[64], wie sie für Hannover behauptet wurde, kann für Neuss nicht gesprochen werden. Vielmehr traten die demokratischen Kräfte hier im Sommer 1932 nochmals sehr entschieden in Erscheinung. Erwähnung verdient in diesem Kontext auch, dass bislang weder für die Stadt Neuss noch – dies sei hier vorweggenommen – für den Kreis Grevenbroich-Neuss Provokationen oder Störmaßnahmen der NSDAP am Verfassungstag bekannt sind, wie sie zum Beispiel in Moers gleich mehrfach in den frühen 1930er Jahre vorkamen. 1930 diffamierte dort sogar der Neusser Kreisleiter Erich Börger die WRV und das parlamentarische System. Dass Ähnliches für Börgers Heimat nicht überliefert ist, lässt sich zumindest teilweise durch die relative Schwäche der Hitlerpartei erklären, deren Wahlergebnisse im Raum Neuss Anfang der 1930er Jahre deutlich unter denen in Moers lagen.[65]

Die Verfassungsfeiern im Großkreis Grevenbroich-Neuss (1929 – 1932)

Die Verfassungsfeier des Jahres 1929 fand im Kreis Grevenbroich-Neuss unter besonderen Umständen statt: Nicht nur war das neue administrative Gebilde gerade einmal wenige Tage alt, als das zehnjährige Jubiläum der WRV entsprechend würdig

begangen werden musste. Mit Dr. Hans von Chamier-Glisczinski (Zentrum) übernahm zum 1. August auch ein neuer Landrat die zunächst noch kommissarische Leitung der Verwaltungsgeschäfte. Der neue Mann, der durch seine früheren Tätigkeiten als Landrat von Monschau und Düsseldorf über große Erfahrung verfügte, ging die neue Aufgabe indes mit Verve an und schrieb bereits am 3. August 1929 an die Bürgermeister des neuen Kreises sowie an die Mitglieder der ehemaligen Kreistage von Neuss, Grevenbroich und Mönchengladbach: *„Indem ich ergebenst mitteile, dass ich die Verwaltung übernommen habe, gebe ich zugleich der Hoffnung Ausdruck, dass, getragen von gegenseitigem Vertrauen, die gemeinsame Arbeit zum Segen des Gesamtbezirks führen werde. Ich habe den Wunsch, möglichst bald mich den Herren Bürgermeistern des Kreises und allen denjenigen vorzustellen, die bisher an der Verwaltung der früheren getrennten Kreise teilgenommen haben, und lade Sie daher zu einer Versammlung auf Sonntag, den 11. August vormittags 11 Uhr nach Grevenbroich in*

Einladung.

Die Reichsverfassungsfeier

des Landkreises Grevenbroich·Neuß findet statt
am Donnerstag, den 11. August 1932
vorm. 11 Uhr

in der Turnhalle des Progymnasiums in Grevenbroich.

Hierzu beehre ich mich, Sie ergebenst einzuladen.

Der Landrat
Dr. von Chamier.

Einladung zur Verfassungsfeier 1932 in Grevenbroich.

derjenigen Persönlichkeiten der Gemeinde Zons,
welche zu allgemeinen Feiern einzuladen sind.

Lfd. Nr	Name	Beruf	Wohnort	
1	Fleischhauer Wilh.	Bootsbauer	Zons Rheinufer	I. Beigeordneter
2	Renner Kaspar	Schmied	Stürzelberg Feldstrasse	II. "
3	Schmitz Peter Jos.	Gastwirt	Zons Rheinstrasse	Gemeindeverordneter
4	Stelzmann Gottfr.	Landwirt	Zons Lindenstr.	"
5	Burbach Baptist	Fouragehdl.	Zons Feldstrasse	"
6	Blömacher Jakob	Arbeiter	Zons Mühlenstr.	"
7	Junghans Ernst	"	Zons Leichenweg	"
8	Derendorf Theodor	"	Zons Bahnstr.	"
9	Scheer Johann	"	Zons Marktplatz	"
10	Roggendorf Franz	Metzger	Stürzelberg Hauptstr.	"
1	Malskorn Heinrich	"	Stürzelberg Rheinstr.	"
2	Teusch Anton	Rangierer	Stürzelberg Oberstr.	"
3	Wirtz Josef	Schmied	Stürzelberg Zonserstr.	"
4	Bebber Franz	Arbeiter	Stürzelberg Fahrtstr.	"
5	Klüser Johannes	Pfarrer	Zons	
6	Biesenbach Gustav	"	Stürzelberg	
7	Breuer Peter	Hauptlehrer	Zons	
8	Riffel Heinz	Lehrer	"	
9	Steves Jakob	"	"	
20	Bergmann Klara	" in	"	
1	Kress Hugo	Hauptlehrer	Stürzelberg	
2	Janssen Hermann	Lehrer	"	
3	Bender Helene	Lehrerin	"	
4	Grön Elise	"	"	
5	Krus Adolf	Oberinge-nieur	"	
6	Wegelin Gottfried	Fabrikant	"	
		Direktor	"	

Aufstellung der aus der Gemeinde Zons einzuladenden Personen, 1932.

Einladung.

Zu der am Dienstag, den 11.August,
abends 8 Uhr, im Saale des Rheinischen Hofes stattfindenden vaterländischen Feier, anlässlich des dies-
jährigen Reichsverfassungstages, lade ich ergebenst ein.

Da die Feier dem Gedanken vaterländischen Zusammen-
gehörigkeitsgefühls gewidmet ist, so glaubt die Kreisverwaltung, gerade in diesen Zeiten nationaler Not,
auf eine starke Teilnahme der Bevölkerung als Ausdruck der Liebe zum Vaterland rechnen zu können.

Landrat.

Programm:

Die Festrede von Professor Dr.Raederscheidt-Bonn
(früher Neuss) wird eingerahmt von Darbietungen der
Kreisfeuerwehrkapelle und des Sängerkreises Grevenbroich.

Einladung zur Verfassungsfeier mit dem Festvortrag von Prof. Raederscheidt, 1932.

[das] Hotel Lersch, Bahnstrasse ergebenst ein. Diese Zusammenkunft wird gleichzeitig die erste Verfassungsfeier des neuen Landkreises anlässlich des Gedenktages der Reichsverfassung darstellen"[66]. So geschah es dann auch, wobei Chamier in seiner Festrede der besonderen Situation Rechnung trug und weniger auf die – auch von ihm ausdrücklich als gut angesehene – Verfassung einging als vielmehr auf den neuen „Südkreis", der durch aktive Mitarbeit seiner Bürger zu einem „Eckstein im Bau des deutschen Volkes" werden sollte. Er appellierte an die Anwesenden, eventuelles Kirchturmdenken zu überwinden und auf die Gesamtheit des Kreises zu blicken, der alle zusammenschließe. „Der 11. August möge auch als die Geburtsstunde des neuen Kreises, der die Bewohner zu einer Schicksalsgemeinschaft vereinigt habe, gefeiert werden."[67] Demgemäß beendet der neue Landrat seine Rede mit einem Hoch auf den neuen Kreis und das deutsche Vaterland.

Berücksichtigt man, dass Chamier auch im Folgejahr zu erkennen gab, dass die Verwaltung mit der Verfassungsfeier den Wunsch verband, das Zusammengehörigkeitsgefühl im neuen Kreis zu fördern,[68] so werden die genuin eigenen Akzente deutlich, welche die Verantwortlichen, zumindest in den Jahren 1929 und 1930, im Kontext der Verfassungsfeiern setzten. Dies war indes nicht die einzige Besonderheit: Am späten Nachmittag des 11. August 1929 fand zudem eine Sternwanderung der Jugendvereine des Kreisgebietes auf den idyllischen Welchenberg statt, wo auf dem höchsten Punkt eine weitere „Verfassungsfeier"[69] veranstaltet wurde. Nicht weniger als 2.000 Jugendliche sowie Tausende von weiteren Teilnehmern wohnten der Feier bei, die neben neuerlichen Liedvorträgen – solche hatte es bereits im Hotel Lersch gegeben – vor allem aus einer inhaltlich ähnlich gehaltenen Rede Chamiers bestand. In deutlicher Abgrenzung zur Verwaltung des vormaligen Landkreises Grevenbroich setzten die neuen Verantwortlichen also von Anfang an auf eine breite Einbindung der Bevölkerung, allen voran der Jugend. Der Welchenberg hatte in der örtlichen Erinnerungskultur bereits in der Vergangenheit eine besondere Rolle gespielt, denn dort war nach dem Ersten Weltkrieg ein „Heldenhain" als zentrale Gefallenen-Gedenkstätte des Landkreises Grevenbroich geplant worden und bereits 1913 hatten dort Teile der „Jahrhundertfeier" stattgefunden.[70]

Die neue Akzentsetzung bestätigte sich erst recht im Folgejahr, als die Kreisverwaltung bereits am 17. Juli 1930 in einem Schreiben an die Bürgermeister des Kreises davon sprach, es sei angesichts der *„vollständigen Befreiung des Rheinlandes"* daran gedacht, *„die Kreisverfassungsfeier zu einer vaterländischen Kundgebung für die gesamte Bevölkerung zu gestalten"*[71]. Demgemäß wurde schon am 10. August – einem Sonntag – eine Sternwanderung nach den Rennwiesen bei Wevelinghoven veranstaltet, an der wiederum 2.000 Jugendliche teilnahmen. Auf dem Rennplatz fanden sodann sportliche, turnerische und musikalische Wettkämpfe und Beiträge sowie eine Festansprache Chamiers statt. Zudem erfuhr das Programm der offiziellen Verfassungsfeier, die nunmehr als Abendveranstaltung (Beginn: 20 Uhr) im Rheinischen Hof, einer der führenden Grevenbroicher Lokalitäten mit umfänglichen Saalkapazitäten,[72] durchgeführt wurde, eine deutliche Erweiterung, wobei neben aus Neuss bekannten Elementen (musikalische und gesangliche Beiträge, Festrede, Deutschlandlied) auch neue Aspekte in Form von turnerischen Vorführungen einbezogen wurden. Insgesamt wies das umfangreiche Festprogramm nicht weniger als elf Elemente auf. Vor allem aber lud die Kreisverwaltung neben den üblichen Repräsentanten und Honoratioren diesmal auch *„alle Kreisbürger und Kreisbürgerinnen"* über die Presse zur Verfassungsfeier *„herzlichst ein"*[73]. Schließlich fand im Anschluss an die Feier ein Konzert im Rheinischen Hof statt. Sowohl hinsichtlich der aufwendigen Gestaltung als auch mit Blick auf die überaus zahlreiche und alle Schichten umfassende Beteiligung der Bevölkerung – bei der Abendveranstaltung vermochte der Saal die große Zahl der aus dem ganzen Kreisgebiet angereisten Besucher nicht zu fassen – beschrieb das Jahr 1930 den Höhepunkt der Verfassungsfeiern im Kreis Grevenbroich-Neuss.[74]

Dies gilt auch deshalb, weil die Feiern der beiden folgenden Jahre angesichts der sich immer mehr zuspitzenden wirtschaftlich-politischen Doppelkrise – ähnlich wie in Neuss und andernorts[75] – in deutlich schlichterer Form abgehalten wurden. 1932 wurde aus Gründen der Kostenersparnis sogar die Anzahl der Eintrittskarten reduziert.[76] 1931 fand nochmals eine Abendveranstaltung im Rheinischen Hof statt; 1932 wich man indes auf das Grevenbroicher Progymnasium und einen für viele Bürger sicherlich ungünstigen Vormittagstermin aus, ohne dass die Gründe für diese Entscheidung aus den Quellen ersichtlich sind. Zumindest musikalische und gesangliche Beiträge gehörten neben der Festansprache und der Nationalhymne indes weiterhin zum festen Repertoire der nach wie vor für alle Bürger offenen Feierlichkeiten.

Hinsichtlich der Musikauswahl lagen die Verfassungsfeiern in Grevenbroich im Großen und Ganzen auf der aus Neuss bekannten Linie, wurden doch auch an der Erft deutsche „Größen" des 18. und 19. Jahrhunderts (1930: Beethoven, 1932: Schubert) sowie, gerade was das Liedgut anging, nicht selten patriotische Stücke dargeboten (1931: „Das deutsche Herz", 1932: „Bleib deutsch, du herrlich Land am Rhein"), teils sogar dieselben wie in der Quirinusstadt. Dass dies offenkundig der Erwartungshaltung breiter Teile der Öffentlichkeit entsprach, verdeutlicht ein Kommentar der Grevenbroicher Zeitung, die im Jahre 1931, als anlässlich der Verfassungsfeier Verdi gespielt wurde, kritisch fragte, ob es *„wirklich keine passende Ouvertüre von irgend* einem der vielen deutschen Tonmeister [gebe]"[77]. Die Festreden wiederum wiesen in den Jahren 1930 bis 1932 – verglichen mit Neuss – weniger tagesaktuelle Bezüge auf. Mit Diözesanpräses Johannes Heinrichsbauer sprach 1930 ein Mann der katholischen Kirche, der den demokratischen Staat, auf den man stolz sein könne, würdigte und die Zuhörer an ihre Verantwortung hinsichtlich des Dienstes am Volke erinnerte, ansonsten aber nicht zuletzt an nationale Gefühle appellierte.[78] 1931 und 1932 wurden die Festansprachen von zwei Männern aus dem pädagogischen Bereich gehalten: Prof. Dr. Georg Raederscheidt (Bonn / früher Neuss),[79] der schon 1923 bei der Neusser Verfassungsfeier gesprochen hatte, sowie Hauptlehrer Schön[80] aus Otzenrath. Ersterer war freilich auch an exponierter Stelle in der Neusser Zentrumspartei aktiv. Anlässlich des 100. Todestages des Freiherrn vom Stein beziehungsweise Goethes rückten beide in erster Linie Wirken und Werk des großen Reformers respektive des Dichterfürsten in den Mittelpunkt, ergänzt um Bezüge zur Gegenwart, um das Gedenken an die WRV nicht zu sehr in den Hintergrund treten zu lassen. Wie Kallen feierte auch Raederscheidt Stein als Führergestalt, betonte dabei allerdings, dass man auf dem Boden der WRV, in der sich überall der Geist Steins bemerkbar mache, weiterarbeiten wolle. Dies war insofern nicht untypisch, als sich generell feststellen lässt, dass die Grevenbroicher Redebeiträge der frühen 1930er Jahre in stärkerem Maße Aspekte von Gemeinschaft und Nationalgefühl betonten. Dies galt auch für Landrat Chamier, der anlässlich der Verfassungsfeiern üblicherweise die Begrüßungs- und Schlussworte sprach und in diesem Kontext 1931 betonte: „*Zunächst fühlten wir uns als Deutsche und nochmals, und nochmals als Deutsche, ehe die Parteipolitik in Frage komme, das solle der Grundgedanke der heutigen Feier sein. Der lebhafte Beifall zeigte, wie sehr der Herr Landrat der Versammlung aus dem Herzen gesprochen hatte*"[81].

Resümee

Die Tradition der Verfassungsfeiern wurde in der Stadt Neuss deutlich früher begründet als im Landkreis Grevenbroich, was unter anderem am antizipierten Verhalten des Kreisdelegierten lag, der die Gestaltung der Feiern beeinflussen konnte und dies zumindest in Neuss auch tat. Im Unterschied zum Landkreis, dessen Feierlichkeiten vor 1929 einen amtlich-förmlichen Charakter aufwiesen, wurden die Feiern in Neuss nicht nur als gemeinsame Veranstaltungen von Stadt- und Landkreis durchgeführt, sondern auch durch ein aufwendiges Programm, das in den Jahren 1924/25 seine im Kern bleibende Form fand, auf eine breite Beteiligung der Bevölkerung hin angelegt. Nach der kommunalen Neugliederung hielt die Stadt Neuss, die fortan eigene Feiern veranstaltete, an dieser Ausrichtung fest, auf die nun auch der neue Kreis Grevenbroich-Neuss „einschwenkte". Unter der Verantwortung des neuen Landrats Hans von Chamier-Glisczinski setzte Letzterer mit der Einbindung der Jugendvereine sowie mit der Propagierung des 11. August als Geburtsstunde des neuen Kreises auch dezidiert eigene Akzente. Ansonsten verdeutlichen sowohl die musikalisch-gesanglichen Darbietungen als auch die rezitierten Texte beziehungsweise die gehaltenen Reden, dass es bei den Feierlichkeiten niemals nur um die WRV im engeren Sinne ging. Dahinter stand stets die Würdigung des deutschen Vaterlandes und der demokratischen Republik – mit unterschiedlicher Akzentuierung je nach den Billen der Zeitumstände beziehungsweise der Gesinnung des Redners. Dass eine solchermaßen grundsätzliche Deutung eine Frage von nicht zu verkennender politischer Brisanz war, verdeutlicht der offene Protest der Neusser DVP aus dem Jahr 1926. In der Endphase der Weimarer Republik traten dann, zumal in Grevenbroich, stärker die nationalen Aspekte hervor und die Festredner wichen – gemäß der Vorgaben aus Berlin – auf vergleichsweise konsensfähige historische Themen aus. Von einer völligen

Entpolitisierung der Feiern kann indes nicht gesprochen werden, zumal nicht für Neuss, wo die demokratischen Kräfte 1932 nochmals betont entschlossen auftraten. Namentlich für die Quirinusstadt deuten die Zeitungen zudem auf eine im Wesentlichen gute Beteiligung an den Feierlichkeiten hin, ohne dass daraus ein in der Bevölkerung tief verwurzeltes Bekenntnis zu Demokratie und Republik abgeleitet werden kann. Nicht nennenswert in Erscheinung trat nach heutigem Wissenstand hingegen die im Raum Neuss ohnehin schwache NSDAP im Kontext des Verfassungstages.

1   Zum Vorstehenden sowie grundsätzlich vgl. Bloch, Marlene: „Den Feinden der Republik zum Trutz und der Verfassung zum Schutz". Die Verfassungsfeiern in Hannover 1922-1932, in: Schmid, Hans-Dieter (Hrsg.): Feste und Feiern in Hannover, Bielefeld 1995, S. 213-230, hier S. 214, Bönnen, Gerold: Die Feier des Verfassungstages in Worms während der Weimarer Republik, in: Mötsch, Johannes (Hrsg.): Ein Eifler für Rheinland-Pfalz. Festschrift für Franz-Josef Heyen zum 75. Geburtstag am 2. Mai 2003, Teil 1, Mainz 2003, S. 605-626, hier S. 606f., Metz, Axel: Die Republik feiert. Verfassungsfeiern im Raum Moers während der Weimarer Zeit, in: Geschichte im Westen 25 (2010), S. 133-159, hier S. 133, Ossner, Juliane: Die Reichsgründungs- und Verfassungsfeiern in Wetzlar und Gießen 1921 bis 1933, in: Hessisches Jahrbuch für Landesgeschichte 49 (1999), S. 151-177, hier S. 151, Rossol, Nadine: Repräsentationskultur und Verfassungsfeiern der Weimarer Republik, in: Lehnert, Detlef (Hrsg.): Demokratiekultur in Europa. Politische Repräsentation im 19. und 20. Jahrhundert, Köln [u. a.] 2011, S. 261-279, hier S. 261f., und Schellack, Fritz: Nationalfeiertage in Deutschland von 1871 bis 1945, Frankfurt a. M. u. a. 1990.

2   Vgl. Schulze, Hagen: Das Scheitern der Weimarer Republik als Problem der Forschung, in: Erdmann, Karl Dietrich / Schulze, Hagen (Hrsg.): Weimar. Selbstpreisgabe einer Demokratie. Eine Bilanz heute, Düsseldorf 1980, S. 23-41, hier S. 35.

3   Von Ende 1921 bis 1925 wurde die „Weimarer Koalition" allerdings ergänzt um die anfangs monarchistisch orientierte Deutsche Volkspartei (DVP).

4   So bereits die Verfügung des Ministeriums des Innern vom 1.8.1922, in: Ministerialblatt für die preußische innere Verwaltung 83 (1923), Sp. 772.

5   Vgl. Rossol, Repräsentationskultur, S. 262.

6   Vgl. beispielhaft den Vorgang aus dem Jahre 1931 in: Archiv im Rhein-Kreis Neuss (fortan Archiv im RKN), Stadt und Amt Zons Nr. 5.

7   Die Thematik verdient eine eigene Untersuchung. Material findet sich – wie eine Sichtung im Archiv im RKN und im Stadtarchiv Neuss ergab – u. a. in den Zeitungen, in der amtlichen Aktenüberlieferung sowie in den Chroniken und Protokollbüchern der Schulen.

8   Vgl. Linnartz, Michael: Politische Wahlen. Katholiken und Sozialdemokraten im Raum Dormagen und Neuss 1919-1933, Dormagen 1997, S. 17.

9   Emsbach, Karl: Von den Kreisständen zum demokratischen Kreistag, in: Die Kreispostille Sonderausgabe „50 Jahre Kreistag" 1997, S. 34-45, hier S. 40.

10 Vgl. Landesamt für Datenverarbeitung und Statistik Nordrhein-Westfalen (Hrsg): Statistische Rundschau für die Kreise Nordrhein-Westfalens. Kreis Neuss, Düsseldorf 1980, S. 31-45, hier S. 43.

11 Vgl. auch zum Folgenden Linnartz, Politische Wahlen, S. 26 und 30-49.

12 Vgl. Schellack, Nationalfeiertage, S. 157-160 und 181-184.

13 Vgl. Bönnen, Feier, S. 607, Metz, Verfassungsfeiern, S. 139, und Ossner, Reichsgründungs- und Verfassungsfeiern, S. 154f.

14 Vgl. NGZ vom 11.8.1922 sowie Neußer Zeitung vom 12.8.1922.

15 NGZ vom 12.8.1922.

16 Vgl. Beschluss des preußischen Staatsministeriums vom 10.7.1923, in: Ministerialblatt für die preußische innere Verwaltung 84 (1923), Sp. 771f.

17 Das Schreiben des Landrats ist überliefert in: Archiv im RKN, Amt Nievenheim Nr. 144 sowie Archiv im RKN, Stadt und Amt Zons Nr. 5.

18 Vgl. NGZ vom 9.8.1923 (dort das Zitat).

19 Vgl. NGZ vom 13.8.1923 (dort die Zitate). Zu Raederscheidt vgl. Schwarz, Thomas: Georg Raederscheidt (1883 – 1974). Leben und Wirken eines verkannten Pädagogen im Rhein-Kreis Neuss, in: Jahrbuch für den Rhein-Kreis Neuss 2009, S. 56-63.

20 Vgl. beispielhaft NGZ vom 10.8.1925.

21 Vgl. die beiden Schreiben an den Bürgermeister von Nievenheim vom 30.7.1927 sowie vom 25.7.1928, in: Archiv im RKN, Amt Nievenheim Nr. 144.

22 VGl. NGZ vom 12.8.1924 und 12.8.1925.

23 Vgl. Ossner, Reichsgründungs- und Verfassungsfeiern, S. 162.

24 Vgl. Heinemann, Michael: Alternative zu Wagner? Edmund Kretschmers Die Folkunger in der zeitgenössischen Kritik, in: Ders. / John, Hans (Hrsg.): Die Dresdner Oper im 19. Jahrhundert, Laaber 1995, S. 295-301.

25 NGZ vom 12.8.1927.

26 Eine dieser Ausnahmen war das 1928 vorgetragene Lied „Flamme empor" des damals in Köln lebenden Komponisten Richard Trunk. Vgl. Neußer Zeitung vom 13.8.1928.

27 Vgl. Mende, Wolfgang: Lortzing, Gustav Albert, in:

Sächsische Biografie, hrsg. vom Institut für Sächsische Geschichte und Volkskunde e.V., bearb. von Martina Schattkowsky, Online-Ausgabe: http://www.isgv.de/saebi/ (Zugriff: 17.6.2012).

28 *Vgl. NGZ vom 12.8.1927 und vom 13.8.1928 (dort das Zitat), sowie Ossner, Reichsgründungs- und Verfassungsfeiern, S. 162f.*

29 *Vgl. z. B. NGZ vom 12.8.1926.*

30 *Vgl. NGZ vom 12.8.1927 sowie Müller, Gerhard: Für Vaterland und Republik. Monographie des Nürnberger Schriftstellers Karl Bröger, Pfaffenweiler 1986.*

31 *Für die Reden vgl. grundsätzlich die Berichterstattung der NGZ, der Neußer Zeitung und des freien Sprechers vom 12.8. sowie ggf. vom 13.8. des jeweiligen Jahres.*

32 *Vgl. Engels, Wilhelm: Geschichte der Stadt Neuss, Teil 3: Die preußische Zeit, Neuss 1986, S. 298.*

33 *NGZ vom 12.8.1925.*

34 *Ebenda.*

35 *Neußer Zeitung vom 12.8.1926.*

36 *Neußer Zeitung vom 13.8.1926.*

37 *Vgl. NGZ vom 12.8.1927.*

38 *Engels, Geschichte, S. 231.*

39 *Neußer Zeitung vom 13.8.1928.*

40 *Vgl. Der freie Sprecher vom 12.8.1927, 12.8.1929 und 12.8.1930 (dort das Zitat) sowie Neußer Zeitung vom 12.8.1929.*

41 *Vgl. den Gesamtvorgang in: Archiv im RKN, Landratsamt Grevenbroich Nr. 421 (Mikrofilm), Bl. 7-9 (das Zitat: Bl. 8), sowie Grevenbroicher Zeitung vom 13.8.1924.*

42 *NGZ vom 13.8.1923.*

43 *Für das Folgende vgl. Archiv im RKN, Landratsamt Grevenbroich Nr. 421 (Mikrofilm), Bl. 7-90.*

44 *Vgl. NGZ vom 13.8.1928 und Grevenbroicher Zeitung vom 14.8.1928.*

45 *Grevenbroicher Zeitung vom 8.8.1925.*

46 *Vgl. Grevenbroicher Zeitung vom 12.8.1926.*

47 *Grevenbroicher Zeitung vom 14.8.1928. Vgl. auch Grevenbroicher Zeitung vom 12.8.1926 („schlichte Feier").*

48 *Vgl. Archiv im RKN, Landratsamt Grevenbroich Nr. 421 (Mikrofilm), Bl. 83 (dort das Zitat) und 85.*

49 *Vgl. Grevenbroicher Zeitung vom 13.8.1925 und 14.8.1928.*

50 *Vgl. Grevenbroicher Zeitung vom 12.8.1926.*

51 *1929, als sich die Veranstaltungen von Stadt und Kreis nicht zeitlich überschnitten, scheint der Neusser Oberbürgermeister die Bürgermeister der kreisangehörigen Städte und Gemeinden indes noch einmal – auch im Namen des neuen Landrates – zur Abendveranstaltung nach Neuss eingeladen zu haben. Vgl. sein Schreiben an den Bürgermeister von Zons vom 5.8.1929, in: Archiv im RKN, Stadt und Amt Zons Nr. 5.*

52 *Zum Ablauf der Verfassungsfeiern vgl. grundsätzlich die Berichterstattung der NGZ, der Neußer Zeitung und des freien Sprechers vom 12.8. sowie ggf. vom 13.8. des jeweiligen Jahres.*

53 *Vgl. von Hehl, Ulrich: Wilhelm Marx 1863-1946. Eine politische Biographie, Mainz 1987, S. 41-44 und passim.*

54 *NGZ vom 10.8.1929.*

55 *NGZ vom 12.8.1929.*

56 *Alle Zitate nach: Ebenda.*

57 *Vgl. Der freie Sprecher vom 13.8.1930, Neußer Zeitung vom 13.8.1930 und NGZ vom 12.8.1930.*

58 *Neußer Zeitung vom 12.8.1931. Vgl. auch NGZ vom 12.8.1931.*

59 *Vgl. Wolf, Ursula: Litteris et Patriae. Das Janusgesicht der Historie, Stuttgart 1996, S. 88f. und passim.*

60 *Vgl. Beschluss des preußischen Staatsministeriums vom 15.6.1932, in: Ministerialblatt für die preußische innere Verwaltung 93 (1932), Sp. 605.*

61 *Der freie Sprecher vom 12.8.1932.*

62 *Zur Zusammensetzung der Volksfront vgl. Lange, Joseph: Neuss in Mittelalter und Neuzeit, in: Stadt Neuss (Hrsg.): Neuss im Wandel der Zeiten, Neuss ²1970, S. 317.*

63 *NGZ vom 12.8.1932 (dort auch das vorige Zitat). Vgl. Neußer Zeitung vom 12.8.1932, sowie den Nachruf auf Klein, in: Bulletin des Presse- und Informationsdienstes der Bundesregierung Nr. 144 vom 9.11.1966, S. 1151.*

64 *So Bloch, Verfassungsfeiern, S. 222.*

65 *Vgl. Metz, Verfassungsfeiern, S. 151-159, und Linnartz, Politische Wahlen, S. 44-49.*

66 *Archiv im RKN, Stadt und Amt Zons Nr. 5.*

67 *Neußer Zeitung vom 13.8.1929 (dort auch die vorigen Zitate). Vgl. auch NGZ vom 12.8.1929 und Der freie Sprecher vom 13.8.1929.*

68 *Vgl. NGZ vom 12.8.1930.*

69 *NGZ vom 12.8.1929.*

70 *Zur „Jahrhundertfeier" auf dem Welchenberg vgl. in diesem Band: Ströher, Peter: 1813 – 1913. Das historische Gedenken im Kreisgebiet an die Völkerschlacht von Leipzig.*

71 *Archiv im RKN, Stadt und Amt Zons Nr. 5 (dort auch das vorige Zitat).*

72 *Vgl. Ganschinietz, Manfred: Grevenbroicher Gaststätten in alter Zeit, Grevenbroich 2007, S. 58-66.*

73 *Grevenbroicher Zeitung vom 9.8.1930.*

74 *Vgl. NGZ vom 12.8.1930 sowie Neußer Zeitung vom 12.8.1930.*

75 *Vgl. Bönnen, Feier, S. 620-624, der diese Tendenz mit Blick auf Worms bereits für das Jahr 1930 erkennt.*

76 *Vgl. das Schreiben des Landrats an den Bürgermeister von Zons vom 1.8.1932, in: Archiv im RKN, Stadt und Amt Zons Nr. 5.*

77 *Grevenbroicher Zeitung vom 13.8.1931.*

78 *Vgl. NGZ vom 12.8.1930.*

79 *Vgl. Grevenbroicher Zeitung vom 13.8.1931 und NGZ vom 12.8.1931.*

80 *Vgl. NGZ vom 12.8.1932.*

81 *NGZ vom 12.8.1931.*

Der Kreisheimatbund Neuss setzt auch in diesem „Jahrbuch" die Veröffentlichung von Schülerarbeiten fort. In diesem Fall handelt es sich um die für den Druck leicht überarbeitete Facharbeit im Fach Geschichte in der Jahrgangsstufe 12 der Schülerin Annika Robens vom Bettina-von-Arnim-Gymnasium in Dormagen.

Ausmaß und Formen des Widerstands in Dormagen während des Nationalsozialismus

Annika Robens

„So oft denke ich an den Krieg zurück. Wie großartig stehen doch angesichts der damaligen Verrohung und des moralischen Tiefstands solch wahre Menschengestalten wie Lilli, Margaret und all die vielen, vielen anderen guten, wohlwollenden Deutschen ab. Häufig bin ich in Gedanken auch bei den Einwohnern von Dormagen, die, als sie uns mit unserem Kennzeichen ‚P' auf dem Ärmel sahen, uns Obst und Gemüse zugesteckt haben."[1]

Bozena Klass, polnische Zwangsarbeiterin in den Werken der IG-Farben in Dormagen (1941)

Über den Widerstand der Menschen in Dormagen während des Nationalsozialismus ist nur wenig bekannt. Die vorhandene Literatur zum deutschen Widerstand konzentriert sich auf die Versuche, das NS-Regime zu stürzen, oder auf den Widerstand Einzelner und Gruppen, die im Exil tätig waren. Die oft im Volk verbreitete Verweigerung gegenüber dem NS-Regime findet im Vergleich dazu nur wenig Aufmerksamkeit. Doch handelt es sich bei den Verstößen gegen die Vorgaben des NS-Regimes in Dormagen um Widerstand oder nicht? Um diese Frage zu beantworten, habe ich mich als Schülerin des Bettina-von-Arnim-Gymnasiums im Rahmen einer Facharbeit mit diesem Thema beschäftigt. Dabei habe ich auch auf Akten aus dem Archiv im Rhein-Kreis Neuss zu diesem Thema zurückgegriffen.

Zu Beginn wird ein kurzer Überblick über den Widerstand im Deutschen Reich während des Nationalsozialismus gegeben. Dabei liegt das Augenmerk auf den Formen und den Gründen des Widerstands. Danach werden die Geschehnisse in Dormagen genauer erklärt, wie zum Beispiel die Rolle der Zwangsarbeiter. Diese waren für Dormagen von großer Bedeutung. Anschließend werden exemplarisch zwei Fälle erläutert, in denen sich Bürger aus Dormagen den Weisungen des NS-Regimes widersetzt haben. Zum Schluss wird geklärt, ob diese Gescheh-

Umzug der Nationalsozialisten auf der Kölner Straße in Dormagen.

Abbildungen (6): Archiv im Rhein-Kreis Neuss.

nisse in Dormagen als Widerstand bezeichnet werden können oder nicht.

Widerstand in Deutschland gegen den Nationalsozialismus

Im „Dritten Reich" existierte keine geschlossen agierende Widerstandsbewegung. Deshalb ist die Eingrenzung des Begriffs schwierig. *„Die Übergänge zwischen privatem Nonkonformismus, oppositioneller Gesinnung, aktivem Widerstand und direkter Verschwörung zum Sturz Hitlers erscheinen gleitend."*[2] Jedoch kann zwischen aktivem und passivem Widerstand unterschieden werden. Zum aktiven Widerstand zählen der Druck und die Verteilung von Flugblättern, Attentats- und Sabotageversuche. Unter passivem Widerstand versteht man dagegen die Verweigerung von Befehlen, geistigen Widerstand, Boykottversuche und die Niederlegung öffentlicher Ämter.[3] In kleineren Orten fand der Widerstand meistens in Form von Verweigerung statt. Hierzu gehört zum Beispiel die „[...] *Nicht-Anpassung, die als Ironie, Kritik, Unzufriedenheit, Nachrichtenweitergabe, Hilfe für Verfolgte usw. ausgeübt wurde"*[4]. Es ist schwer, diese Art von Widerstand einzugrenzen. Alle, die ihr Leben riskierten oder sich nicht an Vorschriften hielten, können im weitesten Sinne als Widerstandskämpfer bezeichnet werden. Da der Widerstand radikal bekämpft wurde, gibt es nicht viele Überlieferungen aus dieser Zeit. Denn die Menschen haben ihren Widerstand natürlich möglichst geheim gehalten und Beweise frühzeitig vernichtet, bevor sie jemand entdecken konnte. Viele Dokumente fielen zudem der Vernichtung durch die Nationalsozialisten zum Opfer.[5]

Die Widerständler hatten unterschiedliche Gründe für ihr Handeln. Die einen waren mit der zunehmenden Beschränkung der Demokratie und mit dem NS-Regime unzufrieden, andere lehnten die Verfolgung von Andersdenkenden und die Judenverfolgung ab. Wiederum andere waren mit der Missachtung der Freiheit Einzelner und der Menschenwürde nicht einverstanden. Viele Jugendliche lehnten dagegen die völlige Inbesitznahme der Menschen durch den Nationalsozialismus und insbesondere die Kleiderordnung der Hitlerjugend ab. Erst als sich das Kriegsglück gegen das Deutsche Reich wandte, standen vom Jahre 1943 an immer mehr Deutsche dem Krieg skeptisch gegenüber. Sie nahmen die hoffnungslose militärische Lage wahr und sahen die Möglichkeit eines Friedens mit den Alliierten ohne die Nationalsozialisten, wofür sie sich einsetzen wollten.[6]

Die Menschen in Dormagen leisteten meistens aus religiösem Pflichtbewusstsein Widerstand. Gerade in ländlichen Regionen wie Dormagen war die katholische Kirche traditionell die tonangebende Institution. Die Nationalsozialisten wollten, dass das Nationalgefühl die traditionelle Bindung an die katholische Kirche ersetzen sollte. Dadurch verlor die Kirche mit der Zeit immer mehr an Einfluss.

In der Hoffnung, Hitler ein Stück weit beeinflussen zu können und so das Land vor einer vollkommenen Kontrolle durch die Nationalsozialisten schützen zu können, stimmte die Zentrumspartei dem Ermächtigungsgesetz im März 1933 zu. Der Vorsitzende des katholischen Zentrums, Ludwig Kaas, erläuterte vor dem Deutschen Reichstag: *„Im Angesicht der brennenden Not, in der Volk und Staat gegenwärtig stehen, im Angesicht vor allem der Sturmwolken, die in Deutschland und um Deutschland aufzusteigen beginnen, reichen wir von der deutschen Zentrumspartei in dieser Stunde allen, auch früheren Gegnern, die Hand, um die Fortführung des nationalen Aufstiegswerkes zu sichern."*[7]

Als Zugeständnis an die Zentrumspartei wurde im Ermächtigungsgesetz zum einen festgehalten, dass die Rechte des Reichspräsidenten erhalten bleiben und es weiterhin den Reichstag und den Reichsrat geben sollte. Zum anderen sollten die Schulpolitik und das Verhältnis zwischen Staat und Kirche nicht durch das Ermächtigungsgesetz beeinflusst werden. Als Gegenleistung dafür musste die Zentrumspartei der NSDAP helfen, die erforderliche Zweidrittel-Mehrheit im Reichstag zu erlangen.[8]

Dies hatte auch Auswirkungen auf die Schulen und den Unterricht. Am 13. Oktober 1933 erklärte Rudolf Heß, der „Stellvertreter des Führers", dass Glaube die Angelegenheit eines jeden Einzelnen sei. Kein Lehrer und kein Schüler dürfe zu religiösen Schulveranstaltungen gezwungen werden. Um den Einfluss der katholischen Kirche zu mindern, gab es von 1939 an jedes Jahr Zuschüsse für den evangelischen Religionsunterricht an katholischen Schulen in Höhe von 200 Reichsmark. Zudem wurde die Beteiligung am evangelischen Religionsunterricht in den Schulen beobachtet. Im November 1939 schrieb Hauptlehrer Schäfer in Neuss an den Bürgermeister der Stadt Zons und des Amtes Nievenheim, dass sechs Kinder in Nievenheim, 16 in Zons, 18 in Delrath und sechs in Stürzelberg am evangelischen Religionsunterricht teilgenommen hätten. Im gleichen Jahr schrieb der Landrat einen streng vertraulichen Brief an den Bürgermeister in Nievenheim, dass im neuen Schuljahr deutsche Schulen eingerichtet werden sollen. Die Volksschule solle ihres konfessionellen Charakters entkleidet werden (kirchlicher Wandschmuck und kirchliche Bilder) und vor Schulbeginn solle nicht mehr gebetet, sondern ein nationalsozialistischer Kernspruch aufgesagt werden.[9]

Das Ausmaß des Widerstands in Dormagen

Zur Zeit des Dritten Reichs war Dormagen ein kleiner, etwa 6.000 Einwohner zählender Ort, der trotz Chemiewerk, Zuckerfabrik und Brauerei noch recht stark landwirtschaftlich geprägt war. Der Großteil der Bevölkerung war wenig gebildet und besaß zudem nicht viel Geld. Das heutige Stadtgebiet war damals administrativ in drei Ämter unterteilt: Dormagen, Nievenheim und die Stadt Zons, wobei Nievenheim und Zons eine gemeinsame Amtsverwaltung besaßen. Über 90 Prozent der Bevölkerung waren Katholiken. Der Zentrumspartei gelang es, den Großteil der Katholiken an sich zu binden. Daher hatte die NSDAP vor der Machtübernahme in Dormagen sehr wenig Erfolg.[10]

Die NSDAP lockte die Menschen mit falschen Versprechungen und Hoffnungen. Die Zentrumspartei stellte mit Schrecken fest, dass die Bevölkerung davon am Anfang begeistert war und die NSDAP die Bevölkerung sehr schnell für sich gewinnen konnte.[11]

In Dormagen wurde gegen die Nationalsozialisten auf unterschiedliche Art und Weise Widerstand geleistet. Vor den Wahlen im Jahr 1932 erschienen viele Flugblätter und Zeitungen, vor allem der KPD und der Zentrumspartei, die sich der NSDAP gegenüber kritisch äußerten. Es erschienen zudem Zeitungen speziell für Landwirte und Landarbeiter, zum Beispiel von der Wirtschaftspartei Düsseldorf oder dem KPD-Reichstagsabgeordneten Ernst Schneller.[12]

Im März 1933 wurde der Bürgermeister des Amtes Nievenheim, Johannes Rahmen, abgesetzt. Er hatte den Anschein erweckt, nicht hinter der neuen Regierung zu stehen. Auf Grund seiner Weigerung, die Hakenkreuzflagge zu hissen, begannen Ermittlungen gegen ihn. Zudem wurde er beurlaubt, da es angeblich Unregelmäßigkeiten in der Verwaltung gab, die allerdings nie nachgewiesen werden konnten. An seiner Stelle übernahm Karl Paar, ein NSDAP-Mitglied, den Posten als Bürgermeister. Nach Abschluss der Ermittlungen wurde Johannes Rahmen eine ordnungsgemäße Amtsführung be-

Aufmarsch der Hitler-Jugend vor der Langemarck-Schule, Dormagen.

scheinigt. Der Landrat warf ihm jedoch vor, dass er geflüchtet sei, als er in Haft genommen wurde und sich somit das Vertrauen der Bevölkerung verspielt habe. Dies sei der Grund, weshalb er als Bürgermeister nicht mehr tragbar sei, so dass schließlich seine Absetzung erfolgte.[13]

Im Jahr 1933 schlossen das Deutsche Reich und die Katholische Kirche ein Konkordat, das die gegenseitigen Rechte und Pflichten festlegte. Damit wiegten sich die meisten Katholiken in Sicherheit. Dies änderte sich 1934 schlagartig, als die katholischen Parteien, wie das Zentrum oder die Bayrische Volkspartei, sowie die christlichen Gewerkschaften aufgelöst wurden.[14] Das Regime suchte „[...] *aus der 2.000 Jahre alten Geschichte der Kirche zusammen, was sich gegen sie auswerten ließ*"[15]. Bücher und Broschüren, wie der Roman „Feldmünster", in dem ein Jesuitenschüler mit vorgeblicher Sachlichkeit das Leben in Ordensinternaten beschrieb und somit viele Menschen von der Kirche abschreckte, wurden in Umlauf gebracht.[16] Viele Geistliche äußerten in den Predigten ihre Zweifel am Regime. Außerdem weigerten sich viele Pfarrer, die Hakenkreuz-Flagge zu hissen, wie auch Pfarrer Knor in Nievenheim. Gegen ihn wurde zweimal ermittelt. In beiden Fällen konnte man ihm allerdings kein vorsätzliches Handeln nachweisen.[17]

Im Jahre 1937 wurde die von Papst Pius XI. verfasste Enzyklika „Mit brennender Sorge" veröffentlicht, die auf die Verstöße des Deutschen Reichs gegen die Vereinbarungen des Konkordats einging. Während viele Christen durch diese Enzyklika in ihrem Glauben gestärkt wurden, löste sie beim nationalsozialistischen Regime eine scharfe Reaktion aus. Der Reichsminister für Volksaufklärung und Propaganda Joseph Goebbels kündigte am Abend des Fronleichnamsfestes für mehr als 1.000 Geistliche und Ordensleute Konsequenzen an. Die Katholische Kirche sprach in diesem Zusammenhang von einem „Sittlichkeitsverbrechen". Auch in der Basilika in

Knechtsteden wurde die Enzyklika „Mit brennender Sorge" am Palmsonntag 1937 verlesen, woraufhin ein Ordensbruder in Knechtsteden von der Gestapo festgenommen wurde. An diesem Tag waren im Kloster Knechtsteden Jungen aus Broich zu Besuch, die diese Vorgänge mitbekamen. Zwei Tage später, als die Gestapo in der Schule war, die die Jungen aus Broich besuchten, riefen die Jungen über den Schulhof: *„Die Sittlichkeitsverbrecher aus Berlin sind da."*[18] Daraufhin wurden die Jungen ausgefragt, doch konnte ihnen nichts angelastet werden. Die Bevölkerung zeigte sich empört. Doch so schnell wie sich der Fall auch herumsprach, so schnell verlor er auch wieder an Bedeutung.[19]

Am 16. Mai 1941 wurde das Missionshaus Knechtsteden aufgelöst, worüber sich der Präfekt, Pater Johannes Hoffmann, bei der Zentrale der Gestapo beschwerte. Er schrieb, dass er als Oberer der deutschen Ordensprovinz der Missionare vom Heiligen Geist die Auflösung Knechtstedens nicht akzeptieren könne.[20] Doch auch Pater Hoffmann konnte nichts daran ändern, dass das Missionshaus aufgelöst wurde. Der Vorgang der Schließung begann mit dem Schweinefieber, das 1939 von Bauernhöfen im Neuss-Grevenbroicher Land ausging. Im Kloster Knechtsteden wurden 105 noch gesunde Tiere geschlachtet, um den Verlust möglichst niedrig zu halten. Zudem wurde der Fall den Behörden ordnungsgemäß gemeldet. Im Sommer 1940 gab das Kloster vier Zentner Fleisch auf den Markt. Die bestellten Verteiler brachten das Fleisch aber auf den Schwarzmarkt und wurden dafür auch zur Rechenschaft gezogen. Dennoch war dies der Grund eines Besuches der Gestapo im Jahr 1941. Sie verhafteten den Metzgermeister des Klosters, behaupteten, dass er für den Vertrieb verdorbenen Fleisches verantwortlich sei, und verkündeten die Schließung der Einrichtung.[21]

Eine sehr häufig auftretende Form des Widerstands von Jugendlichen war das

Das HJ-Heim in Dormagen.

bewusste Versäumen der Treffen der Hitlerjugend. Die Jugendlichen wurden daraufhin in Briefen aufgefordert, zum nächsten Treffen der Hitlerjugend zu erscheinen. Falls sie dieses Treffen erneut versäumten, bekamen sie wiederum einen Brief; die Erziehungsberechtigten erhielten eine Abschrift dieser Mahnung und die Ortspolizei wurde verständigt. Zudem wurde ein Zwangsgeld in Höhe von drei Reichsmark fällig. Im Unvermögensfalle gab es Jugendarrest von einem Tag. Es bestand die Möglichkeit, innerhalb von zwei Wochen Beschwerde beim Landrat in Grevenbroich einzulegen. Es gab zwar Beschwerden, die allerdings in den meisten Fällen abgewiesen wurden. Am 31. Mai 1941 teilte der Regierungspräsident in Düsseldorf den Landräten, Oberbürgermeistern und Polizeipräsidenten des Bezirks mit, dass der HJ-Führer das Recht habe, sich gegebenenfalls polizeilicher Mithilfe zu bedienen.[22] Grund dieser Versäumnisse war oft, dass die Treffen der Hitlerjugend meistens sonntags stattfanden und gerade in ländlichen Regionen der Religionsunterricht Vorrang hatte.[23]

Die Widerstandsbewegung wurde immer schwächer. Erst während des Krieges, als immer mehr Zwangsarbeiter nach Dormagen deportiert wurden, nahm der Widerstand wieder zu.

Die Rolle der Zwangsarbeiter in Dormagen

Während des Zweiten Weltkriegs wurden viele Zwangsarbeiter aus den besetzten Ländern in das Deutsche Reich deportiert. Fast alle mussten ihre Arbeit unter erniedrigenden Bedingungen verrichten. Dies war nach dem Völkerrecht[24] verboten. 1946 musste sich der Generalbevollmächtigte für den Arbeitseinsatz, Gauleiter Fritz Sauckel, vor dem Nürnberger Kriegsverbrechertribunal[25] dafür verantworten. Der Großteil der Zwangsarbeiter kam aus Polen und der Sowjetunion. Diese galten gemäß der nationalsozialistischen Ideologie als „rassisch minderwertig"[26]. Polen wurden durch ein „P" auf ihrer Kleidung gekennzeichnet und Arbeiter aus der Sowjetunion mit einem

Polnische Zwangsarbeiterinnen in einer Gemeinschaftsbaracke der IG-Farben in Dormagen.

„Ost". Es gab sogenannte Gemeinschaftslager, die nach den Nationalitäten getrennt waren. Sogenannte Arbeitsunwillige wurden bis zu sechs Monaten in Erziehungslagern inhaftiert. In Dormagen gab es drei verschiedene Lager. Das bekannteste und größte war das Ausländerlager der IG-Farben mit 1.800 Personen, das auch über ein Erziehungslager verfügte. Insgesamt war die Hälfte der damaligen Bevölkerung in Dormagen ausländischer Herkunft.

Es gab klare Verhaltensvorschriften für den Umgang der deutschen Bevölkerung mit Zwangsarbeitern. Der persönliche und private Umgang mit Zwangsarbeitern war strengstens verboten. Viele Deutsche hielten sich jedoch nicht an dieses Gesetz. Der Kommandant des für Arbeitskommandos zuständigen Stammlagers beschwerte sich deshalb Ende Januar 1940 über das verbreitete Vertrauen der Deutschen gegenüber den Zwangsarbeitern. Daraufhin wurde der gemeinsame Gottesdienst mit Deutschen verboten. Trotzdem widersetzten sich einige

Dormagener weiter diesem Gesetz. Ende Mai 1940 beklagte sich der Amtsbürgermeister von Dormagen bei der örtlichen Polizei über die zunehmende Annäherung der Dormagener an die Zwangsarbeiter. Im Laufe des Jahres 1941 flüchteten viele Ostarbeiter aus den Lagern und wurden dabei teilweise sogar von der Bevölkerung unterstützt. Mitte Januar 1942 beklagte der Wehrkreisbefehlshaber in einem Schreiben, dass auf Bauernhöfen Lebensmittel an Flüchtige verteilt wurden.[27] Dazu ist ein Fall aus Ückerath bekannt: Die Gefangenen aus dem Fremdarbeiterlager in Straberg wurden des Öfteren über die Forsthausstraße zum Mühlenbusch geleitet, um dort zu arbeiten. Eine Frau hatte Mitleid mit ihnen und steckte ihnen „Quellmänner" (warme Pellkartoffeln) zu. *„Das Begleitpersonal hat das Ganze geflissentlich übersehen."*[28]

Im Herbst 1944 erließ die Regierung eine Verfügung, in der hervorgehoben wurde, dass besonders die ländliche Bevölkerung mit der Zeit Formen des Zusammenlebens mit Zwangsarbeitern entwickelt habe, die „[...] *volkspolitisch und rassisch eine schwere Gefahr für unser Volk bedeuten*"[29]. Teilweise kam es auch zu unerlaubtem Geschlechtsverkehr zwischen Deutschen und Zwangsarbeitern. Dazu ist ein Fall aus Nievenheim bekannt: Ein polnischer Zwangsarbeiter, der eine Beziehung mit einem Mädchen aus Anstel gehabt hatte, wurde 1942 an der Anstelner Ziegelei auf Grund des Tatbestands der „Rassenschande" erhängt. Der Zwangsarbeiter „Schäng" aus Polen, der auf einem Bauernhof in Nievenheim arbeitete und lebte, wurde, nach Anstel gebracht und musste bei der Hinrichtung zusehen. Er „*kam nervlich total fertig zurück und war etwa eine Woche lang nicht ansprechbar*"[30]. Auch viele andere Polen, die auf den Bauernhöfen der benachbarten Dörfer arbeiteten, mussten dabei zusehen, da dies der Abschreckung dienen sollte.[31]

Kaplan Moritz-Hermann Holtermann, Aufnahme aus den dreißiger Jahren.

Beispiele für Verweigerung in Dormagen gegen die Nationalsozialisten

Im Folgenden werden drei Fallbeispiele für Verweigerung in Dormagen untersucht. Bei den drei Fallbeispielen handelt es sich um den Kaplan Holtermann aus Dormagen, um die Ereignisse im Zusammenhang mit der Beerdigung der Jüdin Franken und um zwei Arbeiterinnen der IG-Farben in Dormagen.

Kaplan Holtermann, der für die Gemeinde in Dormagen zuständig war, kritisierte in der Zeit von 1934 bis 1938 in seinen Predigten mehrfach das Regime. Zudem setzte er sich besonders für die Interessen der katholischen Jugend ein. Bereits 1934 betonte deshalb die Gestapo in Düsseldorf, dass er „*politisch unzuverlässig*"[32] sei. Dies schreckte ihn aber nicht weiter ab. 1936 wurde in Dormagen das 44-jährige Stiftungsfest der Kriegerkameradschaft „Kyffhäuserbund" gefeiert. Dabei kritisierte Holtermann in seiner Pre-

digt das Landjahr[33] und stellte das Verbot von Zeitungen, die den Hirtenbrief gedruckt hatten, in Frage. Diesmal wurde er zu einer Haftstrafe verurteilt, die er aber wegen einer Amnestie nicht antreten musste. Wegen seiner freien Meinungsäußerung in Predigten wurde Holtermann mehrmals von den Nationalsozialisten verwarnt und auch bestraft. Das Regime sah es natürlich gar nicht gerne, dass Geistliche ihren Unmut öffentlich äußerten, und befürchtete, dass sich die Zuhörer dadurch bestärkt fühlen könnten, auch Widerstand zu leisten. Trotzdem durfte Holtermann weiter seinen Beruf als Religionslehrer ausüben. Doch auch dort widersetzte er sich den Regeln. Er wollte mit „Grüß Gott, Herr Kaplan" begrüßt werden. Die Kinder grüßten ihn stattdessen mit „Heil Hitler", wie sie es gelernt hatten. Daraufhin schickte er die Kinder nach Hause. Ein Lehrer berichtete dies der Gestapo. Der Regierungspräsident hob Holtermanns Unterrichtserlaubnis auf.

1938 wurde er in eine Pfarrei in Essen versetzt.

Im Januar 1937 erschien in der antisemitischen Zeitung „Der Stürmer" ein Artikel mit einem Bild von der Beerdigung der Jüdin Franken in Zons. „Der Stürmer" richtete sich explizit gegen Juden und veröffentlichte antisemitische Artikel, die extrem primitiv waren und oftmals böswillige Karikaturen enthielten, so dass möglichst viele Menschen die Botschaf-

ten der Zeitungen verstehen konnten. In dem Beitrag wird berichtet, dass einige deutsche Frauen zu der Beerdigung erschienen waren, um der Jüdin die letzte Ehre zu erweisen, was ihnen den Hass des „Stürmers" einbrachte. „*Vielleicht war es auch aus Dankbarkeit dafür, daß sie jahrelang die verstunkenen Koscherwürste der Jüdin Franken kaufen und verzehren durften*", hetzen die Verfasser des Artikels. „*Daß es dem Juden sein Geheimge-*

Judenbegräbnis in Zons

Am 1. September wurde in Zons die Jüdin Franken beerdigt. An und für sich eine belanglose Sache, wenn nicht außer den Rassegenossen der toten Metzgersjüdin auch noch viele deutsche Volksgenossen am Leichenbegängnis teilgenommen hätten. Hauptsächlich waren es deutsche F r a u e n , die sich daraus machten, der heimgegangenen Judenfrau die letzte Ehre zu erweisen. Vielleicht war es auch aus Dankbarkeit dafür, daß sie jahrelang die verstunkenen Koscherwürste der Jüdin Franken kaufen und verzehren durften. Daß es dem Juden sein Geheimgesetzbuch, der T a l m u d , zur Pflicht macht, A a s und sonstiges verstunkenes Fleisch nicht weg-

ihnen in den meisten Gasthöfen „Koscherfleisch" vorgesetzt wird.

Unter den nichtjüdischen „Leidtragenden", die hinter dem Sarg der verewigten Wurstjüdin gingen, sah man: eine Frau Derix; Frau Schreinermeister Richrath, Gattin eines Ratsherrn, Frau Jak. Görgens, Frau Flick, Frau Libertus, Fräulein Longerich, Frau Lenden und Frau Schreiner.

Dem Ortsverwalter der NSV. und des Winterhilfswerks wäre zu empfehlen, einzelnen seiner Betreuten in Zukunft etwas mehr zuzuwenden, als Dank dafür, daß sie der toten Judenmetzgerin die letzte Ehre erwiesen haben.

Stürmer-Archiv

Schnappschuß von der Beerdigung der Jüdin Franken in Zons. Im Trauerzug mitlaufende deutsche Frauen

z u w e r f e n , sondern es dem Nichtjuden (Akum) zu verkaufen, davon scheinen viele Volksgenossen in Zons überhaupt noch nichts zu wissen. Sonst wäre es nicht denkbar, daß heute noch die überwiegende Mehrzahl der 11 in Zons befindlichen Gasthöfe und viele Privathaushaltungen ihr Fleisch ausgerechnet beim J u d e n m e t z g e r kaufen, während genügend deutsche Metzgereien am Platze sind. Viele der nach Zons alljährlich kommenden Gäste würden ihren Urlaub wo anders verbringen, wenn sie wüßten, daß

Vielleicht sieht auch der Herr Bürgermeister nach, ob es sich nicht empfiehlt die eine oder andere Frau, die in städtischen Diensten steht, für ihre Judenfreundschaft besonders auszuzeichnen. Den übrigen Frauen aber, die auch in Zukunft die jüdische Luft atmen zu müssen glauben, empfiehlt der Stürmer sich gleich als Bade- und Klageweiber von der Judengemeinde anstellen zu lassen. Vielleicht vergeht ihnen dann allmählich der Geschmack für das „auserwählte Volk"!
F. B.

Antisemitischer Artikel aus dem „Stürmer". Aus: Koch / Pankalla: Die Stadt „D", S. 121.

setzbuch, der Talmud, zur Pflicht macht, Aas und sonstiges verstunkenes Fleisch nicht wegzuwerfen, sondern es dem Nichtjuden (Akum) zu verkaufen, davon scheinen viele Volksgenossen in Zons überhaupt noch nichts zu wissen. Sonst wäre es nicht denkbar, daß heute noch die überwiegende Mehrzahl der elf in Zons befindlichen Gasthöfe und viele Privathaushaltungen ihr Fleisch ausgerechnet beim Judenmetzger kaufen, während genügend deutsche Metzgereien am Platze sind. Viele der nach Zons alljährlich kommenden Gäste würden ihren Urlaub woanders verbringen, wenn sie wüßten, daß ihnen in den meisten Gasthöfen ‚Koscherfleisch' vorgesetzt wird"[34], so „Der Stürmer" weiter. Die Formulierung „verstunkenes Fleisch" suggeriert, dass es sich bei dem verkauften koscheren Fleisch um minderwertige Ware handelte. Dies war jedoch nicht der Fall. In der Tat unterliegt koscheres Fleisch höheren Qualitätsauflagen als gewöhnlich geschlachtetes Fleisch.[35] Beim Talmud handelt es sich auch nicht um ein Geheimgesetzbuch, sondern er erklärt, wie die Regeln der Thora in der Praxis und im Alltag umgesetzt werden sollen.[36] Er entspricht in seiner Bedeutung somit vielmehr dem katholischen Katechismus.[37]

Auch der Rest des Artikels war sehr provozierend verfasst: „Dem Ortsverwalter der NSV [Nationalsozialistische Volkswohlfahrt, Parteiorganisation der NSDAP] und des Winterhilfswerks sei zu empfehlen, sich einzelnen seiner Betreuten in Zukunft etwas mehr zuzuwenden, als Dank dafür, dass sie der toten Judenmetzgerin die letzte Ehre erwiesen haben."[38] Ende Januar 1937 schrieb daraufhin der Landrat des Kreises Grevenbroich-Neuss einen Brief an den Bürgermeister von Nievenheim. Der Bürgermeister solle ein schärferes Auge auf die deutschen Frauen werfen, die auf der Beerdigung erschienen waren.[39]

In der Folge wurden sämtliche Teilnehmerinnen der Beerdigung verhört, eine erhielt sogar eine Geldstrafe. Die Zonser Wirte mussten zudem eine Erklärung unterzeichnen, dass sie nicht bei Juden eingekauft hätten beziehungsweise zukünftig nicht mehr bei Juden einkaufen würden. Mit dieser Erklärung und einer entsprechenden Berichtigung im „Stürmer" hoffte der Bürgermeister von Nievenheim, Einbußen für den Fremdenverkehr verhindern zu können. Die Redaktion des „Stürmers" verzichtete jedoch auf eine Klarstellung des Sachverhaltes.[40]

Ein weiteres Beispiel für Verweigerung in Dormagen ist die Geschichte von Elisabeth und Margaret, zwei deutschen Arbeiterinnen im IG-Farben-Werk. Die beiden verstießen massiv gegen die vorgegebenen Verhaltensvorschriften in Bezug auf Zwangsarbeiter. Sie unterstützten die Polin Bozena Klass, die 1941 nach Dormagen deportiert worden war. Bozena wohnte in einer Baracke für 100 Frauen und musste in der IG-Farben-Fabrik als Zwangsarbeiterin arbeiten. „Um unsere Sympathie zu bekunden, erhielten sie von uns polnische Namen",[41] schrieb Bozena. Elisabeth erhielt den Spitznamen Lilli. Das Essen, das den Zwangsarbeitern offiziell zustand, reichte nur für eine halbe Woche, so dass sie hungern mussten. Elisabeth war Bozenas Vorgesetzte in der Fabrik und kümmerte sich um sie: „Als Lilli sah, dass ich auch hier den Anforderungen nicht gewachsen war, beratschlagte sie sich mit dem Meister Michael und teilte mir einen anderen Arbeitsplatz zu." Sie brachte ihr immer etwas Essen zur Arbeit mit. Die Feiertage verbrachte Bozena bei Elisabeths Eltern in Worringen: „Ein einzigartiger Abend, an dem ich mir wie unter meinen besten Freunden vorkam." Im Februar 1942 kam Bozena in das Frauengefängnis in Düsseldorf, wegen angeblicher staatsfeindlicher Tendenzen. Danach kehrte sie ein zweites Mal nach Dormagen zurück, um wieder als Zwangsarbeiterin für die IG-Farben zu arbeiten. Diesmal bekam sie Margaret als Vorgesetzte, die ihr ebenfalls half. Als Bozena erfuhr, dass ihr Bruder, ebenfalls ein

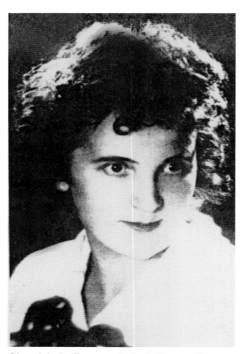

Die polnische Zwangsarbeiterin Bozena Klass.

Fazit

Insgesamt verweigerten nur wenige Bürger in Dormagen den Gehorsam gegenüber dem NS-Regime. Die meisten Bürger standen dem Regime loyal gegenüber und wurden nicht auffällig. Viele hatten auch kein Problem damit, Bürger, die Widerstand leisteten, der Polizei zu melden. Wie im gesamten Deutschen Reich gab es in Dormagen keine einheitliche Widerstandsbewegung.

In Deutschland gab es viele Gruppen, die sich zusammenschlossen, weil sie mit dem NS-Regime unzufrieden waren oder die Judenverfolgung ablehnten. Die meisten Dormagener hatten jedoch keine konkreten Ziele für ihren Widerstand. Sie hatten Mitleid mit den Zwangsarbeiterinnen und halfen ihnen deswegen, oder wehrten sich, als das Kloster in Knechtsteden geschlossen wurde. Sie kümmerten sich aber – soweit wir wissen - nicht darum, dass in Deutschland „alle" Klöster geschlossen wurden. Zudem war den meisten Einwohnern auf Grund ihrer Bildung und der verfügbaren Informationen das Ausmaß der Politik Hitlers nicht in ihrem ganzen Umfang bekannt.

Tatsache ist aber auch, dass viele Dormagener ihren Unmut äußerten und ihr Leben riskierten, um anderen zu helfen. Sie gaben sich mit der Situation nicht zufrieden, sondern wehrten sich, missachteten Gesetze oder verweigerten offen ihren Gehorsam. Auf Grund dieser Tatsachen komme ich zu dem Ergebnis, dass zahlreiche Geschehnisse in Dormagen zur Zeit des Nationalsozialismus als Widerstand bezeichnet werden können.

Zwangsarbeiter, in Wien erkrankt sei, wollte sie unbedingt zu ihm. Margaret half ihr, aus Dormagen zu flüchten, indem sie mit ihr nach Köln fuhr und ihr dort eine Fahrkarte nach Wien kaufte. Nach dem Krieg nahm Bozena Kontakt zu Elisabeth und Margaret auf und besuchte sie 1946. Das Reisegeld schickte ihr Elisabeth.

Zumindest in diesem Fall war das Verhältnis von Angehörigen der deutschen Zivilbevölkerung zu einer Zwangsarbeiterin von Menschlichkeit geprägt, doch handelt es sich offenbar nicht um einen Einzelfall: „*Wie großartig stehen doch angesichts der damaligen Verrohung und des moralischen Tiefstands solch wahre Menschengestalten wie Lilli und Margaret und all den vielen, vielen anderen guten, wohlwollenden Deutschen ab.*" Viele Zwangsarbeiterinnen wurden demnach heimlich von Deutschen unterstützt.

1 Archiv im Rhein-Kreis Neuss, Zeitzeugenbe-
   fragung Zwangsarbeiter, P-81-4 „Bozena
   Klass: Meine Erinnerungen von Dormagen".
2 Hildebrand, Klaus: Das Dritte Reich, 6. Auflage, München 2003, S. 119.
3 Göbel, Walter: Abiturwissen Geschichte: Das
   Dritte Reich, Stuttgart 2004, S. 131.
4 Koch, Lothar / Pankalla, Heinz: Die Stadt „D".
   Alltag im Nationalsozialismus, Schriftenreihe
   der Stadt Dormagen Nr. 4, Dormagen 1983, S.
   35.
5 Ebenda, S. 36f.
6 Altenberend, Johannes / Frielingsdorf, Volker /
   Scholz, Ulrich: Abiturbox Geschichte, Königs-
   winter 2009, S. 168f.
7 Ermächtigungsgesetz, in: Wikipedia (eingesehen am 16.06.2012): http://de.wikipedia.org/
   wiki/Ermächtigungsgesetz.
8 Deutsche Zentrumspartei, in: Wikipedia (eingesehen am 14.03.2012): http://de.wikipedia.
   org/wiki/Deutsche_Zentrumspartei.
9 Archiv im Rhein-Kreis Neuss, Amt Nievenheim,
   Akte 749 „Polizeiliche Zwangsverfahren und
   Erzwingung der Dienstpflicht der Hitlerjugend".
10 Stadt Dormagen (eingesehen am 10.03.2012),
   Geschichte der Stadt Dormagen: http://www.
   dormagen.de/297.html.
11 Dohms, Peter / Pankalla, Heinz: Nievenheim.
   Die Geschichte des Kirchspiels, der Bürgermeisterei und des Amts von den Anfängen bis
   zur Gegenwart, Historische Schriftenreihe der
   Stadt Dormagen Nr. 17, Dormagen 1996, S.
   312.
12 Archiv im Rhein-Kreis Neuss, Amtsverwaltung
   Dormagen, Akte 708 „Sicherheitspolizei,
   Staatsfeindliche Organisationen 1932-1941".
13 Dohms / Pankalla, S. 312.
14 Reichskonkordat, in: Wikipedia (eingesehen
   am 16.06.2012): http://de.wikipedia.org/wiki/
   Reichskonkordat
15 Rath: Josef Theodor: Die Knechtstedener Provinz 1895-1948, Knechtsteden 1973, S. 90.
16 Ebenda.
17 Dohms / Pankalla, S. 320.
18 Rath, S. 92.
19 Ebenda.
20 Ebenda, S. 104.
21 Rath, S. 103.
22 Archiv im Rhein-Kreis Neuss, Amtsverwaltung
   Nievenheim, Akte 749 „Polizeiliche Zwangsverfahren und Erzwingung der Dienstpflicht
   der Hilterjugend".
23 Breitmar, Johannes: Erinnerungen 1919-1984,
   Dormagen 1984, S. 35.
24 Völkerrecht: „[...] Rechtsregeln für die Beziehungen der Staaten untereinander", siehe:
   Bertelsmann Jugend Lexikon (2004), S. 677.
25 Nürnberger Prozess gegen die Hauptkriegs-
   verbrecher: „[...] gegen Verantwortliche des
   Deutschen Reichs zur Zeit des Nationalsozialismus durchgeführt wurden, in: Wikipedia
   (eingesehen am 27.03.2012): http://de.wiki-
   pedia.org/wiki/Nuernberger_Prozesse.
26 Dohms / Pankalla, S. 328.
27 Pankalla, Heinz (Hg.): Dormagener Historische
   Beiträge Band 1, Historische Schriftenreihe
   der Stadt Dormagen Nr. 7, Dormagen 1992, S.
   139f.
28 Zeitzeugengespräch von Eberhard Kleinebudde mit Frau Malzkorn, 15.07.2011.
29 Pankalla: Dormagener Historische Beiträge
   Band 1, S. 148.
30 Gespräch von Eberhard Kleinebudde mit einer
   Zeitzeugin, 30.11.2005.
31 Ebenda.
32 Zu Kaplan Holtermann siehe Dohms / Pankalla, S. 320.
33 Ebenda. Das Landjahr umfasste die Entsen-
   dung von Jugendlichen in ländliche Gebiete,
   um diese „nationalpolitisch zu schulen".
34 Koch, Lothar / Pankalla, Heinz: Die Stadt „D",
   S. 121f.
35 Jüdische Speisegesetze, in: Wikipedia (eingesehen am 05.06.2012): http://de.wikipedia.
   org/wiki/Jüdische_Speisegesetze.
36 Talmud, in: Wikipedia (eingesehen am
   05.06.2012): http://de.wikipedia.org/wiki/Tal-
   mud.
37 Katechismus, in: Wikipedia (eingesehen am
   16.06.2012): http://de.wikipedia.org/wiki/Ka-
   techismus.
38 Koch, Lothar / Pankalla, Heinz: Die Stadt „D",
   S. 121f.
39 Ebenda.
40 Siehe: Details jüdische Familie Franken, aus
   dem Internet: http://www.zons-geschichte.
   de/pages/popups/franken.htm.
41 Zu den Erlebnissen von Bozena Klass siehe:
   Archiv im Rhein-Kreis Neuss, Zeitzeugenbe-
   fragung Zwangsarbeiter, P-81-4 „Bozena
   Klass: Meine Erinnerungen von Dormagen".

Hans-Otto Wienen (1951 – 2011) – Seelsorger und Menschensorger

Missionar aus Nievenheim in der Demokratischen Republik Kongo

Simon Kolbecher
unter Mitarbeit von Gertrud und Willi Bednarczyk

Vorbemerkung

Christliche Missionsarbeit wurde in unserer Region unmittelbar fassbar, als im Jahre 2011 zwei traurige Nachrichten diesbezüglich veröffentlicht wurden. Im März verstarb plötzlich der langjährige Afrikamissionar Hans-Otto Wienen aus Nievenheim und im August mussten die durch Terroristen sehr schwer verletzten Schwestern Beatrice und Yolande mit tatkräftiger Hilfe der Neusser Augustinerinnen auf schnellstem Wege aus Burundi in ein Neusser Krankenhaus und später in die Uni-Klinik Düsseldorf gebracht werden. Die beiden einheimischen Schwestern waren in einer Missionsstation in Burundi in der Nähe der Hauptstadt Bujumbura als Leiterin des Gesundheitszentrums beziehungsweise als Apothekerin tätig. Sie waren Angehörige einer einheimischen Ordensgemeinschaft, die im Jahre 1989 die Arbeit von den Neusser Augustinerinnen übernommen hatte. 2012 arbeiten weltweit 89 Missionare und 117 Missionarinnen aus der Erzdiözese Köln, unter ihnen auch Männer und Frauen aus dem Rhein-Kreis Neuss, wofür allerdings keine genauen statistischen Zahlen zu erhalten sind.[1]

Am Beispiel des verstorbenen Missionars Hans-Otto Wienen aus Nievenheim sollen im Folgenden einige Aspekte moderner Missionsarbeit exemplarisch aufgezeigt werden. Hauptquelle sind dabei die mündlichen Berichte seiner Schwester Gertrud und seines Schwagers Willi Bednarczyk.

Anmerkungen zur christlichen Mission

Vom ehemaligen südafrikanischen Präsidenten Nelson Mandela wird berichtet, er habe in seiner Rede bei der Vollversammlung des Weltkirchenrates 1998 in Harare (Simbabwe) den alten Afrikamissionaren gedankt, die mit ihren Missionsschulen den Grund für die Befreiung Afrikas vom Kolonialismus gelegt hätten. Ohne sie stünde er nicht an seinem jetzigen Platz.[2] Gewiss ein wichtiger Gesichtspunkt zu dem Inhalt des Begriffes christliche Mission, der in der allgemeinen Diskussion sowohl negativ als auch positiv belegt ist. Negativ wird vor allem formuliert, Missionare seien „Pioniere" der Kolonisation gewesen und hätten während der Kolonisation bei der Ausbeutung der einheimischen Bevölkerung mitgeholfen. Heute wird im Allgemeinen positiv über die Missionsarbeit gesprochen. Missionare sind Botschafter Christi, die Menschen die gute Nachricht vom liebenden, heilenden und befrei-

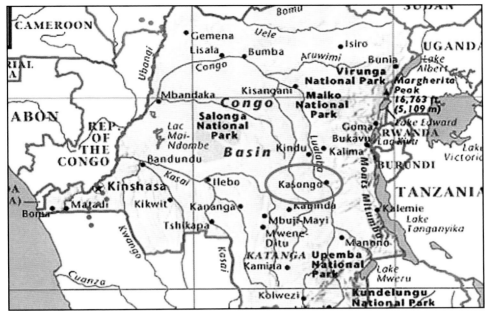

Die Diözese Kasongo befindet sich im Osten des Kongo.   Aus: www.weltleben.at (04.01.2012).

enden Gott bringen. Sie vermitteln schulische, wissenschaftliche und handwerkliche Bildung und Ausbildung, kümmern sich intensiv um Maßnahmen und Einrichtungen der Gesundheitsfürsorge und schaffen karitative Einrichtungen. Zutreffend spricht der Theologe Hans Küng so über Missionsarbeit: *„An allen Fronten der Welt habe ich Seelsorger getroffen, die sich aufreiben im Dienst an den Menschen. Ungezählte Männer und Frauen, die sich einsetzen für Junge und Alte, für Arme, für Kranke, Zukurzgekommene, Gescheiterte."*[3]

Afrikamissionare – Weiße Väter

Im Jahre 1868 gründete der französische Erzbischof von Algier, Kardinal Lavigerie, die Missionsgesellschaft der Afrikamissionare. Weil sie wie Einheimische unter Einheimischen leben wollten, trugen sie arabische Kleidung. Wegen des Habits wurden sie „Weiße Väter" genannt, eine Bezeichnung, die heute oft mit der

Hautfarbe der Missionare in Beziehung gebracht und vor Ort nicht mehr geschätzt wird - auch deshalb nicht, weil „Weißer" in manchen Ländern Afrikas als Schimpfwort gebraucht wird. Lavigerie wollte einerseits „den unterentwickelten Völkern" das Christentum und die abendländische Zivilisation bringen, andererseits verlangte er aber eine moderne Art der Mission, die nicht mit Predigten und Verkündigungen daherkommt, sondern sich auf Wohltätigkeit und soziale Arbeit konzentriert und auf diese Weise ausdrückt, wie Christentum gelebt werden kann.[4] 1869 entstand eine Frauengemeinschaft mit gleichen Zielen unter dem Namen „Missionarinnen unserer lieben Frau von Afrika". Die Zielsetzungen des Gründers werden heute verstärkt und zeitgemäß realisiert. 2010 arbeiteten 1541 Afrikamissionare, davon 51 deutsche Mitbrüder, in 20 Ländern Afrikas und in 13 Ländern der übrigen Welt.[5] Die Anzahl der einheimischen Missionare nimmt ständig zu. Hauptsitz der Missionsgesellschaft in Deutschland ist Köln.

Demokratische Republik Kongo

Lage:	Äquatorialafrika
Fläche:	2.345.410 Quadratkilometer, 6,6-mal so groß wie Deutschland, Nord-Süd-Ausdehnung: 2100 km, West-Ost-Erstreckung: 1900 km,
Hauptstadt:	Kinshasa
Bevölkerung:	circa 65 Millionen, rund 250 Volksgruppen, Lebenserwartung: 57,2 Jahre, mehr als 30% Analphabeten, Anteil kontinuierlich geringer
Landessprachen:	Amtssprache Französisch, daneben vier Nationalsprachen und etwa 200 weitere Regionalsprachen
Politische Verhältnisse:	Um die Jahrtausendwende lange Bürgerkriege, vor allem importiert durch den Völkermord in Ruanda, 2002 Beendigung des größten Teils der Kampfhandlungen, die über vier Millionen Todesopfer forderten, im Ostkongo heute noch Rebellengruppen unterwegs, die immer wieder die Zivilbevölkerung terrorisieren, hier auch Krieg um Rohstoffe wie Coltan, das in jedem Mobiltelefon enthalten ist, auch in „friedlichen Regionen" des Riesenlandes vielerorts Chaos und Gewalt
Regierungsform:	Präsidialrepublik, auf unsicheren Fundamenten stehend, Präsident zur Zeit Joseph Kabila. „Viele Kongolesinnen und Kongolesen lernten Vertreter staatlicher Institutionen nur als Repräsentanten eines Repressionsapparates kennen."[6]
Religionen:	50% römisch-katholisch, 20% evangelisch, 10% kimbanguistisch (unabhängige afrikanische Kirche mit christlichem Gepräge, benannt nach ihrem Gründer Simon Kimbangu, 1889 - 1951), 10% muslimisch, 10% traditionelle lokale Religionen (alle Werte Circa-Angaben) [7]

Lebenslauf

Hans-Otto Wienen wurde am 28. Juli 1951 als zweites Kind der Eheleute Lambert Wienen und Katharina, geborene Bedbur, in Nievenheim geboren. Dort wuchs er auf und besuchte zunächst die katholische Volksschule Nievenheim, sodann das Norbert-Gymnasium Knechtsteden bis zum Abitur. Gegen Ende der Schulzeit fasste er den Wunsch, als Priester und Missionar in Afrika zu arbeiten. So fand er Kontakt zu der Missionsgesellschaft der Afrikamissionare, auch Weiße Väter genannt. Er studierte Philosophie und Theologie sowie Sprachen in Frankfurt, Straßburg, Paris, München und Lon-

don. Während des Studiums betreute er im Rahmen der sozialen Dienste unter anderem auch Strafgefangene.

1977 weilte er zum ersten Mal in Zaire, wie die Demokratische Republik Kongo bis 1997 hieß, und begann nach einem halbjährigen Einführungs- und Sprachkurs (Swaheli) mit der praktischen Arbeit in der Missionsstation Wamaza, Diözese Kasongo, im Ostkongo. Hier kam er endgültig zu der festen Überzeugung, seine Lebensaufgabe sei die Arbeit als christlicher Missionar in Afrika. Im April 1979 legte er bei den Afrikamissionaren den Missionseid ab und wurde im Juni 1980 von Bischof Timothé Pirigisha aus Kasongo in der Pfarrkirche St. Pankratius in

Familie Wienen um 1957: Lambert und Katharina Wienen mit ihren Kindern Gertrud, Liesel (Maria Hildegard), Theo und Hans-Otto (v.l.n.r.). Fotos (11): Besitz Willi Bednarczyk.

Nievenheim zum Priester geweiht – unter großer Teilnahme der Heimatgemeinde und von Freunden aus der Region.

Anschließend wirkte Hans-Otto Wienen als Priester in Wamaza in einer schwierigen Zeit, als der Staat unter dem Regime des Diktators Mobutu stand, der Land und Menschen hemmungslos ausbeutete und herunterwirtschaftete. Auf Geheiß seiner Oberen studierte Wienen in den Jahren 1986/87 in Rom mit dem Ziel, bei der Priesterausbildung mitzuwirken. In dieser Aufgabe war er mehrere Jahre in Kipaka, Ostkongo, tätig. Dabei kümmerte er sich um Gefangene, die unter menschenunwürdigen Verhältnissen im staatlichen Gefängnis „gehalten" wurden. Ebenso setzte er sich zusammen mit Mutter Siva, einer einfachen einheimischen Frau, für Waisen- und Straßenkinder ein. Bei dieser Arbeit nahm er immer wieder riskante Konflikte mit den korrupten staatlichen

Hans-Otto Wienen empfängt die Priesterweihe, 1980, v.l.n.r.: Pater Berens (Provinzial), Bischof Timothé Pirigisha, Pater Hans-Otto Wienen.
Aus: Pfarrgemeinderat von St. Pankratius Nievenheim (Hg.): 450 Jahre Salvatorverehrung, Nievenheim 2006, S. 49.

Autoritäten in Kauf und arbeitete manchmal sogar mit dem Mittel der Bestechung – so verteilte er zum Beispiel Kugelschreiber und kleine Geschenke, um seine Ziele zu erreichen. Ganz bewusst setzte er den Einfluss ein, der ihm als Mann der Kirche und weißer Europäer mehr Schutz bot als den einheimischen Mitmenschen. Auch wenn er ihr Tun grundsätzlich nicht guthieß, äußerte er sogar ein gewisses Verständnis für den Machtmissbrauch durch „Staatsdiener" und auch Militärs, weil sie selbst nicht bezahlt wurden und ihre Familien ernähren mussten.

Der Völkermord in Ruanda seit dem Frühjahr 1994 in unmittelbarer Nachbarschaft zum Ostkongo löste Flüchtlingsströme in die Grenzgebiete aus, verbunden mit der Auflösung staatlicher Strukturen, Terror gegen die kongolesische Bevölkerung durch marodierende bewaffnete Banden und Bürgerkrieg. Pater Wienen war bei den Ordensschwestern in Kipaka geblieben, vor allem weil Frauen jeglicher Gewalt schutzlos ausgeliefert waren. An Christi Himmelfahrt 1999 wurde er von einer bewaffneten Bande nach Mingana verschleppt. Darüber berichtet er selbst Folgendes: *„Ich werde von Mayi-Mayi* [ursprünglich eine einheimische „Befreiungsorganisation"] *gezwungen, mit einem Landrover nach Mingana zu fahren... Das Auto ist völlig überladen. Drei Mayi-Mayi stehen mit ihren Gewehren auf dem Dach, ein weiterer – zeitweise zwei – sitzt mit seinem Maschinengewehr auf der Motorhaube. Sechs weitere sitzen im Wageninnern. Die Mayi-Mayi fürchten die von ihnen vertriebenen Rebellen, die sich vor ihnen befinden müssen. In überwiegend verlassenen Dörfern werden junge Männer gefangengenommen und mit ihren eigenen Hemden gefesselt. Sie müssen vor und neben dem Landrover laufen und dienen so als lebendige Schutzschilde gegen eine eventuelle Beschießung durch die Rebellen. Die Männer werden zum Teil arg misshandelt, getreten. In dem Dorf Mwanga werden Häuser angezündet... Auf einer kleinen*

Brücke bricht der Landrover ein, ein großer Baum versperrt den Weg, der Motor streikt, die Bremsen versagen. Die Lage scheint hoffnungslos. Ich habe noch Hemd, Hose und Badeschuhe. Mir bleibt noch das Gottvertrauen, das durch kleine und scheinbar belanglose Ereignisse bestätigt und genährt wird. So schenkt mir ein zufälliger Passant, ein mir unbekannter Afrikaner, von sich aus einen Geldschein (Gegenwert: etwa 20 Pfennig). Nachts erreichen wir Katemo, ein Dorf etwa vier Kilometer vor Mingana. Wir haben ganze 62 Kilometer zurückgelegt. Ich bin völlig erschöpft und müde, habe zwei Tage kaum etwas gegessen, jedoch viel Wasser getrunken. Irgendwann in der Nacht bringt mir die Frau eines Gemeindeführers etwas Bugali [Brei, aus gemahlenem Maniok gekocht] und Hühnerfleisch ... einfach so. Am folgenden Tag treffen wir in Mingana ein. Dort leben vier Weiße Schwestern, drei Weiße Väter und zwei Seminaristen. Ihre Missionsstation ist am 11. Mai 1999 geplündert worden, doch ist ihnen noch vieles zum Leben geblieben... Ich bleibe als Gefangener unter Hausarrest in Mingana."[8]

Nach traumatisierenden Erlebnissen kam Pater Wienen im August 1999 wieder frei und wurde anschließend am früheren Ort seiner Gefangenschaft in der Pfarrei Mingana als Priester eingesetzt. Bei seinem dortigen Einsatz traf er manchmal seine früheren Peiniger. Er berichtet, auch ihnen habe er mit seinem medizinischen Dienst geholfen. Die Stelle des Pfarrers von Mingana wollte er nicht übernehmen, weil er dann vor Ort hätte bleiben müssen und die vielen Außenstationen seelsorgerisch und in der medizinischen Betreuung nicht hätte erreichen können. In dieser Pfarrei arbeitete er bis zu seinem Tod am 13. März 2011.

Die Pfarrei Mingana

Zur Pfarrei gehören außer dem zentralen Ort Mingana 60 Außenstationen, die

Die Kirche in Mingana.

Schwieriger Lastentransport.

Waschtag in Mingana, aus den
drei Röhren im Vordergrund links
entströmt frisches Quellwasser.

über den Urwald verstreut und zum Teil über hundert Kilometer vom Hauptort entfernt liegen und von den Missionaren betreut werden. Von Straßen kann in dem Gebiet nicht die Rede sein, selbst mit einem kleinen Motorrad kommt man recht schwierig durch. Als Haupttransportmittel dient das Fahrrad, das meistens aus China stammt. Die Menschen wohnen in Hütten aus Steinen und Holz, die mit Grasplatten oder Wellblechplatten gedeckt sind. Zu jeder Familie gehören durchschnittlich sechs Kinder. Man lebt von den Früchten und gejagten Tieren aus dem Urwald und arbeitet in Betrieben, die Gold, Edelsteine und Coltan abbauen, wobei die Ausbeutung der Arbeiter an der Tagesordnung ist. Trotzdem gehen Jugendliche oft lieber zum Goldgraben als in die Schule. Öffentliche Schulen sind rar, die Alphabetisierung erfolgt meistens durch die Missionare.

„In der Pfarrei sind unzählige sehr gute christliche Basisgemeinden quer über den Urwald hin zerstreut. Darin leben viele eifrige Christen, die durch all die schwierigen Jahre des Kongo hindurch ihren Glauben mutig und mit viel Risiko gelebt haben... Zugleich ist dieser Urwald der Ort, an dem man heute noch echten hundertprozentigen Paganismus [Heidentum] tagtäglich wie ganz normal mit erlebt. Hass, Neid und Zwietracht unter den Menschen,...Vergiftungen, Furcht vor Vergiftungen, böse Wünsche in einem Maße, wie es dies anderwo so nicht gibt.“[9]

Der Bauherr

An vielen Orten – in Mingana selbst und an über zehn Stellen in den Außenstationen – kümmerte sich Hans-Otto Wienen um die Errichtung von Kirchen, wobei der Kirchenraum mehr Funktionen erfüllt, als es nach unseren westlichen Vorstellungen der Fall ist. Natürlich ist er zunächst Versammlungsraum der Gläubigen zur Feier der Liturgie mit gemeinsamem Beten und

Nach dem Brennen werden die Ziegel an Ort und Stelle gebracht.

Singen. Darüberhinaus dient er als Versammlungs- und Unterrichtsort für viele Zwecke: Lernen, Informationsaustausch, Lesen. Dabei ist zu beachten, dass der Kirchenraum in der Regel die einzige Räumlichkeit vor Ort ist, die über elektrische Beleuchtung verfügt. Nach dem schnellen Einbruch der Dunkelheit in den tropischen Gebieten – während des gesamten Jahres ist es zwölf Stunden hell und zwölf Stunden dunkel – können sich deshalb hier Gemeindemitglieder uneingeschränkt zu Veranstaltungen treffen.

Das Baumaterial - Backsteine aus Lehm – stellen die Einheimischen selbst her. Dabei füllen sie weichen Lehmbrei in eine Metallform, lassen die Masse trocknen und entfernen die Form. Eine solche wurde in den neunziger Jahren nach entsprechenden Informationen des „Bauherrn“ während eines Urlaubsaufenthaltes in Nievenheim von Schlossermeister Matthias Gasper und seinen Gesellen angefertigt und anschließend in Einzelteilen im Reisegepäck des Missionars per Flugzeug an den Kongo gebracht. Nach der nötigen Trocknungszeit werden die Steine gebrannt. Da in der kongolesischen Gesellschaft, wie vielerorts in diesen Gebieten üblich, die meisten körperlichen Arbeiten von Frauen verrichtet werden, übernahm Pater Wienen wohl oder übel diese Arbeitsregelung, so dass die Steine zunächst von Frauen hergestellt wurden. Sie erhielten dafür einen festen Lohn, was wiederum die Männer dazu motivierte, auch tätig zu werden. Die erforderlichen Gerüste für die Kirchenbauten und das Gesundheitszentrum werden mit großen handwerklichen Fähigkeiten aus langen Bambusstangen gebaut. Das erforderliche Holz holt man aus dem Urwald, wobei die dicken Stämme mit einer langen Trummsäge (Säge mit langem, breitem und starkem Blatt, an dessen beiden Enden sich je ein Holzgriff befindet) in die nötige Form gebracht werden. Als Dachbedeckung verwenden die „Bauleute" heute oft gewellte Platten aus Kunststoff, die sie aus großer Entfernung mit dem Fahrrad herbeischaffen. Als Belohnung erhalten die Männer für fünf Platten eine für ihren eigenen Bedarf. Sie haben nämlich die Erfahrung gemacht, dass diese Dacheindeckung für ihr eigenes kleines Haus beständiger ist als ein Grasdach, das schon nach zwei Jahren wieder erneuert werden muss. Für den Fußbodenbelag werden am nahen Fluss flache Steine gesammelt, diese auf dem Boden verteilt und mit Zementmasse ausgegossen. Die geschilderte Bauweise findet selbstverständlich auch Anwendung beim Bau des Gesundheitszentrums und beim privaten Hausbau.

Wichtig ist, dass Möglichkeiten für die Gewinnung von Trink- und Brauchwasser geschaffen wurden. So kümmerte sich Hans-Otto Wienen um den Bau von Zisternen, um Regenwasser zu sammeln, und um den Bau von Brunnenanlagen. Die dafür erforderlichen Pumpen wurden aus Deutschland beschafft.

Im Missionsgebiet gibt es keine festen überörtlichen Straßen. Die Außenstationen der Pfarrei sind in der Regel nur über Waldpfade oder schmale Sandwege zu erreichen. So träumte man vor Ort lange von einer Landepiste für kleine Propellerflugzeuge, um schnelleren Anschluss an die Außenwelt zu erlangen. Tatsächlich konnte mit großer Unterstützung des Missionars in Mingana eine achthundert Meter lange Lehmpiste geschaffen werden, für die zuvor eine Schneise ins Urwaldgebiet geschlagen werden musste. Die Urwaldbäume wurden bis in die Wurzeln ausgegraben, damit die Landebahn richtig festgestampft werden konnte. Die Fluglinie wird von ausgedienten russischen Antonov-Flugzeugen mit russischen Piloten bedient (Feststellung eines Eingeweihten: „Beide brauchen gleich viel Sprit"). Inzwischen ist die Landebahn auch zu einer bescheidenen Einnahmequelle für die Gemeinde geworden, da Unternehmen aus der Region (in der Nähe hat man Gold entdeckt) ihre Mitarbeiter und Waren mit dem Flugzeug hierhin bringen.

Der Mediziner

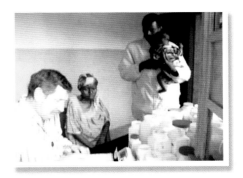

Sprechstunde des „Arztes" Hans-Otto Wienen.

Zwar hatte Hans-Otto Wienen nicht Medizin studiert, aber zusammen mit seinen Mitbrüdern erkannte er schnell den großen Bedarf der Bevölkerung an Gesundheitseinrichtungen jeglicher Art, die im Umkreis von mehr als einhundert Kilometern nicht existieren. In dieser Region sind auch heute noch zahlreiche Medizinmänner tätig. Autodidaktisch eignete sich Pater Wienen einige medizinische Grundkenntnisse an, die zunächst für eine „Medikamentierung" der Patienten ausreichten. Später ließ er sich im Krankenhaus in Kipaka von Ärzten in elementaren medizinischen Vorgehensweisen ausbilden und erhielt dafür ein auch von der staatlichen Behörde anerkanntes Zertifikat. Nun wurden feste Sprechstunden des „Missionsarztes" eingerichtet, die zahlreiche Einheimische aufsuchten, nachdem sie oft weite Entfernungen bis nach Mingana zu Fuß zurückgelegt hatten.

Diese Maßnahme war zunächst nur ein Tropfen auf den heißen Stein - es musste ein Gesundheitszentrum her. So wurde unter der Regie des Paters ein Gesundheitszentrum errichtet, dessen endgültige Fertigstellung er allerdings nicht mehr erlebte. Er kümmerte sich um die feste Anstellung eines einheimischen ausgebildeten Arztes, einheimischer Krankenschwestern und sonstiger Hilfskräfte, die aus der Gemeindekasse („Missionskasse") entlohnt werden. So wurden stationäre Behandlungen und Operationen ermöglicht. Da der Ort in absehbarer Zeit keinen öffentlichen Stromanschluss bekommen wird, aber eine unterbrechungsfreie Stromversorgung rund um die Uhr für den Klinikbetrieb zwingend notwendig ist, musste Hilfe aus der Heimat kommen. Mit

starker Beteiligung der Familie in Nievenheim und anderer Sponsoren wurde in der Bundesrepublik ein Stromaggregat mit einer starken Solarstromanlage besorgt, das Licht für die Operations- und Patientensäle, elektrische Energie für medizinische Geräte und den Medikamentenkühlschrank liefert. Auch die erforderlichen Lampen wurden hinzugefügt. Das gesamte Material wurde, wie es bei Afrikamissionaren in Europa üblich ist, in einem Container in Antwerpen zusammengestellt und per Schiff auf den Weg nach Afrika gebracht. In diesem Zusammenhang berichtet Hans-Otto Wienens Schwager Willi Bednarczyk Folgendes: *„Hans-Otto war im Dezember auf Urlaub bei uns zu Hause, und an den Weihnachtstagen saßen wir um den mit elektrischen Kerzen geschmückten Christbaum. Auf einmal von Hans-Otto die Frage: 'Wieviel Volt haben die Kerzen?' Meine Antwort 220. Aber weshalb interessierst Du Dich hier für den Christbaum? Oder möchtest Du in*

Die Entbindungsstation im Gesundheitszentrum.

Mingana einen Weihnachtsbaum aufstellen? Seine Antwort: 'Die Kerzen könnte ich als Notbeleuchtung für die Krankenstation verwenden.' So wurden die Kerzen in den Reisekoffer eingepackt und traten später die lange Reise nach Ostafrika an."

Wenn der Missionar mehrmals jährlich auf „Safari" unterwegs ist, zieht er von einem Dorf zum anderen und hat dabei oft mit Kranken zu tun, denen er mit Medikamenten helfen kann, die er in seinem Reisegepäck mitbringt. Da einige Dörfer 100 bis 150 Kilometer von der Zentrale entfernt sind, ist es für die Kranken sehr schwierig, zum nächsten Dispensary (Laboratorium eines Apothekers, auch Armenkrankenhaus) zu gelangen, wo es oft auch keine Medikamente gibt. Auch an diesen Orten bot Pater Wienen, wenn möglich, seine „Sprechstunde" an. Zwar werden auf den kleinen Märkten im Urwald auch „Medikamente" angeboten, wobei man jedoch nie die Garantie hat, dass sie noch brauchbar sind.

Seelsorger und Lehrer

Ganz sicher gehören die bisher geschilderten Aktivitäten eng zu den missionarischen und seelsorgerischen Aufgaben des Missionars, entsprechen sie doch in vollem Umfang den ethischen Forderungen des Jesus Christus aus Nazareth, die im Bereich ihrer horizontalen Erdung auch stark auf leibliche Fürsorge für den Mitmenschen ausgerichtet sind. Dies spiegelt der Ausspruch von Hans-Otto Wienen wider: *„Wenn die Menschen hungrig und krank sind, lassen sie sich nichts vom lieben Gott erzählen."* In der Verkündigung des Evangeliums, bei der Katechese und der Feier des Gottesdienstes beachteten er und seine Mitbrüder den Grundsatz der Inkulturation, das heißt, dass das Eigenleben der afrikanischen Kultur angemessen zur Geltung gebracht wird. Deutlich ist dieses Bemühen bei der Feier der Liturgie festzustellen. Durch seine Kenntnisse in Swaheli

Priester Hans-Otto Wienen inmitten der Gemeinde.

konnte Pater Wienen diese in der Muttersprache der Einheimischen feiern. Das Sprechen in Swaheli und Französisch hatte er so verinnerlicht, dass er im Hochdeutschen schon mal Schwierigkeiten hatte und dann in Nievenheimer Dialekt, seiner ersten Muttersprache, formulierte.

Bei der Messfeier bewegen sich Messdienerinnen und Messdiener in sehr farbigen Gewändern zu afrikanischen Rhythmen, eine Mädchengruppe tanzt in Baströcken und erinnert damit an den einheimischen Brauch der Vertreibung böser Geister. Überhaupt sind alle Teil-

nehmer am Gottesdienst einfach mit Singen, Klatschen und Tanzen mehr in Bewegung als es bei uns üblich ist. Im Kirchenraum bildet der Missionar auch die Katecheten aus, die besonders in den Außenstationen der Pfarrei mitten im Urwald und weit entfernt von Mingana für die religiöse Unterweisung und Betreuung der Gemeindemitglieder zuständig sind.

Der Missionar selbst kommt nur wenige Male im Jahr in die Außenstationen („auf Safari"), vor Ort sicher ein Fest. Eine der kleinen Hütten wird für ihn frei

Gläubige aus der Gemeinde, im Vordergrund Messdiener(innen) in ihren rotgrünen Gewändern und eine Tänzerin mit Baströckchen.

gemacht, wo er unterkommen kann. Die Gläubigen sorgen sich um ihn, bringen Wasser und alles, was er zum Essen und Schlafen braucht. Nun können sie miteinander beten, Gottesdienst feiern, Sakramente empfangen und persönliche Probleme mit ihrem Priester besprechen.

Der Mann für alles

Selbst um die Einrichtung des Gesundheitszentrums kümmerte sich Hans-Otto Wienen. Die Bedarfsliste aus Mingana – von der Personenwaage bis zum Skalpell – gelangte über seine Familie in Nievenheim zum Deutschen Medikamenten-Hilfswerk „action medeor" e. V. in Tönisvorst. Ohne die Berechnung von Transportkosten gelangten die Geräte per Schiff von Antwerpen aus an ihren Bestimmungsort. Die Ware selbst, die gegen ein Entgelt, das die Kosten des Vereins deckte, abgegeben wurde, bezahlte Hans-Otto Wienen aus dem Fonds seiner Missionspfarrei. Staatliche Stellen beteiligten sich nicht an der Finanzierung solcher Einrichtungen. Auch die Personalkosten, die im Gesundheitszentrum anfallen, werden aus der Missionskasse bezahlt. Sogar Lehrer an den wenigen staatlichen Schulen müssen von hier aus mit versorgt werden, wenn sie von der Kommune keinen Lohn erhalten.

Es stellt sich die Frage, wie Pater Wienen die Kasse füllte. Grundsätzlich können die Ordensgemeinschaft selbst dazu nichts beisteuern. Patienten, die im Gesundheitszentrum behandelt werden, zahlen nur, wenn sie finanziell dazu in der Lage sind; die Mehrzahl erhält jedoch kostenfrei Beratung und Therapie. Hauptsächlich ist man deshalb auf Spender angewiesen. In unserem Fall waren es im wesentlichen die Großfamilie Wienen und die St.-Pankratius-Gemeinde in Nievenheim, die mit großem Engagement „ihren" Pater Hans-Otto Wienen

unterstützten. Seit vielen Jahren fließt der Überschuss beim jährlichen Pfarrfest der Gemeinde in die Missionskasse nach Mingana. Darüber hinaus fanden sich regelmäßig private Sponsoren in Nievenheim, besonders aus der älteren Bevölkerung. Selbstverständlich kamen auch Gelder und Sachspenden aus dem weiteren Umfeld hinzu. Nur wenige Monate nach dem Tode von Pater Hans-Otto Wienen gründeten seine Familie und Freunde in Nievenheim den „Verein der Freunde und Förderer von Hans-Otto Wienen – Mission Mingana/Kongo", der in enger Zusammenarbeit mit den Missionaren vor Ort das Gesundheitszentrum und die Missionsstation Mingana finanziell, materiell und ideell unterstützt.

Der Tod von Hans-Otto Wienen

In der zweiten Märzwoche 2011 war Pater Wienen mit seinem Motorrad zu der Außenstation Kalole, circa einhundert Kilometer von Mingana entfernt, gefahren. Dorthin konnte er nur mit dem Motorrad gelangen, denn selbst für geländegängige Fahrzeuge ist der Ort unerreichbar. Am Abend des 12. März hatte sich Hans-Otto Wienen lange mit dem örtlichen Katecheten unterhalten und dabei über Schmerzen in seiner Brust gesprochen, sich dann aber schlafen gelegt. Als er am folgenden Morgen nicht zur Messe kam, die er zelebrieren sollte, ging man in seinen Schlafraum und fand ihn tot auf seinem Bett. Mitglieder seiner Gemeinde trugen ihn über die weite Entfernung durch den Urwald nach Mingana. In den verschiedenen Stationen schlossen sich immer mehr Menschen, betend und singend, dem Trauerzug an. In Mingana fand am 14. März unter großer Anteilnahme der Gemeinde die feierliche Beerdigung statt. Dort sind in der Nähe der Kirche schon drei Afrikamissionare beerdigt.

Hans-Otto Wienen vor seiner letzten Fahrt mit dem Motorrad nach Kalole.

Sein Schwager Willi Bednarczyk sagt dazu: *„Hans-Otto hat häufig zu erkennen gegeben, dass seine Predigt, die Botschaft des Erlösers, nur dann wahrhaftig sei, wenn er bei den Menschen bleibe und ihr Leben – auch Not und Elend – teile. Er dürfe niemals flüchten, auch wenn Flucht für ihn als Europäer so einfach sei. So hat er gelebt, so ist er gestorben. Deshalb musste er seine letzte Ruhestätte in Mingana – in afrikanischer Erde – finden"*, und Pater Wienens Freund und Mitbruder Fredrick Ngetich Limo erinnert sich mit den Worten: *„Ich lebe mit großartigen Erinnerungen an ihn, er bekämpfte viele Ungerechtigkeiten, die die Menschen durchlitten, er behandelte sie mit einem großen Gefühl* der Liebe, des Respektes und der Achtung, besonders das medizinische Personal und die Pfarrarbeiter."[10]

Gemeindemitglieder tragen den toten Pater zu seinem Grab.

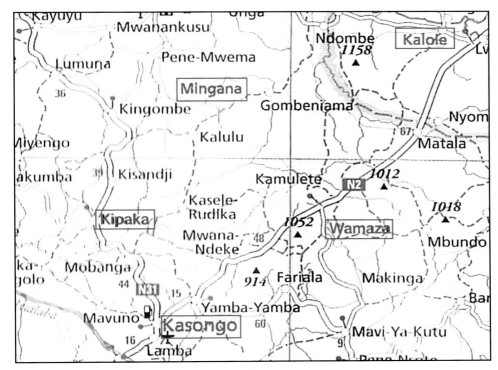

Die Entfernung von Mingana nach Kalole ist ca. 90 km.

Quelle: Karte Reise Know How Kongo-congo, Bielefeld 2007

Weiterführende Literatur

Ozankom, Claude: Christliche Botschaft und afrikanische Kultur, Neuried bei München 1999.

Seiterich, Thomas: Fragen an den Theologen Boniface Mabanza, in: Zeitschrift Politik-Forum, Nr. 1 (13. Januar 2012), S. 34f. Der Interviewte studierte Theologie in Kinshasa und promovierte in Münster über „Gerechtigkeit kann es nur für alle geben. Globalisierungspolitik aus afrikanischer Pespektive". Anfang 2012 ist er Gastprofessor bei Theologie interkulturell in Frankfurt.

1 Diözesanstelle Köln: Weltkirche-Weltmission.
2 Siehe Sievernich, Michael: Die christliche Mission, Darmstadt 2009, S. 100.
3 Küng, Hans: Ist die Kirche noch zu retten?, München 2011, S. 63f.
4 Sterzenbach, Susanne: Die Weißen Väter, Augsburg 2009, S. 11. Die Autorin berichtete von 2001 bis 2004 als Korrespondentin für das Erste Deutsche Fernsehen (ARD) aus dem Maghreb.
5 Zahlenangabe nach www.Solidarity-Stiftung. de, Stichwort „Geförderte Projekte: 2010 Stromversorgung für Gesundheitszentrum Kongo, Mingana" (04.01.2012).
6 Aktionszentrum 3. Welt: Blätter für deutsche und internationale Politik, Osnabrück 2011, S. 29.
7 Die Zahlenangaben beruhen auf: www.auswärtiges-amt.de, www.eed.de, www.petraschuster. de (04.01.2012).
8 Überliefert aus dem privaten Besitz von Willi Bednarczyk.
9 Baumeister, Benno: Afrikamissionar vor Ort, Skript an den Provinzial in Köln Pater Helmut Revers, Januar 2012.
10 Überliefert aus dem privaten Besitz von Willi Bednarczyk.

Einige Vermutungen zur Herkunft von sechs Großfiguren aus Holz im Kloster Knechtsteden

P. Hermann Josef Reetz

Der 1991 verstorbene Knechtstedener Kirchenhistoriker Pater Josef Theodor Rath hat verschiedentlich behauptet, die in Knechtsteden aufbewahrten Großfiguren stammten aus dem Kölner Dom. In seinen beiden Werken zur Geschichte Knechtstedens im 19. Jahrhundert[1] kommt er darauf jedoch nicht zurück. Wahrscheinlich lagen ihm keine schriftlichen Quellen vor und auf oral history wollte er seine Geschichtsschreibung nicht gründen.

Man kann jedoch mit guten Gründen vermuten, dass die aus Holz gefertigten sechs Figuren tatsächlich ursprünglich den Kölner Dom geschmückt haben. Die Arbeiten sind vermutlich auf das 18. Jahrhundert zu datieren. Es handelt sich dabei um folgende Skulpturen, die sich mit Ausnahme der zuletzt aufgeführten Figur zur Zeit auf dem Dachboden über der Wäscherei des Klosters befinden (die letztgenannte Figur befindet sich in der Bibliothek)[2]:

Ob sich die ähnlich große Figur eines Königs (Holz, H. 159 cm, B. 35,6 cm, T. 32,5 cm) aus der zweiten Hälfte des 19. Jahrhunderts dem Ensemble der anderen auf dem Dachboden befindlichen Skulpturen zuordnen lässt, muss hingegen bezweifelt werden.[3]

Am 22. Oktober 1794 plünderten französische Truppen im Verein mit Leuten aus den benachbarten Dörfern das gesamte Prämonstratenser-Stift Knechtsteden. Auch die Kirche wurde nicht verschont. Wenn auch der Bericht über die Plünderung von J. Jansen, Dorfschullehrer in Delhoven,[4] reichlich übertrieben scheint, so muss davon ausgegangen werden, dass die Kirche in Mitleidenschaft geriet. Die eigentliche Plünderung der Kirche geschah erst vier Monate später, wie der letzte Abt von Knechtsteden, Michael Hendel, an den Hohen Kommissar Rudler schreibt. Die Plünderung sei

- Figur Gottvaters, Holz, Höhe 155,5 cm, Breite 92,4 cm, Tiefe 62 cm.
- Knieender Christus, Holz, H. 144 cm, B. 84 cm, T. 46 cm.
- Figur des gegeißelten Christus, Holz, farbig gefasst, H. 182 cm, B. 52 cm, T. 43 cm.
- Figur einer Maria, Holz, H. 152 cm, B. 88 cm, T. 46,5 cm.
- Figur des Evangelisten Matthäus (?), Holz, H. 177 cm, B. 64,5 cm, T. 61,5 cm.
- Figur eines Propheten, Holz, H. 185 cm, B. 58 cm, T. 39 cm.

Die Holzfiguren im Kloster Knechtsteden:
Gottvater.

Abbildungen (6): Erzbistum Köln.
Inventar der kirchlichen Ausstattung.
Kloster Knechtsteden, DVD zum Textband.

Knieender Christus.

Maria.

so radikal gewesen, dass „*nichts mehr als die bloßen Mauern und Dach stehen blieben*"[5]. Ähnliches erfahren wir vom Dorfchronisten Joan Peter Delhoven.

Mit Datum vom 7. Juli 1802 hatten die Prämonstratenser Knechtsteden zu verlassen. Einer blieb: Kanonikus Winand Kayser. Er pachtete sein Stift „*zunächst auf drei Jahre*"[6]. Dort versorgte er seinen mittlerweile kränklich gewordenen Abt und die in die Jahre gekommenen Bediensteten des Stiftes.

Am 12. Juli 1806 war es dem Kanonikus gelungen, dass durch kaiserliche Order die ehemalige Stiftskirche in Knechtsteden zu einer Art Pfarrkirche für Hackenbroich und Straberg bestimmt wurde. Sie war damit von allerhöchster Stelle ein dem Gottesdienst zugeordnetes Gebäude. „*Die Regierung in Aachen hatte darüber zu wachen, dass es seinem Zweck nicht noch einmal entfremdet wurde.*" Winand Kayser begann, die geplünderte und vandalisierte Kirche für den Gottesdienst neu einzurichten.[7] Das hieß - nach Jansen - „*die bis dahin noch immer öde gelegenen ganz zerrütteten Gebäulichkeiten, vorzüglich die Kirche, ... in den besten Zustand wiederherzustellen. Wie gesagt, war die Knechtstedener Kirche ganz demoliert; alle Zierathen, die Altäre, die große, schöne Orgel waren verschwunden. Sogar der Fußboden war aufgebrochen und man sah sich genöthigt, die Öffnung der ehemaligen Fenster mit Strohmatten zu decken. Man fand für keinen Pfennig Werth mehr in der Kirche. Da faßte Kayser den riesenhaften Entschluß, diese Kirche wieder in ihren alten Glanz zurückzustellen. Er ließ die Dächer reparieren, Thüren, Fenster und Fußboden herstellen und das Innere wieder verzieren. Er versah die Kirche mit einer neuen Orgel, Kanzel mit Altären, Bänken...*"[8] Von lebensgroßen Holzfiguren ist noch nicht die Rede. Dem Kanonikus musste es zunächst einmal darum gehen, solche Ausstattungsstücke anzuschaffen, die für den öffentlichen Gottesdienst notwendig waren, wie zum Beispiel Altäre, Bänke und Orgel. Die Herrichtung der Kirche war 1814 abgeschlossen. Nicht ohne Stolz brachte Kayser über dem Kirchenportal das Chronogramm an: Erne-Vert IM gLVCkIIChen FrIeDensJahr.

Vom ursprünglichen aus der Barockzeit stammenden Kircheninventar war also nach mehreren Plünderungen während der sogenannten Franzosenzeit nichts übriggeblieben. Bis 1814, als die französische Besatzung das Rheinland verlassen hatte, war die Stiftskirche zwar mit den für die Liturgie notwendigen Einrichtungsgegenständen ausgestattet worden. Figürlicher Schmuck war jedoch – jedenfalls im größeren Umfang – nicht angeschafft worden.

Winand Kayser dürfte der reichen barocken Ausstattung seiner Kirche, wie er sie beim Eintritt in den Orden vorgefunden hatte, nachgetrauert haben. Da ergab sich kurz vor seinem Tod im Jahre 1842 eine überraschende Möglichkeit, ein wenig von der alten Herrlichkeit in der Stiftskirche wieder Wirklichkeit werden zu lassen.

Seit den siebziger Jahren des 18. Jahrhunderts war es im Erzbistum Köln modern geworden, Gotteshäuser im klassizistischen Stil zu errichten. Hallenartige, rechteckige Räume entsprachen mehr der von der Aufklärung geprägten Liturgie. Es begann – meist gegen den Willen des gläubigen Volkes – eine Entbarockisierung von Kirchenräumen. Ein Beispiel für einen klassizistischen Kirchenneubau in der Nähe Knechtstedens ist St. Martin in Wevelinghoven (1833/34) mit seiner anspruchslosen, harmonischen Bauform und einfacher direkter Linien- und Lichtführung. Noch näher bei Knechtsteden findet sich ein anderes Beispiel: St. Aloysius in Dormagen-Stürzelberg (1838).

Diese Entwicklung weg vom Barock und seiner Spätform, dem Rokoko, machte auch vor dem Kölner Dom nicht halt. Doch hier gab es einen großen Unterschied. An die Stelle der barocken Ausstattung trat nicht, wie in der jungen preußischen Rheinprovinz zu vermuten, klassizistische Bauzier und Figürlichkeit, wie man sie in der Hauptstadt Berlin bewundern konnte.

Nicht allein das gebrochene Verhältnis des katholischen Rheinländers zu dem preußisch-protestantischen Kernland war hierfür maßgebend. Seit den sogenannten Freiheitskriegen (1812-14) war das Rheinland erfüllt von den neuen Ideen der Romantik. Das galt für alle Kunstrichtungen, aber auch für die katholische Liturgie selbst. *„Die persönliche Frömmigkeit wurde neu belebt, das Mysterium betont, die Gemeinde als solche wieder zurückgedrängt."*[9]

Nun stand aber mitten im Rheinland ein gewaltiges unvollendetes Bauwerk, dessen Ursprung in jene sinnerfüllte Zeit zurückwies, die für die Romantiker paradiesische Züge trug: das Hohe Mittelalter mit seiner gotischen Baukunst. Renaissance, Barock und Klassizismus waren im Vergleich dazu „heidnische" Stile. Die Rückkehr zur Gotik war dagegen Mittel zur Erneuerung des Geistes.[10]

Spätestens seit der preußische König Friedrich Wilhelm IV. für 1842 seinen Besuch in Köln angesagt hatte, um in einer „zweiten Grundsteinlegung" den Beginn der Vollendung des Kölner Domes zu markieren, war es um die barocke Ausstattung des Kölner Domes geschehen.

Die vielen Christus-, Marien- und Heiligenfiguren aus den vorausgangenen zwei Jahrhunderten, die nun das Gotteshaus verlassen mussten, konnte man nicht einfach zerstören. Sie hatten dem gläubigen Volk zur Andacht, Erbauung und Verehrung gedient. Wohin damit?

Es gab viele geplünderte und verwüstete Kirchen, in denen die Gläubigen ihre Heiligen vermissten. Da war es gut, wenn man enge Beziehungen zu den Kölner Domkapitularen hatte. Und die besaß der Kanonikus Kayser. Sogar ein Weihbischof war darunter, der ehemalige Prämonstratenserabt Carl-Adalbert Freiherr von Beyer, der an Festtagen oft seinen Mitbruder Winand in Knechtsteden besuchte[11] und der Liturgie im Gilbach-Dom bischöflichen Glanz verlieh.

Sollten – wie hier vermutet wird – eine Reihe von lebensgroßen Holzfiguren aus dem Kölner Dom nach Knechtsteden gewechselt haben, so dürfte dies zwar noch auf Veranlassung von Winand Kayser geschehen sein. Er selbst aber hat deren Aufstellung in der Stiftskirche nicht mehr erlebt. Der Kanonikus hätte wahrscheinlich dafür gesorgt, dass der steingraue Anstrich, der heute noch den Figuren das einförmige Aussehen verleiht, durch eine farbige Gestaltung ersetzt worden wäre. Eine solche befindet sich in Resten unter der steingrauen Farbe, die wohl bereits für den Kölner Dom aufgetragen wurde, um die Figuren den dortigen steinernen Plastiken anzupassen. Das würde auch bedeuten: die Figuren sind ursprünglich nicht für den Kölner Dom geschaffen worden. Stil und Ausdruck der Plastiken weisen in Richtung Süddeutschland als Herkunftsgebiet.

Die Zeit war also günstig, der Knechtstedener Stiftskirche eine barocke Ausstattung zu geben, wie Kayser sie bei seinem Eintritt in den Prämonstratenser-Orden erlebt und lieben gelernt hatte. Vielleicht hat er noch kurz vor seinem Tod seine Beziehungen zum Kölner Domkapitel spielen lassen, um einen Teil der Figuren für die Ausschmückung seiner Kirche zu gewinnen. Es wäre ihm ein Leichtes gewesen. Am 1. Juli 1842 starb er kurz vor Mitternacht in seiner Vaterstadt Köln und wurde am 4. Juli auf dem dortigen Melatenfriedhof beerdigt.[12]

Der gegeißelte Christus.

Diese Figur stellt wahrscheinlich
den Evangelisten Matthäus dar.

Figur eines Propheten.

Die Jahre nach Kaysers Tod waren erfüllt mit Streitigkeiten um die Stiftskirche.[13] Keine gute Zeit, sich der Ausschmückung der Kirche zu widmen, denn die Eigentumsverhältnisse am Gebäude waren nicht geklärt und die Nachbargemeinden hätten lieber eine eigene, neue Kirche gehabt, statt sich jeden Sonntag auf den Weg nach Knechtsteden machen zu müssen. Das hätte zwar der Erzbischof gerne gesehen: die Knechtstedener Stiftskirche als gemeinschaftliche Pfarrkirche für Straberg und Delhoven. Aber da waren sich beide Gemeinden ausnahmsweise einmal einig. Vehement lehnten sie dieses Ansinnen des Erzbischofs ab. So könnte es also sein, dass die Holzfiguren den Weg nach Knechtsteden gefunden haben, aber zunächst einmal nicht den Weg in die Kirche. Oder wenn doch, dann ohne sie entsprechend restaurieren und farbig neu fassen zu lassen.

Erst die verschiedenen Berichte über den Klosterbrand von 1869 sprechen wieder von den Großfiguren. Sie seien aus der Kirche entfernt worden, damit sie nicht dem Brand zum Opfer fielen. Dass die einen Chronisten von steinernen, die anderen von Holzfiguren sprechen, zeigt, dass diese nicht neu gefasst worden waren, sondern noch ihren steinsichtigen Anstrich bewahrt hatten. Die Figuren wurden auf einem Bauernhof in Straberg unter bejammernswerten Umständen gelagert. Hier wird wohl der Schadensprozess an den Holzfiguren in Gang gekommen sein. Wann die Figuren wieder nach Knechtsteden kamen, konnte nicht festgestellt werden. Eventuell findet sich ein Hinweis im Historischen Archiv des Erzbistums Köln.

In Knechtsteden waren die Figuren auf einem Speicher über dem sogenannten Hahnentor gelagert. Als 1952 nach dem Neubau der Brüderkapelle an der Nordseite des Brüderhauses die angrenzenden Räume und Speicher zu Internatsräumen für die Brüderpostulanten umgewidmet beziehungsweise umgebaut wurden, mussten die Figuren weichen. Sie wurden auf den Speicher des Handwerkertraktes neben dem Atelier des Künstlerbruders Johannes Chrysostomus Stopp verbracht. Dort versammelten sich noch weitere Figuren und mit ihnen wohl auch weitere Holzwurmpopulationen. Anfang der neunziger Jahre wurden die Figuren an ihren jetzigen Standort verbracht.

1   Rath, P. Josef Theodor: Winand Kayser. Der letzte „Mönch" von Knechtsteden, o.O., o.J.; Ders.: Die Schicksale der Abtei Knechtsteden von 1842 bis 1895, Köln 1988.
2   Erzbistum Köln. Inventar der kirchlichen Ausstattung. Kloster Knechtsteden. Textband: Die Ausstattung des Klosters Knechtsteden zu Dormagen, bearbeitet von Reinhard Köpf und Christine Schaffrath unter Mitwirkung von Ivo Rauch, Koblenz 2010, S. 70f.
3   Ebenda, S. 74f.
4   Rath: Winand Kayser, S. 26f.
5   Rath: Winand Kayser, S. 30f.
6   Jansen Bibl. Not. 5, zitiert nach Rath: Winand Kayser, S. 42.
7   Rath: Winand Kayser, S. 44f.
8   Rath: Winand Kayser, S. 62.
9   Hegel, Wilhelm: Geschichte des Erzbistums Köln, Band V: Das Erzbistum Köln zwischen der Restauration des 19. Jahrhunderts und der Restauration des 20. Jahrhunderts (1815-1962), Köln 1964, S. 323.
10 Vgl. Hegel, a.a.O., S. 322.
11 Rath: Winand Kayser, S. 68.
12 Rath: Winand Kayser, S. 84.
13 Siehe ausführlich bei Rath: Die Schicksale der Abtei Knechtsteden, S. 4ff.

Der Düsseldorfer Künstler Theodor Lindner und (s)ein Gemälde von Zons

Jost Auler / Diana Wolf

Seit 1983 befindet sich ein monumentales Gemälde im Besitz des Rhein-Kreises Neuss (Kreismuseum Zons), das im oberen Foyer des Archives im Rhein-Kreis Neuss (Kulturzentrum des Rhein-Kreises Neuss in Dormagen-Zons, Schlossstraße 1) der Öffentlichkeit seit vielen Jahren zugänglich ist. Das Gemälde greift ein historisches Motiv in der Rheinzollfeste Zons auf. Es stammt von dem Düsseldorfer Historienmaler Theodor Lindner (Düsseldorf 1882 – Düsseldorf 1956), der der Düsseldorfer Malerschule nahestand, und trägt – den Unterlagen des Kreismuseums zufolge – den Titel ‚Rheinansicht in Zons‘. Der nur mäßig bekannt gewordene Künstler, seine Werke und (s)ein Gemälde zu Zons sind Thema der folgenden Ausführungen.

Kurzvita von Theodor Lindner[1]

Zur Vita von Theodor Lindner[2] liegen kaum Daten vor. Er wurde 1882 in Düsseldorf geboren und besuchte von 1902 bis 1904 die Kunstgewerbeschule Düsseldorf; sein einflussreichster Lehrer war Georg Hacker[3] (1865-1945). Hacker stammte aus Dessau; er wurde im Atelier Brückner in Coburg ausgebildet. Nach mehreren Stationen kam er an die neubegründete Kunstgewerbeschule, 1896 dann an das Stadttheater in Düsseldorf, für das er zahlreiche Ausstattungen schuf. Er fertigte Landschaftsbilder aus dem Düsseldorfer Raum, auch aus Westfalen und weit darüber hinaus. Ab 1896 war er Mitglied des im Revolutionsjahr 1848 gegründeten Künstlervereins ‚Düsseldorfer Malkasten‘ und lange Jahre dort im Vorstand tätig. Ab 1919 war er als Lehrer für Bühnenmalerei an der Staatlichen Kunstakademie in Düsseldorf tätig.

Theodor Lindner war ein Schwager von Wilhelm Schreuer[4] (1866–1933). Schreuer stammte aus Wesel, wuchs in Köln in der Nähe des Neumarktes auf und wurde 1884 an der Kunstakademie Düsseldorf angenommen. Die Akademie wurde damals von dem Historienmaler Peter Janssen geleitet, dessen Meisterschüler mit Atelier in der Akademie Wilhelm Schreuer zwischen 1886 und 1890 war. Ab 1896 war Schreuer aktives Mitglied des Malkastens. Die Motivwahl des Malers umfasste Düsseldorfer Straßen-, Kneipen-, Hafen- und Rheinszenen, also Alltagsimpressionen, aber auch gesellschaftliche Musik-, Tanz- und Ballveranstaltungen. Schwerpunkt seiner Arbeit waren Historiengemälde mit regionalem Bezug, wie etwa der ‚Einzug Napoleons auf der Ratinger Straße in Düsseldorf anno 1811‘. Schreuer – er gilt als einer der erfolgreichen Erneuerer der Düsseldorfer Genremalerei – starb 1933.

Schiffsbauer, 1926.

Georg Hacker, Lindners Verwandter Wilhelm Schreuer und sicher auch viele andere Mitglieder des Düsseldorfer Malkastens prägten die Arbeiten von Theodor Lindner, der bisweilen auch als Theatermaler tätig war. Lindner malte in einem ähnlichen Stil und mit ähnlicher historisierender Motivik, zumeist Landschaften sowie Stadt- und Dorfszenen, vor allem aber auch Interieurs und militärische Szenen. Bedauerlicherweise hat der Malkasten in Düsseldorf keinerlei Schrift- oder Bildquellen von Lindner, und auch eine umfangreiche Briefsammlung aller Malkastenkünstler seiner Zeit erwähnt ihn nicht. Auch in den einschlägigen Nachschlagewerken ist er nicht erfasst.

Erste Werke von Lindner stammen von der Jahrhundertwende – im Jahre 1900 war er 18 Jahre alt – und aus seinen Jahren an der Kunstgewerbeschule. Die Themen des Malers waren von den Arbeiten seiner Lehrer geprägt und entsprachen dem damaligen Zeitgeschmack. Diesen historisierenden dörflichen und städti-

schen Szenen, Darstellungen von Militär und so weiter blieb er auch in den Folgejahren und bis zu seinem Ende treu. Ein signiertes und datiertes Bild aus dem Jahre 1916 trägt den Zusatz „z. Z. im Felde" und belegt seine Teilnahme als Soldat am

Postkutsche und Husar am Stadttor, o. J.

Postkutsche vor niederrheinischem Stadttor, 1914.

Ersten Weltkrieg; auch sein Lehrer Georg Hacker nahm von 1914-1916 am Krieg teil. Bis um 1930 können regelmäßig Arbeiten nachgewiesen werden; diese Jahre zeugen von einer intensiven Schaffensphase. Aus diesen Jahren stammt auch sein hier zu besprechendes Werk zu Zons. Aus den 1930er Jahren liegen bislang keine Belege vor; dies mag eine Lücke in der Forschung sein oder dem Umstand geschuldet, dass zahlreiche Werke bisher undatiert sind. Aber auch andere Gründe können nicht ausgeschlossen werden. Aus den 1940er Jahren stammen wenige weitere Arbeitsbelege. Ab 1947 bis zu seinem Tode rund eine Dekade später – Theodor Lindner starb 1956 im Alter von 74 Jahren in seiner Geburtsstadt Düsseldorf – sind keine Werke mehr bekannt.

Theodor Lindner blieb seiner Geburtsstadt Düsseldorf bis zu seinem Tode treu; er soll in Bilk gewohnt haben. Die Altstadt von Düsseldorf diente oftmals als Kulisse für seine geschichtliche Szenen aufgreifenden Motive. Andere historische Gebäudekomplexe dürften dem gesamten niederrheinischen Raum entlehnt

sein; räumlich exakt ansprechbar sind seine Arbeiten aus dem Jahre 1922 zu Zons[5] und seine Werke zu Rees.[6] Beide niederrheinischen Kleinstädte haben mittelalterliche Wurzeln, deren historische Bausubstanz sich bis heute hervorragend erhalten hat. Die Präzision der Wiedergabe der Baulichkeiten beider Städte in den Arbeiten von Lindner legt die Annahme nahe, dass er vor Ort zumindest Skizzen fertigte. Zons war von Düsseldorf aus leicht erreichbar. Rees hat Lindner vielleicht durch seinen Schwager Wilhelm Schreuer kennen- und schätzen gelernt, denn der stammte aus dem nahen Wesel.

Für Theodor Lindner können Arbeiten zwischen 1900 und 1947 nachgewiesen werden. Dies deckt sich grob mit den Angaben des Sammlers Dr. Dr. Horst Schumacher, der vor fast vierzig Jahren schrieb: *„Theo Lindner wirkte zwischen 1910 und 1940 in Düsseldorf"*[7]. Seinem Genre blieb Lindner zeitlebens treu; nur wenige Werke – gemeint sind die Ölgemälde mit mythologischen Szenen oder die Darstellung einer Wasserkapelle

Kaufleute in einem Kontor vor Segelschiffmodell, 1941.

mit Gondel – zeugen von Versuchen des Künstlers mit anderen Themen.

Das Oeuvre von Theodor Lindner

Ein Werkverzeichnis von Theodor Lindner liegt bislang nicht vor. Die nachfolgende Liste stellt erstmals seine bekannten Werke vor, insgesamt wenig mehr als fünfzig, auf der Grundlage der publizierten Literatur (Auktions- und Ausstellungskataloge) und einer Internetrecherche, die vor allem in den Online-Katalogen von Auktionshäusern fündig wurde, sowie von privaten Sammlungsbeständen. Ermitteln konnten wir nur solche Werke, die aktuell (Winter 2011) zum Verkauf auf dem Kunstmarkt angeboten werden beziehungsweise wur-

Kurze Rast zu Pferde, 1940.

den. Lindnergemälde, die sich seit langem in Privatbesitz befinden oder in Magazinen von Ausstellungshäusern lagern, konnten durch uns nicht ermittelt und erschlossen werden. Ein Anspruch auf Vollständigkeit kann also explizit nicht erhoben werden.

- Lesende Frau mit Hut, 18 cm x 13 cm, unten links signiert und datiert: T. Lindner 9.9.1900.
- Rast an der Hafenkneipe, Mischtechnik, 73 cm x 59 cm, unten rechts signiert und datiert: Theo Lindner 1901.
- Personen in einer Stadt, Pastellmalerei (?), < 83 cm x 68 cm, unten rechts signiert, datiert und topografiert: Th. Lindner 1904.
- Zwei Männer in der Schreibstube, Öl auf Malpappe, 57 cm x 45 cm, unten links signiert, datiert und topografiert: Theo Lindner Ddf. 1907.
- In der Schänke[*9], Gemälde, 1907.
- Vier Männer und eine Frau in historischen Kostümen*, Gemälde, 1907.
- Vor dem Wirtshaus*, Gemälde, 1908.
- Die Stadtwache vespernd vor einer Schänke*, Zeichnung-Aquarell, 1908.
- Gasthausinterieur, Öl auf Karton, 59,5 cm x 50 cm, unten links signiert, datiert und topografiert: Theo Lindner Df. 1911.
- Soldaten am alten Berger Tor in Düsseldorf, Öl auf Papier, 106 cm x 80,5 cm, unten links signiert, datiert und topografiert: Theo Lindner Df. 1911.
- Plausch vor Dorfkulisse, Öl auf Malkarton, ca. 60 cm x 80 cm, links unten signiert und datiert: Theo Lindner 1913.
- Herrschaftlicher Ausritt, Öl auf Malkarton, ca. 60 cm x 80 cm, links unten signiert, datiert und topografiert: Theo Lindner Ddf. 1913.
- Mythologische Szene eines jagenden Knaben mit drei Hunden, 17 cm x 13 cm, signiert und datiert: Th. L. 1913.
- Aufbruch vor dem Landgasthof*, Gemälde, 1913.
- Postkutsche vor niederrheinischem Stadttor, Tempera auf Papier, 88 cm x 105 cm, unten links signiert und datiert: Theo Lindner 1914[10].
- Der Abschied, Öl auf Papier, 98 cm x 78 cm, unten links signiert und datiert: Theo Lindner 1914.
- Ausritt am Rhein, Öl auf Papier, 105 cm x 81 cm, signiert, datiert und topografiert: Theo Lindner Dsf. 1914.
- Figurenreiche Szenerie vor dem Seegericht im Habit des 18. Jahrhunderts, Öl auf Leinwand, 74 cm x 52 cm, unten rechts signiert, datiert und topografiert: „z. Z. im Felde" 1916.
- Vor dem Wirtshaus, Öl auf Papier, 80 cm x 59,5 cm, unten links signiert, datiert und topografiert: Theo Lindner Dd. 1918.
- Abschied eines Mannes in Uniform von Frau und Kind am Flussufer*, Gemälde, 1919.
- Besprechung beim Schiffsbauer, Öl auf Papier, 78 cm x 60 cm, Mitte links signiert, datiert und topografiert: Theo Lindner Df. 1919.
- Rheinansicht in Zons, Öl auf Leinwand, 168 cm x 130 cm, rechts unten signiert und datiert: Th. Lindner 1922.
- Mußestunde / Hof eines südlichen Bergdorfes*, Gemälde, 1922.
- Berittene Soldaten in der Düsseldorfer Altstadt*, Gemälde, 1923.
- Schiffsingenieure des 18. Jahrhunderts besprechen ein neues Modell*, 1924.
- Pfeifenrauchender Soldat auf einer Sitzbank im Innenhof, Öl auf Leinwand, 72 cm x 61 cm, unten rechts signiert und datiert: [Theodor Lindner] 1925.
- Schiffbauer, 98 cm x 83 cm, signiert und datiert: [Theodor Lindner] 1926.

- Hafenszene vor Dreimaster auf Fluss, Öl auf Leinwand auf Holzplatte, 110 cm x 82 cm, signiert und datiert und topografiert unten rechts: Theo. Lindner Df. 1927.
- In der Düsseldorfer Altstadt, Öl auf Leinwand, 113 cm x 89 cm, signiert und datiert: [Theodor Lindner] 1929.
- Der Brief*, Gemälde, 1929.
- Die Besprechungsrunde*, Gemälde, 1930.
- Die kurze Rast zu Pferde, Öl auf Hartfaser, 96,5 cm x 76,5 cm, unten rechts signiert, datiert und topografiert: Th. Lindner Ddf. 1940.
- Kaufleute in einem Kontor vor Segelschiffmodell, 75,5 x cm 71 cm, unten links signiert, datiert und topografiert: Th. Lindner Ddf. 1941.
- Wasserkapelle mit Gondel, Öl auf Holz, < 73,5 cm x 62,5 cm, signiert und datiert: Th. Lindner Düsseldorf 1942 (?).
- Ratsherren im Gespräch, Öl auf Karton, 32 cm x 40 cm, unten rechts signiert und datiert: Theo Lindner (19)47.

Unleserlich datierte Arbeiten:

- Postkutsche und Husar am Stadttor, Öl auf Leinwand, 65 cm x 80 cm, unten rechts signiert und unleserlich datiert: Theo Lindner.

Undatierte Arbeiten:

- Fortuneteller / Der Wahrsager, Öl, 47 cm x 29 cm, unten rechts signiert [Theodor Lindner].
- Alter Posthof in Düsseldorf, Öl auf Leinwand, 91 cm x 65 cm, unten links signiert und topografiert: Th. Lindner Dlf.
- Mythologische Szene eines jungen Paares, Öl auf Leinwand, 78 cm x 121 cm, signiert: Th. Lindner.
- Segelschiff vor Danzig, Öl auf Leinwand, < 57 cm x 46 cm, signiert und topografiert: Th. Lindner Düsseldorf.
- Berger Tor – Düsseldorfer Altstadt / Reges Treiben am Berger Tor in Düsseldorf, Öl auf Leinwand, 110 cm x 90 cm, unten links signiert: Th. Lindner.
- Im Schiffskontor*, Zeichnung-Aquarell.
- Reeder vor einem Schiffsmodell*, Gemälde, 120 cm x 95 cm.
- Mutter mit Kindern bestaunen Reiter in der Düsseldorfer Altstadt*, Gemälde.
- Besuch beim Ratsherrn*, Gemälde.
- The Waiting Room*, Gemälde.
- Reiter in Uniform warten auf Fähre am Rheinufer*, Gemälde.
- Schlossinterieur mit musizierendem Paar*, Gemälde.
- Preussen vor dem Wirtshaus*, Gemälde.
- Die Deichwache*, Gemälde.
- Rees am Rhein zur Zeit Friedrichs des Großen*, Öl auf Leinwand, 60 cm x 50 cm, unten links signiert: Th. Lindner D'f.
- Rees am Rhein. Dorfstraße mit Soldat mit Pferd und Kindern, Öl auf Leinwand, unten links signiert.
- Blick auf Rees aus Richtung Emmerich, Öl, ca. 30 cm x 40 cm (telef. Roos)
- Freie Nachbildung des Zons-Bildes mit Reiter, Gebäuden, Personen und Pferden, Gemälde, Reproduktion im Archiv im Rhein-Kreis Neuss.

Rheinansicht in Zons

Bei dem Gemälde zu Zons von Theodor Lindner handelt es sich um ein großformatiges Werk (168 cm x 130 cm) in Öl auf Leinwand. Es wurde 1983 vom Rhein-Kreis Neuss in Neuss erworben und trägt die Inventarnummer ‚G 83 / 1‘. Das Werk ist signiert und datiert: Th. Lindner 1922.

Das Bild bietet eine Ansicht der Rheinstraße in der Zonser Altstadt von Norden kurz hinter dem Rheintor. Dargestellt sind die ältesten erhalten gebliebenen Wohnhäuser, links die Hausnummern 3-7, rechts die Hausnummern 6-10a; hinter der – hier nicht erkennbaren – Einmündung der Turmstraße ist das Haus mit der Nummer 12 erkennbar. Diese Häuserzeilen entstanden nach dem letzten großen Stadtbrand von 1620, dem

nahezu die gesamte Wohnbebauung der Stadt zum Opfer fiel. Die erhaltenen Brandmauern zwischen den Häusern zeigen, dass die Vorgängerbauten einst höher waren. Dieser Straßenabschnitt war und ist übrigens auch eines der beliebtesten Motive Zonser Ansichtskarten.

Theodor Lindner malte ein Szenario mit einem berittenen, möglicherweise französischen Soldaten, der gemächlich entlang der unbefestigten und regennassen Rheinstraße hinter einem Planwagen auf eines der rheinseitigen Wachtürmchen, eine der sogenannten Pfefferbüchsen, zureitet. Der uniformierte Reiter trägt quer einen Zweispitz (Bicorn), also einen sogenannten Napoleonshut, und einen Nackenzopf. Der dunkle Westenrock mit geteilten Schößen hat einen Stehkragen. Darüber trägt er von der linken Schulter zur rechten Taille einen

Französischer Reitersoldat in der Rheinstraße in Zons, 1922.

breiten weißen Quergurt. Seine beigefarbene Hose steckt in kniehohen schwarzen Reitstiefeln. Der (nicht sichtbare) Sattel liegt auf einer Satteldecke; dahinter ist eine wollene Decke festgezurrt. Der Reiter ist naturgemäß in Rückansicht dargestellt; ihm schauen von der linken Häuserzeile her eine Frau mit zwei Kindern hinterher. Bildmittig ist ein zivil gekleideter Mann neben zwei gesattelten und gezäumten Pferden zu sehen, die quer auf der Straße vor einem Haus mit einem auffälligen Steinpfeiler stehen. Dieses Haus mit dem vorgesetzten Pfeiler trägt heute die Hausnummer 8. Der Steinpfeiler davor stammt wohl noch von einem der Vorgängerhäuser, mit Sicherheit aber nicht aus der alten, 1876 abgerissenen Pfarrkirche, wie gelegentlich behauptet wird, denn er findet sich auch bereits auf früheren Abbildungen.

Links neben dem Reiter geht der Blick über die Mauer, hinter der unmittelbar der Rhein mit einigen Schiffen zu sehen ist. Diese Situation mit dem Fluss unmittelbar an der östlichen Stadtmauer gab es bereits um 1800 nicht mehr. Die Darstellung der Protagonisten von der Rückseite – keine Person blickt den Betrachter dieses Werkes direkt an – nimmt dem Bild jegliche Dramatik. Es zeigt dagegen eine beschauliche Alltagsszene ohne jede Spannung. Das Bild ist in weichen Pastelltönen gehalten; der Mittelpunkt des Werkes wird durch das blaue Hemd des stehenden Zivilisten gekennzeichnet. Der Reiter in napoleonischer Uniform sowie der Wagen und das Wachtürmchen bilden in Verlängerung zwei senkrechte Achsen in der linken Bildhälfte. Diese Achsen werden in der rechten Bildhälfte von der oben erwähnten Säule und der hölzernen Haustüre gespiegelt.

Neunzig Jahre später: Blick in die Rheinstraße in Zons.   *Foto: Petra Hiller, Dormagen, Oktober 2011.*

Rast an der Hafenkneipe, 1901.

Alter Posthof in Düsseldorf, o. J.

Der Abschied, 1914.

Historischer Hintergrund

Die militärische Besetzung des linken Rheinufers durch Frankreich erfolgte im Laufe des Jahres 1794; Zons (heute Stadt Dormagen, Rhein-Kreis Neuss) gehörte ab diesem Zeitpunkt für zwei Jahrzehnte zu Frankreich. Die offizielle Abtretung der linksrheinischen Gebiete an Frankreich erfolgte dann 1798. Der Fluss bildete von nun an nicht nur die Landesgrenze Frankreichs zum rechtsrheinischen Territorium des (Groß-)Herzogtums Berg, sondern auch die Zollgrenze. Zum Schutz der französischen Wirtschaft wurden die Ein- und Ausfuhr bestimmter Waren nun besteuert, andere Güter unterlagen Ein- und Ausfuhrbestimmungen. Diese Situation bedingte eine starke Präsenz von Militär unmittelbar am Rheinstrom. Seit Oktober 1795 war auch die Zollstelle in Zons wieder mit französischen Zöllnern besetzt. Bis zur endgültigen Abtretung des linken Rheinufers an Frankreich 1798 galt es allerdings lediglich, die bereits 1795 verbotene Getreideausfuhr ins Bergische zu überwachen. Ab Ende Juni 1798 bewachten dann Zollbrigaden – genauer: Douaniers – im Zusammenspiel mit den französischen Soldaten die Zollgrenze. Ihre Aufgabe war es, den bilateralen und überaus lukrativen Schmuggel über den Rhein zu unterbinden. Diese Soldaten und Zöllner im Dienste Frankreichs waren auf den Höfen der rheinnahen Dörfer und in den Hausstellen der Ackerbürger von Zons untergebracht. Genau diese Ackerer aber waren es, die mit der riskanten Schmuggelei ihren Verdienst aufbesserten. Die Häscher wohnten also bei den Schmugglern; man lebte unter einem Dach, man aß zusammen, man rauchte gemeinsam eine Tabakspfeife ... Tagsüber gingen die Einheimischen ihrem Tagwerk nach und die Franzosen kontrollierten Wege und Wagen. Nachts schlichen sich die Rheinanrainer zu ihren Nachen am Ufer des Stromes, luden Schmuggelgut und setzten ins Bergische über. Und die Soldaten und Zollbeamten patrouillierten an den ihnen zugewiesenen Uferabschnitten. Es waren dramatische Jahre damals, es gab Verletzte und Tote auf beiden Seiten, über die wir durch zeitgenössische Quellen gut unterrichtet sind.[11] Theodor Lindner mag in Gedanken, ein solches Szenario vor Augen gehabt haben. So kann man mit etwas Phantasie in dem Bild sehen, wie ein französischer Soldat – langsam und entspannt – tagsüber durch die Zonser Altstadt reitet; es ist die Ruhe vor dem Sturm, denn der Mann weiß, dass er auch zur nächtlichen Patrouille in Richtung Stürzelberg eingeteilt ist …

Zusammenfassung

Über den Düsseldorfer Genremaler Theodor Lindner (1882-1956) und seine Werke liegen nicht viele Daten vor. Er war Schüler von Georg Hacker und Wilhelm Schreuer. Diese beiden bekannten Künstler stellen seine Verbindung zum Malkasten dar; mit diesem Düsseldorfer Künstlerverein wird Lindner, wenn er überhaupt Erwähnung in der einschlägigen Literatur findet, immer in Verbindung gebracht. Anlässlich der Würdigung eines Ölgemäldes von Lindner, zu dem die kurkölnische Rheinzollfeste Zons die Kulisse bildet und das der Rhein-Kreis Neuss vor drei Dekaden käuflich erworben hat, gehen die Verfasser auch auf den Künstler ein. Zudem bietet der Text ein erstes Werkverzeichnis.

Theo Lindner malte historische dörfliche und städtische Szenen; oftmals wählte er als Protagonisten preußische oder französische Kavalleriesoldaten vor historischen Bauwerken, die von zivilen Staffagefiguren flankiert werden. Diese Figurengruppen tauchen auf zahlreichen Bildern in leicht modifizierter Darstellung immer wieder auf, etwa auf dem Bild einer Postkutsche vor einem niederrheinischen Stadttor aus dem Jahre 1914.

Die Gemälde von Theodor Lindner bieten stimmungsvolle und recht detailreiche Szenen; dies gilt auch für sein Ölbild zu

Zons mit einer Darstellung einer historischen Szene aus der Geschichte der Stadt zu der Zeit, als die linken Rheinlande von den Franzosen besetzt waren und das im Jahre 1922 entstanden ist. Wirklichkeits- und detailgetreu gibt er Zons wieder.

1   Dank für weiterführende Hinweise und die Überlassung von Materialien zu Theodor Lindner schulden die Verfasser Herrn Dieter Roos, Rees, und Frau Jennifer Lindner, Hilden; Theodor Lindner war ihr Urgroßonkel.
2   Roos, Dieter: Rees. Seine Zeichner, Maler und Bildhauer. Reeser Künstler-Lexikon, Rees 2005, S. 57.
3   Thieme, Ulrich / Becker, Felix: Allgemeines Lexikon der Bildenden Künstler von der Antike bis zur Gegenwart 15, Leipzig 1922, S. 410.
4   Köhn, Silke: Wilhelm Schreuer (1866 Wesel - 1933 Düsseldorf). Sammler Journal 2006, S. 62-69.
5   Hansmann, Aenne: Geschichte von Stadt und Amt Zons, Düsseldorf 1973.
6   Kastner, Dieter: Rees. Geschichte der Stadt im Überblick. In: Städtisches Museum Koenraad Bosman. Museum für Kunst und Stadtgeschichte Rees, Rees 1997, S. 63–98.
7   Katalog Niederrheinisches Museum der Stadt Duisburg. Aus der Postkutschenzeit. Sammlung Schumacher, Duisburg 1974, Nr. 38.
8   Titel, Materialien, Maße (Breite x Höhe) und Legende.
9   Alle mit einem hochgestellten Sternchen (*) gekennzeichneten Werke wurden am 28. Oktober 2011 einer Auflistung im Internet (www.artprice.com) entnommen; weitere Daten waren öffentlich nicht zugänglich.
10 Katalog Niederrheinisches Museum der Stadt Duisburg. Aus der Postkutschenzeit. Sammlung Schumacher. Duisburg 1974, Nr. 38 und Abbildung.
11 Zum historischen Hintergrund siehe: Auler, Jost: 1803: Rhein – Zoll, in: ders.: Stürzelberg. Ein Lesebuch von Rheinfischern, Getreideschmugglern, Dormagen 2005, S. 61-69; Cardauns, Hermann / Müller, Reiner (Hrsg.): Die rheinische Dorfchronik des Joan Peter Delhoven aus Dormagen (1783-1823), Dormagen 1966; Jarren, Volker: Schmuggel um Dormagen und Zons. Beobachtungen aus der Sicht des Dorfchronisten Joan Peter Delhoven, in: Jahrbuch für den Kreis Neuss 2001, Neuss 2000, S. 78-93; Kirchhoff, Hans Georg: Dormagen lag in Frankreich. Die Jahre 1794-1814 im Spiegel eines rheinischen Tagebuchs, in: Almanach für den Kreis Neuss 1984, S. 59-64.

Spiegel mit vielen Facetten - Friedhöfe und Grabmalkunst in Meerbusch

Margot Klütsch

Friedhöfe und Grabmäler setzen Assoziationsketten an Negatives und Verdrängtes in Gang: Sterben und Tod, Vergänglichkeit, Trauer und Verlust – aber man kann sie auch anders beschreiben, nämlich als Orte, die das Leben in vielen Facetten spiegeln. Wer über Friedhöfe geht und Grabsteine näher betrachtet, stellt schnell fest, dass hier nicht nur etwas über die Verstorbenen zu erfahren ist. Vielmehr erzählen Grabstätten Geschichten über das Leben selbst. Wie in einem Brennglas reflektieren sie den Zeitgeist: religiöse, soziale, familiäre und politische Bedingungen und deren Veränderungen.[1]

In Meerbusch werden heute vier Friedhöfe genutzt, die seit ihrer Entstehung kontinuierlich erweitert wurden.[2] Die ältesten existierenden Begräbnisstätten entstanden 1833 in Büderich und 1834 in Lank-Latum an der Rheinstraße; hier gibt es seit 1983 die Dependance an der Nierster Straße. Der Osterather Friedhof wurde 1912 in Nachfolge des Friedhofs von 1826 angelegt. Strümp bekam erst in den 1970er Jahren eine eigene Begräbnisstätte. In Büderich gab es weitere Grabstätten auf dem Areal des ehemaligen, 1166 gegründeten Prämonstratenserinnen-Klosters Meer.[3] Am Rand von Lank-Latum befindet sich seit 1878 ein jüdischer Friedhof. Er wurde bis 1937 belegt und steht als Gesamtanlage unter Denkmalschutz.[4] Der 1867 in Osterath angelegte jüdische Friedhof wurde in nationalsozialistischer Zeit (1935) nach Krefeld verlegt. Die Straße „Am Gutort" erinnert an die früher hier gelegene jüdische Begräbnisstätte.[5]

Die ehemaligen Kirchhöfe

Die ersten Grabstellen auf Meerbuscher Gebiet lagen in den einstigen Kirchspielen Büderich, Lank-Latum und Osterath. Dass sie sich innerhalb sowie in unmittelbarer Nähe der Pfarrkirchen beziehungsweise am Kloster Meer befanden, ist auf den christlichen Reliquienkult zurückzuführen. Denn seit frühchristlicher Zeit wurden Kirchen für die sterblichen Überreste von Märtyrern und Heiligen errichtet. Die Gläubigen wollten möglichst nah bei ihnen begraben werden, weil sie auf deren Fürsprache beim Jüngsten Gericht hofften. Besonders begehrt waren deshalb innerkirchliche Bestattungen. Diese blieben allerdings Geistlichen, Adligen und – gegen entsprechende finanzielle Zuwendungen - der wohlhabenden Oberschicht vorbehalten. Die übrigen Gläubigen wurden, kirchlicher Vorschrift entsprechend, in der unmittelbaren Umgebung der Pfarrkirche, auf dem „Kirchhof", begraben. Für Büderich bedeutet das, dass der Friedhof seit dem Mittelalter bis 1833 direkt an der alten Pfarrkirche St. Mauritius lag, von der heute nur noch der romanische Kirchturm erhalten ist. Dieser erste Friedhof ist weder durch Dokumente noch durch Ausgrabungen belegt, aber mehrere barocke Grabkreuze sind erhalten. Zwei stehen zwischen Sträuchern hinter dem alten Kirchturm.

Die älteste nachweisbare Begräbnisstätte auf Meerbuscher Gebiet ist der Lank-Latumer Kirchhof rund um den romanischen Kirchturm von St. Stephanus. Archäologische Befunde belegen Bestattungen mindestens seit dem Anfang des 10. Jahrhunderts.[6] Auf dem Lanker Kirchhof fanden Angehörige des gesamten Kirchspiels ihre letzte Ruhestätte, also unter anderem Verstorbene aus Strümp, Nierst, Langst-Kierst, Ilverich und Ossum-Bösinghoven. Mehrere Grabkreuze aus dem 17. und 18. Jahrhundert zeugen von der Begräbnistradition in Lank-Latum, bevor 1834 der Friedhof an der Rheinstraße angelegt wurde. Vier barocke Steine wurden dort aufgestellt, ein weiterer steht auf dem neuen Friedhof.

Der erste Osterather Friedhof lag auf dem heutigen Kirchplatz, auf dem bis 1855 das alte Kirchenschiff von St. Nikolaus stand. Der Lageplan des Osterather Kirchhofs von 1826[7] führt mehr als 400 Begräbnisplätze auf. Sie sind reihenweise und systematisch rund um das gesamte Kirchengebäude eingezeichnet. Doch der damalige Eindruck dürfte eher chaotisch gewesen sein. Denn häufig wurden aus Platzmangel, selbst wenn die Bestatteten noch gar nicht völlig verwest waren, Grabstellen wieder neu belegt und Grabkreuze entsprechend versetzt. In Osterath sind elf Grabsteine aus dem 17. und 18. Jahrhundert erhalten. Zwei brachte man am Turmeingang von St. Nikolaus an. Die anderen stehen gegenüber der Trauerhalle auf dem Friedhof. Obwohl die Osterather Pfarre als Tochterkirche von St. Katharina in Willich erst mit der Trennungsurkunde von 1547 das Recht der Bestattung erhielt, fanden hier wohl seit dem 15. Jahrhundert Beerdigungen statt.[8]

Barocke Grabsteine

Bei den erhaltenen Grabsteinen von den ehemaligen Kirchhöfen in Büderich, Osterath und Lank-Latum sowie von Kloster Meer handelt es sich - abgesehen von zwei Grabplatten - um Grabkreuze. Die Daten reichen von 1625 (Büderich, Alter Kirchturm) bis 1773 (Lank-Latum, alter Friedhof), müssen aber nicht zwingend mit der Entste-

Grabkreuz, 1692, Friedhof Osterath.
Fotos (23): Margot Klütsch.

hung identisch sein. Die Grabsteine folgen mit geringen Abweichungen dem selben Muster: kompakte Kreuze, meistens mit vier zeittypischen Voluten in den Winkeln und erhabener Randleiste. Gestaltung und Ikonographie entsprechen einem weit verbreiteten Typus, wie er sich im späteren 16. Jahrhundert herausbildete, als die städtische und ländliche Mittelschicht sich nicht mehr nur die üblichen Holzkreuze leisten konnte, sondern zunehmend auch steinerne Grabmale, was vorher dem Klerus, dem Adel und nur besonders Begüterten vorbehalten war.[9] Bei den barocken Grabsteinen ist die äußere und Sinn gebende Form das Kreuz. Obwohl es dabei wenig Raum für individuelle Gestaltung gab, erfährt man mehr über die Toten als ihre Sterbedaten. Unter ihnen sind die Kirchmeister Heinrich Breuers und Heinrich Gruttorfer aus Osterath sowie der Schmied Paul Hanneckes und der Verwalter[10] Johannes Gobels aus dem Kloster Meer. Derartige Angaben verdeutlichen die besonders enge Beziehung der Bestatteten zur

Grabplatte, 1699, Grabkreuz, 1700, Osterath, St. Nikolaus.

Kirche. Außerdem fällt auf, dass der bereits mit sechs Jahren verstorbene Adolf Schurmans ein nicht weniger aufwändiges Grabkreuz bekam als die Erwachsenen. Nicht selten wurden die wertvollen Steine mehrfach verwendet, zum Beispiel für die erste und zweite Ehefrau von Rembolt Hausman. Die Inschriften berichten auch davon, dass im Kirchspiel Lank gebürtige Ilvericher und Gelleper begraben wurden.

Viele erhaltene Kreuze weisen an der Basis einen Totenschädel und gekreuzte Knochen als Symbole der Sterblichkeit, des *Memento mori*, auf. In dieser drastischen Darstellung verdichtet sich zugespitzt die archetypische Angst vor dem Tod, verbunden mit der Mahnung, sich der eigenen Vergänglichkeit bewusst zu sein. Diese Vanitas-Vorstellung als typisches Motiv des Barock hatte durchaus konkrete Hintergründe: Die Lebenserwartung war niedrig und der Tod durch kriegerische Auseinandersetzungen, Krankheit und Seuchen allgegenwärtig. Die häufig auftauchenden Todessymbole spiegeln also die damalige Lebenswirklichkeit. Als Gegenbild zum *Memento Mori* tragen mehrere Steine am Balkenkopf das Jesusmonogramm IHS, häufig in Verbindung mit dem Kreuzsymbol, darunter drei rautenartig angeordnete Kreuzigungsnägel. Diese Zeichen spiegeln die Hoffnung auf ewiges Leben im Glauben an Christus, unterstrichen durch die beschwörende Formel D:S:G:G:.[11]

Es kam häufiger vor, dass barocke Grabkreuze beidseitig bearbeitet wurden, viel-

Grabkreuz, alter Friedhof Lank-Latum.

leicht weil die Gräber auf den Kirchhöfen nicht geordnet nebeneinander lagen, sondern von allen Seiten zugänglich waren.[12] Ein derartiger Grabstein auf dem Lanker Friedhof folgt einem weit verbreiteten Muster: Auf der Vorderseite erscheinen unter den Namen der Verstorbenen eine Totenfratze und gekreuzte Knochen. Die stilisierten Chiffren auf der anderen Seite sind ikonographisch als *Arma Christi* (= Waffen Christi) zu deuten, also Zeichen, die auf die Leidensgeschichte – Geißelung und Kreuzigung - verweisen. Ein Kreuz mit der stark verwitterten Inschrift INRI wird von Passionswerkzeugen begleitet. Zu identifizieren sind der geflochtene Dornenkranz, drei Nägel auf den Kreuzbalken, links eine Leiter und die Lanze des Longinus, rechts der Stock mit dem Essigschwamm (teilweise zerstört), eine Birkenrute und ein (Schilf)-Rohr. Die sich kreuzenden Diagonalen von Lanze und Stock bilden den unteren Teil einer Raute.[13] Unter dem Kreuzfuß sind drei Würfel, mit denen die Soldaten um Jesu Rock würfelten, und ein Hammer eingemeißelt, rechts daneben eine Fessel oder ein Werkzeug. Die beiden Gebilde unter dem linken Kreuzarm sind wohl als dreischwänzige Peitschen zu deuten. Neben dem *Memento mori* der eigenen Sterblichkeit versprachen die symbolisch verdichteten Bilder der Passion den Menschen im Barock Erlösung durch die Leidensgeschichte Christi.

Bemerkenswert ist auch der Stein mit Inschrift aus dem 18. Jahrhundert, der als zentrales Hochkreuz auf dem alten Lanker Friedhof steht. Das Kreuz wurde auf zwei Sockelteilen angebracht, die zwar ebenfalls aus dem 18. Jahrhundert stammen, aber nicht ursprünglich zu ihm gehörten.[14] Auf der Vorderseite ist zu lesen, dass der Grabstein für Angnes Alberts bestimmt war. Auf der Rückseite ist ein teilweise beschädigtes Hochrelief mit Christus am Kreuz zu erkennen. An dessen Fuß steht auf einer Konsole Maria als *Mater dolorosa*. Ihre Brust wird von einem Schwert durchdrungen. Die Darstellung geht auf die Worte Simeons im Lukasevangelium zurück (Kap. 2, 35): „*Dir*

Hochkreuz, alter Friedhof Lank-Latum.

selbst wird ein Schwert durch die Seele dringen". Das Bild der Schmerzhaften Mutter, oft mit sieben Schwertern, kommt auf barocken Steinkreuzen häufiger vor.[15] Die Darstellung bezieht sich nicht auf das persönliche Schicksal von Agnes Alberts. Vielmehr sollte das Bild der trauernden Muttergottes allen Gläubigen als Beispiel und Trost dienen.

Anders als die Grabkreuze auf dem Kirchhof waren Grabplatten in der Regel Geistlichen und Adligen vorbehalten. Die Platten wurden im Kircheninnern im Boden oder an Wänden eingelassen. Hier erscheinen denn auch Statussymbole wie das Wappen der Elisabeth von Zweiffel, einer Professe des Klosters Meer,[16] oder der Kelch mit der Hostie auf der Grabplatte des Osterather Pastors Ludgerus Lauchten, der im südlichen Seitenschiff von St. Nikolaus bestattet wurde.[17] Derartige Zeichen unterstreichen die Stellung innerhalb der damaligen sozialen und klerikalen Hierarchie. Anders als bei den Grabkreuzen der einfachen Bevölkerung sind die Inschriften auf den Grabplatten in lateinischer Sprache verfasst. Sie verraten mehr vom Leben der Verstorbenen als dass sie formelhaft den Glauben an das Jenseits beschwören. So ist auf Lauchtens Grabstein zu lesen, dass er 33 Jahre Pastor in Osterath und 18 Jahre Vikar in Willich war.

Die Friedhöfe des 19. Jahrhunderts

Man kann sich fragen, warum innerhalb weniger Jahre, zwischen 1826 und 1834, in Osterath, Büderich und Lank-Latum neue Friedhöfe angelegt und die alten Kirchhöfe schließlich aufgegeben wurden. Dafür gibt es mehrere Gründe. Mit der protestantischen Ablehnung des Heiligen- und Reliquienkults kamen schon im 16. Jahrhundert Zweifel und Kritik an der Notwendigkeit von Bestattungen innerhalb der Kirchen und deren Umgebung auf. Darüber hinaus herrschten durch verwesende Leichen in den Kirchen und auf den längst überfüllten Kirchhöfen unhaltbare hygienische Zustände. Im Zuge der Aufklärung nahm sich die Gesetzgebung dieser Missstände an. 1794 verfügte ein Erlass im Preußischen Landrecht, dass *„in den Kirchen und in bewohnten Gegenden der Städte ... keine Leichen beerdigt werden sollten"*[18]. Ein entsprechendes napoleonisches Dekret von 1804 wurde für das besetzte linksrheinische Territorium verbindlich. Vor dieser Folie ist die Einrichtung der neuen Friedhöfe auf Meerbuscher Gebiet zu sehen. Allerdings spielte dabei wohl auch die lokale Geschichte eine Rolle. *„Der wahre Grund für die gewünschte Verlegung des Friedhofes dürfte aber gewesen sein, dass man Platz brauchte, um das alte Kirchenschiff abzureißen und die Kirche zu vergrößern"*, so beschreibt Klaus Hellmich die Anfänge des heutigen Büdericher Friedhofs, des so genannten „Dreitömb" am Brühler Weg.[19] Die Einweihung erfolgte am 15. April 1833. Wenig später, am 8. Dezember 1834, wurde in Lank der neue

kommunale Friedhof an der Rheinstraße eingeweiht. Den alten Begräbnisplatz rund um die Pfarrkirche gab man 1845 endgültig auf, als das neue Langhaus von St. Stephanus fertig gestellt war. Zahlreiche Familien erwarben Erbgrabstätten auf dem neuen Friedhof. Aus einem Verzeichnis von 1863 geht hervor, dass mehrere Grabstellen von „Mauerwerk und Eisengitter" umgeben waren - was den „Leichenbeerdiger" Joh. Tenberken zu dem Kommentar veranlasste, dass jenen Grabstätten 12 Quadratfuß hinzu zu rechnen seien.[20] Bereits 1826 war in Osterath zwischen den heutigen Straßen nach Strümp und Krefeld der neue Friedhof entstanden. Er war von einer Mauer umgeben und mit 171 Ruthen und 40 Fuß ungefähr dreimal so groß wie der alte Kirchhof.[21] Nach 1912 wurde er aufgegeben und 1923 eingeebnet. Die Anlagen in Büderich und Lank erhielten eine klare zweckmäßige Struktur, wie es den rationalen Vorstellungen der Aufklärung entsprach. Darüber hinaus führte in Büderich eine Lindenallee vom Eingang durch den Friedhof. Dadurch bekam dieser im Sinne der Romantik einen naturnahen parkähnlichen Charakter, was dem Trend der Zeit entsprach: Als vorbildlich galt die Neugestaltung des Golzheimer Friedhofs in Düsseldorf (ab 1816). Hier hatte der Gartenarchitekt Maximilian Friedrich Weyhe ebenfalls von Linden gesäumte Alleen anlegen lassen. Vielleicht ließ man sich bei dem neuen Büdericher Friedhof davon inspirieren. Sieben alte Linden sind hier noch erhalten.

Die Neuanlage von Friedhöfen führte an der Wende vom 18. zum 19. Jahrhundert zu einer neuen Kultur und Ästhetik von Grabdenkmälern und zu entsprechenden künstlerischen Herausforderungen. Schon damals gab es Musterbücher für Grabmalkunst, und es kristallisierten sich zwei grundsätzliche stilistische Richtungen heraus, die bis ins 20. Jahrhundert wirksam blieben: Klassizismus und Neugotik. Die Friedhöfe wurden nicht nur räumlich von den Kirchen getrennt, sondern waren nun

Grabmal Wehrhahn, Friedhof Büderich.

auch durchweg in kommunaler Hand. Die planmäßige Errichtung von Friedhöfen begünstigte wieder eine Hierarchie der Grabplätze, wie es sie, wenn auch in anderer Form, schon vorher gegeben hatte. So gab es im Vorfeld der Neuanlage des Büdericher Friedhofs Querelen, weil sich Johann Andreas Werhahn, Stammvater der Büdericher und Neusser Werhahn-Dynastie und 1812 bis 1814 Ehrenbürgermeister von Büderich, schon vor der Errichtung des Friedhofs dort einen Platz für seine Familiengrabstätte gesichert hatte.[22] Als er schließlich 1846 starb, setzte die Familie ihm und sich selbst mit ihrer Grabanlage ein imposantes Denkmal.[23] In der Mitte der zehnstelligen[24] Grabstätte steht eine klassizistische konische Stele mit abschließenden Palmettenakroterien bekrönt, von einem Metallhochkreuz mit Dreipassbalken. Die gesenkten, sich kreuzenden Fackeln in einem Halbkreis an der vorderen Basis sind ein beliebtes Motiv der Sepulkralskulptur im 19. Jahrhundert. Sie sind Attribute des antiken Todesgenius Thanatos und symbolisieren das erloschene Leben. Auf der

Rückseite ist, ebenfalls in einem Halbkreis, eine geflügelte Sanduhr, Attribut des griechischen Gottes Chronos, als Zeichen für die verrinnende Lebenszeit eingelassen. Die spätere, ornamental gestaltete Grabeinfassung mit der Signatur der 1877 in Düsseldorf gegründeten Grabmalschmuckfabrik Johann Rittmeyer umsäumt die etwa sechs mal zehn Meter große Grabstelle. Wie der Dyckhof selbst demonstrieren die Grabanlage und zusätzliche Tafeln mit zahlreichen Namen verstorbener Familienmitglieder die Kontinuität von Prestige, Macht und Besitz über den Tod des Einzelnen hinaus. Die Grabstätte wirkt fast wie ein Spiegelbild der ehemaligen Wasserburg mit dem barocken Turm.

Das herausragende Grabdenkmal auf dem alten Lanker Friedhof ist das so genannte „Prinzengrab", die Ruhestätte von Mathias Graf von Hallberg (1765-1848), der auf Schloß Pesch lebte und diese Familiengruft selbst hatte errichten lassen.[25] Der mehrfach gestufte Pfeiler trägt ein Hochkreuz mit der Inschrift der Kreuzhymne: O CRUX AVE SPES UNICA. Der

Grabmal Kürfgen, ehemals Friedhof von 1826, Osterath.
Foto: Stadt Meerbusch, Untere Denkmalbehörde.

Grabmal Hallberg, alter Friedhof Lank-Latum.

krabbenverzierte Kreuzsockel ist einem Pyramidendach aufgesetzt. Auf allen vier Seiten des Schafts sind gotische Vierpässe mit eingemeißelten Adelswappen eingelassen: Auf der Schauseite das Hallbergsche Familienwappen, außerdem die Wappen des Herzogtums Berg und der Grafschaft Mark sowie zweier weiterer hier bestatteter Familienmitglieder. Inschriften sind nicht vorhanden. Der mehr als fünf Meter hohe imposante Stein überragt alle anderen Grabmale auf dem Friedhof. Er dokumentiert Ansehen, Selbstdarstellung und Familienstolz des Reichsgrafen und nicht zuletzt seine Bedeutung für die Lanker Ortsgeschichte.

Im Vergleich dazu nimmt sich das Grabmal des Osterather Bürgermeisters Heinrich Joseph Kürfgen (1781-1847) mit einer Höhe von circa 160 cm geradezu bescheiden aus.[26] Die Stele mit Rundbogenbekrönung und die Akanthus-Ornamente sind klassizistisch gestaltet. Die Inschrift dokumentiert in zeittypischer Sprache und in aller Ausführlichkeit die politische Laufbahn des Verstorbenen als Bürgermeister

von Osterath und Fischeln und preußischer Landtagsabgeordneter, der sich übrigens für die Anlage des neuen kommunalen Friedhofs von 1826 eingesetzt hatte.[27]

Im 19. Jahrhundert demonstrieren die Grabdenkmäler dreier bedeutender Persönlichkeiten beziehungsweise Familien aus Büderich, Lank-Latum und Osterath Repräsentationsbedürfnis, Standesbewusstsein und einen veränderten Umgang mit dem Tod. Wichtiger als der vorher übliche prospektive Aspekt - Hoffnung auf Auferstehung – ist jetzt der Rückblick auf das irdische Leben der Verstorbenen, ihre gesellschaftliche Stellung und Verdienste. Familienwappen, Besitzerstolz und detaillierte Belobigungen spiegeln deren Bedeutung über den Tod hinaus. Die Grabdenkmäler verkörpern die verschiedenen Gestaltungsformen der Sepulkralskulptur im 19. Jahrhundert. Die Grabmale Werhahn und Kürfgen stehen in der Tradition des Klassizismus mit der Orientierung an der Antike. Der Prozess der Säkularisierung, ausgelöst durch die Vorstellungen der Aufklärung und einhergehend mit einer neuen

Antikenbegeisterung, führte seit dem ausgehenden 18. Jahrhundert dazu, dass sich die traditionelle religiöse Ikonographie mit vorchristlichen Formulierungen verband. Der Rückgriff auf antikisierende Formen löste das barocke *Memento mori* ab und vermittelte den Eindruck von Erhabenheit und zeitloser Gültigkeit.

Dagegen ist das „Prinzengrab" des Mathias von Hallberg als Pfeiler mit aufgesetztem Kreuz und gotischen Ornamenten gestaltet. Die romantische Rückbesinnung auf das Mittelalter und dessen Formensprache erreichte mit dem Weiterbau des Kölner Doms ab 1842 und dessen Vollendung 1880 ihren Höhepunkt, was sich speziell in der Grabmalkunst des Rheinlandes unmittelbar niederschlug. Dort befand sich der Katholizismus im ansonsten protestantisch geprägten Preußen in der Defensive. Von kirchlicher Seite wurde die Neugotik als wahrer christlicher Stil gegenüber dem „heidnischen" Klassizismus propagiert. Typische Elemente der gotischen Architektur wie Fialen betonen den sakralen Charakter von Grabdenkmälern. Ein charakte-

Grabmal Porth, alter Friedhof Lank-Latum.

ristisches Beispiel dafür ist das Grabmal der gut situierten Ilvericher Gutsbesitzerfamilie Porth auf dem Lanker Friedhof, das wohl um 1843 entstand.[28] Es wurde in Form einer gotischen Kapelle en miniature mit Drei- und Vierpassformen und aufgesetztem Hochkreuz errichtet. Der Bibelspruch auf dem Sockel (Prediger 12,7) unterstreicht die kirchliche Bindung. Es ist kaum ein Zufall, dass das Hochkreuz-Grabmal des Reichsgrafen Hallberg das Grabkreuz der Familie Porth deutlich überragt, womit die Hierarchie dokumentiert und gewahrt wurde.

Wie beliebt das gotisch inspirierte Hochkreuz auch weiterhin war, zeigen zahlreiche Grabstätten auf Meerbuscher Friedhöfen.[29] Ab 1856 gab der Kölner Baumeister Vincenz Statz Musterbücher mit „gothischen Entwürfen", unter anderem für Grabmale, heraus.[30] Und noch 1912 empfahl der Kölner Kardinal Fischer, bei sakraler Architektur und Kunst den gotischen Stil zu bevorzugen.[31] Während man diesen Empfehlungen beim Bau und der Ausstattung von Kirchen vielfach folgte, emanzipierte sich die Sepulkralskulptur im späteren 19. Jahrhundert von derartigen Vorschriften: Der nicht genuin christliche Klassizismus spielte eine zunehmende Rolle, wobei sich häufig neugotische, neuromanische und antikisierende Elemente historistisch vermischten.

Auf dem alten Lanker Friedhof steht das klassizistische Grabmal der Strümper Familie Cames, die eine bedeutende Rolle im Lokalgeschehen spielte. Wilhelm Heinrich Cames amtierte 1798 bis 1811 als Bürgermeister der von den Franzosen geschaffenen Mairie Strümp/Ossum-Bösinghoven. Das Grabmal ist signiert von Josef Bellut aus Düsseldorf-Bilk, der zu Beginn der 1840er Jahre mehrere Grabmäler schuf.[32] Man darf deshalb davon ausgehen, dass der Grabstein anlässlich des Todes von Wilhelm Heinrich Cames 1842 angefertigt wurde. Die vierseitige Grabstele endet in Dreiecksgiebeln, bekrönt von einem kleinen Kreuz mit Dreipassformen. Auf der

Grabmal Cames, alter Friedhof Lank-Latum.   Grabmal Mayer, jüdischer Friedhof Lank-Latum.

Pfeilerbasis sind gekreuzte, nach unten gerichtete erloschene Fackeln als Todessymbole angebracht. Die Schlange, die sich in den eigenen Schwanz beißt, weist auf den ewigen Kreislauf von Werden und Vergehen, gilt aber auch traditionell als Wächterin über die Totenruhe.

1873 hatten sich mehrere Mitglieder der jüdischen Gemeinde beim Lanker Bürgermeister Rudolph v. Bönninghausen für die Anlage einer eigenen Begräbnisstätte eingesetzt,[33] darunter auch Moses Mayer, der 1894 verstarb. Sein Grabstein auf dem alten jüdischen Friedhof ist ähnlich dem der Familie Cames gestaltet, aber insgesamt aufwändiger gearbeitet. Den Abschluss der Grabstele mit Basis und Schaft bilden auch hier allseitig Dreiecksgiebel, die jedoch durch das Gesims stärker an der antiken Formensprache orientiert sind. Den Stein bekrönt – statt des bei christlichen Grabmalen üblichen Kreuzes - eine schön gearbeitete Palmette. An der Basis ist die Steinmetz-Signatur *H. Platen Crefeld* angebracht. Klassizistische Formen wurden also unabhängig von der religiösen Auf-

fassung verwendet. Weitere Grabsteine auf dem jüdischen Friedhof mit ebenfalls klassizistischen Elementen lassen erkennen, dass die jüdische Sepulkralskulptur der allgemeinen Zeitströmung folgte. Seit der Aufklärung (Haskala) wurden Inschriften nicht mehr nur auf Hebräisch, sondern auch in der Landessprache angebracht – Zeichen der Anpassung an die gesellschaftliche Norm. Allerdings legten die jüdischen Gemeinden wegen der vom Ritus vorgeschriebenen ewigen Grabruhe ihre Friedhöfe weit außerhalb von Ortschaften an. Grabmale und Begräbnisstätten spiegeln so wie in einem Brennglas die Situation der jüdischen Bürger zwischen Integration und Abgrenzung.

Besonders schön gearbeitet ist das klassizistische Grabmal der Geschwister van Haag auf dem alten Lanker Friedhof; sie wurden 1863 als Eigentümer dreier Grabplätze genannt.[34] Der stattliche van Haags-Hof von 1765 am Lanker Marktplatz lässt ahnen, dass die Familie finanziell gut aufgestellt war.[35] Über dreistufigem Sockel erhebt sich die Rundbogenstele mit bekrö-

Grabmal van Haag, alter Friedhof Lank-Latum.

kalligraphisch eingemeißelt. Dabei unterscheiden sich die beiden unteren Inschriften für Maria Katharina (+1881) und vor allem für Maria Josepha (+1911) deutlich von der offensichtlich älteren Beschriftung für die 1852 und 1854 verstorbenen Joseph Anton und Johann Theodor van Haag. Das spricht dafür, dass der Grabstein nicht erst anlässlich des Todes von Maria Josepha entstand, sondern vielleicht schon nach dem Tod der beiden Brüder.[37]

Der Osterather Friedhof von 1912

Während die heutigen Friedhöfe in Büderich und Lank bereits in den 1830er Jahren angelegt wurden, geht der jetzige Osterather Friedhof auf einen Plan vom 21. Oktober 1911 zurück. Die Arbeiten zogen sich über das gesamte Jahr 1912 hin.[38] Die Neuanlage war notwendig geworden, weil der Friedhof von 1826 nach dem Bau der Eisenbahnlinie und der Straße nach Krefeld nicht mehr expandieren konnte. Der neue kommunale Friedhof am Bommershöfer Weg mit der breiten Hauptachse trug dem Repräsentationsbedürfnis der späten Kaiserzeit Rechnung. Ab 1917 stellten zahlreiche einheimische Familien Anträge auf Umbettungen vom alten Friedhof und erwarben Nutzungsrechte. Seit Anfang der 1920er Jahre ist ein wahrer Auftragsboom für die Herstellung von Grabmälern zu verzeichnen.[39] Wenn auch nicht mit den imposanten „Millionenalleen" des Kölner Melatenfriedhofs und des Friedhofs Unterbarmen oder dem „Millionenhügel" des Düsseldorfer Nordfriedhofs zu vergleichen, ist festzustellen, dass sich in den Jahren nach dem Ersten Weltkrieg die alteingesessenen Osterather Familien an dem von Linden gesäumten Hauptweg ihre Grabstätten sicherten und beeindruckende Grabdenkmäler errichten ließen. Eine derartige Magistrale findet sich auf keinem anderen Meerbuscher Friedhof. Sie ist ein Spiegelbild der lokalen ländlichen Sozialstruktur. Neben der Erinnerung an ihre

nendem Kreuz. Auf der Schauseite ist in einem Rundbogenfeld das Relief des Todesgenius Thanatos eingelassen, in der typischen Haltung mit gesenktem, auf die Hand aufgestütztem Kopf und erloschener Fackel in der anderen Hand. Die herabfallenden Mohnkapseln rechts sind Symbole des Schlafes. Die Darstellung des jugendlichen Todesgenius geht zurück auf die von Gotthold Ephraim Lessing begründete idealistische Ästhetik, die nicht die erschreckende Seite, sondern den erlösenden, heiteren, schönen Aspekt des Sterbens betont.[36] Dabei wird der Tod – im Gegensatz zum barocken Knochenmann - als „Schlafes Bruder" interpretiert. Der engelgleich geflügelte Jüngling ist auch das Gegenbild zum leidenden Kruzifixus auf neugotischen Grabmalen, bei denen der Gekreuzigte häufig auf das Symbol des Hauptes mit Dornenkrone reduziert wird. Auf dem Sockelfeld steht ein Spruch aus Psalm 75,3. Der Grabstein ist *Meinardus in Düsseldorf* signiert, aber nicht datiert. Auf der rechten Schmalseite des Grabmals sind die Namen und Daten der vier Geschwister

Toten nutzten die Familien die Gelegenheit zur Selbstdarstellung ebenso wie zum Beweis ihrer Finanzkraft. Die Grabanlagen folgten den traditionellen Mustern der Sepulkralskulptur.

Am 13. Mai 1919 stellte Sophie Thomassen, die Eigentümerin des Jahrhunderte alten Ploeneshofes im Ortskern von Osterath, den Antrag auf Umbettung der verstorbenen Familienmitglieder.[40] Zu ihnen gehörten Honoratioren wie ihr Mann Joseph Thomassen, von 1877 bis 1881 Bürgermeister in Osterath und Fischeln.

Grabmal Ploeneshof, Friedhof Osterath.

Grabmal Bommers, Friedhof Osterath.

Das Grabmal ist einer klassizistischen Ädikula nachempfunden, in die das Relief einer Trauerszene eingelassen ist: Wie in den Apokryphen erwähnt, beweinen Maria und Maria Magdalena den toten Heiland.

Die angesehene Osterather Gutsbesitzerfamilie Bommers sicherte sich ihre Grabstätte an prominenter Stelle unmittelbar neben dem Hochkreuz. Mit ihrem Grabmal, einer neoklassizistisch konzipierten monumentalen Stele, handelte sie sich allerdings Ärger bei der Gemeinde ein, nachdem Gerhard Bommers die entsprechende Entwurfszeichnung von Heinrich Mertens am 8. Juli 1921 eingereicht hatte. Er durfte das Grabmal nur gegen eine Gebühr von 300 Mark zur Verschönerung des Friedhofs aufstellen lassen, weil die Höhe des Grabsteins nicht den Richtlinien entsprach.[41] Unter anderen Vorzeichen setzte sich also die seit dem Mittelalter übliche Praxis fort, sich durch finanzielle Zuwendungen Privilegien zu erkaufen. In die Mitteltafel des Grabmals ist das Relief des Engels und der drei Marien am Grab Christi eingelassen. Stilisierte Voluten rahmen die Szene, die auf die Apokryphen zurückgeht. Den oberen Abschluss bildet ein Gesims, darüber ein kreisförmiger Aufsatz mit stilisierter Sonne und Lorbeergirlande. Grabsteinarchitektur, Relief und Ornamente bilden eine formale Einheit.

Die Familie Thomassen erwarb am 7. Mai 1918 das Nutzungsrecht für ihre Grabstelle.[42] Im selben Jahr erfolgte die Umbettung der 1911 verstorbenen Sophia Thomassen. Am 19. September 1921 schließlich reichte der Düsseldorfer Bildhauer Willy Pabst die Zeichnung für das aufwändige Grabdenkmal der Familie bei der Gemeinde ein.[43] Der zentrale Grabstein mit der Steinmetz-Signatur *Pabst* an der Basis ist als Rundbogen-Stele gestaltet. Sie schmücken Reliefs wie ein Kreuz mit Lamm als Symbol für den Opfertod Jesu sowie vegetabile Ornamente, die noch vom Jugendstil inspiriert sind. Je vier Säulen flankieren

Grabmal Thomassen, Friedhof Osterath.

den Mittelstein an den Seiten. Die klassizistischen Säulenreihen mit Deckplatte und Architrav geben der Grabanlage, die insgesamt eine Breite von fünf Metern erreicht, den Charakter einer Architektur.

Eindrucksvoll ist auch die Ruhestätte der Familie Bacher gestaltet. Am 20. Oktober 1922 hatte der Bierbrauerei- und Gutsbesitzer Gerhard Bacher das Umbettungsattest für vier Familienmitglieder erhalten.[44] Um diese Zeit dürfte auch das Grabmal entstanden sein. Das zentrale Hochkreuz und die beidseitig anschließende Mauer geben der Grabstätte das Aussehen eines Bauwerks. Sie steht damit in der Tradition der architektonischen Grabwände, wie sie ursprünglich an Friedhofsmauern errichtet wurden. Dekorative plastische Elemente wie Lorbeerkranz und immergrünes Efeu sind Zeichen für das ewige Leben. Die repräsentative Anlage verbindet neugotisches Maßwerk mit neoromanischen Zinnenkränzen.

Konnten sich Anfang der 1920er Jahre die örtlichen Honoratioren noch aufwändige Grabmäler leisten, hatte wenig später die Inflation unmittelbare Auswirkungen auf die Bestattungskultur: 1923 musste die

Grabmal Bacher, Friedhof Osterath.

Gemeinde Osterath schlichte Rohsärge kaufen, um der breiten Bevölkerung überhaupt ein Begräbnis zu ermöglichen.[45]

Künstlerisch gestaltete Grabsteine im 20. Jahrhundert

Zu allen Zeiten ließen hochgestellte geistliche und weltliche Würdenträger aufwändige Grabstätten, auch von bedeutenden Künstlern, errichten. Breite Bevölkerungsschichten konnten sich, wenn überhaupt, nur bescheidene Grabsteine leisten. So verstanden sich die Hersteller von Grabmälern im Allgemeinen nicht als Künstler, sondern als Handwerker, die ab dem 19. Jahrhundert nach Musterbüchern arbeiteten. In den Gründerjahren entwikkelte sich in den größeren Städten eine regelrechte Grabmalindustrie, deren konventionelle Serienprodukte dem wachsenden Bedarf der neuen Mittelschicht nachkamen.[46] Im Allgemeinen hielten Steinmetze und Auftraggeber bis in die Mitte des 20. Jahrhunderts an traditionellen Vorstellungen fest. So schuf Jakob Wasen (1878-1959), der sein Metier wohl bei der Restaurierung der Kalkarer Schnitzaltäre erlernt hatte und seit 1918 in Büderich tätig war, figürliche Grabmäler auf dem Büdericher Friedhof im historistischen Stil.[47]

Innovative Grabmale entstanden in Meerbusch erst nach dem Zweiten Weltkrieg. Auf dem Büdericher Friedhof gibt es mehrere Grabsteine von Künstlern von nationaler und internationaler Bedeutung. Die zentrale Rolle spielte dabei Ewald Mataré (1887-1965), der seit 1932, als er an die Düsseldorfer Kunstakademie berufen

wurde, bis zu seinem Tod in Büderich lebte. Er ist auf dem dortigen Friedhof begraben und seine Grabstätte schmückt ein unprätentiöses liegendes Marmorkreuz mit Rosenblatt. Mataré schuf es 1959 für das Grab seiner Schwägerin. Nach dessen Auflassung veranlasste die Tochter Sonja Mataré, dass der Stein auf die Grabstätte ihrer Eltern transloziert wurde.[48]

Mataré entwarf in den langen Jahren seiner künstlerischen Tätigkeit mehr als 20 Grabsteine, angefangen mit dem Grabmal

Ewald Mataré: Grabmal Mataré, Friedhof Büderich.

für seinen 1922 verstorbenen Vater Franz. Weil er die Friedhöfe als „hässlich" empfand, wie er im Tagebuch vom 11. September 1922 notierte,[49] wollte er bei Grabsteinen am liebsten auf Dekor verzichten und lediglich die Lebensdaten in schöner Schrift anbringen. Er folgte zeitlebens dieser schlichten Linie und setzte sich, obwohl gläubiger Katholik, damit bewusst von der traditionellen Sepulkralskulptur ab. 1959 entwarf er die Stele für das Grab seines Büdericher Künstlerkollegen, des Malers Herbert Böttger (1898-1954). Mataré legte zwei Entwürfe aus Ton vor. Die Ausführung nach dem größeren stelenförmigen Modell übernahm sein Schüler Adolf Westergerling. Der schlichte Grabstein trägt neben dem Namen und den Lebensdaten nur die Attribute des Malers und ein kleines Kreuz.

Jakob Wasen: Grabmal Rätsch, Friedhof Büderich.

Ewald Mataré: Grabmal Böttger, Friedhof Büderich.

Matarés bekanntester Schüler, Joseph Beuys (1921-1986), hatte bereits mehrere Grabsteine im Auftrag seines Lehrers ausgeführt, als er 1951 zum ersten Mal einen Grabstein nach eigenem Entwurf schuf: das Grabmal für Fritz Niehaus auf dem Büdericher Friedhof. Die Zeichnung auf dem Antrag zur Genehmigung vom 16. Mai 1951 zeigt den Grabstein in seiner späteren Grundform, jedoch konventionell gestaltet mit einem kleinen Kreuz auf der linken und der Inschrift auf der rechten Seite. Die endgültige Ausführung unterscheidet sich erheblich von der eingereichten Entwurfszeichnung, die nicht von Joseph Beuys stammt.[50] Aus einem knappen Halbkreis hebt sich ein stilisiertes Gabelkreuz mit gegeneinander versetzten Armen ab, wodurch es einen anthropomorphen Charakter bekommt. Diese Kreuzform symbolisierte im Mittelalter den Baum des Lebens und den Glauben an die Auferstehung. Beuys drückt die Gleichzeitigkeit von Leben und Tod in moderner Bildsprache aus. Das Kreissegment erinnert an die Leben spendende Sonne, setzt sich aber auch unter der Erde, im Bereich des Todes, fort. Damit verweist es zeichenhaft auf den ewigen Kreislauf von Werden und Vergehen. Der frühe Grabstein lässt in der unkonventionellen Gestaltung und mit der symbolischen Aufladung Beuys' Potenzial und Originalität erkennen.

Auch von Erwin Heerich (1922-2004), dem ersten Schüler Matarés an der Düsseldorfer Kunstakademie nach dem Zweiten Weltkrieg, gibt es auf dem Büdericher Friedhof ein ungewöhnliches Frühwerk: das Grabmal Baltzer. Heerich führte es Anfang der 1950er Jahre in den Räumen der Düsseldorfer Kunstakademie aus. Der

Joseph Beuys: Grabmal Niehaus, Friedhof Büderich.

Erwin Heerich: Grabmal Baltzer, Friedhof Büderich.   *Karl Franke: Grabstein Franke, Friedhof Strümp.*

Antrag zur Aufstellung des Grabsteins mit eigenhändiger Entwurfszeichnung datiert vom 8. März 1953. Die konventionelle Darstellung des Hl. Christophorus mit dem Jesuskind ist stilistisch an Mataré orientiert und wirkt fast wie ein Emblem. Trotz Stilisierung, harmonischer Proportionen und disziplinierter Formgebung gibt diese frühe Arbeit keinen Hinweis auf Heerichs spätere Grabmäler. Bei ihnen löste er sich von jeglicher Tradition und gestaltete sie entsprechend dem von ihm entwickelten plastischen Konzept.[51]

Auf dem Strümper Friedhof befindet sich die Grabstätte des Bildhauers Karl Franke (1917-1996), eines weiteren Mataré-Schülers. Franke hatte die dort befindliche Stele ursprünglich für ein inzwischen aufgelassenes Grab geschaffen. Nach Frankes Tod ließ die Familie den Stein auf dem Familiengrab aufstellen. Bei der Gestaltung des stilisierten Posaunenengels und des Kreuzes ließ Franke sich von Mataré inspirieren. Wie sein Lehrer setzte er Motive der traditionellen

christlichen Ikonographie in maßvoll moderne Formulierungen um.

Dagegen wurde bei der Grabstätte des Büdericher Bildhauers Wilhelm Hanebal (1905-1981) auf jegliches religiöse Symbol verzichtet. Bis zur Auflassung des Grabes stand dort dessen Skulptur „Trauernde". Hanebals kantige Formensprache schließt stilistisch an den deutschen Expressionismus an. Die beiden im Schmerz miteinander verbundenen Figuren sind ein Bild der Trauer ohne Bezug zur christlichen Ikonographie. Ende 2011 wurde die Plastik auf das Wiesengrabfeld des Büdericher Friedhofs transloziert.[52] Dort steht sie – Zeichen konsequenter Säkularisierung – an der zentralen Grabschmuckstelle für die Urnengräber.

Der in der Osterather Windmühle lebende Bildhauer Will Brüll (geb. 1922) schuf für das Grab seiner 2010 verstorbenen Frau die abstrahierte Skulptur „Paar". Sie entstand 1997/98. Zwei parallele schmale Hochrechtecke aus gewalztem Edelstahl symbolisieren Zweisamkeit. Sie

Wilhelm Hanebal: Trauernde, Friedhof Büderich.

sind auf einem Sockel aus schwarzem Granit angebracht. Ihre polierte Oberfläche changiert im ständigen Wechselspiel von Licht und Schatten. Brülls Plastik ist charakteristisch für die künstlerisch gestalteten Grabmale des späteren 20. Jahrhunderts, die sich vollkommen von tradierten Formulierungen gelöst haben und bei denen sich kein christliches Zeichen mehr findet. Sie spiegeln die Individualisierung der heutigen Zeit wider.

Fazit

Die Friedhöfe in Meerbusch, ihre Anlage, ihre Grabmäler und deren Ikonographie geben vielfältige Einblicke in die Lebensverhältnisse vergangener Epochen und in die lokale Geschichte - wenn auch nur ein Bruchteil der älteren Grabsteine erhalten ist. Obwohl im Kern bescheidene dörfliche Anlagen, spiegeln sie wie die großen Friedhö-

Will Brüll: Grabmal Holte-Brüll, Friedhof Osterath.

fe den Zeitgeist. Dabei hat jeder der drei alten Friedhöfe seinen spezifischen Charakter: In Lank sind mehrere bemerkenswerte Grabdenkmäler aus der Mitte des 19.Jahrhunderts erhalten, während sich der ältere Bestand in Büderich auf die Zeit nach der Erweiterung von 1873 konzentriert. Glanzpunkte sind hier die nach 1945 geschaffenen Künstlergrabsteine. In Osterath dagegen sind mehr Barockkreuze als in allen anderen Stadtteilen erhalten. Der dortige Friedhof hat seinen ursprünglichen und homogenen Charakter bewahren können, da er erst Anfang des 20. Jahrhunderts angelegt wurde.

An der Wende vom 18. zum 19. Jahrhundert veränderte sich die Sepulkralkultur fundamental. „Die Kirche blieb im Dorf", die Toten aber wurden außerhalb begraben, die Friedhöfe nicht nur räumlich von den Kirchen getrennt, sondern auch den Kommunen unterstellt, wodurch die Kirche eine wichtige Einnahmequelle verlor. Vor allem aber schwand ihr Einfluss. Die erhaltenen Grabsteine spiegeln den Prozess der Säkularisierung und das veränderte Lebensgefühl: Bei den barokken Grabkreuzen dominierte die Angst vor dem Tod. Sie war eine starke und eindeutige Motivation, ein gottgefälliges Leben zu führen und auf das Heil im Jenseits zu hoffen. Nicht von ungefähr betonten die Inschriften, dass die Verstorbenen „(in) den Herren entschlafen" seien. Außerdem wurde gerne vermerkt, dass die Frauen tugendsam, die Männer ehrsam und fromm gewesen seien. Anschauliche Bilder des Leidens wie die *Schmerzhafte Muttergottes* und die Passionswerkzeuge empfahlen den Gläubigen, sich im Vertrauen auf Gott in ihr Schicksal zu fügen. Zu Beginn des 19. Jahrhunderts trat ein grundlegender Wandel in der psychologischen Bewältigung des Todes ein. Die Trauer um die Verstorbenen und die Erinnerung an sie ließ die Angst vor dem Tod in den Hintergrund treten. Ausführliche Inschriften und repräsentative Standeszeichen beschworen nun nicht mehr den Ausblick auf das Jenseits, sondern lenkten den Rückblick auf das Diesseits. Klassische Vanitassymbole wie erloschene Fackeln lösten die drastischen Bilder des *Memento mori* ab. Die erhaltenen bildlichen Darstellungen sind Ausdruck von Trauer und Leid. Neben Thanatos, dem melancholischen Todesgenius der Antike, finden sich christliche Formulierungen wie Jesus am Kreuz und die Beweinung Christi. Mit diesen Bildern des Leidens konnten sich die Hinterbliebenen identifizieren.

Im späten 20. Jahrhundert führt die Lösung von christlichen Traditionen zu einer einschneidenden Veränderung von Bestattungskultur und Grabmalkunst – man kann hier von einem wirklichen Paradigmenwechsel sprechen. Vor allem künstlerisch gestaltete Grabsteine spiegeln Säkularisierung, Ästhetisierung und Individualisierung wider. Dafür finden sich auf den Meerbuscher Friedhöfen beeindruckende Beispiele. Christliche Zeichen treten in den Hintergrund. Entsprechend verändert sich die Friedhofsgestaltung. Gehörte traditionell – vor allem auf katholisch geprägten Friedhöfen – das zentrale Hochkreuz mit Korpus zum festen Bestandteil der Friedhofsarchitektur, verzichtet man seit den 1980er Jahren darauf. Während im ursprünglichen Teil des Osterather Friedhofs das monumentale Hochkreuz von 1914 die zentrale Stelle einnimmt, hat das Trauermal „Sechsfigurengruppe" von Will Brüll im neuen Areal keinerlei Anmutung an die christliche Ikonographie mehr. Stilisierte, nach innen gerichtete Figuren drücken nach Brülls Aussage nur stumme Trauer aus.[53] Und an der Außenmauer neben dem Eingang zum neuen Lanker Friedhof steht zwar ein schlichtes Kreuz, aber im Eingangsoktogon selbst liegen vier Steinkugeln - nicht als Bedeutungsträger, sondern als dekorative Elemente.

Nicht nur Grabmäler, sondern auch Friedhofsanlagen spiegeln den Zeitgeist: Während die geometrische Struktur des alten Lanker Friedhofs dem Rationalis-

Will Brüll: Trauermal, Friedhof Osterath.

mus der Aufklärung folgte, wurde der gleichzeitig entstandene Büdericher „Dreitömb" zwar auch systematisch angelegt, aber im romantischen Sinn als Grünanlage mit Baumbestand konzipiert. Diesen Charakter behielt er trotz mehrerer Erweiterungen bis heute. Beim Osterather Friedhof von 1912 fand das Repräsentationsbedürfnis der Kaiserzeit Ausdruck in der breiten Hauptallee. Die geometrisch-nüchterne Neuanlage des Strümper Friedhofs in den 1970er Jahren entsprach dem Konzept der Städteplanung jener Zeit. Die dominierenden Baumalleen auf dem seit 1983 angelegten neuen Friedhof in Lank-

Latum dagegen spiegeln die Rückbesinnung auf den Wert der Natur, den damals aufkommenden „grünen" Zeitgeist.

In jüngerer Zeit gibt es einen neuen Trend: die anonyme Bestattung mit dem Verzicht auf Grabsteine. Auch das ist ein Spiegel unserer gesellschaftlichen Verhältnisse. Umso wichtiger ist es, die noch vorhandenen Grabdenkmäler, ihre Darstellungen und Inschriften zu erhalten und zu verstehen. Sie sind mehr als stumme historische Zeugen. Als Teil unseres kollektiven Gedächtnisses erzählen sie Geschichten über unsere kulturelle Vergangenheit - und damit über uns selbst.

1 Einzelaspekte des vorliegenden Aufsatzes sind im Internetportal http://kirchen-kunst-kultur.de eingestellt. Superintendent a. D. Falk Neefken vom Redaktionsteam dieses Internetportals gab die Anregung für die Beschäftigung mit der Meerbuscher Sepulkralkultur. Dafür und für weitere Hinweise sei ihm an dieser Stelle sehr herzlich gedankt. Mein besonderer Dank gilt außerdem Horst Klemt, Archivar von St. Nikolaus in Osterath, für seine große Hilfsbereitschaft, ebenso Michael Regenbrecht, Stadtarchiv Meerbusch, Bernd Schautz und Encarnacion Paredes, Friedhofsverwaltung Meerbusch sowie Detlef H. Krügel, Dezernat Schule, Sport, Kultur der Stadt Meerbusch. Weitere freundliche Hinweise gaben Dr. Marie-Sophie Aust, Osterath, Wenzel Beuys, Düsseldorf, und Robert Rameil, Vorsitzender des Geschichtsvereins Meerbusch e.V. Mike Kunze ist die detaillierte Dokumentation der Inschriften zahlreicher Grabsteine des 17. bis 19. Jahrhunderts zu verdanken (s. Anm. 2). - Grundsätzliche Ausführungen zu Sepulkralkultur und Grabdenkmälern basieren auf: Müller-Veltin, Kurt: Mittelrheinische Steinkreuze aus Basaltlava, Hrsg. Rheinischer Verein für Denkmalpflege und Landschaftsschutz e.V., Köln, Neuss 1980; Ariès, Philippe: Geschichte des Todes, München 1982; Zacher, Inge: Düsseldorfer Friedhöfe und Grabmäler. Begräbniswesen und Brauchtum im 19. Jahrhundert = Schriftenreihe des Stadtmuseums Düsseldorf, hrsg. v. Dr. Wieland Koenig, Düsseldorf 1982; Meis, Mona Sabine: Historische Grabdenkmäler der Wupperregion dokumentiert und analysiert vor dem Hintergrund der Sepulkralkultur, Dissertation Universität Wuppertal 2002, (online), abgerufen am 3. Februar 2012.

2 Zur Geschichte der Meerbuscher Friedhöfe: Kunze, Mike: Was vom Leben bleibt – Grabsteine als lokalhistorische Quelle (Teil I), in: Meerbuscher Geschichtshefte, Heft 27, Meerbusch 2010, S. 147-160, (Teil II), in: Meerbuscher Geschichtshefte, Heft 28, Meerbusch 2011, S. 22-50; Höffmann, Gerd: Der Büdericher Friedhof, in: Meerbuscher Geschichtshefte, Heft 19, Meerbusch 2002, S. 173-185; Hellmich, Klaus: Die Büdericher Friedhofsteile von 1833 und 1873 und ihre alten Familiengrabmale, in: Meerbuscher Geschichtshefte, Heft 27, Meerbusch 2010, S. 85-105.

3 Vogelsang, Rosemarie: Elisabeth von Zweiffel – eine Professe zu Kloster Meer, in: Meerbuscher Geschichtshefte, Heft 18, Meerbusch 2001, S. 15-28.

4 Jansen, Catarina Maria: Wenn Steine reden. Der jüdische Begräbnisort in Lank-Latum. Spuren einer jüdischen Landgemeinde, in: Meerbuscher Geschichtshefte, Heft 15, 1998, S. 124-141.

5 Weitere Information und Literatur unter: http://kirchen-kunst-kultur.de (Zeugnisse jüdischer Kultur)

6 Sarna, Marion: Ausgrabungen bei der Sanierung des Kirchturmes von St. Stephanus in Meerbusch-Lank-Latum, in: Meerbuscher Geschichtshefte, Heft 23, Meerbusch 2006, S. 89-102.

7 Im Pfarrarchiv von St. Nikolaus. Horst Klemt geht davon aus, dass der Plan für die Umbettung der Toten auf den neuen Friedhof angefertigt wurde. Falk Neefken publizierte den Plan unter http://kirchen-kunst-kultur.de.

8 Holzschneider, Theodor: Historische Nachrichten über die Pfarrgemeinde Osterath, Erster Theil, Osterath 1870, publiziert in: Schmalbach, Karl / Bock, Hanns und Margielsky, Günther: Blommer und Holzschneider. Zwei Osterather Freunde im 19. Jahrhundert, die sich nie gesehen haben, Hrsg. Pro Osterath, Meerbusch 2008, S. 69, sowie Dohms, Peter (Hrsg.): Meerbusch. Die Geschichte der Stadt und der Altgemeinden von den Ursprüngen bis zur Gegenwart, Meerbusch 1991, S. 153, 154, 227-229.

9 Deren Grabplatten befanden sich innerhalb der Kirchen. - Grabkreuze sind zahlreich nachweisbar unter anderem am rechten und linken Niederrhein, am Mittelrhein und in der Eifel. Dazu: Deutsche Inschriften online. Die Inschriften des Deutschen Sprachraumes in Mittelalter und Früher Neuzeit (DIO), Bonn, 4.1.1., abgerufen am 15. Februar 2012.

10 Auf dem Grabkreuz wird Johannes Gobels aus Büderich als hiesigen closters proefenter bezeichnet, was Horst Klemt als missverstandene Form des lateinischen Provisor (= kirchlicher Verwalter) deutet (freundliche Mitteilung vom 27. Januar 2012).

11 = Deren Seele Gott Gnade. Zu den Inschriften und deren Deutung: DIO, Bonn, 4.1.1 (wie Anm. 9).

12 Müller-Veltin 1980, S. 17, 25, Anm. 60, 61.

13 Diese formale Konstellation kommt häufig vor. Auf dem Kirchhof in Jüchen-Bedburdyck beispielsweise sind zahlreiche nach vergleichbarem Muster gestaltete Grabsteine erhalten.

14 Es ist nicht bekannt, wann das Kreuz an dieser Stelle aufgestellt wurde. 1927 wird ein „Friedhofskreuz" erwähnt (StA Meerbusch, Bestand Lank I 1881).

15 Müller-Veltin 1980, S. 182, 189, Anm. 59-62.

16 dazu ausführlich: Vogelsang 2001, S. 15-28.

17 nach Holzschneider 1870, in: Meerbusch 2008, S. 81.

18 zitiert von: Meis 2002, S. 17.

19 Hellmich 2010, S. 85. Dort auch umfassende Informationen über die weitere Geschichte des Büdericher Friedhofs von 1833.

20 „Verzeichnis der Familie-Grabstätten auf dem hiesigen Begräbnisplatze" vom 24. Juli 1863 (StA Meerbusch, Bestand Lank 1870). Anträge auf Grabstellen sind mindestens seit 1849 nachweisbar (StA Meerbusch, ebenda), vielleicht aber bereits in den 1830er Jahren erfolgt, zum Beispiel durch Mathias Graf von Hallberg, s. Anm. 25.

21 Lagerbuch B 2: Kirche u. Kirchhof, Pfarrarchiv St. Nikolaus, Osterath. Der Plan des Friedhofs, den Falk Neefken kurz vor der Drucklegung dieses Aufsatzes im Pfarrarchiv entdeckte, konnte für die vorliegende Untersuchung nicht mehr verwertet werden.

22 Hellmich 2010, S. 91. - Die Familie Werhahn, seit 1807 Eigentümerin des Dyckhofs, genoss nicht nur Privilegien, sondern ermöglichte zum Beispiel durch Spenden den Erhalt und Ausbau der Niederdonker Kapelle in den 1830er Jahren.

23 Zu den Grabmalen des 19. und beginnenden 20. Jahrhunderts konnten bis auf wenige - dann ausdrücklich erwähnte - Ausnahmen weder im Stadtarchiv Meerbusch noch bei der Friedhofsverwaltung Dokumente gefunden werden, die eine eindeutige Datierung erlauben. Das Datum der Erstbestattung gibt einen Anhaltspunkt auf das Entstehungsdatum des Grabmals, muss aber nicht mit jenem identisch sein.

24 Grabakte Werhahn, Friedhofsverwaltung Meerbusch. Kunze, 2011, S. 33-37, listet 28 auf der Grabstätte verzeichnete Namen auf.

25 Zur Geschichte der Hallberg-Familiengruft und zur Identifizierung der Wappen auf dem Grabdenkmal: Haefs, Theo und Jürgens, Franz-Josef: Das Prinzengrab auf dem Lanker Friedhof, in: Dä Bott, Lanker Heimatblätter, Jahrgang 38/Herbst 2011, Meerbusch 2011, S. 14-18. - Hallbergs Spende gab den Anstoß für den Neubau der Lanker Pfarrkirche St. Stephanus. Außerdem hinterließ er eine Stiftung für den Bau eines Armen- und Krankenhauses.

26 Das Grabmal stand auf dem 1826 angelegten Friedhof an der Strümper Straße, wurde aber, abgesehen von dem Sockelstein, vor einigen Jahren nach Vandalismusschäden entfernt und müsste restauriert werden, dazu: Klütsch, Margot: Meerbuscher Kunstwege, Kunstwerke und Denkmäler im Stadtbild, Düsseldorf 2010, S. 86.

27 Außerdem trug er entscheidend dazu bei, dass Osterath durch den Bau der Staatsstraße von Düsseldorf nach Krefeld an den überörtlichen Postverkehr angebunden wurde, womit die Weichen für die Zukunft des Ortes gestellt wurden.

28 Das Datum der Erstbestattung (Jacob Porth) ist 1843. Der Stil des Grabmals unterstützt diese Datierung. Im Verzeichnis der Familien-Grabstätten Lank vom 24. Juli 1863 werden die Gebrüder Porth aus Ilverich als Eigentümer zweier Grabplätze genannt (StA Meerbusch, Bestand Lank 1870).

29 Zum Beispiel Brors und Beeser in Lank-Latum, Wetzels/Münker in Strümp sowie zahlreiche Kruzifixe im neugotischen Stil in Büderich, dazu: Hellmich 2010, S. 89 ff.

30 Gothisches Musterbuch, hrsg. von Vinzenz Statz und G.G. Ungewitter, Bd. 1, Leipzig 1856.

31 Erlass Nr. 32, erschienen im Kirchlichen Anzeiger für die Erzdiözese Cöln vom 7.2.1912.

32 Zum Beispiel das Grabmal für Vincent Josef Bracht (+1840) auf dem Golzheimer Friedhof in Düsseldorf und das neugotische Grabmal für Peter Reinartz (+1841), heute Heerdter Friedhof, Düsseldorf. Außerdem bekam der ebenfalls aus Bilk stammende, wohl mit ihm verwandte Bauunternehmer Wilhelm Bellut im September 1841 den Auftrag für den Neubau der Lanker Pfarrkirche St. Stephanus, siehe Siegfried Scharbert, Kirchenführer St. Stephanus Meerbusch-Lank, Im Rheinbogen, Schriftenreihe des Heimatkreises Lank e.V., Beiträge zur Lanker und Meerbuscher Geschichte, Band 15, Meerbusch 2009, S. 31.

33 Mit Antrag vom 20. November 1873 (StA Meerbusch, Bestand Lank 1870).

34 Im Verzeichnis der Familien-Grabstätten vom 24. Juli 1863 (StA Meerbusch, Bestand Lank 1870). Die ursprüngliche Grabstätte ist nicht erhalten, lediglich der Grabstein, vgl. Kunze 2011, S. 40.

35 Beispielsweise machte Maria Josepha van Haag 1895 eine Schenkung zur Einrichtung einer „Kleinkinder-Bewahrschule" in Lank, später Katholischer Kindergarten.

36 Gotthold Ephraim Lessing: Wie die Alten den Tod gebildet. Eine Untersuchung, Berlin 1769, Neuausgabe Stuttgart 1984, zitiert nach: Meis, 2002, S. 28-29, S. 461, Anm. 211.

37 Stilistisch scheint eine Entstehung um die Mitte des 19. Jahrhunderts durchaus möglich, vgl. das Grabmal der Familie Troost auf dem Golzheimer Friedhof in Düsseldorf (um 1861?). Da über das Grabmal van Haag keine Dokumente vorliegen, ist seine Entstehungszeit nicht gesichert. Deshalb kann es weder Dietrich (1804-1871) noch Alexander Meinardus (1843-1891) eindeutig zugeschrieben werden. Selbst die Autorschaft von Siegfried Meinardus (1874-1933) ist nicht auszuschließen; zur Bildhauerfamilie Meinardus: Zacher 1982, S. 129-130.

38 StA Meerbusch, Bestand Osterath 587. Schon 1908 gab es erste Überlegungen, einen neuen Friedhof anzulegen; die Genehmigung erteilte der Regierungs-Präsident Düsseldorf am 12. Dezember 1911 (StA Meerbusch, Bestand Osterath 578).

39 StA Meerbusch, Bestand Osterath 1183 und 1258. Mehrere Grabmale sind erhalten und konnten identifiziert werden: Langels, Thomassen, Bommers, Weber (heute Baltus).

40 StA Meerbusch, Bestand Osterath 1258.

41 StA Meerbusch, Bestand Osterath 1258. Mertens entwarf auch das noch erhaltene Hochkreuz-Grabmal der Familie Carl Langels, dessen Aufstellung am 25. Mai 1920 genehmigt wurde.

42 Urkunde vom 7. Mai 1918, Friedhofsverwaltung Meerbusch, Grabakte Thomassen.

43 StA Meerbusch, Bestand Osterath 1258.

44 StA Meerbusch, Bestand Osterath 1258. Die Brauerei Bacher wurde 1875 gegründet.

45 am 3. und 4. August 1923 (StA Meerbusch, Bestand Osterath 1258).

46 Daneben entwarfen auch im 19. Jahrhundert akademisch ausgebildete Bildhauer Grabmäler. Zur Entwicklung der Grabmalkunst im 19. Jahrhundert ausführlich: Zacher 1982, S. 117-142.

47 Höffmann, Gerd: Jakob Wasen, Bildhauer, 1878-1959, in: Meerbuscher Geschichtshefte, Heft 17, Meerbusch 2000, S. 121-127.

48 Ausführliche Daten, Quellen und Hintergründe zu den im Folgenden erwähnten Grabmalen des 20. Jahrhunderts bei: Klütsch 2010, S. 31, 32, 34-38, 40, 116.

49 Ewald Mataré, Tagebücher 1915 bis 1965, hrsg. von Sonja Mataré und Sabine Maja Schilling, Köln 1997, S. 45.

50 Friedhofsverwaltung Meerbusch, Grabakte Niehaus. Nach Wenzel Beuys, Düsseldorf, stammt die Zeichnung nicht von Joseph Beuys. Wenzel Beuys nimmt an, dass Fritz Niehaus sie in Absprache mit Joseph Beuys angefertigt und bei der Gemeinde eingereicht hat (freundliche Mitteilung vom 19. Februar 2012).

51 Wie zum Beispiel Grabmal Alfred Schmela, 1980; Grabmal Familie Schulhoff, 1991, beide Düsseldorf, Südfriedhof.

52 Freundliche Mitteilungen von Bernd Schautz, Friedhofsverwaltung Meerbusch, vom 11. Juni 2012 sowie Detlef H. Krügel, Dezernat Schule, Sport, Kultur, vom 15. Juni 2012.

53 Die Skulptur war als Mahnmal der Versöhnung für einen Friedhof in Königsberg, heute Kaliningrad, gedacht. Dieses Vorhaben wurde jedoch nicht realisiert, so dass die Skulptur 1988 auf dem Osterather Friedhof aufgestellt wurde.

Glehn

Erkundungsgang durch einen Korschenbroicher Stadtteil

Matthias Ahrweiler

Trotz aller Modernisierungen und Ausdehnungen seit den fünfziger Jahren des vorigen Jahrhunderts, trotz großflächiger Gewerbeansiedlungen und Aussiedlungen landwirtschaftlicher Betriebe, trotz behördlich verfügter Eingemeindung in die heutige Stadt Korschenbroich und mit der „Grenzerfahrung" eines völlig anderen „Platt": Glehn hat seinen über Jahrhunderte gewachsenen Dorfcharakter bewahrt.

Davon zeugt nicht nur das Straßen- und Gassenbild, eine Anzahl historisch bedeutsamer Bauten, sondern viel mehr noch der Zusammenschluss und Zusammenhalt der Bürger in vielen Gruppierungen. Dazu gehört die Pflege von „Nachbarschaften", die Fülle weltlicher und kirchlicher Vereine und Gruppierungen und die Bedeutung der Überlieferungen. So feierte der Schützenverein Glehn 2012 sein 125-jähriges Bestehen, die St.-Sebastianus-Bruderschaft, die sich in vorbildlicher Weise um behinderte Menschen der Gemeinde kümmert, blickt auf das Gründungsjahr 1444 zurück. Die Glehner Heimatfreunde kümmern sich seit fast vierzig Jahren um die Pflege heimatlichen Brauchtums und sind bestrebt, Traditionen wiederzubeleben. Im ehemaligen Rathaus unterhalten sie ein kleines Heimatmuseum mit wechselnden Ausstellungen. Mehrere Sportvereine kümmern sich verstärkt um Kinder- und Jugendarbeit. Die Zahl von über 140 Messdienern verrät auch, dass sich die katholische Gemeinde um den Nachwuchs nicht sorgen muss.

Dieser kleine Beitrag soll zu einem Gang auf den Spuren der Vergangenheit und zu einer Begegnung mit der Moderne einladen, wobei naturgemäß eine „Auswahl" getroffen werden musste.

Den Erkundungsgang sollte man in der Mitte des Ortes an der Katholischen Pfarrkirche St. Pankratius beginnen. Glehn gehört ohne Zweifel zu den „älteren" Orten mit eigener Kirche, denn schon 1197 ist in den Kölner Schreinsurkunden ein „pastor in Glene" vermerkt.

Die neugotische Kirche mit dem besonders schönen, das Ortsbild beherrschenden Turm wurde nach Plänen des Kölner Architekten Heinrich Nagelschmidt in den Jahren 1868 bis 1872 errichtet. Sie ist vermutlich der dritte Bau an dieser Stelle. Ein erstes schriftliches Zeugnis über ein Gotteshaus in Glehn stammt aus dem Jahre 1246. In dieser Urkunde geht es um die Besetzung der Pfarrstelle in Glehn, um die sich die Edelherren von Randerath mit den Herren von Helpenstein stritten. In diesem Streit ging es auch um die „Kirche auf dem Berg von Glehn", worunter

Innenansicht der Pfarrkirche.

Der romanische Taufbrunnen.

Pfarrkirche St. Pankratius.

Fotos (10): Bernhard Horstmann.

221

Die „Glehner Madonna".

wahrscheinlich die leichte Erhebung des Glehner Kirchbergs zu verstehen ist.

In den Jahren 2008 und 2009 fand eine hervorragend gelungene Innenrenovierung, verbunden mit notwendigen Erhaltungsmaßnahmen am Bau, statt. Zu den besonderen Ausstattungsstücken gehört ein romanischer Taufbrunnen aus der Mitte des 12. Jahrhunderts sowie die kostbare, rund 400 Jahre alte „Madonna von Glehn". Die Chronik des 17. Jahrhunderts berichtet von Wallfahrten zu dieser Madonna. Sehenswert sind auch Kanzel und Hochaltar, beides Schnitzarbeiten aus Eichenholz. Der Hochaltar ist farbig gefasst. Beide Arbeiten stammen aus den Jahren 1880 bis 1890.

Ihre eigenartig feierliche Wirkung des Raumes erhalten die gotischen Kirchen durch die Buntverglasung ihrer Fenster. Darauf ist auch in der Glehner Kirche geachtet worden. Alle Fenster besitzen ein schönes Maßwerk, wobei die großen Fenster im Querschiff besonders auffallen. Die heutigen Fensterverglasungen gehö-

Das heutige Technologie-Zentrum des Rhein-Kreises Neuss.

ren zwei verschiedenen Epochen der Kunst an: Auf der linken Seite stammen die Rosenkranzfenster aus der Zeit um 1920, auf der rechten Seite aus den Nachkriegsjahren ab 1950.

In unmittelbarer Nachbarschaft der Kirche steht das moderne Gemeindezentrum der Pfarre, errichtet auf einem ehemaligen Schulhof. Als das Kriegerdenkmal errichtet wurde, herrschten in unserem Land bereits die Nationalsozialisten.

In westlicher Richtung, nur wenige Minuten von der Kirche entfernt, steht man vor „modern" genutzter baulicher Vergangenheit. Neben der Volksschule von 1866 befindet sich das ehemalige Kloster. Dieses war auf Betreiben des Rittergutsbesitzers Weidenfeld vom Birkhof für die „Dernbacher Schwestern" (Orden der armen Dienstmägde Christi) errichtet worden, die hier 1885 einzogen. Der deutlich zu erkennende Erweiterungsbau wurde notwendig, als Glehn hier ein Krankenhaus erhielt. Das Krankenhaus wurde 1962 vom Orden in ein Altenpflegeheim

umgewandelt. Die Ordensschwestern verließen am 30. Juni 1985 Glehn. Damit war die caritative Nutzung des Gebäudes beendet. Nach einiger Zeit der Renovierung richtete der Rhein-Kreis Neuss hier das vielbesuchte Technologie Zentrum ein.

Weiterhin von der katholischen Gemeinde genutzt wird die an das Kloster angebaute Kapelle, die eine überraschend künstlerische Ausmalung des Chorraumes besitzt.

Der Blick fällt nun auf das fast gegenüber liegende Hagelkreuz mit dem vom Liedberger Vogt Nideggen gestifteten Fußfall, dem siebten und letzten in der Reihe der Glehner Fußfälle. Die in der westlichen Feldflur stehenden religiösen Bildstöcke wurden in den Jahren 1708 bis 1713 aus Liedberger Sandstein gefertigt. Die teilweise noch gut zu entziffernden Inschriften verraten die Namen der Stifter.

Dem aufmerksamen Betrachter wird nicht entgehen, dass es sich beim Wohngebiet „Am Hagelkreuz" um eines der al-

St.-Josefshaus, Kapelle.

ten „Dorf-Enden" handelt. Hier lebten vorwiegend Handwerker, die zum Teil noch bis in die fünfziger Jahre des vorigen Jahrhunderts tätig waren: Schreiner, Weber, Schuhmacher, Bäcker, Hutmacherin, Schneider, Polsterer, Schmied.

Gleich um die Ecke, an der Schloss-Dyck-Straße, hat die evangelische Gemeinde eine Heimat im ehemaligen katholischen Kindergarten gefunden. Die Umgestaltung zur „Friedenskirche" beendete ein „Provisorium", mit dem die evangelischen Mitbürger jahrzehntelang leben mussten.

Wendet sich der Besucher vom Kirchplatz aus nach Osten, muss er zunächst den Jüchener Bach überqueren, die alte „Lebensader" des Dorfes. Die Bachstraße,

Paradestraße des Schützenvereins, beginnt an der Abbiegung zur Schützendelle. Hier stand einst die Synagoge der jüdischen Gemeinschaft, an die eine Info-Tafel erinnert.

An der Kreuzung Bachstraße/Hauptstraße liegt das „neue" Rathaus des ehemaligen Amtes Glehn. Eine „verirrte" Bombe hatte gegen Ende des Zweiten Weltkrieges den Ortsmittelpunkt getroffen und dabei das Rathaus, einen Bauernhof und einige Häuser zerstört. Durch die Druckwelle waren auch alle Kirchenfenster im rechten Seitenschiff und im Chorraum zersplittert.

Von der Schützendelle gelangt man auf einem Feldweg zum Haus Glehn. Dieser Herrensitz wurde 1560 von Dietrich Fleck

Haus Glehn genannt „Fleckenhaus".

von der Balen im Stil der niederländischen Renaissance errichtet. Im Volksmund heißt dieses sehenswerte Haus nach dem Namen des Erbauers „Fleckenhaus". Das Haus ist bewohnt, daher kann man es nur von außen besichtigen. Den schönsten Blick auf Herrenhaus und Turm hat man vom großen Hof, der durch das Torhaus zu erreichen ist.

Über die Allee gelangt man zur Heidestraße. Sie führt durch ein neues Wohnviertel, hinter dem sich das immer noch wachsende große Gewerbegebiet befindet. Durch die Feldflur geht es weiter zum südöstlichen Ortsrand und damit zu den Schanzerhöfen. Diese Hofanlage entwickelte sich aus dem 1337 erstmals urkundlich erwähnten „Scharantzhof". Die heutige Aufteilung in Alt- und Neuschanzerhof erfolgte nach 1818, der Altschanzerhof wurde 1920 nochmals geteilt. Zwischen den Schanzerhöfen und Epsendorf fällt der Blick auf ausgedehnte Johannisbeer-Plantagen und tausende von jungen Pflaumenbäumen. Dem Betrachter wird „Landwirtschaft im Wandel" vor Augen geführt.

Fußfall am Hagelkreuz.

Der Altschanzerhof.

Geschäfts- und Wohnviertel auf dem ehemaligen Titz-Gelände.

Die schmale Straße führt zurück zum Ortszentrum. Unschwer ist im Weitergehen zu erkennen, dass der Jüchener Bach in Vorzeiten durch ein breites Tal mäandert sein muss. Betagte Glehner erinnern sich noch an die Überschwemmung weiter Teile der Bach- und Kirchstraße nach der Schneeschmelze um 1950.

Sozusagen auf der „Talsohle" angekommen, grüßt an der Bachstraße ein moderner Gebäudekomplex. Diese Wohn-, Büro- und Geschäftshäuser wurden auf dem Betriebs- und Lagerplatzgelände einer bekannten Kraut- und Marmeladenfabrik errichtet. Die Firma Adam Titz war der größte Arbeitgeber in Glehn, seine Produkte kannte man von der Nordsee bis nach Bayern. Heute erinnert noch der Straßenname „Adam-Titz-Straße" an diesen Teil der Ortsvergangenheit.

Wer „gut zu Fuß" ist, kann nun eine Wanderung entlang der Fußfälle anschließen und muss dazu über das Schwohenend in Richtung Steinforth-Rubbelrath aufbrechen. Dabei wäre die Aussicht ins Dycker Ländchen oder zum Liedberg zu genießen. Wer noch zum Judenfriedhof gehen möchte, benutzt dazu die Bendstraße, deren Name an den „Gemeinde-Bend", die allgemeine Nutzfläche für Haustiere in vorindustrieller Zeit, erinnert.

Und: Wer sich noch erholen und stärken möchte – Glehn verfügt über ausreichend Gaststätten und Cafés.

Für die Fotos gebührt Bernhard Horstmann ein besonderer Dank.

Quelle für die historischen Angaben:

Kirchhoff, Hans Georg: Glehn. Ein geschichtliches Lesebuch, hrsg. von der Gemeindeverwaltung Korschenbroich, Korschenbroich 1979.

Das „Museum der Niederrheinischen Seele" in der Villa Erckens in Grevenbroich

Eine Skizze

Thomas Wolff

Der bis zu seinem Tod 2005 auf der ehemaligen Raketenstation Hombroich lebende Dichter Thomas Kling sprach über das *„schillernde Ding"*, wenn er den Niederrhein, seine Landschaft und seine Sprache meinte, und Hanns-Dieter Hüsch (1925-2005) bekannte: *„Alles, was ich bin ist niederrheinisch"*. Beiden Autoren sowie weiteren literarischen Facetten der Region begegnet man in dem am 4. März 2012 eröffneten „Museum der Niederrheinischen Seele" in der historischen Villa Erckens in Grevenbroich. Nach einer umfänglichen Sanierung und Restaurierung des Hauses im Jahr 2011 wurde die Realisation, neben Eigenmitteln der Stadt und aus dem Konjunkturpaket II, vor allem durch eine finanzielle Förderung des Landschaftsverbandes Rheinland sowie der Sparkasse Neuss und ihrer Stiftung Kulturpflege und Kulturförderung ermöglicht.

Das neue Profil des Hauses als Ort, an dem Identität und Mentalität, alltägliche Lebens- und Erfahrungswelten im Zentrum stehen, versteht sich als Einladung, am konkreten geographischen Punkt Grevenbroich im Süden des Niederrheins, über Region und Heimat nachzudenken, aber auch dem oft diffusen Gefühl nachzuspüren, das empfunden werden kann, wenn von „Heimat" und vom „Niederrhein" die Rede ist.

Der repräsentative Bau der Villa Erckens ist der Ort dieses neuen Museums und, historisch konnotiert, selbst Teil der Darstellung. In den Jahren 1887/1888 nach Plänen des bekannten Kölner Architekten Hermann Otto Pflaume (1830-1901) im Stil einer französisch inspirierten Neorenaissance errichtet, verweist der Bau als ehemalige Industriellenvilla nicht nur auf den Textilunternehmer Oskar Erckens als Auftraggeber, sondern mittelbar auf die Geschichte der Textilindustrie am Niederrhein, die vom frühen 19. bis weit ins 20. Jahrhundert hinein Wirtschaft und Arbeitsalltag eines großen Teils der Region prägen sollte.

Im Umkreis der Zentren der niederrheinischen Textilindustrie Krefeld, Mönchengladbach und Rheydt siedelten sich am Standort der ehemaligen Deutsch-Ordens-Mühle am Ufer der Erft in Elsen zu Beginn des 19. Jahrhunderts erste textilindustrielle Unternehmungen an, wie die Spinnerei des Wevelinghoveners Friedrich Koch, die - wie ihre Nachfolgeunternehmen im weiteren Verlauf des Jahrhunderts - zu den größten Betrieben im damaligen Kreis Grevenbroich wurden. Schließlich übernahm der Burtscheider Unternehmer Oskar Erckens die Fabrik vom letzten Eigentümer der Elsener Mühle, dem Rheydter Christian Pferdmenges, und baute

Das „Museum der Niederrheinischen Seele" in Grevenbroich.   Foto: Stadt Grevenbroich.

nach 1872 die Anlagen aus. Am gegenüberliegenden Erftufer ließ er rund eineinhalb Jahrzehnte später ein Wohnhaus, umgeben von einer Parkanlage, errichten, das bis Mitte der 1950er Jahre als Wohnsitz der Familie diente und dessen Verkauf an die Stadt Grevenbroich mit der Stilllegung des Unternehmens der „Baumwollspinnerei und Weberei Erckens und Co" zusammenfiel.[1] Auch dieses Kapitel der Industriegeschichte, die Erzählung eines Strukturwandels, wie ihn Stadt, Umland und Region seit Mitte der 1950er Jahre erlebt haben, und seiner Auswirkungen auf das Selbstverständnis der Menschen, ist Bestandteil der neuen musealen Präsentation, die im Kontext einer rund achtzigjährigen Museumsgeschichte in Grevenbroich zu sehen ist, wenngleich Zäsuren und Neuorientierungen eine Kontinuität verhindert haben.

Nach dem Tod des Sammlers und Heimatforschers Jakob Hubert Dickers im Jahr 1914, dessen Publikationen mit dem Titel „Aus der Vorzeit Grevenbroichs" zwischen 1893 und 1912 erschienen waren und die sicherlich Anteil hatten, ein historisches Bewusstsein in der Bürgerschaft der prosperierenden Kreisstadt zu fördern, formulierten die Nachrufe auf den Heimatforscher den Wunsch zur Errichtung eines Heimatmuseums.[2] Aber erst im Jahr 1930 konnte ein Museum in der Torburg des Alten Schlosses auf rund 73 Quadratmetern Ausstellungsfläche eröffnet werden. Betreut durch den Rektor der katholischen Volksschule, Hans Schürmann, und gefördert durch Zuschüsse der Stadtverwaltung, widmete sich das Museum, das laut zeitgenössischen Statistiken in den Jahren 1932 bis 1934 durchschnittlich 1000 Besucher pro Jahr begrüßen konnte, der Kultur und Geschichte des „Erft-Niers-Raumes" und griff auch Aspekte der Geologie, Archäologie sowie der lokalen Industriegeschichte auf.[3] Mitte der 1930er Jahre wurde das Museum vergrößert und zog an einen

Die Uhlhorn'sche Münzprägemaschine.

Die Hörinstallation „0+l".

Auch „Energie" ist Thema des „Museums der Niederrheinischen Seele".

Der Raum „Landschafts-Bilder".

neuen Standort. Bis zur Zerstörung gegen Ende des Zweiten Weltkrieges 1944/1945 war das Heimatmuseum in einem Flügel der ehemaligen Klosteranlage am Marktplatz untergebracht.

Zu Beginn der 1960er Jahre nahmen Überlegungen gemeinsam mit dem Kreis Grevenbroich Gestalt an, die Überreste der durch Krieg und Nachkrieg sowie unsachgemäße Lagerung stark dezimierten Sammlung in ein neues Museumskonzept einzubringen und die Geologie in den Mittelpunkt einer neuen Präsentation zu stellen. Doch erst im September 1972 konnte das vom Landschaftsverband Rheinland konzeptionell begleitete und finanziell unterstützte Museum, zu dem auch wesentlich das Geologische Landesamt in Krefeld unter Dr. Hans-Wilhelm Quitzow beigetragen hatte, der Öffentlichkeit in den Räumen des Alten Schlosses in Grevenbroich vorgestellt werden. In der damals veröffentlichten Broschüre, die das Raumprogramm zur „Erdgeschichte des Niederrheins" skizziert, heißt es zur „Bestimmung des Museums": *Als Standort für ein dem Niederrheingebiet gewidmetes Museum ist Grevenbroich ausgezeichnet geeignet. Es liegt zentral und blickt sowohl in die Niederrheinische Bucht mit ihren Braunkohlen-, Ton-, und Sandlagerstätten, wie auch ins nördliche Tiefland hinein. Eifelrand und Bergischer Höhenrand sind ebenfalls nah genug, um noch Beachtung zu finden.*[4] Das nebenamtlich geführte „Geologische Museum" der Stadt Grevenbroich widmete sich schließlich bis zum Jahr 1987 der niederrheinischen Geologie, bevor die Sammlung in das neue „Museum im Stadtpark" in der Villa Erckens überführt wurde. Die ehemalige Industriellenvilla war in den Jahren 1986 bis 1989 saniert und für die neue Dauerausstellung des Sammlers Bodo Schwalm eingerichtet worden. Die völkerkundliche Sammlung Schwalms mit Objekten altamerikanischer, ägyptischer und römischer Provenienz sollte um die bestehende geologische Abteilung sowie

Themen der Stadtgeschichte ergänzt werden.[5] Mit dieser Widmung der Villa Erckens begann nach mehr als dreißig Jahren als Verwaltungsnebenstelle des Grevenbroicher Rathauses die museale Nutzung. Bis zum Jahr 2005 beherbergte das Museum diese Sammlungsbestände. Mit dem Ruhestand des Museumsleiters Bodo Schwalm setzte eine Phase des Umbaus und der Neuorientierung des Hauses ein, die mit dem Ratsbeschluss vom 30. Juni 2005 zur Neukonzeption initiiert wurde. Die vorhandenen Sammlungsbestände wurden in den Folgejahren an Institute und Fachmuseen der Universitäten Bonn und Münster als Dauerleihgaben abgegeben.

Am Beginn der konzeptionellen Arbeit an der neuen Dauerausstellung und der damit verbundenen Aufgabe, dem Museum in der Villa Erckens ein nachhaltiges und innovatives Profil zu geben, standen Überlegungen, städtische und regionale Bezüge in den Mittelpunkt der neuen Darstellung zu stellen. Der Fachbereich Kultur der Stadtverwaltung, das Stadtarchiv und die Literatur- und Kulturwissenschaftlerin Professor Dr. Gertrude Cepl-Kaufmann von der Heinrich-Heine-Universität Düsseldorf legten teils gemeinsam, teils unabhängig voneinander in den Jahren 2004 bis 2006 Entwürfe vor, die diese Perspektiven aufnahmen. Auf Vermittlung und mit Unterstützung des damaligen Landrates des Rhein-Kreises Neuss, Dieter Patt, wurden Gespräche mit dem Fachbereich Kultur des Landschaftsverbandes Rheinland, vertreten durch Dr. Norbert Kühn, aufgenommen, als deren Folge der Kulturausschuss des Landschaftsverbandes im Jahr 2006 die Finanzierung einer Konzeptstudie bewilligte.

Die vom Münsteraner Planungsbüro Dr. Ulrich Hermanns „Ausstellung, Medien, Transfer" entwickelte Machbarkeitsstudie, die gemeinsam mit dem Landschaftsverband Rheinland, vertreten durch Dr. Peter Joerißen, und einer städtischen Projektgruppe zwischen September 2007 und

April 2008 fertiggestellt wurde, formulierte bereits im ersten Entwurf Thema, Titel und Umfang der neuen Dauerausstellung: „Museum der Niederrheinischen Seele". Damit war die Aufgabe gestellt und die regionale Perspektive „Niederrhein" konkretisiert worden, ohne aber den Anspruch zu erheben, ein landesgeschichtliches Niederrhein-Museum zu sein, sondern die Geschichte des Standortes Grevenbroich und seiner Umgebung zu integrieren. Keine Chronologie, sondern ein Netzwerk an Bezügen zwischen den einzelnen Teilen, die in den Themenräumen manifest werden, leitet den Rundgang durch die Ausstellungssektionen. Die gewählte Metapher der „Seele" weckt Assoziationen wie immateriell, schwebend, ortlos, pulsierend und kreativ zugleich.

Der Besucher schließlich, der - angezogen oder merkwürdig irritiert durch den profilgebenden Titel des Hauses - die Villa Erckens betritt und der vielleicht auch verunsichert fragt, ob Grevenbroich überhaupt am Niederrhein liege und ob ein Museum Dinge oder Phänomene wie die Seele darstellen dürfe oder könne, trifft im Eingangsbereich des Museums auf eine bildmächtige Interpretation des Konzeptes, nämlich auf den Beitrag des Neusser Künstlers Dieter Patt mit dem Titel „Seele": Die Gestalt eines Kindes, dessen Umrisse aus einem strahlend hellen Licht hervorzutreten scheinen und das mit einer unsicheren Geste der rechten Hand zugleich auf etwas anderes verweist und fragend deutet.

Gruppiert um die Münzprägemaschine des Erfinders und Unternehmers Diedrich Uhlhorn (1764-1837), dessen geniale technische Lösung im Jahr 1817 die Technik der Münzprägung revolutionierte, ermöglichen Multi-Media-Stationen in der Ausstellungssektion „Druck-Werke" im Untergeschoss des Hauses einen Einblick in ehemalige Arbeitswelten der Maschinenbau-, Nahrungsmittel- und Textilindustrie, erzählen schließlich Objekte aus der Produktion von ehemaligen „Werk-Stätten", die ihre Tore längst geschlossen haben.

Im Obergeschoss, den ehemaligen Wohnräumen der Familie Erckens, begegnet mit der Hör-Installation „O + I" im Entree des Themenbereichs „Raum-Empfinden" ein sprachliches Erkennungsmerkmal der Region, denn das oft verballhornte Dehnungs-I, das unausgesprochen bleibt, begegnet in Ortsnamen wie Grevenbroich oder Korschenbroich und will als „brooch" genannt, aber nicht zum „breusch" oder „bro-ich" verzerrt werden.

Die Leitbegriffe „Museum", „Niederrhein" und „Seele" erscheinen in Leuchtschrift an drei Seiten dieses Raumes und beschreiben Buchstabe für Buchstabe Nuancen und Bedeutungsumfang der drei Kernworte: Die Geschichte des Hauses, seine Nutzung als Wohnhaus, Verwaltung und Museum, als Schatzkammer einer Identität; der „Niederrhein": sein prägendes Landschaftsbild mit weiten Himmeln und endlosen Feldern, seine geographisch-politisch-historische Verortung zwischen Kurköln, Jülich-Kleve und Geldern sowie den vielen Kleinstterritorien, seine Sprache und Lebensphilosophie; oder das Prinzip „Lust" als ein Wesensmerkmal der „Seele", das Leben, Genuss, Essen und Trinken oder Geselligkeit und Feierkultur ausmacht. „Erinnerung" und damit auch Vergegenwärtigung von Vergangenheit rundet als konstituierender Faktor von Identität und Mentalität diese thematische Visualisierung des Museumsprogramms ab.

Vom Vorraum in der oberen Etage entwickelt sich im Anschluss ein Rundgang, der in sieben Themenräumen auf rund 300 Quadratmetern Sprache, Literatur, Ess- und Trinkkultur sowie Religion und religiöse Toleranz aufgreift und der mit Braunkohle, Aluminium, Zuckerrüben und Windkraft den Bogen vom Energiesektor über die energieintensive Aluminiumverhüttung bis hin zur agrarindustri-

Essen und Trinken am Niederrhein thematisiert der Raum „Kost-Proben".

Gehören zum Niederrhein: Redensarten.

Sektion „Glaubens-Fragen".

Schützenfest ist Thema beim „Fest-Spiel".

ellen Zuckerraffinerie in der heimischen Wirtschaft spannt.

Geschichte und Lebensart erschließen sich im „Museum der Niederrheinischen Seele" über eine Vielzahl von Geschichten. Die Veränderung der gewachsenen Kulturlandschaft durch den Braunkohlentagebau hinterlässt seelische Wunden. Der Verlust des Vertrauten und der Heimat - wie im Raum „Landschafts-Bilder" in einer Installation über Spuren aus dem ehemaligen Ort Holz bei Jüchen erzählt - verweist auf die Betroffenheit und lässt an die trotzig-melancholische Botschaft eines anonymen Sprayers denken, dessen Graffiti an einer ehemaligen Scheunenwand in Otzenrath zu lesen war: „Aber die Seele bleibt hier."

Orte, die nie wieder aufgesucht werden können, verschwundene Landschaften, die nur noch in der Erinnerung Kontur erhalten, symbolisieren eine gewissermaßen detektivische Annäherung an das Verlorene. Genuss, Essen und Trinken - und damit der Geschmack einer Region - bilden eine weitere Annäherung im Raum „Kost-Proben". Die volkskundlich rekonstruierbaren Traditionen sozialer Zusammenkünfte und Feiern, der Festtagskuchen zur Hochzeit, zum Schützenfest, zur Kommunion oder Konfirmation - die Riemchen oder Ledderkestaat – sowie die schnellen Kraftlieferanten wie Klatschkies mit Kruk (Quark mit Zuckerrübensirup), die auch wieder auf die intensive Landwirtschaft der Region, ihre fruchtbaren Böden und die Weidewirtschaft verweisen, stehen hier im Mittelpunkt.

Dass schließlich Rheinländer und Niederrheiner eine markante mentale Differenz trennt, wusste der in Moers geborene Kabarettist, Schriftsteller und Liedermacher Hanns-Dieter Hüsch allzu genau. Antwortet der Rheinländer, stets optimistisch, auf die Frage des „Wie geht's?" mit einem lebensfrohen „Gut!", so stellt der melancholisch inspirierte Niederrheiner die Gegenfrage: „Wie sollet denn sein?"

Denn wie Hüsch feststellt, sind die Menschen am Niederrhein ihre eigenen Philosophen. Und wenn es auch schwerfällt, ein besonderes niederrheinisches Bewusstsein oder gar den Niederrheiner schlechthin zu (re-)konstruieren[6] - konnte doch in dem über Jahrhunderte politisch zergliederten Gebiet nördlich der Eifel und links des Rheins keine territoriale Einheit entstehen, die zumindest einen Beitrag zur Fundierung einer solchen Identität hätte leisten können -, begegnen in Sprache und Feierkultur wie dem Schützenfest oder der Frage nach der Geschichte und Gegenwart religiöser Toleranz vielfältige Bezüge, die Gemeinsames und Verbindendes in der Region deutlich werden lassen. Die „Glaubens-Fragen" eröffnen einen Einblick in die Sakralbauten im Stadtgebiet und zeigen Moschee und Synagoge ebenso wie den einzigen evangelischen Kirchenbau vor dem 19. Jahrhundert in Wevelinghoven oder die katholischen Gotteshäuser des 19. und 20. Jahrhunderts in Gustorf und in der Südstadt. Aspekte des Glaubensalltags werden spürbar, der über Jahrhunderte die konfessionspolitischen Auseinandersetzungen zwischen Katholiken und Protestanten am Niederrhein prägte. Über die Praxis des Glaubenslebens, über Vorschriften und Regelwerke gibt eine weitere Sektion der „Glaubens-Fragen" Auskunft, welche Speise- und Kleidungsgebote, Pilgerschaft, Gottesvorstellungen, Zeitrechnung, Gebetsformen und viele weitere Themenfelder pointiert. Diese Sektion lässt Vergleiche zwischen den Konfessionen und Religionen zu und sie macht die Wertigkeit der Einzelaspekte im jeweiligen konfessionellen beziehungsweise religiösen Kontext erkennbar. Der Reflektion von Gegenwart und Vergangenheit ist ein interaktives Element gewidmet: Welche Erfahrungen mit anderen Glaubensrichtungen, mit religiöser Toleranz oder Intoleranz die Besucherinnen und Besucher der Ausstellung gemacht haben, kann hier als Nachricht und Notiz an eine alte Schultafel gebracht werden. Mitlesen und Mitschreiben und Austausch also ausdrücklich erwünscht!

Was schließlich mit den Menschen der Region passiert, wenn sie ihr Brauchtum, wie das oftmals an kirchliche Traditionen gebundene Schützenfest, gestalten und feiern, zeigt das „Fest-Spiel", dessen Grundgedanke - das Schützenfest als ein in mehrere Akte gegliedertes Freiluft-schauspiel - die Dramaturgie des rund 19-minütigen unkommentierten doku-mentarischen „Spiel-Films" bestimmt.

Am Ende des Rundgangs durch die Dauerausstellung erschließt sich ein mar-kantes Charakteristikum im letzten Aus-stellungsraum und offenbart eine char-mante niederrheinische Eigenart: Im in-teraktiven „Heim-Spiel" werden die In-halte der Ausstellung spielerisch aufge-griffen und humorvoll, in teils multi-medialen Stationen (Postkartensendeau-tomat, Fahrradtour entlang des Energie-pfades), dargestellt. Zur Spielauflösung erhält jede Teilnehmerin und jeder Teil-nehmer ein prägnantes persönliches Ho-roskop: Das niederrheinische Klang-zeichen. Mit dieser augenzwinkernden Schlussstation entlässt das „Museum der Niederrheinischen Seele" seine Besuche-rinnen und Besucher, die in der Vielfalt der Referenzen, Erinnerungen und Erleb-niswelten einen individuellen Weg und Zugang gefunden haben mögen, eine ei-gene Antwort vielleicht auf Heimat, Re-gion und Identität am Niederrhein.[7]

Info

Museum der Niederrheinischen Seele, Villa Erckens

Am Stadtpark
41515 Grevenbroich
Telefon: 02181 / 608 656
Telefax: 02181 / 608 677
E-Mail:
kontakt@museum-villa-erckens.de

Öffnungszeiten

Mittwoch, Donnerstag, Samstag und Sonntag von 11.00 bis 17.00 Uhr, Freitag von 9.00 bis -13.00 Uhr.

Führungen nach Vereinbarung möglich.

1   Ganschinietz, Manfred: Die Stadt Grevenbroich um 1900 und die Entwicklung ihrer Wirtschaft, Grevenbroich 1990, S. 31-34.

2   Stadtarchiv Grevenbroich, Grevenbroicher Zeitung vom 12. Februar 1914.

3   Stadtarchiv Grevenbroich, Bürgermeisterei Grevenbroich 79 und 80.

4   Stadt Grevenbroich (Hrg.): Erdgeschichte des Niederrheins, 1972, S. 3.

5   Verein der Freunde und Förderer des Museums im Stadtpark e.V. (Hrg.): Unsere Stadt, Schätze der Natur, Ferne Völker - Frühe Zeiten, o.J., S. 12ff.

6   Vgl. Bussmann, Claus: Gibt es „Niederrheiner"? Historische Gründe für das Fehlen eines nie-derrheinischen Identitätsbewusstseins, in: Geuenich, Dieter (Hrg.): Der Kulturraum Nie-derrhein. Von der Antike bis zum 18. Jahrhun-dert, Bd. 1, Bottrop/Essen 1996, S. 157-166.

7   Neben der Dauerausstellung stehen auf rund weiteren 300 Quadratmetern im Erd- und Dachgeschoss Wechselausstellungsflächen so-wie ein Veranstaltungsbereich zur Verfügung. Themen der Dauerausstellung können dort ver-tieft oder projektbezogene Ausstellungskoope-rationen mit Dritten wie zum Beispiel dem Kunstverein Grevenbroich e.V. realisiert wer-den. Der Veranstaltungsbereich steht für Vor-träge und Veranstaltungen - wie die etablierten Musikreihen (unter anderem Weltmusik am Niederrhein) - zur Verfügung und ist darüber hinaus im begrenztem Umfang für Vermietun-gen vorgesehen.

Spitzensport vor historischer Kulisse

Voltigieren auf dem Nixhof in Neuss-Selikum

Susanne Niemöhlmann / Volker Koch

Die Geschichte des Nixhofes

Ihr Domizil ist beinahe so bekannt wie sie selbst: Über ihre Heimatstadt hinaus wird der Nixhof oft in einem Atemzug mit den erfolgreichen Voltigiererinnen des RSV im SC 1936 Neuss-Grimlinghausen genannt. Für die Sportlerinnen ist die historische Hofanlage im Stadtteil Selikum nicht nur anerkannter Landesleistungsstützpunkt, sondern auch eine Art zweites Zuhause. Und wenn die anmutigen Turnerinnen auch anderes vermuten lassen – mit mythischen Wasserwesen hat der Hof, dessen Anfänge bis weit ins Mittelalter zurückreichen, wenig zu tun.

Schloss Reuschenberg und Gut Selikum, der Kinderbauernhof der Stadt Neuss (ehemals Hof Königs), der Nixhof und Gut Gnadental – gern wird das Bild von den Perlen auf der Schnur bemüht, um die Lage der Höfe entlang dieses Erftabschnittes zu beschreiben. Der Nixhütter Weg gleich vor den Hofeinfahrten folgt in seinem Verlauf weitgehend einer ehemaligen Verbindungsstraße von Grimlinghausen nach Holzheim, die sich offenbar schon an einer historischen Römerstraße orientierte. In dieser alten Kulturlandschaft an der unteren Erft lagen fruchtbare Äcker und Weiden. Ende der 1980er Jahre stieß der Neusser Stadtarchäologe

Michael Kaiser bei Grabungen südlich der Erft in Höhe des Nixhofes auf Siedlungsspuren aus der jüngeren Hallstattzeit (etwa 700 bis 500 vor Christus) sowie auf Gräber aus vorrömischer und römischer Zeit.[1]

Der erste schriftliche Hinweis auf Selikum, der auf das Jahr 1181 datiert, betrifft das unmittelbare Terrain des späteren Nixhofes, der darum als Keimzelle des Stadtteils betrachtet wird – wenn auch der Merhof, aus dem sich zwischen 1200 und 1300 ein stattlicher Rittersitz entwickelte, schließlich als Schloss Reuschenberg größere Bedeutung erlangte.

In besagter Urkunde von 1181 erlaubt der damalige Kölner Erzbischof Philipp von Heinsberg den Augustinerchorherren die Gründung und den Bau eines Klosters samt Kirche vor dem Obertor im südlichen Burgbann. Zur Ausstattung der jungen Niederlassung überließ Philipp den Regulierherren *„gleichzeitig mit anderen Einkünften und Nutzungsrechten auch 70 Morgen Land zu Scleicheim* [Selikum] *und 30 Morgen zu Elvencheim* [Elvekum]“[2]. Dies war insofern nicht unproblematisch, als der Erzbischof den betreffenden Grund und Boden zuvor bereits Cunrad und Arnold von der Dicke als Lehen übertragen hatte, die es ihrerseits weiterverpachtet hatten. Um es nun dem neuen Kloster

Der Nixhof in Neuss-Selikum vor den umfangreichen Neubaumaßnahmen des Jahres 1972.

übereignen zu können, musste Philipp die bisherigen Lehnsträger durch finanzielle Zuwendungen entschädigen. Wenig später ließ der Erzbischof die Augustinerchorherren *„den Wald an der Erft roden und einen neuen Hof anlegen"*[3].

Für die Dauer von rund 300 Jahren sind keine weiteren Nachrichten überliefert. Dann, in einer Urkunde von 1489, werden *„Peter Bonmann zu Sielkum (...) und dessen Frau Kathryn"* als Bewohner des Hofes genannt,[4] der seinen heute geläufigen Namen aber erst rund 100 Jahre später erhielt. Das stattliche Gut, zwischen Kloster Gnadental und Schloss Reuschenberg gelegen, pachtete nämlich Ende des 16. Jahrhunderts der Halfe (Pächter) Peter Nix,[5] nach dem der Hof fortan „Nixhof" genannt wurde. Der Name wurde schließlich auch auf die kleine Häusergruppe in der Nähe übertragen, die so genannte Nixhütte, ging aber auch – wie nicht unüblich – auf manchen späteren Pächter über. So wurde Johann Seulen aus Uedesheim, der 1649 auf den Nixhof einheiratete, „Nix" genannt.[6] Er starb 1712 mit 92 Jahren, bereits für das Jahr 1705 ist Jacob Lewenkehl aus Norf, Ehemann der Catharina Seulen, als „Nix Halfmann"[7] geführt.

Ihm folgte Lambert Büttgen aus Norf (1733).[8]

Die Säkularisation im Gefolge der Französischen Revolution traf mit der Enteignung kirchlicher Güter auch das Kloster der Regulierten Chorherren – und damit auch den Nixhof. Während das Oberkloster, das nach dem Truchsessischen Krieg Ende des 16. Jahrhunderts in die Innenstadt an die Brückstraße verlegt worden war, in Privatbesitz überging und später in eine Ölmühle umgewandelt wurde, verloren die Chorherren *„elf Höfe mit 1600 Morgen Land, darunter den Nixhof mit 159 Morgen"*[9].

Offenbar erwarb zu dieser Zeit Wilhelm Dülcken, der bereits 1798 als Pächter genannt wird,[10] den Hof samt Scheune, Stallungen und Land.[11] Die typisch niederrheinische, geschlossene Hofanlage verdankt ihre heutige Form im Wesentlichen einem Umbau unter Gerhard Dülcken, einem Sohn Wilhelms.[12] Auf Gerd Dülcken verweist ein Stein über der Tür neben der Toreinfahrt in den Nixhof, auf dem die Inschrift „G.D. & R.C. Anno 1855" zu lesen ist.[13]

Im April 1863 kaufte Dietrich Freiherr von Boeselager, Eigentümer von Schloss

Die Voltigiererinnen in den frühen siebziger Jahren. Das Pferd Toni wird von Longenführerin Gaby Denecke gehalten, gleich daneben die spätere Erfolgstrainerin Agnes Werhahn als aktive Voltigiererin.

Reuschenberg, den Nixhof.[14] Diese beiden Liegenschaften der Familie von Boeselager zusammen erwarb 1912 die Stadt Neuss[15], die als aufstrebender Industriestandort dringend Fläche für ihre stetig wachsende Einwohnerschaft benötigte. *„Besonders stolz war man auf die vorausschauende Grundstückspolitik und den umfangreichen Zuwachs an Liegenschaften: der städtische Grundbesitz, der 1903 mit 290 Hektar angegeben wurde, umfasste Ende 1921 1241 Hektar. Damals erwarb die Stadt das Gut Bockholt im Norden, den Broichhof im Stadtwald, das Gut Steinhaus, den Reuterhof und den Wahlen- oder Stehmannshof in Grimlinghausen, den Nixhof an der Nixhütte, Schloß Reuschenberg und Gut Selikum sowie den Nierenhof.“*[16]

Mehrere Jahrzehnte lang pachtete die Familie Bock den Nixhof, der 1945 von amerikanischen Truppen besetzt wurde.[17] Auch nach Kriegsende wurde der Hof weiter bewirtschaftet. Doch die Stadt hat-te zumindest für die landwirtschaftlich genutzte Fläche andere Pläne. Im Zuge des rasanten Bevölkerungsanstiegs nach dem Zweiten Weltkrieg entstand ein Bebauungsplan für den Nixacker, das Gelände auf der anderen Seite des Nixhütter Weges zwischen Corneliusweg und Bahntrasse. 1962 wurde dort die letzte Kappesernte eingefahren,[18] zwischen 1963 und 1969 entstanden im Malerviertel – die Straßen tragen die Namen von Künstlern wie Dürer, Cranach, Rembrandt, Ittenbach – rund 360 Eigenheime:[19] Dem Nixhof fehlte fortan die landwirtschaftliche Grundlage.

Es war Phillipp Meuter, Vorsitzender des Kreissportbundes und Präsident des SC Grimlinghausen in Personalunion, der eine Verwendungsidee für den alten Hof hatte[20]: 1962 wurde der Nixhof neues Domizil der Reitsportabteilung des SC. Bereits ab 1955 hatte in Grimlinghausen eine Reitsporttruppe unter Hans Rongen bestanden, das so genannte Hippodrom.[21]

Pferde und historische Gemäuer prägen das Bild auf dem Nixhof.
Foto: Andreas Woitschützke.

Bis zu 15 Reiter kamen an den Wochenenden auf den Rheinwiesen zusammen, im Anschluss an ihre Ausritte fanden sie sich zum geselligen Beisammensein auf dem Wittgenshof ein. Zur Gründung eines Reitervereins kam es dann 1957. Nur drei Jahre später, 1960, hatte sich dieser als Reitsportabteilung dem Sport-Club 1936 e.V. Neuss-Grimlinghausen angeschlossen.[22] Bereits in dieser Anfangszeit trainierte eine Voltigier-Gruppe mit Reitlehrer Bruno Peters, die noch 1960 erstmals bei einem Wettkampf antrat. Nun war mit dem Nixhof eine eigene Bleibe für den Pferdesportverein gefunden.[23]

Doch Ruhe kehrte vorerst nicht ein: Nach ersten Verhandlungen mit der Stadt Neuss im Jahre 1964 wegen der Erhaltung des Nixhofes wurde 1965 der Abriss der Hofanlage erwogen. Ein Wechsel der Reitsportabteilung zum Wittgenshof scheiterte jedoch schon daran, dass sich dessen Räumlichkeiten als zu klein her-

ausstellten. 1967 – die Reitsportabteilung firmierte um in „Reitsportverein im SC 36" – schien der Nixhof den Reitern sicher.[24] Doch 1970 wurde der Verbleib auf dem Nixhof erneut in Frage gestellt. Überdies ließ sich die lokale Presse bei den Stadtmeisterschaften auf dem Nixhof 1971 über die sehr beengten Räumlichkeiten aus.[25] Schließlich, 1972, wurde mit der Stadt Neuss ein Pachtvertrag über den Nixhof abgeschlossen. Diese „schicksalhafte Entscheidung" hatten August Wienen, Karl Hertleif, Jan Vogel und Jacky Hennessen herbeigeführt.[26] Am 17. September 1972 konnte die Reitanlage ihrer Bestimmung übergeben werden – als immerhin erste und bis heute einzige vereinseigene Reitanlage im Stadtgebiet. Damit waren zugleich die Weichen für die notwendige Bautätigkeit gestellt. Nach dem Abbruch alter Nebengebäude wurden in Eigenleistung eine Reithalle und Stallungen errichtet. Das historische

Zum siebten Mal in Folge Deutscher Meister und 2012 in Le Mans Vize-Weltmeister im Gruppenvolti-gieren: die S-Gruppe des RSV Neuss-Grimlinghausen mit ihrem 14 Jahre alten Wallach Arkansas.
Foto: Andreas Woitschützke

Wohngebäude und das alte Stallgebäude mit Heuboden blieben erhalten. Noch im Jahr 1972 verließ Bruno Peters den Nixhof, sein Nachfolger als Reitlehrer und Pächter wurde Gert Zuther, der die Voltigierausbildung verstärkte. 1982 übernahm der neue Pächter und Reitlehrer Johann Jung den Nixhof, Familie Ohmen bezog das zwischenzeitlich modernisierte Vereinshaus und bewirtschaftete das Reiterstübchen, die „Tränke".

Dank des zunehmenden auch internationalen sportlichen Erfolges der Voltigiererinnen begannen Zuschüsse zu fließen: 1985 erfolgten umfassende Renovierungen, beispielsweise konnte das Dach des alten Stallgebäudes erneuert werden. Ungemach drohte nun von anderer Seite: 1987 fanden erste Gespräche mit der Stadtverwaltung und dem Kreis Neuss wegen eines geplanten Golfplatzes in direkter Nachbarschaft des Nixhofes statt. Um den Reitern weiterhin Zugang ins freie Gelände zu ermöglichen, pachtete der Verein 1991 einen zwei Meter breiten Geländestreifen westlich der Hummelbachaue für einen Reitweg an.

Als Johann Jung 1995 die Pacht des Hofes kündigte, begann eine schwierige Phase für den RSV: Zwischenzeitlich versuchte der Verein, den Reitbetrieb und die Voltigierabteilung, unter Einsatz einer Einstallerfirma für die Versorgung der Pferde, in Eigenregie weiterzuführen. Schließlich wurde Ende 2005 Josef Hamzek als Hofverwalter angestellt. Der gelernte Hotelfachmann, der beruflich „umsattelte", betreibt seither auch eine Reitschule auf dem Nixhof. Zwei weitere Angestellte des Vereins kümmern sich um den 40 Morgen großen landwirtschaftlichen Betrieb. Bereits 1999 hatte es Pläne für den Bau einer neuen, größeren Reithalle gegeben. Zunächst hatte sich die Bestimmung des Standortes schwierig gestaltet. Endlich jedoch war die Wahl auf ein Gelände an den Weiden diesseits der Erft gefallen. 2001 war sie fertig: die „Starsky"-Halle, benannt nach einem erfolgreichen Voltigierpferd, das 2001 im Alter von 29 Jahren gestorben war.

Dank einer großzügigen Förderung der Stadt Neuss, ermöglicht aber auch durch Beiträge von Vereinsmitgliedern und Freunden des Nixhofes, konnte 2011 die Gebäudesubstanz der Hofanlage umfassend saniert werden: Fundament und Fassade des Haupthauses einschließlich des Torbogens wurden aufwändig saniert, Energiesparmaßnahmen ergriffen, so beispielsweise neue wärmedämmende Fenster eingesetzt. Um auch die Trainingsbedingungen der Sportler zu verbessern, wurden die Trainingsräume für die Breitensport-Voltigierer im Dachboden des Haupthauses sowie des städtischen Stalltraktes komplett renoviert. Der derzeitige Mietvertrag mit der Stadt Neuss läuft vorerst bis zum Jahr 2036. Der Bestand des Nixhofes – baulich wie sportlich – scheint für die nächsten Jahre gesichert.

Spitzensport Voltigieren

Als 1960 die Reiter und damit auch die Voltigierer im SC Grimlinghausen heimisch wurden, konnte niemand ahnen, welch spätere Erfolgsgeschichte hier ihren Anfang nahm. Inzwischen ist der RSV Neuss-Grimlinghausen – unter diesem Namen treten die Voltigierer deutschland- und weltweit zu ihren Wettkämpfen an – der erfolgreichste Voltigierverein der Welt. Im Einzel- und Gruppenvoltigieren zieren acht Welt- und neun Europameistertitel die Trophäensammlung, von den 26 Deutschen Meistertiteln ganz zu schweigen. Der aktuelle, den die S-Gruppe im Juli 2012 im hessischen Alsfeld gewann, war der siebte nationale Titel in Folge – damit stellte der RSV einen neuen Rekord innerhalb der Deutschen Reiterlichen Vereinigung auf. Den bisherigen hatte ein Voltigierverein aus Stuttgart seit den siebziger Jahren des vergangenen Jahrhunderts inne gehabt.

Zu dieser Zeit steckte das Leistungsvoltigieren auf dem Nixhof noch in den Kinderschuhen. 1974 wurde der RSV Grimlinghausen erstmals Kreismeister, ein Jahr später qualifizierte sich die A-Gruppe (heute wird die leistungsstärkste Gruppe innerhalb der Deutschen Reiterlichen Vereinigung S-Gruppe genannt) erstmals für eine Deutsche Meisterschaft. Unter der Longenführung von Gaby Deneke sprang der elfte Platz dabei heraus. Als Longe bezeichnet man die Leine, an der das

ren ersten Deutschen Meistertitel, sie wurden auch erstmals Weltmeister im Gruppenvoltigieren, ein Titel, der damals noch inoffiziellen Charakter hatte. Agnes Werhahn blieb mehr als zwei Jahrzehnte die bestimmende Person im deutschen Voltigiersport und ist immer noch die erfolgreichste Voltigiertrainerin der Welt. Heute gibt sie ihr immenses Wissen um diese Sportart als Landestrainerin weiter, berät aber auch Voltigierer und deren Trainer aus anderen Nationen. So hat sie

Standesgemäßer Empfang für die Weltmeisterinnen vom Nixhof - nach dem Titelgewinn 2006 in der Aachener Soers fuhren die Schützlinge von Trainerin Jessica Schmitz (vorne links) mit der Kutsche in Selikum vor. *Foto: Hans Jazyk*

Pferd im Voltigierzirkel galoppiert, die Person, die diese Leine hält und damit das Pferd dirigiert, wird Longenführer oder Longenführerin genannt.

Die eigentliche Erfolgsstory ist untrennbar mit dem Namen Agnes Werhahn verbunden. 1976 übernahm die damals 19-Jährige die A-Gruppe als Trainerin und Longenführerin. Drei Jahre später gewannen die Neusserinnen nicht nur ih-

wesentlich dazu beigetragen, dass Brasilien inzwischen eine „Hausnummer" im Voltigiersport geworden ist.

In Deutschland stand das „Turnen auf dem Pferd" hingegen lange Zeit im Schatten der anderen reitsportlichen Disziplinen wie Springen, Dressurreiten und Military, heute Vielseitigkeitsreiterei genannt. Das sollte sich erst Mitte der neunziger Jahre ändern, als Nadia Zülow aus der erfolgreichen A-Gruppe des RSV heraus eine Solokarriere startete, die bis heute ihresgleichen sucht. Die Tochter der bekannten Neusser Unternehmerfamilie, die ihren Firmensitz nur einen Steinwurf weit vom Nixhof entfernt auf Gut Gnadental hat, setzte mit ihren Kürdarbietungen neue Maßstäbe. Drei Welt- und eben so viele Europameistertitel waren der Lohn für harte Arbeit. Denn was auf dem Pferderücken oft spielerisch leicht aussieht, erfordert tägliches Trai-

hof und zur Voltigierwelt aber nie abreißen lassen.

Ein wenig in ihrem Schatten stand die zweite Einzelvoltigiererin von Weltrang innerhalb des RSV Grimlinghausen: Janine Oswald, die zwei Mal WM-Dritte und ein Mal Vize-Europameisterin wurde. Wie sehr beide den Voltigiersport in Deutschland geprägt haben, zeigt sich auch darin, dass beide vor ein paar Jahren Lehrbücher zum Thema Voltigieren verfassten: *„Ich lerne Voltigieren"*, heißt das (neuere) von

Voltigierlegenden: die dreifache Welt- und Europameisterin Nadia Ehning, geb. Zülow, und Erfolgstrainerin Jessica Schmitz (r.) mit dem Pony Ringo.   Foto: Andreas Woitschützke.

ning von bis zu vier Stunden und darüber hinaus. Als die „Queen of Vaulting" 2003 von der Voltigierbühne abtrat, hielt ihre Sportart für einen Moment den Atem an, denn ihre Ausstrahlung und ihre Erfolge dürften so schnell nicht wiederholbar sein. Inzwischen lebt Nadia Zülow als zweifache Mutter auf dem Hof ihres Ehemannes Marcus Ehning, einem der weltbesten Springreiter, in der Nähe von Borken, hat den Kontakt zum Nix-

Janine Oswald, *„Voltigieren – alles, was du wissen musst"*, das von Nadia Ehning (geb. Zülow).

Mit dem Ende der (Vereins-)Trainertätigkeit von Agnes Werhahn Anfang dieses Jahrtausends und den Abgängen von Janine Oswald – sie verabschiedete sich im Jahr 2000 mit Platz vier bei den Weltmeisterschaften in Mannheim – und Nadia Zülow – sie beendete ihre Karriere nach dem Gewinn des Weltmeistertitels drei Jahre später – sahen viele eine Art „Götterdämmerung" für den Nixhof heraufziehen. In der Tat durchschritt das Voltigieren als Leistungssport in dieser Zeit eine Talsohle, auch die oben beschriebenen dauernden Pächterwechsel und Querelen zwischen Reitern auf der einen und der Voltigierabteilung auf der anderen Seite taten ein Übriges. „*Über die dunklen Kapitel in der jetzt fünfzigjährigen Vereinsgeschichte sprechen sie nicht gerne beim RSV. Es gab Zeiten, da haben die Vorstandsmitglieder ihr Nachtlager im Flur vor dem Geschäftszimmer aufgeschlagen, immer eine(r) abwechselnd, damit der Nixhof nicht leerstand. Der Hof verfiel, und nach den goldenen Zeiten, in denen es jedes Jahr mindestens einen Welt- oder Europameistertitel zu feiern gab, kehrte auch sportlicher Stillstand ein*", schrieb die NGZ 2007.

„*Das war eine schlimme Zeit*", sagt Marlies Klüter rückblickend. Die Zweite Vorsitzende ist die „gute Seele" des RSV und des Nixhofes, verbringt jeden Tag fünf bis sieben Stunden im Geschäftszimmer und in den Stallungen, kennt jeden Zwei- und Vierbeiner, der jemals seinen Fuß oder Huf auf den Hof gesetzt hat, beim Namen. Sie hat viel dazu beigetragen, dass der RSV und der Nixhof heute wieder die erste Adresse (nicht nur) im deutschen Voltigiersport sind. „*Es ist immer wieder beeindruckend, was die Neusser auf die Beine stellen*", sagt Ursula Ramge, Bundestrainerin für Voltigieren bei der Deutschen Reiterlichen Vereinigung. Und damit meint die Warendorferin nicht allein die sportliche Bilanz, für die inzwischen Jessica Schmitz als Trainerin und Longenführerin verantwortlich zeichnet. 250.000 Euro beträgt der Jahresetat des Vereins inzwischen, damit könnte der RSV auch eine Mannschaft in der Tennis-Bundesliga oder der Dritten Liga im Handball finanzieren. „*Und trotzdem geht alles nur, wenn viele ehrenamtliche Helfer und Eltern mit anpacken*", sagt Marlies Klüter. Die selbst ein nicht

untypisches „Nixhof-Schicksal" hinter sich hat: 1982 wollte sie zur Vereinsfeier ihrer damals sechsjährigen Tochter nur einen selbstgebackenen Kuchen vorbeibringen – geblieben ist sie bis heute.

Lohn all der finanziellen und ehrenamtlichen Mühen ist der gewachsene Stellenwert des Voltigierens in der öffentlichen Wahrnehmung. Als 2006 die Weltreiterspiele, die alle zwei Jahre stattfindenden gemeinsamen Weltmeisterschaften in allen fünf Reitdisziplinen (Springen, Dressur, Vielseitigkeit, Fahren und Voltigieren), in der Aachener Soers ausgetragen wurden, übertrug das WDR-Fernsehen täglich – und zeigte auch Live-Bilder vom Voltigieren, das dadurch einen ganz anderen Bekanntheitsgrad erhielt. Ein schöner Nebeneffekt, dass der Weltmeistertitel in der „Königsdisziplin", dem Gruppenvoltigieren, nach Neuss auf den Nixhof ging, dem 2011, ebenfalls unter Regie von Jessica Schmitz, der insgesamt neunte Europameistertitel folgte.

Ein Ende der Erfolgsstory ist vorerst nicht abzusehen. „*So lange die handelnden Personen da sind, mache ich mir keine Sorgen*", sagt die Bundestrainerin. Von denen „zaubern" sie auf dem Nixhof ständig neue aus dem Hut: Als Antje Hill und Simone Wiegele, 2010 in Lexington/Kentucky Vize-Weltmeisterin und WM-Dritte im Einzelvoltigieren geworden, nach dem Gewinn des Europameistertitels 2011 mit der Gruppe ihre Karriere beendeten, sattelte das Duo einfach um. Heute sind sie Trainerin und Longenführerin des Juniorteams, das sie auf Anhieb zum Deutschen Meistertitel und zur Teilnahme an den Junioren-Europameisterschaften führten. Auch so eine typische Geschichte, von denen der Nixhof in den mehr als 900 Jahren seit der ersten Erwähnung eine Menge geschrieben hat.

Doch der Leistungssport ist nur die eine Seite der Medaille auf dem Nixhof. Knapp 300 Mitglieder zählt der RSV Grimlinghausen inzwischen, davon sind achtzig Prozent Jugendliche. „*Das verleiht uns*

Mitunter findet Voltigieren auch im Freien statt wie hier vor der wunderschönen Kulisse des Wiesbadener Schlosses.
Foto: Agnes Werhahn.

eine einmalige Stellung unter den Reitvereinen der Umgebung", sagt Marlies Klüter. Fast 150 Kinder und Jugendliche sind als Voltigierer aktiv, von den „Pampers-Gruppen" genannten Anfängern bis hin zur S-Gruppe von Jessica Schmitz. Neben dem „normalen" Pferdesport - Pächter Josef Hamzek, der erfolgreich vom Hotelmanager zum Reitlehrer umsattelte, erteilt auch Reitstunden – gewinnt ein drittes Standbein immer mehr an Bedeutung: das therapeutische Reiten für geistig oder körperlich behinderte Kinder (und Erwachsene) sowie die Hippotherapie, mit der beispielsweise Verhaltensauffälligkeiten bei Kindern therapiert werden können. „Wenn wir noch mehr Pferde hätten, könnten wir noch mehr solcher Kurse anbieten", weiß Marlies Klüter. Doch gute Voltigier- und Therapiepferde sind selten unter einer fünfstelligen Summe zu haben, hinzu kommen die in den vergangenen Jahren enorm gestiegenen Kosten für Heu und Stroh. „Die Pferde fressen uns die Haare vom Kopf", sagt die stellvertretende Vorsitzende. Das dürfte in der langen Geschichte des Nixhofs selten anders gewesen sein.

Immer noch die erfolgreichste Voltigiertrainerin der Welt: Agnes Werhahn.
Foto: Andreas Woitschützke.

Quellen und Literatur

50 Jahre Sport-Club 1936 e.V. Neuss-Grimlinghausen, hg. vom Präsidium des SC 1936 e.V. Neuss-Grimlinghausen 1986.

Brandts, Rudolf: Haus Selikum. Urkunden und Akten zur Geschichte des Hauses und seiner Besitzer, Schriftenreihe des Stadtarchivs Neuss, Band 1, Neuss 1962.

Chronik des Reitsportvereins im Sportclub 1936 e.V. Neuss-Grimlinghausen, vereinsinterne Chronik, unveröffentlicht, unpaginiert. Zitiert als „Vereinschronik".

Die Stadtteile – Stück für Stück Neuss: Reuschenberg und Selikum, hg. von der Stadt Neuss, Neuss 2005.

Kaiser, Michael: Vorrömische und römische Grabfunde aus Selikum, in: Appeltaatefest 1989, hg. von der Cornelius-Gesellschaft Neuss-Selikum.

Klüter, Horst: Die Geschichte des Nixhofes, in: Stallgeflüster, Ausgabe III, hg. vom RSV Neuss-Grimlinghausen, Dezember 2010.

Kreiner, Franz: Die Topographie des äusseren Teiles des Neusser Burgbannes, Neuss 1956.

Lange, Joseph: Neuss in Mittelalter und Neuzeit, in: Neuss im Wandel der Zeiten, Neuss 1969.

NGZ vom 15. September 2007.

Neuss-Selikum. Ein Stadtteil im Grünen, erschienen in der Reihe: Beiträge zur Heimatkunde, hg. von der Cornelius-

Gesellschaft Neuss-Selikum aus Anlass ihres 10-jährigen Bestehens, o.O., 1980.

Neuss-Selikum. Ein Stadtteil im Grünen 1970-1995. 25 Jahre Cornelius-Gesellschaft Neuss-Selikum e.V., erschienen in der Reihe: Beiträge zur Heimatkunde und Vereinsgeschichte, o.O., o. J. (1995).

Stenmans, Peter: Der Burgbann. Die Landwirtschaft im alten Neuss, hg. von der Vereinigung der Heimatfreunde Neuss e.V., 1996.

1   Kaiser, in: Appeltaatefest 1989, S. 111
2   Brandts, S. XV.
3   Lange, in: Neuss im Wandel der Zeiten, S. 61; Zum Rechtsgeschäft siehe: Die Regesten der Erzbischöfe von Köln im Mittelalter, Erster Band, erste Lieferung, bearbeitet von F.W. Oediger, Bonn 1954; Nr. 1160.
4   Brandts, S. 37. Bonmann, auch Bouman, Bunneman oder Bunnen geschrieben, ist offenbar zwischen 1484 und 1514 auf dem Hof nachweisbar. Brandts, S. 116.
5   Kreiner nennt für das Jahr 1597 als Halfen des Hofes „Erben Peter Nix", Kreiner, S. 138.
6   Kreiner, S. 138. Kreiner führt als Nixhalfe für das Jahr 1628 die Eheleute Jacob und Greitgen Krins auf.
7   Kreiner, S. 138.
8   Kreiner, S. 139.
9   Lange, in: Neuss im Wandel der Zeiten, S. 203.
10 Vgl. Kreiner, S. 139.
11 Stenmans, S. 71.
12 Stenmans, S. 71; vgl. Klüter, S. 12. Die beiden anderen Söhne Wilhelm Dülckens, Martin und Joseph, erbten den Wahlscheider Hof beziehungsweise Haus Vellbrüggen.
13 Die Initialen stehen für Gerhard Dülcken und seine Ehefrau Regina Cremerius.
14 Kreiner, S. 139.
15 Vgl. Klüter, S. 12; Neuss-Selikum, S. 32.
16 Lange, in: Neuss im Wandel der Zeiten, S. 290.
17 Neuss-Selikum 1995, S. 39-40.
18 Neuss-Selikum, S. 26.
19 NGZ vom 3. September 1971.
20 Mündlich von Horst Klüter, Nixhof am 12. Juli 2012.
21 50 Jahre Sport-Club 1936, S. 41.
22 50 Jahre Sport-Club 1936, S. 42-43.
23 50 Jahre Sport-Club 1936, S. 44
24 Vereinschronik.
25 Vereinschronik.
26 50 Jahre Sport-Club 1936, S. 47.

Info

Reitsportverein im SC 1936 Neuss–Grimlinghausen e.V.

Adresse:
Nixhütter Weg 105, 41464 Neuss

Vorsitzende:
Angelika Quiring-Perl

Stellvertretende Vorsitzende:
Marlies Klüter

Ansprechpartner Voltigieren:
Marlies Klüter, Tel. 0 21 31 / 73 78 03
h.m.klueter@gmx.net

Ansprechpartner Reiten/Hof:
Josef Hamzek, Tel. 0 21 31 / 46 45 00
reitunterricht-hamzek@gmx.de

Internet:
www.rsv-neuss.de und www.teamneuss.de

Chronik des Rhein-Kreises Neuss

vom 1. Juli 2011 bis zum 30. Juni 2012 anhand von Presseberichten

Sarah Kluth / Peter Ströher

Grundlage der Chronik ist die Berichterstattung über den Rhein-Kreis Neuss in der Neuß-Grevenbroicher Zeitung und der Westdeutschen Zeitung. Bei Ereignissen, deren Datierung den Zeitungsartikeln nicht eindeutig zu entnehmen ist, ist das Datum in Klammern gesetzt.

Juli 2011

01.07.2011
Mit dem Wegfall der Wehrpflicht und des Zivildienstes müssen sich die sozialen und karitativen Einrichtungen im Rhein-Kreis Neuss, die bislang „Zivis" beschäftigten, auf andere Kräfte umstellen. Als Nachfolger des Zivildienstes hat der Bund den Bundesfreiwilligendienst eingerichtet

01.07.2011
Dr. Marc Zellerhoff, Oberarzt am Kreiskrankenhaus in Grevenbroich, übernimmt zusätzlich den Posten des Ärztlichen Leiters des Rettungsdienstes des Rhein-Kreises Neuss. Die Stelle war erst wenige Monate zuvor vom Kreistag geschaffen worden.

02.07.2011
Während der Frauen-Fußball-Weltmeisterschaft im eigenen Land hält die deutsche Nationalmannschaft ein öffentliches Training vor rund 2.000 Zuschauern im Stadion am Eisenbrand in Meerbusch-Büderich ab.

05.07.2011
Der neue Direktor des Amtsgerichts Grevenbroich Carsten Schürger wird im Alten Schloss von der Präsidentin des Oberlandesgerichts Anne José Paulsen und von Bernd Scheiff, Präsident des Landgerichts Mönchengladbach, offiziell in sein Amt eingeführt.

06.07.2011
Über einen Zeitraum von drei Monaten wird der Rheindeich zwischen Zons und der Bundesstraße 9 überprüft, um eventuelle Baumängel aufzuspüren.

(06.07.2011)
Aufgrund einer testamentarischen Verfügung erbt die Stadt Grevenbroich historische Möbelstücke aus dem 19. Jahrhundert, die sich einst im Besitz der berühmten Grevenbroicher Familien Uhlhorn und Zuccalmaglio befanden.

09.07.2011

Der zu Rommerskirchen gehörende Ort Gill feiert sein 800-jähriges Jubiläum, unter anderem mit einem Festvortrag des Rommerskirchener Historikers Dr. Josef Schmitz.

10.07.2011

Mit einem Tag der offenen Tür feiert das Lukas-Krankenhaus an der Preußenstraße in Neuss sein 100-jähriges Bestehen.

11.07.2011

Bei einem Großbrand auf dem Gelände der Spedition M. Zietzschmann an der Heerdterbuschstraße in Neuss entsteht ein Sachschaden in Millionenhöhe, Personen kommen nicht zu Schaden. Eine Lagerhalle des Unternehmens brennt völlig ab.

15.07.2011

Der Abriss der Alten Schule in Langst-Kierst beginnt, um Platz für einen Neubau zu schaffen, der als Domizil für die Feuerwehr und die örtlichen Vereine dienen soll.

15.07.2011

Nach 17 Jahren als Schulleiter des Norbert-Gymnasiums Knechtsteden (Stadt Dormagen) verabschiedet sich Josef Zanders von Schülern, Eltern und Kollegen in den Ruhestand.

(15.07.2011)

Vertreter der Jüchener Naturschutzgruppe „Bundspechte" sind als ausgewählte Ehrenamtler Gäste beim NRW-Antrittsbesuch von Bundespräsident Christian Wulff in Essen.

(19.07.2011)

Die Bürgermeisterinnen von Grevenbroich, Ursula Kwasny, und der niederländischen Stadt Maas en Peel, Wilma Delissen van Tongerloo, vereinbaren eine enge Zusammenarbeit ihrer Kommunen. Angestrebt wird eine offizielle Städtepartnerschaft.

20.07.2011

Vertreten durch die Landräte Hans-Jürgen Petrauschke und Thomas Hendele sowie Oberbürgermeister Dirk Elbers vereinbaren der Rhein-Kreis Neuss, der Kreis Mettmann und die Landeshauptstadt Düsseldorf die Bildung einer „Regionalen Arbeitsgemeinschaft". Die Partner wollen in den Bereichen Verkehr, Tourismus, Energieversorgung und Kultur kooperieren.

22.07.2011

Ein Teil des Grevenbroicher Stadtparks und ein Weg an der Erft werden offiziell nach dem 2010 verstorbenen Bürgermeister Hans Gottfied Bernrath benannt.

25.07.2011

Die Jury des Wettbewerbs „Unser Dorf hat Zukunft" gibt den Sieger auf Kreisebene bekannt: Es ist der Ort Hülchrath, der den Rhein-Kreis Neuss 2012 beim Landeswettbewerb vertreten wird.

August 2011

02.08.2011

Zwanzig Jungen und Mädchen aus der im März vom Erdbeben, der Flutwelle und der Reaktorkatastrophe betroffenen japanischen Region Fukushima treffen im Rhein-Kreis Neuss ein. Auf Einladung des Kreissportbundes verbringen die Jugendlichen knapp drei erholsame Wochen bei Gasteltern im Kreisgebiet.

04.08.2011

Nach dreimonatiger Sanierung des Glockenstuhls in der Grevenbroicher Pfarrkirche St. Peter und Paul wird das Glockengeläut wieder aufgenommen.

04.08.2011

Der ehemalige Oberkreisdirektor des Kreises Neuss Klaus Dieter Salomon feiert in seinem Wohnort Pulheim seinen 80. Geburtstag.

(05.08.2011)

Hans-Günther Knorr, leitender Pfarrer in den vier katholischen Gemeinden der Neusser Nordstadt, wird vom Kölner Erzbischof Joachim Kardinal Meisner zum neuen Dechanten im Dekanat Neuss/Kaarst ernannt.

06.08.2011

Mit einem Open-Air-Fest auf dem Alten Markt in Lank feiert der Heimatkreis Lank sein 40-jähriges Bestehen.

08.08.2011

Der Lokal- und Kreispolitiker Peter Giesen vollendet in Jüchen sein 90. Lebensjahr. Peter Giesen war unter anderem Bürgermeister von Garzweiler und Jüchen sowie Mitglied des Landtags und des Kreistags.

12.08.2011

Der Bauverein Grevenbroich legt in Anwesenheit von Bürgermeisterin Ursula Kwasny den Grundstein für den Neubau eines Gebäudekomplexes mit zwanzig neuen Wohnungen am Flutgraben.

13.08.2011

Mit einem festlichen Empfang im Innenhof von Haus Rottels in Neuss wird das von der Mediengruppe Rheinische Post gestiftete Schützenfenster über der Eingangstür des Schützenmuseums offiziell übergeben.

15.08.2011

Der Büdericher Künstler und Grünen-Kommunalpolitiker Winfried Schmitz-Linkweiler stirbt im Alter von 57 Jahren.

(19.08.2011)

Das Ehrenmal für die im Holocaust ermordeten Hochneukirchener Juden, das im Laufe der Jahre unansehnlich geworden war, wird wieder in Stand gesetzt.

20.08.2011

Bei einem Pontifikalamt im Innenhof des Klosters Langwaden erninnern die dortigen Zisterzienser an ein Jubiläum: vor fünfzig Jahren nahmen Mönche erstmals seit der Säkularisation den Klosterbetrieb wieder auf.

(22.08.2011)

Auf Initiative der Neusser Schützengilde und der Neusser Augustinerinnen sowie mit Spenden aus der Öffentlichkeit werden zwei in Burundi verwundete Ordensschwestern in Neuss und Düsseldorf medizinisch versorgt.

22. – 26.08.2011

In Neuss findet die Hockey-Europameisterschaft der Senioren statt. Das Turnier mit über 500 Aktiven wird vom HTC Schwarz-Weiß Neuss ausgerichtet.

(23.08.2011)

Die Segensstation in Rommerskirchen-Anstel an der Bundesstraße 477 erstrahlt nach der ehrenamtlichen Sanierung durch Mitglieder der St. Sebastianus-Schützenbruderschaft Anstel wieder in neuem Glanz.

24.08.2011

Die neue Treppenanlage am Pegel am Hafenbecken I in Neuss wird offiziell der Stadt übergeben.

28.08.2011

Die Königsparade bei sommerlichem Sonnenschein ist Höhepunkt des Neusser Schützenfestes, des mit circa 170.000 Zuschauern größten Schützenfestes am Rhein.

31.08.2011

Auf einem Feld an der alten Landwehr in Kaarst wird eine britische Fünf-Zentner-Fliegerbombe aus dem Zweiten Weltkrieg entschärft. Dafür wird auch die nahegelegene Autobahn 52 gesperrt.

September 2011

02.09.2011
Im Beisein von Bürgermeisterin Ursula Kwasny wird am Alten Schloss in Grevenbroich eine Informationstafel enthüllt, die an die Grafen von Kessel, die Gründer von Grevenbroich im 13. Jahrhundert, erinnert.

06.09.2011
Die Werksfeuerwehr des Chem-Parks und die Städtische Feuerwehr Dormagen sind bei einer Ineos-Produktionsanlage im Einsatz. Verletzte sind bei dem Zwischenfall, bei dem Gas ausgetreten war, nicht zu beklagen.

07.09.2011
Mit dem neuen Schuljahr nimmt die dritte Gesamtschule an der Leostraße in der Neusser Nordstadt den Unterricht auf.

09.09.2011
Die Kultur- und Heimatfreunde Zons eröffnen den Zonser Kulturpfad auf dem Wallgraben entlang der Stadtmauer. Er besteht aus zwölf Stelen mit Texten zum Thema Wasser.

09.09.2011
Der neugestaltete Vorplatz vor der St.-Pankratius-Kapelle in Meerbusch-Ossum wird feierlich eröffnet.

(10.09.2011)
Beamten des Hauptzollamtes Krefeld gelingt in Neuss ein erfolgreicher Einsatz gegen Produktpiraterie. Die Entdeckung von rund 70.000 gefälschten Luxusartikeln war der größte Schlag gegen Markenpiraterie in Nordrhein-Westfalen in den letzten dreißig Jahren.

13.09.2011
Hauptkommissar Uwe Boes aus Neuss wird mit der Goldenen Spange des Bundesinnenministeriums ausgezeichnet. Damit wird sein Einsatz als Polizeiausbilder in Afghanistan gewürdigt.

(15.09.2011)
Bei den Bauarbeiten für das Romaneum in Neuss stoßen Arbeiter und Archäologen am nördlichen Hessentordamm auf Reste der Stadtmauer aus dem 14. Jahrhundert.

16.09.2011
Die Bertha-von-Suttner-Gesamtschule in Dormagen-Nievenheim feiert ihr 25-jähriges Bestehen mit einem großen Festakt, an dem auch Schulministerin Sylvia Löhrmann teilnimmt.

17.09.2011
Mit einem Bürgerfest feiern die Bewohner von Neuss-Erfttal das 40-jährige Bestehen ihres Stadtteils.

21.09.2011
Der Kreistag wählt den Meerbuscher Norbert Lange zum neuen Kreisbrandmeister. Er wird zum 1. Oktober Nachfolger von Reinhard Seebröker.

22.09.2011
Landesverkehrsminister Harry Voigtsberger gibt bekannt, dass die umstrittene Landstraße 361n zwischen Wevelinghoven und Kapellen aus finanziellen Gründen auf absehbare Zeit nicht gebaut wird. Die Gegner hatten vor allem ökologische Bedenken gegen die Streckenführung durch die Erftaue vorgebracht.

24.09.2011
Nach der Insolvenz 2009 und der Neugründung veranstaltet der Kreisverband der Arbeiterwohlfahrt im Rhein-Kreis Neuss seine erste Vereinskonferenz in Jüchen-Garzweiler.

24./25.09.2011
Die Feuerwehr Rommerskirchen feiert mit einem zweitägigen Jubiläumsfest ihr 100-jähriges Bestehen.

29.09.2011

An der Neusser Ski-Halle wird das Vier-Sterne-Hotel „Fire & Ice" eröffnet.

Oktober 2011

01./02.10.2011

Der Löschzug der Straberger Feuerwehr (Stadt Dormagen) feiert sein 100-jähriges Bestehen.

04.10.2011

Um die Ortsdurchfahrt in Korschenbroich-Glehn künftig sicherer zu machen, beginnen im Ortskern Bauarbeiten an der Kreisstraße 8.

08.10.2011

Die Frauenberatungsstelle Neuss eröffnet eine Zweigstelle im Kreiskrankenhaus St. Elisabeth in Grevenbroich.

11.10.2011

Der Lichtkünstler Oliver Bienkowski installiert auf dem Dach des Hammtorhotels einen Laser und lässt damit an mehreren Abenden einen grünen Laserstrahl über der Neusser Innenstadt leuchten.

13.10.2011

Nach einem 13-monatigen Umbau wird das neugestaltete und erweiterte Einkaufszentrum Coens-Galerie in Grevenbroich mit einem bunten Programm eröffnet.

13.10.2011

Eine Priorisierungsliste des Verkehrsausschusses des Landtags ordnet den Ausbau der Autobahn 57 zwischen dem Kreuz Köln-Nord und der Anschlussstelle Dormagen als nachrangig ein. Der vorgesehene sechsspurige Ausbau wird deshalb vorerst nicht realisiert.

14.10.2011

Nach rund zehnmonatiger Bauzeit wird die Ringerhalle in Dormagen-Horrem in Anwesenheit von Landrat Hans-Jürgen Petrauschke und Bürgermeister Peter-Olaf Hoffmann eröffnet. Die Halle fungiert als „Bundesstützpunkt Dormagen" für Ringerinnen.

(14.10.2011)

Bürgermeisterin Ursula Kwasny präsentiert sechs neue Niederflurbusse, die der Busverkehr Rheinland für den Betrieb „Stadtbus Grevenbroich" angeschafft hat.

15./16.10.2011

Bei der 16. Auflage der Kulturreihe „Hombroich: neue Musik" ist unter anderem die Literaturnobelpreisträgerin Herta Müller anwesend und berichtet über ihre Arbeit.

22.10.2011

In Büttgen wird in Nachbarschaft der S-Bahn-Haltestelle die Stele „Der Himmelsstürmer" des Essener Künstlers Jörg W. Schirmer eingeweiht.

26.10.2011

Der polnische Vizekonsul Tomasz Badowski stattet in Begleitung von Dormagens Bürgermeister Peter-Olaf Hoffmann dem Ehrenfriedhof der Stadt, wo zahlreiche polnische Opfer der Weltkriege beigesetzt sind, einen Gedenkbesuch ab.

28.10.2011

Das Internationale Mundartarchiv „Ludwig Soumagne" des Rhein-Kreises Neuss verleiht in Dormagen-Zons den Kölner Mundartkünstlern Hermann Hertling und Willi Reisdorf die Franz-Josef-Kürten-Auszeichnung.

November 2011

01.11.2011

Für rund eine Woche ruht die Produktion der Ölmühle in Neuss, um den Einbau eines neuen Wäschers zu ermöglichen. Dieser soll die Geruchs-Emissionen deutlich reduzieren.

03.11.2011

Auf der Kreisstraße 27 in der Nähe von Grevenbroich-Hülchrath prallt ein Mercedes in einen Linienbus. Bei dem Unfall werden acht Personen zum Teil schwer verletzt.

04.11.2011

Grevenbroich wird Standort der nationalen Streusalzreserve. In einer Lagerhalle im Industriegebiet Ost werden für den bevorstehenden Winter 28.000 Tonnen Streusalz eingelagert und bei Engpässen verteilt.

04./05.11.2011

In der Nacht geht in Grevenbroich-Allrath eine Gartenlaube in Flammen auf. Dem Feuer fallen 20 Tauben zum Opfer. Die Feuerwehr geht von Brandstiftung aus. Bereits seit März wurde die Grevenbroicher Feuerwehr von einer Brandserie in Atem gehalten.

05.11.2011

Vor einer Haustür in Dormagen-Rheinfeld wird ein wenige Stunden altes Mädchen ausgesetzt. Von der Mutter fehlt jede Spur. Das Baby wird zur Versorgung in das Neusser Lukaskrankenhaus gebracht.

06.11.2011

Zum 100-jährigen Bestehen der Kirche Heilige Drei Könige in Neuss zelebriert der Kölner Erzbischof Joachim Kardinal Meisner die Sonntagsmesse.

09.11.2011

In Neuss Erfttal stürzt ein 15 Jahre altes Mädchen aus dem fünften Stock eines Hochhauses 15 Meter in die Tiefe. Dabei wird sie schwer, aber nicht lebensgefährlich, verletzt. Die Hintergründe des Sturzes sind unklar, die Polizei schließt jedoch ein Fremdverschulden aus.

15.11.2011

Der Kreisheimatbund Neuss verleiht den Heimatpreis 2011 an die Heimatfreunde Glehn.

18.11.2011

Durch eine Explosion im Heizungskeller wird ein Einfamilienhaus in Dormagen-Nievenheim zerstört.

23.11.2011

In Grevenbroich starten der Rhein-Kreis Neuss und die Frauenberatungsstelle Neuss die Gemeinschaftsinitiative „Bündnis gegen häusliche Gewalt". Sie soll für Gewalt in Familien und Beziehungen sensibilisieren und auf die Kommunen und private Einrichtungen ausgedehnt werden.

(24.11.2011)

Im Kreiskrankenhaus Dormagen eröffnet eine neue Palliativstation. In sieben Einzelzimmern können hier schwerkranke Patienten um- und versorgt werden, um ihre Lebenserwartung zu steigern. Der Umbau der Station kostete 560.000 Euro.

27.11.2011

Das Kreismuseum in Dormagen-Zons zeigt bis zum 29. Januar 2012 die Ausstellung „Unentbehrlich – Historische Christbaumständer aus der Sammlung Geldmacher", in der fast einhundert Weihnachtsbaumständer aus dem 20. Jahrhundert zu sehen sind.

30.11.2011

Der Rhein-Kreis Neuss verleiht zum zweiten Mal den mit 7.000 Euro dotierten Integrationspreis an vier Einzelpersonen und Vereine, die sich vorbildlich für ein interkulturelles und gleichberechtigtes Miteinander eingesetzt haben. Den ersten Platz belegt die Marianische Schützenbruderschaft 1509 in Wevelinghoven.

30.11.2011

Der Geschäftsführer des Theaters am Schlachthof in Neuss Reinhard Mlotek stirbt im Alter von 54 Jahren.

Dezember 2011

05.12.2011

Zum bundesweiten Tag des Ehrenamtes ehren die Stadt Dormagen und die Freiwilligen-Agentur Ehrenamtler, die sich in besonderer Weise dem Gemeinwohl widmen. Erstmals konnten auch die Bürger per Internet und E-Mail mit abstimmen, wer ausgezeichnet werden soll.

06.12.2011

In Rommerskirchen-Eckum eröffnet auf dem früheren Silo-Gelände der Agrargenossenschaft ein neuer Lebensmitteldiscounter.

(06.12.2011)

Die Geschichten und Gedichte von 92 acht- bis achtzehnjährigen jungen Autoren des Schülerwettbewerbs „Schreibtalente" erscheinen als Buch. Der Jugendschreibwettbewerb wurde gemeinsam vom Rhein-Kreis Neuss und dem Meerbuscher Kulturkreis organisiert.

07.12.2011

Der Motorrad-Ausstatter Polo in Jüchen stellt Insolvenzantrag.

08.12.2011

Am Gustorfer Bahnhof wird der neue Park-and-Ride-Platz für die Nutzung freigegeben.

08.12.2011

Die von Professor Heinz Mack gestaltete Kapelle am Marianum in Neuss wird nach aufwendiger Restauration feierlich wiedereröffnet.

13.12.2011

In einer Feierstunde in Zons ehrt der Kreisheimatbund Neuss seinen bisherigen Geschäftsführer, den zum Monatsbeginn in Ruhestand getretenen Kreisarchivar Dr. Karl Emsbach, mit der Festschrift „Archiv und Erinnerung im Rhein-Kreis Neuss".

15.12.2011

Die Renovierungsarbeiten in Haus Katz in Jüchen sind abgeschlossen. Das repräsentative Gebäude aus dem 18. Jahrhundert erhielt unter anderem einen neuen Sanitärbereich und wurde barrierefrei umgestaltet.

(15.12.2011)

„Eon Gas Mobile" eröffnet an der Shell-Station im Gewerbegebiet Top-West die erste Erdgastankstelle in Dormagen.

17.12.2011

Der Neusser Musikwissenschaftler und Sprachforscher Professor Wilhelm Schepping vollendet sein 80. Lebensjahr.

18.12.2011

In Grevenbroich-Stadtmitte wird nach einjähriger Renovierung in der Kirche St. Peter und Paul die erste Messe gefeiert.

(20.12.2011)

Die Neusser St. Augustinus Kliniken ziehen früher als geplant vom Alexianerkloster in das Focus-Gebäude an der Stresemannallee um. Dort werden die Verwaltungen der Krankenhäuser sowie der Alten- und Behindertenhilfe unter einem Dach zusammengeführt.

(21.12.2011)

Bürgermeister Udo Staeck aus Karstädt in Brandenburg besucht anlässlich der Feier zum 20-jährigen Bestehen der Gemeindepartnerschaft mit Rommerskirchen seinen Amtskollegen Albert Glöckner.

22.12.2011

Das Theater am Schlachthof in Neuss wird nach dem Tod von Reinhard Mlotek von einer Doppelspitze geführt. Britta Franken kümmert sich fortan um die geschäftlichen und Markus Andrae um die künstlerischen Belange des Hauses.

Januar 2012

01.01.2012

Die Firma Medi-Care übernimmt den Behindertenfahrdienst für den Rhein-Kreis Neuss. Für den Transport von schwer körperbehinderten Menschen stehen vier Fahrzeuge zur Verfügung.

02.01.2012

Zum Jahresbeginn wird Dr. Stephen Schröder neuer Leiter des Archivs im Rhein-Kreis Neuss und Ruth Braun-Sauerwein übernimmt die Leitung der Jugendmusikschule des Rhein-Kreises Neuss.

08.01.2012

Der Hülchrather Kammerchor der Pfarreiengemeinschaft Grevenbroich-Niedererft gibt in der Wevelinghovener St.-Martinus-Kirche sein erstes Konzert.

09.01.2012

Die Polizei im Rhein-Kreis Neuss beginnt mit einem sechsmonatigen Test des neuen abhörsicheren und schnellen Digitalfunknetzes.

11.01.2012

Entschärfung einer Zehn-Zentner-Bombe in Neuss-Hoisten: Sie war bei der routinemäßigen Überprüfung eines neuen Baufeldes für 40 Einfamilienhäuser westlich der Schluchenhausstraße gefunden worden.

(13.01.2012)

Dr. Michael Anapolski vom Kreiskrankenhaus Dormagen wird im Rahmen des Kongresses der Deutsch-Russischen Gesellschaft für Gynäkologie in Berlin für ein Verfahren zur Behandlung von Gebärmuttersenkung ausgezeichnet.

(13.01.2012)

Ensembles und Orchester feiern im Wasserturm von Meerbusch-Lank den 50. Gründungstag der Städtischen Meerbuscher Musikschule.

21.01.2012

Die Hospizbewegung Kaarst e.V. feiert ihr 20-jähriges Bestehen.

21./22.01.2012

In Dresden gewinnt das Neusser Synchron-Eislauf-Team „Butterfl'Ice" in der Kategorie Mixed-Age die Deutsche Meisterschaft.

22.01.2012

Das Clemens-Sels-Museum in Neuss eröffnet die Ausstellung „100 Jahre – 100 Schätze", in der das Haus einhundert seiner schönsten und hochkarätigsten Werke aus allen Sammlungen zeigt.

27.01.2012

Bei einem Raubüberfall mit Maschinengewehren und einer Panzerfaust auf einen Geldtransporter in Neuss erbeuten die Täter 100.000 Euro.

28.01.2012

Der St. Cyriakus-Chor aus Neuss-Grimlinghausen feiert sein 150-jähriges Bestehen.

31.01.2012

Der Leiter des Neusser Quirinus-Gymnasiums Dr. Johannes Hamacher tritt aus gesundheitlichen Gründen vorzeitig in den Ruhestand. Sein Nachfolger wird Peter Korfmacher. Auch der Leiter des Meerbusch-Gymnasiums Ulrich Keusen wird in den Ruhestand verabschiedet.

Februar 2012

(03.02.2012)

Das Bundeskartellamt billigt den geplanten Zusammenschluss der beiden Hafenkonzerne Neuss-Düsseldorf und Köln.

04.02.2012

Mit einem Festakt und einem Tag der offenen Tür wird das Romaneum in Neuss nach neunzehnmonatiger Bauzeit offiziell eröffnet. Es beherbergt die Musikschule, die Volkshochschule und eine Außenstelle der Fernuniversität Hagen.

04.02.2012

Der Löschzug Zons der Freiwilligen Feuerwehr Dormagen bezieht sein neues Gerätehaus an der Deichstraße. Zuvor war der Löschzug in der Altstadt untergebracht.

06.02.2012

Die Josef-Kardinal-Frings-Gesellschaft in Neuss erinnert mit einer Messe und einer Kranzniederlegung am Frings-Denkmal an den 125. Geburtstag ihres Namensgebers.

Anfang / Mitte Februar 2012

Aufgrund des außergewöhnlich kalten Wetters genießen viele Bürgerinnen und Bürger im Rhein-Kreis Neuss wintersportliche Freuden, unter anderem ist Eislaufen auf dem Weiher im Neusser Stadtgarten möglich.

14.02.2012

Ein in der Nacht von Brandstiftern gelegtes Feuer unter einer Autobahnbrücke der A 57 bei Dormagen führt zu einer Massenkarambolage mit 21 Fahrzeugen, bei der ein Mensch stirbt und 13 Personen zum Teil schwer verletzt werden. Da die Brücke durch das Feuer stark beschädigt ist und abgerissen wird, muss die Autobahn zwischen den Abfahrten Dormagen und Neuss-Süd für mehrere Wochen in beide Fahrtrichtungen gesperrt

werden. Die Ausweichstraßen im Großraum Dormagen sind dadurch stark belastet.

15.02.2012

Der Handball-Zweitligist TV Korschenbroich gibt bekannt, sich aus finanziellen Gründen zum Saisonende aus der 2. Bundesliga zurückzuziehen. In der kleinen Waldsporthalle lassen sich laut Vereinsverantwortlichen keine ausreichenden Einnahmen erzielen.

(15.02.2012)

In der Stadt Meerbusch konstituiert sich erstmals ein Seniorenbeirat, der die Interessen von rund 16.000 Meerbuschern über 60 Jahren vertritt.

23.02.2012

Der Bauausschuss der Stadt Grevenbroich beschließt, dass Ortsschilder im Stadtteil Kapellen wieder den Zusatz „Erft" tragen dürfen – wie vor der kommunalen Neugliederung 1975.

23.02.2012

Der Förderverein für das Missionshaus Knechtsteden wird 25 Jahre alt. Während seines bisherigen Bestehens konnte der Verein über 600.000 Euro für den Erhalt der Basilika und der Klosteranlagen aufbringen.

23.02.2012

Auch im Rhein-Kreis Neuss beteiligen sich viele Menschen an der bundesweiten Schweigeminute gegen Rassismus und Rechtsextremismus. Hintergrund ist die Mordserie an Personen ausländischer Herkunft in verschiedenen deutschen Städten durch eine Zwickauer Neonazigruppe.

29.02.2012

Kreisgesundheitsdezernent Karsten Mankowsky zeichnet acht Kindertageseinrichtungen im Rhein-Kreis Neuss für ihre vorbildliche Gesundheitsförderung aus.

28.02.2012

Die Gedenktafeln für die Kriegstoten der beiden Weltkriege in Rommerskirchen-Vanikum werden von neuen LED-Strahlern beleuchtet.

März 2012

04.03.–01.04.2012

Der Maler Stefan Lausch zeigt in seiner Ausstellung „Damals wie heute" im Kulturforum der Alten Post in Neuss Bilder, die vom menschlichen Auge als räumliche Strukturen wahrgenommen werden.

04.03.2012

Landrat Hans-Jürgen Petrauschke und Bürgermeisterin Ursula Kwasny eröffnen in Anwesenheit von circa 600 Besuchern das „Museum der Niederrheinischen Seele" in der Villa Erckens in Grevenbroich

06.03.2012

Der Dormagener Handball-Zweitligist DHC-Rheinland meldet aufgrund fehlender Einnahmen und Sponsorenverträge erneut Insolvenz an.

(09.03.2012)

Mountainbiker richten im „Indianertal" auf dem Welchenberg bei Grevenbroich-Neuenhausen massive Naturschäden an, weil sie dort ihre Pisten anlegen und ausbauen. Die Stadt will gemeinsam mit der Polizei gegen die Extrem-Radfahrer vorgehen und dadurch weitere Umweltzerstörungen verhindern.

(10.03.2012)

Die TG Neuss und der TSV Norf erhalten ihre Anerkennung als Stützpunktverein „Integration durch Sport". Verliehen wird dieser Titel durch den Deutschen Olympischen Sportbund.

11.03.2012

Der Stabhochspringer Björn Otto vom TSV Bayer Dormagen wird bei der Hallen-Weltmeisterschaft in Istanbul Zweiter und gewinnt damit seine erste Medaille bei einer WM.

13.03.2012

Der Motorradbekleidungs- und Zubehörhändler Polo in Jüchen hat drei Monate nach dem Insolvenzantrag einen neuen Eigentümer. Ein Investorenkonsortium erwirbt das Unternehmen und übernimmt damit alle Polo-Filialen.

(15.03.2012)

Das Amt für Denkmalpflege des Landschaftsverbandes Rheinland teilt der Stadt Neuss mit, dass das Clemens-Sels-Museum ein Baudenkmal ist. Die Stadt Neuss befürchtet, dass die Anliegen des Denkmalschutzes die anstehende Sanierung des Gebäudes aus den siebziger Jahren erschweren könnten.

(16.03.2012)

Der langjährige Kreispolitiker Alfons Kranz gibt mit dem Verwaltungsratsvorsitz beim Technologiezentrum Glehn wenige Tage vor seinem 80. Geburtstag am 28. März sein letztes öffentliches Amt ab.

17.03.2012

Bei einer Großübung auf der gesperrten A 57 bei Dormagen trainieren 184 Rettungskräfte den Einsatz nach einem Unfall mit einer Vielzahl von Verletzten, um auf den Ernstfall vorbereitet zu sein.

(17.03.2012)

In Meerbusch startet das Pilotprojekt „ProJugend statt ProMille". Die Initiative von Jugendamt, Polizei und Caritas-Suchtprävention gegen Alkoholmissbrauch will im Rahmen von Aktionen und Informationsveranstaltungen über die Gefahren des übermäßigen Alkoholkonsums aufklären und die Öffentlichkeit sensibilisieren.

22.03.–15.06.2012

Das Kreiskulturzentrum Sinsteden zeigt die Ausstellung „Bienen – die Bestäuberinnen der Welt".

(23.03.2012)

Zwei zwölf Jahre alte Mädchen aus Angola sind im St. Elisabeth Krankenhaus in Grevenbroich erfolgreich operiert worden. Die Kosten für die Behandlung trägt der Rhein-Kreis Neuss.

23.03.2012

Räuber sprengen mit Gas einen Geldautomaten der Sparkassen-Filiale in Grevenbroich-Hemmerden und verursachen großen Schaden. Die Täter erbeuten mehrere zehntausend Euro.

27.03.2012

Der Meerbuscher Bürgermeister Dieter Spindler und weitere Vertreter der Stadtspitze kehren von einem mehrtägigen Besuch der Partnerstadt Shijonawate in Japan zurück. In Shijonawate unterzeichneten Bürgermeister Spindler und sein Amtskollege Natsuki Tanaka die Partnerschaftsurkunde.

29.03.2012

Im Neusser Hafen wird an der Duisburgerstraße ein Blindgänger aus dem Zweiten Weltkrieg entschärft. 140 Betriebe sind deshalb für Stunden von der Außenwelt abgeschnitten.

29.03.2012

Der Rat der Stadt Grevenbroich beschließt den Abriss der Erfthalle in Frimmersdorf.

(31.03.2012)

Im ehemaligen Tagebau bei Garzweiler entsteht durch das Aufstellen von mehreren Power-Turbinen der erste Windpark in Jüchen.

April 2012

04.04.2012

Die Behelfsbrücke auf der Autobahn 57 bei Dormagen-Nievenheim wird für den Verkehr freigegeben, nachdem die Straße nach schwerer Brandstiftung 50 Tage lang gesperrt war.

(11.04.2012)

Die NRW-Stiftung spendiert 60.000 Euro für die Sanierung der Zonser Westmauer, die durch Feuchtigkeit und Unkraut schwere Schäden erlitten hat.

(13.04.2012)

Neue Pächter eröffnen das seit November 2011 geschlossene „Dycker-Weinhaus". Künftig soll hier Landhausküche serviert werden.

22.04.2012

Nach eineinhalb Jahren Bauzeit wird die Erweiterung der Kinder- und HNO-Klinik am Lukaskrankenhaus in Neuss eingeweiht.

22.04.2012

Der Allrather Turnverein feiert mit buntem Programm sein 100-jähriges Bestehen.

22.04.2012

In der Korschenbroicher Innenstadt findet zum 24. Mal der City-Lauf statt.

23.04.2012

Auf einem Baugrundstück an der Promenadenstraße in Neuss entdecken Archäologen Brandgräber aus dem ersten und zweiten Jahrhundert nach Christus. Die Funde belegen, dass die erste Siedlung von einem Gräberkreis gesäumt wurde.

(25.04.2012)

Das Dormagener Raphaelshaus belegt bei der Vergabe des „Partizipation-Award" den zweiten Platz. Diesen Preis verlieh der Bundesverband katholischer Einrichtungen und Dienste zum ersten Mal für gelungene Beteiligungsmodelle mit Kindern und Jugendlichen in sozialen Einrichtungen. Damit will der Verband die Beteiligung von jungen Menschen und deren Angehörigen stärker fördern.

(26.04.2012)
Die historische Allee zwischen Schloss Dyck und Aldenhoven an der Kreisstraße 25 ist mit 60 neuen Blutbuchen und 25 Bergahornbäumen wieder komplett.

25.-27.04.2012
Bei den Zonser Hörspieltagen des Internationalen Mundartarchivs „Ludwig Soumagne" des Rhein-Kreises Neuss erhält Mark Ginzler für seinen Beitrag vom „Aufstieg und Fall des Siggi S." den ersten Preis für das beste regionale Hörspiel.

Mai 2012

01.05.2012
Pater Felix Rehbock, der vor 25 Jahren als Schüler in das Nikolauskloster in Jüchen-Damm eintrat, ist neuer Rektor der Klostergemeinschaft.

01.05.2012
Ministerpräsidentin Hannelore Kraft besucht auf Einladung des Landtagskandidaten Rainer Thiel die historische Altstadt von Zons.

(04.05.2012)
Da eine Firma in einem Neubaugebiet in Grevenbroich-Kapellen unter den Pflastersteinen schwermetallbelastetes Material verarbeitet hat, müssen 8.200 Quadratmeter Pflaster entfernt und ausgetauscht werden. Laut Experten bedeutet diese Umweltbelastung jedoch keine akute Gefahr für die Bewohner.

04.05.2012
Alexander Mitrowski, einer der Gründer des Chem-Parks Dormagen, stirbt im Alter von 88 Jahren.

04.05.2012
Beim WFG Business-Cup der Wirtschaftsförderung des Rhein-Kreises Neuss mit prominenter Beteiligung wie Franz Beckenbauer, Berti Vogts und Rainer Bonhof kommen 50.000 Euro für die Franz Beckenbauer-Stiftung zusammen. Die Stiftung hilft unverschuldet in Not geratenen Menschen.

05./06.05.2012
Das Bundes-Tambourcorps 1887 Stürzelberg feiert sein 125-jähriges Jubiläum mit einem Schlagerabend. Stargast ist der „König von Mallorca" Jürgen Drews.

06.05.2012
Im Clemens-Sels Museum eröffnet die neue Ausstellung „Jäger der verlorenen Geschichte", die Pioniere der Neusser Geschichtsforschung wie Hermann Josef Jäger und Constantin Koenen in den Mittelpunkt stellt.

(08.05.2012)
Der Löschzug Rommerskirchen-Nettesheim feiert mit 800 Gästen 100-jähriges Bestehen. Für Stimmung im Festzelt sorgt die Band „Die Räuber".

13.05.2012
Bei der nordrhein-westfälischen Landtagswahl löst die SPD die CDU als stärkste Partei im Rhein-Kreis Neuss ab. Die Wahlbeteiligung im Kreisgebiet liegt bei 62 Prozent. Die SPD kommt im Kreis auf 33,3, die CDU auf 30,8, die FDP auf 12,3 und die Grünen auf 9,5 Prozent der Zweitstimmen. Bei den Erststimmen setzen sich die SPD-Kandidaten Reiner Breuer und Rainer Thiel in zwei Wahlkreisen durch, im dritten Wahlkreis siegt Lutz Lienenkämper (CDU). Die neue Piraten-Partei erhält kreisweit fast acht Prozent der Zweitstimmen.

15.05.2012

Nach mehr als einem halben Jahrhundert wird der alte Bunker an der Zumbuschstraße in Grevenbroich von der Feuerwehr geöffnet. Bis 2013 wird er abgerissen, damit das Viertel rund um den Flutgraben neu gestaltet werden kann.

(15.05.2012)

Die Stadt Neuss vergibt zum ersten Mal einen mit 5.000 Euro dotierten Förderpreis für Integration. Die Jury entschied sich für den „Ökumenischen Arbeitskreis Asyl".

17.05.2012

Auf dem wissenschaftlichen Geflügelhof in Rommerskirchen-Sinsteden treffen sich die Geflügelzüchter zum Wettkampf im Hahnenkrähen. Dabei werden die Dauer und Melodie des Krähens des vom Aussterben bedrohten Bergischen Krähers bewertet.

17.05.2012

Der SC Kapellen verteidigt im Fußball-Kreispokalfinale in Büttgen den Pokal gegen den A-Kreisligisten Holzheimer SG.

19.05.2012

Das Rommerskirchener Partnerschaftskomitee feiert das 10-jährige Bestehen der Gemeindepartnerschaft mit dem französischen Mouilleron le Captif. Zur Feier des Jahrestages wird im bisherigen Eckumer Bürgerpark, der von nun an Freundschaftspark heißt, eine Kastanie gepflanzt.

20.05.2012

Am Internationalen Museumstag können die Besucher des Kreismuseums Zons mit der aktuellen Ausstellung „Indiens Tibet – Tibets Indien" sowie mit tibetischen Speisen in die Welt des Himalaja eintauchen.

22.05.2012

Das Dormagener Bettina-von-Arnim-Gymnasium geht eine Schulpartnerschaft mit der Ben-Zvi-Highschool in der israelischen Partnerstadt Kiryat Ono ein.

24.05.2012

Bei Dormagen-Hackenbroich werden bei einem Verkehrsunfall eines Busses der Linie 880 acht Schüler leicht verletzt.

(25.05.2012)

Der 36-jährige Zonser Torsten Günzel wird neuer Stadverbandsvorsitzender der FDP in Dormagen. Er tritt damit die Nachfolge von Karl-Heinz Meyer an.

25.05.2012

Die katholische Frauengemeinschaft St. Peter in Rommerskirchen-Frixheim feiert ihr 60-jähriges Bestehen.

26.05.2012

Zum zweiten Mal verwandelt das Stadtfest „Erft in Flammen" das Areal am Alten Schloss in Grevenbroich in eine große Partymeile.

31.05.2012

Der Chef des Veterinär- und Lebensmittelüberwachungsamtes des Rhein-Kreises Neuss Dr. Gerhard Fischer geht in den Ruhestand. Sein Nachfolger wird Dr. Frank Schäfer.

Juni 2012

01.06.2012

Das Grevenbroicher Baufachzentrum Pick eröffnet an der Bahnstraße in Rommerskirchen-Eckum eine neue Niederlassung.

01.06.-03.06.2012

Die Equitana auf der Neusser Pferderennbahn sorgt in der Stadt für Stau. Rund 40.000 Interessierte besuchen die Messe rund ums Pferd.

02.06.2012

In Neuss findet die 30. Auflage des Sommernachtslaufs statt.

02.06.2012

Auf dem Platz vor dem historischen Rathaus in Dormagen findet das erste „Frühstück mit Herz" der Bürgerstiftung zur Unterstützung behinderter Kinder statt. 220 Dormagener essen für 15 Euro Sitzgebühr und 15 Euro für das Frühstück für den guten Zweck.

02.06.2012

Der DHC Rheinland aus Dormagen verabschiedet sich in seinem letzten Spiel mit einer 27:32 Niederlage gegen die SG Bietigheim aus dem Profihandball.

03.06.2012

Das Umweltzentrum Schneckenhaus und der Förderverein des Schneckenhauses präsentieren im Bend bei Grevenbroich den Besuchern beim Sommerfest das neue Erweiterungsareal mit dem großen Eulenhaus.

10.06.2012

Beginn der Märchenspiele-Saison in Zons. Dieses Jahr ist das Märchen von Schneewittchen und den sieben Zwergen auf der Freilichtbühne zu sehen.

15.06.2012

Unter dem Motto „Kulturlandschaften" locken der Rhein-Kreis Neuss und der Kultur- und Sportbetrieb der Stadt Dormagen hunderte Besucher zum kostenlosen Picknick-Konzert in den Park des Kulturzentrums Zons.

16.06.2012

Das Clemens-Sels-Museum in Neuss feiert den hundersten Jahrestag seiner Gründung mit einem großen Fest am Obertor.

19.06.2012

Der Musiker und Dirigent Hermann Max erhält im Kreismuseum Zons von Landrat Hans-Jürgen Petrauschke das Bundesverdienstkreuz. Damit werden seine Verdienste um die Pflege Alter Musik in Deutschland und insbesondere sein Einsatz für das Festival „Alte Musik Knechtsteden" gewürdigt.

20.06.2012

Am Sportinternat des Norbert-Gymnasiums Knechtsteden wird der Erweiterungsbau mit 18 Wohneinheiten eröffnet.

30.06.2012

Heinz-Robert Schmitz gibt das Amt des Personalratsvorsitzenden des Rhein-Kreises Neuss ab, das er zwanzig Jahre innehatte. Seine Nachfolgerin wird Ira Leifgen.

Neuerscheinungen zum Rhein-Kreis Neuss 2011/2012

Marion Kallus / Alwin Müller-Jerina

Die im 1. Jahrbuch begonnene Zusammenstellung des einschlägigen Schrifttums zu Stadt und Kreis Neuss wird hiermit fortgesetzt. Über die Aufnahmekriterien informiert ausführlich die Einleitung zum genannten ersten Verzeichnis. Erwähnt sei nur nochmals, dass für den bibliographischen Nachweis der objektive Bezug zur Region oder zu einzelnen Orten des Kreises Neuss gegeben sein muss. Wegen der Fülle des Materials werden Artikel in Sammelbänden, Jahrbüchern und Zeitschriften nur verkürzt zitiert. Veröffentlichungen, die keinen inhaltlichen Bezug zum Rhein-Kreis Neuss haben, sondern nur hier verlegt sind oder von im Rhein-Kreis Neuss lebenden Autoren verfasst sind, werden nicht aufgenommen. Einzig im Sachgebiet Belletristik wird monographisch erschienene Belletristik dort lebender und wirkender Schriftsteller in Auswahl einbezogen. Es entfällt allerdings fast immer der Nachweis von Neu- oder Taschenbuchausgaben. Der Berichtszeitraum umfasst das Jahr 2011 und die erste Hälfte des laufenden Jahres. Einige wenige wichtige Nachträge aus den Vorjahren, die uns erst jetzt erreichten, wurden aufgenommen.

Vor allem der sog. „grauen Literatur", das heißt Schriften, die nicht im Verlagsbuchhandel erschienen sind, wird besondere Aufmerksamkeit gewidmet, da sie einen hohen Anteil der Regionalliteratur ausmacht. Die Redaktion ist sich allerdings der Tatsache bewusst, dass ihr dabei einiges nicht zur Kenntnis gelangt ist.

Nochmals sei deshalb die Bitte ausgesprochen, entsprechende Belegexemplare mit Angabe der Bezugsadresse und des Verkaufspreises der Stadtbibliothek Neuss zu überlassen.

Die Literatur wird pragmatisch nach folgenden Sachgebieten gegliedert:

01 Archäologie, Vor- und Frühgeschichte
02 Geschichte
03 Landeskunde, Ortsgeschichte, Statistik
04 Volkskunde
05 Staat, Politik, Verwaltung
06 Wirtschaft, Verkehr
07 Sozial- und Gesundheitswesen, Sport
08 Bildung, Erziehung, Schule
09 Natur, Landschaft, Umwelt
10 Architektur, Bauwesen
11 Vereine, Verbände, Gewerkschaften, Parteien
12 Religion, Kirche, Weltanschauung
13 Kunst, Kultur, Theater
14 Buch, Bibliothek, Publizistik
15 Belletristik

In eckigen Klammern finden sich jeweils am Ende der Titelaufnahmen Erläuterungen zu der aufgeführten Literatur, sofern die Titel nicht selbst „sprechend" sind. Es werden folgende Abkürzungen verwendet:

Abb.	Abbildung(en) (Illustrationen, Photos o. ä.)
Arb.	Arbeit
Arr.	Arrangement (Musik)
Aufl.	Auflage
Aufn.	Aufnahme
Auftr.	Auftrag
Ausg.	Ausgabe
Bd(e)	Band, Bände
Beil.	Beilage(n)
Beih.	Beiheft(e)
Beitr.	Beiträge(n)
Bl.	Blatt, Blätter
d. i.	das ist
Dipl.-Arb.	Diplom-Arbeit
Dir.	Dirigent
Diss.	Dissertation
ebd.	ebenda
enth.	enthält, enthalten
ersch.	erscheint, erschienen
erw.	erweiterte
getr. Zählung	getrennte Zählung (mehrere unterschiedliche Seitenzählungen)
GH	Gesamthochschule
graph. Darst.	graphische Darstellungen (Graphiken o. ä.)
Hochsch.	Hochschule
Hrsg., hrsg.	Herausgeber, herausgegeben
IHK	Industrie- und Handelskammer
Jg.	Jahrgang
Jh.	Jahrhundert
korr.	korrigiert(e)
Kt.	Karte(n)
Ndr.	Nachdruck, Neudruck
Nebent.	Nebentitel (weiterer Titel)
N. F.	Neue Folge
Nr.	Nummer
o. J.	ohne (Erscheinungs-)Jahr
o. O.	ohne (Erscheinungs-)Ort
Red.	Redaktion
S.	Seite(n)
Tab.	Tabelle(n)
TB	Taschenbuch, Taschenbücher
u. a.	und andere(n) (Erscheinungsorte, Verlage etc.)
u. d. T.	unter dem Titel
überarb.	überarbeitet(e)
überw.	überwiegend
ungez. Bl.	ungezählte Blätter (ohne Seitenzählung)
Univ.	Universität
verantw.	verantwortlich
verb.	verbesserte
Verz.	Verzeichnis
zahlr.	zahlreiche
zugl.	zugleich

Die verzeichnete Literatur findet sich in der Stadtbibliothek Neuss (Neumarkt 10, 41460 Neuss), der Bibliothek des Archivs im Rhein-Kreis Neuss (Schloßstr. 1, 41541 Dormagen-Zons) beziehungsweise der Bibliothek des Archivs der Stadt Neuss (Oberstr. 15, 41460 Neuss). Dort nicht vorhandene Literatur kann über den auswärtigen Leihverkehr der Stadtbibliothek Neuss bestellt werden.

01 Archäologie, Vor- und Frühgeschichte

Auler, Jost: Auerochsenjäger auf der Dormagener Niederterrasse (Rhein-Kreis Neuss). In: Archiv und Erinnerung im Rhein-Kreis Neuss... S. 43-63, Abb., graph. Darst., Kt.

Auler, Jost; Hiller, Petra; Ohmert, Kerstin: Auf die Probe gestellt! „Pejoke" auf großer Fahrt? In: Archäologie im Rheinland 2010 (2011) S. 231-232, Abb. [zu Dormagen]

Berthold, Jens; Meurers-Balke, Jutta: Eine hochmittelalterliche Wassermühle in Elfgen. Befunde, Funde, Rekonstruktion. In: Bonner Jahrbücher des LVR-Landesmuseums Bonn und des LVR-Amtes für Bodendenkmalpflege im Rheinland sowie des Vereins von Altertumsfreunden im Rheinlande 208 (2008 [2010]) S. 173-233, Abb., Kt. [zu Grevenbroich]

Bödecker, Steve: Koenenlager digital. Befundkataster zum Legionslager von Neuss. Niedergermanischer Limes. In: Der Limes 5 (2011) 1, S. 4-7, Abb., Kt.

Braunkohlenarchäologie im Rheinland. Entwicklung von Kultur, Umwelt und Landschaft. Kolloquium der Stiftung zur Förderung der Archäologie im rheinischen Braunkohlenrevier in Brauweiler vom 5.-6. Oktober 2006 / Hrsg.: LVR-Amt für Bodendenkmalpflege im Rheinland. Red.: Michaela Aufleger... Weilerswist: Liebe 2010, 184 S., Abb., graph. Darst., Tab. [die auf den Rhein-Kreis Neuss bezogenen Titel wurden einzeln verzeichnet]

Dodt, Michael: Bäder römischer Villen im rheinischen Braunkohlenrevier. In: Braunkohlenarchäologie im Rheinland... S. 99-103, graph. Darst., Tab.

Drozdzewski, Günter: Die steinernen Anfänge von Haus Meer. Tertiärquarzite in Meerbusch-Büderich. In: Meerbuscher Geschichtshefte 28 (2011) S. 4-12, Abb., graph. Darst., Kt.

Englert, Johannes; Heinen, Martin: Vom steinzeitlichen Lagerplatz zur römischen Siedlung. Ausgrabungen an der A 57, Anschlussstelle Holzbüttgen. In: Jahrbuch für den Rhein-Kreis Neuss 2012 (2011) S. 8-23, Abb., graph. Darst., Kt.

Frank, Katharina; Heinen, Judith: Urgeschichtliche Landschaftsnutzung im rheinischen Braunkohlenrevier. In: Archäologie im Rheinland 2010 (2011) S. 55-56, Abb., graph. Darst., Kt. [zu Inden und Garzweiler]

Geilenbrügge, Udo: Ausgrabungen und Forschungen zu den Metallzeiten im rheinischen Braunkohlenrevier. In: Braunkohlenarchäologie im Rheinland... S. 53-58, Abb., graph. Darst.

Grohmann, Ines M.: Einleitung. Ein Rückblick auf die Kastellgrabung Römerstrasse/Castellstrasse in Dormagen. In: Zeitsprünge 7 (2009) S. 7-9

Hartkopf-Fröde, Christoph; Hocht, Fritz von der; Morawa, Kim: Armleuchteralgen aus dem Weichsellöss des Rheinlands. In: Archäologie im Rheinland 2010 (2011) S. 45-47, Abb. [zu Jüchen]

Heimberg, Ursula: Römische Villen im südlichen Niedergermanien. In: Zeitsprünge 7 (2009) S. 17-27, Abb., graph. Darst. [zu Dormagen und Grevenbroich]

Hupka, Dieter: Zwei Stempel eines römischen Privatzieglers aus dem Rhein-Kreis Neuss. In: Archiv und Erinnerung im Rhein-Kreis Neuss... S. 127-130, Abb., graph. Darst.

Jülich, Patrick: Ein Beitrag zur Baugeschichte von Schloss Dyck. Die Grabung am Stallhof. In: Archäologie im Rheinland 2010 (2011) S. 176-179, Abb., graph. Darst. [zu Jüchen]

Jülich, Patrick; Schletter, Hans-Peter: Zwischen Burg und Stadt. Neue archäologische Untersuchungen in der Zollfeste Zons: In: Archäologie im Rheinland 2010 (2011) S. 187-189, Abb. [Dormagen]

Kels, Holger; Schirmer, Holger: Relation of loess units and prehistoric find density in the Garzweiler open-cast mine, Lower Rhine. In: Eiszeitalter und Gegenwart 59 (2010) 1/2, S. 59-65, Abb., graph. Darst., Kt.

Potthoff, Tanja: Neues zur Archäologie und Geschichte von St. Quirin. Bericht über das Kolloquium „St. Quirinus in

Neuss. Aktuelle Forschungen". In: Novaesium 2011, S. 235-240, Abb., graph.Darst.

Radmacher, Franz-Josef: Ausgrabungen erhellen die Geschichte der Lanker Pfarrkirche. In: Archiv und Erinnerung im Rhein-Kreis Neuss... S. 235-244, Abb., graph. Darst., Kt.

Richter, Thomas: Das bandkeramische Gräberfeld von Holz im Tagebau Garzweiler. In: Archäologie im Rheinland 2010 (2011) S. 57-59, Abb., graph. Darst., Kt. [zu Jüchen]

Rühling, Susanne: Kleine Becken, großer Klang? Vier Fundstücke aus dem römischen Neuss. In: Novaesium 2011, S. 19-26, Abb.

Sauer, Sabine; Striewe, Karin: Das Kloster der Alexianer an der Brückstraße in Neuss. In: Archäologie im Rheinland 2010 (2011) S. 167-169, Abb., graph. Darst., Kt.

Sauer, Sabine: Neuss. Vom vicus zum portus. In: Archiv und Erinnerung im Rhein-Kreis Neuss... S. 291-305, Abb, graph. Darst., Kt.

Schletter, Hans-Peter: Zur früh- und hochmittelalterlichen Baugeschichte von St. Stephanus in Lank-Latum. In: Archäologie im Rheinland 2010 (2011) S. 153-155, graph. Darst., Kt. [zu Meerbusch]

Schuler, Alfred; Franzen, Denis; Franzen, Josef: Mittelalterliche Brunnen in Otzenrath. In: Archäologie im Rheinland 2010 (2011) S. 160-163, Abb., graph. Darst., Tab. [zu Jüchen]

Schuler, Alfred: Vor dem Schaufelradbagger. Das Dorf Otzenrath. In: Archäologie in Deutschland 27 (2011) 4, S. 22-25, Abb., Kt. [zum Braunkohlentagebau Garzweiler]

Straub, Daniela Simone: Römische Rippenschalen. Untersuchung zur Herstellung und Restaurierung. In: Novaesium 2011, S. 27-40, Abb., graph. Darst.

Striewe, Karin: Eine Kleiderfibel mit Emailverzierung aus der frühen Händlersiedlung in Neuss. In: Novaesium 2011, S. 41-45, Abb., graph. Darst. [im Inhaltsverzeichnis: ...früheren...]

Uthmeier, Thorsten: Altsteinzeitforschung und Braunkohlentagebau. In: Braunkohlenarchäologie im Rheinland... S. 13-18, Abb., graph. Darst.

Wegert, Andreas: Die Amphoren aus den frühen Neusser Militärlagern. In: Archäologie im Rheinland 2010 (2011) S. 100-102, graph. Darst., Tab.

Weiner, Jürgen: Eine seltene Beilklinge „nordischer Form" aus Büttgen. In: Archäologie im Rheinland 2010 (2011) S. 76-77, Abb. [zu Kaarst]

Zeitsprünge 7. Limes, Lager, Landwirtschaft. Römisches Leben in den Nordwestprovinzen / Hrsg.: Geschichtsverein Dormagen. Dormagen: Geschichtsverein 2009, 69 S., Abb., graph. Darst., Kt., Tab. [die auf den Rhein-Kreis Neuss bezogenen Artikel wurden einzeln verzeichnet]

02 Geschichte

Adress-Buch der Kreise Neuss und Grevenbroich. 1879. Düsseldorf: Dietz 1879. Digitalisierte Ausg. Düsseldorf: Universitäts- und Landesbibliothek 2011

Archiv und Erinnerung im Rhein-Kreis Neuss. Festschrift für Karl Emsbach / Hrsg.: Franz-Josef Radmacher... Neuss: Kreisheimatbund 2011, 368 S., Abb., graph. Darst., Kt., Tab. (Schriftenreihe [richtig: Veröffentlichungen] des Kreisheimatbundes Neuss 18) [die Beiträge dieses Sammelbandes wurden einzeln verzeichnet]

Arens, Rudolf P.: Ein Hexenprozess, der nicht stattfand. Sybilla Essers aus Kleinenbroich und die Hexenwaage in Oudewater/Utrecht. In: Heimatbuch des Kreises Viersen 63 2012 (2011) S. 127-132, Abb.

Auler, Jost; Hiller, Petra: Ein Kinderschuh des 19. Jahrhunderts aus Dormagen-Stürzelberg (Rhein-Kreis Neuss). In: Archiv und Erinnerung im Rhein-Kreis Neuss... S. 65-73, Abb., Kt.

Auler, Jost: „....streitiger jagd Limiten in dem so genandten stutgen..." Eine Altkarte des Amtes Zons aus dem Kölner Stadtarchiv. In: Jahrbuch für den Rhein-Kreis Neuss 2012 (2011) S. 66-75, Abb., Kt.

Ausgegrenzt. Ausgeliefert. Ausgelöscht. Überlebt? Jüdische Schicksale in Jüchen zwischen Spenrath und Damm / Hrsg.: Heinz Spelthahn. Horb am Neckar: Geiger 1998, 300 S., Abb., Tab. (Geschichte der Gemeinde Jüchen 4) [die Beiträge dieses Sammelbandes wurden einzeln verzeichnet]

Aust, Marie-Sophie: Ankündigungen der Versteigerung des Ploeneshofes in Osterath. In: Meerbuscher Geschichtshefte 28 (2011), S. 58-61

Barfurth-Igel, Annette: Von „grüner Medizin" zum „grünen Klassenzimmer". Ein Streifzug durch die Geschichte des Botanischen Gartens in Neuss. In: Novaesium 2011, S. 87-102, Abb.

Bitter kalt und mollig warm. Kältenutzung und Wärmeerzeugung seit dem Mittelalter. Begleitheft zur Ausstellung in der Stadthistorischen Abteilung von Haus Rottels, 19.11.2000 – 11.02.2001 / Bearb.: Stefanie Lootz... Neuss: Clemens-Sels-Museum [2001] 10 S., Abb.

Brautmeier, Jürgen: Heimat ohne Hoffnung. Die Amerika-Auswanderung aus der Region Neuss im 19. Jahrhundert. In: Jahrbuch für den Rhein-Kreis Neuss 2012 (2011), S. 106-121, Abb., graph. Darst., Kt., Tab.

Dohms, Peter; Neuhausen, Georg; Hengst, Jürgen: Erinnerungen von Vertriebenen und Flüchtlingen im Norden der Stadt Meerbusch. Ergebnisse einer Schülerbefragung am Meerbusch-Gymnasium. Meerbusch: Heimatkreis Lank 2011, 51 S., zahlr. Abb., Kt. (Dä Bott 38 (2011) Sonderheft)

Dohms, Peter: Vertriebene aus Meerbusch erinnern sich. Schüler befragen Zeitzeugen. In: Geschichte im Bistum Aachen 10 (2009/10 [2011]) S. 293-308

Eiling, Hatto: Dechant Hubert Berger. Pfarrer von Otzenrath und Opfer des KZ Dachau. Jüchen: Gemeinde Jüchen 2010, 253 S., Abb., Tab. (Geschichte der Gemeinde Jüchen 10)

Epperlein, Bilke: Als Hauslehrerin in der Fabrikantenfamilie Busch in Jüchen. Ausgewählte Briefe der Helene Stobbe 1900 bis 1903. In: Jahrbuch für den Rhein-Kreis Neuss 2012 (2011) S. 162-177, Abb.

Frommert, Christian: „Der Bürger Wohlstand ... zu mehren". 100 Jahre Krankenhaus an der Preußenstraße 1911 – 2011. In: Novaesium 2011, S. 67-86, Abb., graph. Darst.

Giesen, Peter: Jüchen und der Holocaust nach 1945. In: Ausgegrenzt. Ausgeliefert. Ausgelöscht. Überlebt?... S. 15-25, Abb.

Gilliam, Helmut: Die wirtschaftliche Initialzündung. Die Einwanderung bergischer Textilfabrikanten. In: Archiv und Erinnerung im Rhein-Kreis Neuss... S. 81-90, Abb., Kt.

Goebels, Rudolf: „Wo bitte entspringt die Norf und was besagt der Name"? Ein Beitrag zu Flur- und Siedlungsnamen im Neusser Süden mit zwei Karten. In: Archiv und Erinnerung im Rhein-Kreis Neuss... S. 91-97, Kt.

Grabe, Wilhelm: „Jeder Fußbreit Erde hat seine Geschichte". Kreisarchive und regionale Identitätsstiftung. In: Archiv und Erinnerung im Rhein-Kreis Neuss... S. 99-108

Haas, Reimund: „Architekten-Schriftgut" in den Pfarrarchiven des „Neusser Modells der subsidiären Pfarrarchivpflege". In: Archiv und Erinnerung im Rhein-Kreis Neuss... S. 109-125, Tab.

Hellmich, Klaus: Erinnerungen an das Büderich der 1940/1950er Jahre. In: Meerbuscher Geschichtshefte 28 (2011) S. 115-137, Abb.

Helten, Volker: Wunder, Monster, Heilige. Mirakelsichtungen in Neuss während des 13. Jahrhunderts. In: Jahrbuch für den Rhein-Kreis Neuss 2012 (2011) S. S. 38-47, Abb.

Hoffmann, Paul: Das Latumer und Ossumer Bruch. In: Meerbuscher Geschichtshefte 28 (2011) S. 110-114, Kt.

Hopf, Simon: Karl Emsbach, das Kreisarchiv und 30 Jahre erfolgreiches Wachsen, Wirken und Werden im Spiegel der Neuss-Grevenbroicher Zeitung (NGZ). In: Archiv und Erinnerung im Rhein-Kreis Neuss... S. 23-27, Abb.

Hüsch, Heinz Günther [Interviewer]: Neusser Zeitzeugengespräche. Bd 1.: Luftwaffenhelfer aus Neuss 1943–1945 / Hrsg.: Vereinigung der Heimatfreunde Neuss. 1. - 3. Aufl. Aachen: Hüsch & Hüsch 2010, 123 S. [Interviews mit 7 Zeitzeugen]

Hundt, Manfred G.: Rom in Rommerskirchen. Viereinhalb Jahrhunderte römische Siedlungsgeschichte auf der Rommerskirchener Lössplatte. Rommerskirchen: Gemeinde Rommerskirchen 2011, 290 S., Abb., graph. Darst. (Beiträge zur Geschichte der Gemeinde Rommerskirchen 6)

Jahrbuch für den Rhein-Kreis Neuss 2012 (2011) / Hrsg.: Kreisheimatbund Neuss, 307 S., Abb., graph. Darst., Kt., Tab. [bis 2003 (2002) u. d. T.: Jahrbuch für den Kreis Neuss; die Beiträge dieses Sammelbandes wurden einzeln verzeichnet]

Kirchhoff, Hans Georg: Der Höveler Hof und seine mittelalterliche Wassermühle. Ein Beitrag zur Frühgeschichte der Grafen von Berg. In: Archiv und Erinnerung im Rhein-Kreis Neuss... S. 131-139, Abb., Kt.

Klepper, Karl Ernst: Eine Jugend in Kapellen in und um die Brauerei Julius Koch Nachfolger. Erinnerungen von Dr. Carl Klepper an die Jahre 1897 bis 1917. In: Jahrbuch für den Rhein-Kreis Neuss 2012 (2011) S. 148-161, Abb.

Klose, Hans-Ulrich: Friedrich Gottschall. Mann der Zeitung und der Politik. In: Archiv und Erinnerung im Rhein-Kreis Neuss... S. 141-144, Abb.

Knappstein, Aaron: Leonhard Schmitz. Ein „Gerechter unter den Völkern". In: Geschichte in Bergheim 19 (2010) S. 186-189, Abb. [zum Nationalsozialismus in Grevenbroich]

Kohlhöfer, Alexandra: Ein Hexenprozeß wird zum Politikum. Der Fall Catharina Halffmans und die Auseinandersetzung zwischen der Stadt Neuss und dem Erzbischof im Jahr 1677. In: Novaesium 2011, S. 47-66, Abb.

Kohtes, Franz: Der Herbertzhof zu Ossum in alter und neuer Zeit. In: Meerbuscher

Geschichtshefte 28 (2011) S. 82-109, Abb., graph. Darst.

Kolbecher, Simon: Der Heilige mit dem Schwein. Vom Einsiedler Antonius zum Schutzpatron für Mensch und Tier. In: Jahrbuch für den Rhein-Kreis Neuss 2012 (2011) S. 48-65, Abb., Kt.

Kolbecher, Simon: Notizen über die letzten Jahre und das Ende des Zweiten Weltkrieges in örtlichen Chroniken der früheren Gemeinde Rosellen. In: Archiv und Erinnerung im Rhein-Kreis Neuss... S. 145-157, Abb., Kt.

Kramp, Paul-Heinz: Die „Alte Batterie" im Uedesheimer Rheinbogen und die Beschießung von Düsseldorf 1794. In: Jahrbuch für den Rhein-Kreis Neuss 2012 (2011) S. 92-105, Abb., Kt.

Kronsbein, Stefan: Historische Weinbauorte im Rhein-Kreis Neuss. In: Archiv und Erinnerung im Rhein-Kreis Neuss... S. 159-177, Abb., Kt., Tab.

Kuhl, Karl: Aus dem alten Grimlinghausen. Von der Schwerspatmühle zur Faserplatten- und Rohpappenfabrik 1860 – 1971. In: Jahrbuch für den Rhein-Kreis Neuss 2012 (2011) S. 140-147, Abb.

Lecker Kochen durch die Epochen. Ein Kochbuch mit Rezepten von der Steinzeit bis zur Neuzeit. Ausprobiert und zusammengestellt von der Projektgruppe "Kochen seit der Steinzeit" der Realschule Holzheim im Rahmen des NRW Landesprogramms Kultur und Schule 2010/2011 / Hrsg.: Thomas Ludewig... Neuss: Clemens-Sels-Museum 2011, 35 S., Abb.

Lipszyc, Stephanie: Die Teilung des Oserather Busches, genannt Kalverdonk, im Jahre 1823. In: Meerbuscher Geschichtshefte 28 (2011) S. 144-153, Abb., Tab.

Looz-Corswarem, Clemens von: „Die Fähranstalten zu Urdenbach und Zons". Ein Beitrag zur Zonser Fähre im 19. Jahrhundert. In: Archiv und Erinnerung im Rhein-Kreis Neuss... S. 179-196, Abb., Kt.

Lutum, Reinhard: Der Eiskeller im Park Haus Meer. In: Meerbuscher Geschichtshefte 28 (2011) S. 13-17, Abb., graph. Darst.

Meerbuscher Geschichtshefte. Beiträge zur Geschichte und Volkskunde der Stadt Meerbusch und ihrer ehemals selbständigen Gemeinden 28 (2011) 183 S., Abb., graph. Darst., Kt., Tab. [die Beiträge dieses Sammelbandes wurden einzeln verzeichnet]

Metzdorf, Jens: Aufgelesen aus Ruinen. Wiederentdeckte Relikte und ein „Stein des Anstoßes" aus dem zerstörten ersten Museum der Stadt Neuss. In: Novaesium 2011, S. 141-162, Abb.

Mohr, Reinhold: Die Geschichte der Schulen in Büttgen. Teil 2. Die Elementar- und Volksschulen in Vorst und Holzbüttgen von den Anfängen bis 1932. Büttgen: St. Sebastianus-Schützenbruderschaft 2011, 200 S., Abb., Kt., Tab. (Büttgen 33) [Teil 1 ebd. 2008 (Büttgen 30)]

Mythos und Mysterium. Die Kybele-Kultstätte in Neuss-Gnadental. Neuss: Clemens-Sels-Museum o. J. [2011; Faltblatt]

Neuss 1933 – 1945. Filmdokumentation / Red.: Volker Ackermann. Krefeld: dembach mediaworks 2010, 1 DVD [Dokumente aus dem Stadtarchiv Neuss und aus Privatbesitz]

Niemöhlmann, Susanne: Das fliegende Pferd auf dem Binder. Der Neusser Krawattenhersteller Kamper & Weber und seine Fabrikmarke „Pegasus". In: Jahrbuch für den Rhein-Kreis Neuss 2012 (2011) S. 122-139, Abb.

Novaesium 2011. Neusser Jahrbuch für Kunst, Kultur und Geschichte / Hrsg.: Uta Husmeier-Schirlitz; Jens Metzdorf. Neuss: Clemens-Sels-Museum; Stadtarchiv 2011, 343 S., Abb., graph. Darst., Kt. [Fortsetzung von: Neusser Jahrbuch für Kunst, Kulturgeschichte und Heimatkunde; die Beiträge dieses Sammelbandes wurden einzeln verzeichnet]

Nowak, Anna: Der Umgang mit geistig behinderten Menschen in der NS-Zeit im heutigen Rhein-Kreis Neuss. Falluntersuchung und Menschenbild. In: Jahrbuch für den Rhein-Kreis Neuss 2012 (2011) S. 262-271, Abb. [Facharbeit Geschichte Jahrgang 12 des Erzbischöflichen Gymnasiums Marienberg]

Ohlmann, Dieter: Jüdische Kinder und Jugendliche aus Jüchen während der Verfolgungen in der NS-Zeit. In: Jahrbuch für den Rhein-Kreis Neuss 2012 (2011) S. 178-193, Abb.

Ohlmann, Dieter: Jüdisches Leben in der Bürgermeisterei Bedburdyck. In: Ausgegrenzt. Ausgeliefert. Ausgelöscht. Überlebt?... S. 211-241, Abb., Tab.

Pause, Carl: Schweine im Treppenhaus. In: Archiv und Erinnerung im Rhein-Kreis Neuss... S. 211-219, Abb., Kt.

Peschke, Klaus: Maria Antonia von Blanckart (1730 – 1803). Freifräulein in Alsdorf, Stiftsdame in Neuss, Frau Marschallin in Paris, Bürgerin in Alsdorf. In: Jahrbuch für den Rhein-Kreis Neuss 2012 (2011) S. 76-91, Abb.

Peters, Leo: Unbekannte Quellen zur Geschichte der Falkensteinischen Güter bei Neuss sowie der Rittersitze Laufenburg, Molsdorf, Neuerburg und Schakkum. Ein Hinweis und eine Anregung. In: Archiv und Erinnerung im Rhein-Kreis Neuss... S. 221-233, Abb.

Rameil, Robert: Chronogramme für das Kloster Meer. In: Meerbuscher Geschichtshefte 28 (2011) S. 18-21

Reichmann, Christoph: Randnotizen aus dem Dreißigjährigen Krieg. In: Archiv und Erinnerung im Rhein-Kreis Neuss... S. 245-255

Rhöse, Ariane; Wolf, Thomas [Bearb.]: Statut der Synagogengemeinde Jüchen vom 4. Juli 1858. In: Ausgegrenzt. Ausgeliefert. Ausgelöscht. Überlebt?... S. 272-300, Abb.

Ritzerfeld, Ulrich: Karl Freiherr Rabenhaupt von Sucha. Ein Heer- und Söldnerführer des 17. Jahrhunderts. In: Archiv und Erinnerung im Rhein-Kreis Neuss... S. 275-281, Abb.

Saarbourg, Otto: Kraft des Wassers. Historische Anlagen zur Wasserlenkung in Neuss. In: Novaesium 2011, S. 277-283, Abb., Kt.

Schmitz, Josef: Der Fronhof in Nettesheim. In: Archiv und Erinnerung im Rhein-Kreis Neuss... S. 323-329, Abb., Kt. [zu Rommerskirchen]

Spelthahn, Heinz: Jüchen und die Juden. In: Ausgegrenzt. Ausgeliefert. Ausgelöscht. Überlebt?... S. 8-14, Abb., Tab.

Staatz, Peter: Holz. Die Geschichte eines Dorfes von den Anfängen bis zur Umsiedlung. Essen: Klartext 2010, 175 S., Abb., Kt., Tab. (Geschichte der Gemeinde Jüchen 9)

Sticker, Johannes: Frühe Zukunft. Als Gefangener bei Erbfreunden / Hrsg.: Geschichtsverein Dormagen. Dormagen: Geschichtsverein 2009, 136 S., mit 1 CD (Zeitsprünge 8) [erschien zuerst in Frankreich u. d. T.: „Moi". Johannes Sticker prisonnier allemand en Bretagne. Sable-d'Or-les Pins: Astoure 2005; zur Kriegsgefangenschaft in Frankreich]

Sutthoff, Ludger J.: Gut Nanderath in Grevenbroich-Neurath. In: Jahrbuch der rheinischen Denkmalpflege 42 (2011) S. 251-254, Abb.

Tauch, Max: Ein unbekanntes Neusser Hauszeichen. In: Archiv und Erinnerung im Rhein-Kreis Neuss... S. 355-356, Abb.

Tesch-Mertens, Patricia: Hermann III. Ein aktiver Politiker durch Passivität? In: Jahrbuch für den Rhein-Kreis Neuss 2012 (2011) S. 24-37, Abb., Kt.

Thyssen, Achim: Sigmund Freud, Oberst Goltstein und Bäckerblume. Anekdoten zur Pensionierung von Dr. Karl Emsbach. In: Archiv und Erinnerung im Rhein-Kreis Neuss... S. 15-19

Tücking, Karl: Geschichte des Gymnasiums zu Neuß, verbunden mit einer Übersicht die Entwickelung der dortigen Stifts- u. Stadtschulen [sic!]. Neuß: Schwann 1888, 212 S. Digitalisierte Ausg. Düsseldorf: Universitäts- und Landesbibliothek 2011

Weiss, Wilhelm: Westfront '45. Die Kämpfe in der Erft-Stellung zwischen Kerpen und Neuss als letztes Hindernis vor dem Rhein. Aachen: Helios 2011, 153 S.

Wilms, Birgit: Dank an einen grandiosen Geschichte(n)erzähler. In: Archiv und Erinnerung im Rhein-Kreis Neuss... S. 20-22, Abb.

Wiltsch, Christian: Wo lag „ad crucem"? Oder wie ein Schüler für Geschichte begeistert wurde. In: Archiv und Erinnerung im Rhein-Kreis Neuss... S. 357-366, Abb., Tab.

Wimmers, Manfred: Die Halfen vom Bongarder Hof. In: Jahrbuch / Westdeutsche Gesellschaft für Familienkunde Köln 4 (2012) S. 7-14, Abb., Kt.

Wimmers, Manfred: Die Halfen vom Bongarder Hof in Rommerskirchen. In: Düsseldorfer Familienkunde 46 (2010) 2, S. 33-38, Kt.

Wolf, Thomas: Schicksale antijüdisch Verfolgter (1933 – 1945) aus dem Gebiet der heutigen Gemeinde Jüchen. In: Ausgegrenzt. Ausgeliefert. Ausgelöscht. Überlebt?... S. 28-210, Abb., Tab.

Wolff, Thomas: Oppidum Nostrum Bruke. Eine Skizze zur Stadtgründung Grevenbroichs im Mittelalter. In: Stadtansichten... S. 10-20

Wolff, Thomas: Vom Gaswerk zu den Stadtwerken an der Nordstraße. Stationen der Unternehmensgeschichte der GWG Grevenbroich GmbH 1867 – 2011. In: Stadtansichten... S. 210-224

03 Landeskunde, Ortsgeschichte, Statistik

Barwinska, Monika: Rhein-Kreis Neuss. Erlebnisradtouren rund um Kultur, Natur und Genuß. Düsseldorf: Droste 2012, 128 S., zahlr. Abb., Kt.

Belleview. Schöne Aussichten für Freizeit, Kultur und Leben in der Region. Kulturkalender für Grevenbroich und Umgebung. 13. Ausg. ff. 2011/2012 ff.

Blank, Günter: Delrather Liederheft. „Die Sänger von Karvittenberg". Wo man singt, da lass Dich nieder. [Dormagen: Blank] 2011, 102 S., Abb.

Blank, Günter: Delrather Zeitreise Bd 7: 2011. Mit vielen historischen Bildern aller Dormagener Stadtteile. o. O. [Dormagen:

Blank] 2011, 268 S., zahlr. Abb, Kt., Noten, Tab. [zu Dormagen]

Chehab, Claudia: Chronik der Stadt Neuss 2010/2011. Vom 1. Oktober 2010 bis zum 30. September 2011. In: Novaesium 2011, S. 289-334

Gerard, Just: 40 Jahre Stadt Meerbusch. Betrachtungen zur Siedlungsentwicklung. In: Meerbuscher Geschichtshefte 28 (2011), S. 154-172, Abb.

Geschichte in Bildern. Kaarst, Büttgen, Holzbüttgen, Vorst und Driesch 1890 – 1990. Bd 1 / Zusammengestellt vom Arbeitskreis Stadtgeschichte im Stadtarchiv Kaarst. Hrsg.: Stadt Kaarst, Stadtarchiv. Red.: Frank Ahlert... Mönchengladbach: Erlebnis-Verlag Ahlert 2006, 192 S., zahlr. Abb.; Bd 2 ebd. 2008, 192 S., zahlr. Abb., Kt. (S. 192 Korrekturen aus Bd 1); Bd 3 ebd. 2010, 192 S., zahlr. Abb.

Grevenbroich in alten Filmen / Hrsg.: Peter Schmidt. Jüchen: PS-Media 2011, 1 DVD

Haus Meer. Ein Film / Hrsg.: Förderverein Haus Meer. Regie: Georg Bender. Begleittext: Herbert Jacobs. Meerbusch: Förderverein Haus Meer 2008, 1 DVD-Video [zu Meerbusch]

Hier leben wir / Hrsg.: Kreisheimatbund Neuss. Neuss: Kreisheimatbund 2010, 76 S., zahlr. Abb., graph. Darst., Kt. (Veröffentlichungen des Kreisheimatbundes Neuss 17)

Hinte, Kirsten; Bethge, Thomas: Neuss. Die schönsten Seiten. At it's best. Erfurt: Sutton 2012, 80 S., zahlr. Abb. (Momentaufnahmen)

Hochwasserschutz im Lanker Rheinbogen. Festschrift zum Abschluss der Deichsanierung im Bereich des Deichverbandes Meerbusch-Lank / Hrsg.: Franz Josef Radmacher... Krefeld: Kronsbein 2012, 399 S., Abb., 1 Kt. (Niederrheinische Regionalkunde 17)

Hoffmann, Paul: Der Osterather Busch, genannt Kalverdonk (Teil 2). In: Meerbuscher Geschichtshefte 28 (2011) S. 138-143, Kt. [Teil 1 ebd. 25 (2008) S. 141-150]

Kaarst per Rad. Kunst- und Denkmalroute... / [Hrsg.: Stadt Kaarst, der Bürgermeister, Bereich Kultur] Kaarst: Stadt Kaarst 2011, 1 Kt., mehrfarb. (Vorder- u. Rückseite)

Kelzenberg. Mürmeln. Geschichten vom Dorf / Hrsg.: Heimatverein Kelzenberg/ Mürmeln. Jüchen: Heimatverein Kelzenberg/Mürmeln [2012] 153 S., 12 ungez. S., Abb.

Kienle, Hermann: Die Windmühle in der Stadt Zons. Dormagen: Förderverein Denkmalschutz Stadt Zons 2011, 18 S., Abb., graph Darst., Tab.

Kinder, Kinder. Das Magazin für Leute mit Kindern! / Hrsg.: Frank Küpping. Neuss: Küpping 2011 ff. [erscheint zweimonatlich]

Kluth, Sarah; Ströher, Peter: Chronik des Rhein-Kreises Neuss vom 1. Juli 2010 bis zum 30. Juni 2011 anhand von Presseberichten. In: Jahrbuch für den Rhein-Kreis Neuss 2012 (2011) S. 272-285

Kultur- und Freizeitführer Rhein[-]Kreis Neuss 2010 / Hrsg.: Wirtschaftsförderungsgesellschaft Rhein-Kreis Neuss. Neuss: Neusser Druckerei und Verlag 2010, 44 S., zahlr. Abb., graph. Darst., Kt.

Kultur- und Freizeitführer Rhein[-]Kreis Neuss 2011 / Hrsg.: Wirtschaftsförderungsgesellschaft Rhein-Kreis Neuss. Neuss: Neusser Druckerei und Verlag 2011, 44 S., zahlr. Abb., graph. Darst., Kt.

Kultur- und Freizeitführer Rhein[-]Kreis Neuss 2012 / Hrsg.: Wirtschaftsförderungsgesellschaft Rhein-Kreis Neuss. Neuss: Neusser Druckerei und Verlag 2012, 44 S., zahlr. Abb., graph. Darst., Kt.

Kunze, Mike: Der Deichverband Meerbusch-Lank im Wandel der Zeit. In: Hochwasserschutz im Lanker Rheinbogen... S. 73-95, Abb., Kt.

Lange, Hella-Sabrina; Brandt, Wolfgang: 36 Jahre neue Stadt Grevenbroich. In: Stadtansichten... S. 192-209

Leiders, Rainer: Fließgewässer der Rheinniederung in Meerbusch und Krefeld. In: Hochwasserschutz im Lanker Rheinbogen... S. 193-209, Abb., Kt.

Leiders, Rainer: Sichere Deiche für Meerbusch und Krefeld. Sanierung der Hochwasserschutzanlagen des Deichverbandes Meerbusch-Lank. In: Hochwasserschutz im Lanker Rheinbogen... S. 313-349, Abb., Kt.

Lutum, Reinhard; Vogelsang, Rosemarie: Denkmalpflege in der Stadt Meerbusch 2011. Ausgewählte Beispiele. In: Meerbuscher Geschichtshefte 28 (2011), S. 177-181

Lutum, Reinhard: Der Myriameterstein LIX zu Nierst. Baudenkmal Nr. 79 der Stadt Meerbusch. In: Hochwasserschutz im Lanker Rheinbogen... S. 51-55, Abb., Kt.

Marcellino's.de Restaurant-Report. Die erste gedruckte Online-Ausgabe. Gäste sagen, wie es wirklich is(s)t. Düsseldorf: Krefeld, Wuppertal, Neuss, Mönchengladbach. Düsseldorf: Marcellino's 2011 ff. [früher u. d. T.: Marcellino's Restaurant-Report; wechselnde Neben- und Zusatztitel; erscheint jährlich]

Mein Norf. Das regionale Magazin für den Neusser Süden. Neuss 2012 ff. [erscheint 5 mal jährlich]

Mein Rheinland. Für alle, die das Rheinland lieben 1 ff. Neuss: NDV 2011 ff. [Zeitschrift; erscheint 6 mal pro Jahr]

Meurer, Sebastian: Gill. Ein kleines Gallierdorf am Gillbach. In: Jahrbuch für den Rhein-Kreis Neuss 2012 (2011) S. 214-223, Abb.

Mietzen, Hans [Red.]: Neuss. Innovation aus Tradition. Paderborn: Rasch & Röhring [2012] 176 S., zahl. Abb.

Neuss. Rheinischer Städteatlas Bd 94 Lieferung 18 / Hrsg.: LVR-Institut für Landeskunde und Regionalgeschichte. Bearb.: Klaus Müller. Köln: Böhlau 2010 47 S., 14 Kt., 1 Textbeil. (Rheinischer Städteatlas 94)

Neuss am Rhein. Die amtliche Stadtkarte 2012. Maßstab 1:15.000. Mit Straßen und Postleitzahlen / Hrsg.: Liegenschaften und Vermessung Neuss. Neuss: Liegenschaften und Vermessung 2012, 1 Kt. auf Vorderseite, mehrfarbig, Blattgröße 126 x 103 cm, gefaltet [2. Aufl. ebd. 2012]

Der Neusser. Das unabhängige Monatsmagazin für Neuss und Umgebung. 2012 ff. [erscheint monatlich]

Neusser Wappen[-]Heftchen / [Hrsg.:] Wappen-Arbeitsgemeinschaft der Kreuzschule zum historischen Stadtfest am 02. Juli 2011. Neuss: Kreuzschule 2011, 19 S., zahlr. Abb.

Ortschaft Holzbüttgen. Ein Streifzug durch die Geschichte Holzbüttgens zum 75-jährigen Jubiläum der St. Sebastianus Schützenbruderschaft Holzbüttgen 1936 / Hrsg.: St. Sebastianus Schützenbruderschaft Holzbüttgen

1936. Holzbüttgen: St. Sebastianus Schützenbruderschaft 2011, 176 S., zahlr. Abb. [zu Kaarst]

Paschmanns, Jakob: Vom Hochwasser und Deichbau bei Lank. In: Hochwasserschutz im Lanker Rheinbogen... S. 99-101, Abb., Kt.

Die perfekte Balance – The perfect balance / Hrsg.: Rhein-Kreis Neuss, Der Landrat. Presse- und Öffentlichkeitsarbeit. Neuss: Der Landrat 2010, DVD [Imagefilm zum Rhein-Kreis Neuss in 12 Sprachen]

Peters, Patrick: Auf in eine andere Zeit. In: Mein Rheinland 2012, 1, S. 50-53, Abb.. Kt. [zu Korschenbroich-Liedberg]

Peters, Patrick: Automobile Geburtstagsfeier. In: Mein Rheinland 2011, 4, S. 70-72, Abb. [zum Oldtimer-Festival Classic Days in Schloss Dyck]

Petry; Ludwig: Meerbuscher Denkmalgalerie im Internet. In: Meerbuscher Geschichtshefte 28 (2011) S. 51-57, Abb.

Radmacher, Franz-Josef: Einige herausragende Hochwasserereignisse in unserem Gebiet. In: Hochwasserschutz im Lanker Rheinbogen... S. 103-123, Abb.

Radmacher, Franz-Josef: Höfe und Landwirtschaft in Rheinnähe. In: Hochwasserschutz im Lanker Rheinbogen... S. 57-71, Abb.

Radwandern im Rhein-Kreis Neuss. Mit ausgewählten Straßennamen zur besseren Orientierung. GPS-genau mit UTM-Gitter. 4. Aufl. Bielefeld: BVA, Bielefelder Verlag 2012, 1 Kt., mehrfarbig, 79 x 68 cm, gefaltet (Radwanderkarte Rhein-Kreis Neuss) [1. Aufl. ebd. 2003; 3. Aufl. ebd. 2007]

Regenbrecht, Michael: Dr. Franz Schütz. Ehrenbürger, Mensch und Mythos. In: Meerbuscher Geschichtshefte 28 (2011) S. 62-81, Abb.

Region Niederrhein. Erlebnisführer. Die schönsten Ziele. GPS-genau. 1:170 000. Geseke: public-press 2011, Karte 60x80 cm [mit Informationen zu Freizeiteinrichtungen auf der Rückseite]

Reichmann, Christoph: Der Lohwald und die Fischerei im Mittelalter. In: Hochwasserschutz im Lanker Rheinbogen... S. 45-50, Kt.

Der Rhein-Kreis Neuss hebt ab. Impressionen aus der Luft. Neuss: Rhein-Kreis Neuss, Presse- und Öffentlichkeitsarbeit 2011, 1 DVD

Schletter, Hans-Peter: Der Lanker Rheinabschnitt. Eine Landschaft im archäologischen Fokus. In: Hochwasserschutz im Lanker Rheinbogen... S. 19-44, Abb., Kt.

Schuster, Hannsjörg: Hydrogeologie und Wasserwirtschaft des Rheinabschnittes Meerbusch-Lank. In: Hochwasserschutz im Lanker Rheinbogen... S. 271-284, Abb., graph. Darst., Kt.

Schwan, Heinz: Untersuchungen zur Artenvielfalt im Lanker Rheinbogen seit dem 19. Jahrhundert. In: Hochwasserschutz im Lanker Rheinbogen... S. 235-249, Abb., Kt.

Die Stadt stellt sich vor / Hrsg.: Stadt Neuss, Presse- und Öffentlichkeitsarbeit. Neuss: Stadt Neuss, Presse- und Öffentlichkeitsarbeit 2011, 43 S., zahlr. Abb. (Dasein in Neuss)

Stadtansichten. Historische Bildpostkarten aus der Sammlung Jürgen Larisch / Hrsg.: Stadt Grevenbroich, Stadtarchiv. Red.: Wolfgang Brandt... Grevenbroich: Stadtarchiv 2011, 228 S. [die Beiträge dieses Sammelbandes wurden einzeln verzeichnet; zu Grevenbroich]

Stadterneuerung Neuss-Erfttal. Von der Großsiedlung zum Wohnquartier. In: Perspektive Stadt / Hrsg.: Rainer Danielzyk... Essen: Klartext 2010, S. 83-85, Abb.

Verbücheln, Georg: Flussdeiche. Hochwasserschutzbauwerke und „blühende Bänder" in der Landschaft. In: Hochwasserschutz im Lanker Rheinbogen... S. 251-256, Abb.

Weitblick und Fernweh. Die Geschichte des Neusser Hafens. Begleitheft zur Ausstellung [... im Haus Rottels vom 27.09.2001 – 06.01.2002] / Hrsg.: Thomas Ludewig. Neuss: Clemens-Sels-Museum, Stadthistorische Abteilung Haus Rottels 2002 [28 ungez. Bl.]

Wilms, Birgit [Text]; Verovic, Daniel [Abb.]: Abenteuer unter dem Kirchturm. Auf Zeitreise mit Tom und Lea. Duisburg: Mercator 2010, 111 S., Abb. [Kinderbuch der Korschenbroicher Autorin; zu Dormagen]

Zenker, Peter: Treffpunkt Neurath. Wirtschaft, Kunst und Wunderheilung. Berlin: Pro Business 2011, 181 S., Abb., Kt. [zu Grevenbroich]

Zenker, Peter: Wilhelm Clemens aus Neurath. Maler, Kunstsammler, Stifter. Siegburg: Zenker 2010, 32 S., Abb. [zu Grevenbroich]

Zons, Hans von: Ückerather Dorfchronik. Von den Anfängen bis zur Gegenwart 1197 – 2009. 812 Jahre Ückerath. Dormagen: Zons [2009] 301 S., zahlr. Abb., graph. Darst, Kt., Tab. [zu Dormagen]

04 Volkskunde

Becker-Huberti, Manfred: Och em Himmel ess d'r Düvel loss. Fastelovend feere se do. Fastnachtslied und Religion bei den Katholiken am Rhein. In: Archiv und Erinnerung im Rhein-Kreis Neuss... S. 75-79

Christkind, Weihnachtsmann & Co. Kulturgeschichtliches zu den weihnachtlichen Gabenbringern [überarb. u. erw. Aufl. der im Jahr 2007 erschienenen Begleitpublikation anlässlich der Ausstellung „Christkind, Weihnachtsmann & Co. Kulturgeschichtliches zu den Weihnachtlichen Gabenbringern", mit Leihgaben aus der Sammlung Pintscher, Esslingen am Neckar im Clemens-Sels-Museum Neuss vom 29. November 2007 bis 27. Januar 2008] / Hrsg.: Thomas Ludewig. 2., überarb. u. erw. Aufl. Neuss: Clemens-Sels-Museum 2011, 162 S., zahlr. Abb.

Cornelissen, Georg: Regionale Familiennamen zwischen Niederländisch und Deutsch. Divergente Entwicklungen im Raum Arnheim-Neuss. In: Familiennamengeographie. Ergebnisse und Perspektiven europäischer Forschung / Hrsg.: Rita Heuser... Berlin [u.a.]: de Gruyter 2011, S. 145-158, Abb.

Herzlich Willkommen zum Appeltaatefest 2011 vom 3. bis 4. September [2011] / Hrsg.: Cornelius-Gesellschaft Neuss-Selikum. Neuss-Selikum: Cornelius-Gesellschaft 2011, 96 S., zahlr. Abb. (Nebent.: Appeltaatefest 2011)

Kirchhoff, Hans Georg; Auler, Jost: Grevenbroich. Die Stadtgeschichte. Von der Vorzeit bis zur Französischen Revolution. Grevenbroich: Geschichtsverein für Grevenbroich und Umgebung 2006, 274 S., Abb., graph. Darst., Kt., Tab. (Beiträge zur Geschichte der Stadt Grevenbroich 17) [2., berichtigte, aktual. u. erw. Aufl. ebd. 2011, 284 S.]

Kunze, Mike: Was vom Leben bleibt. Grabsteine als lokalhistorische Quelle (Teil 2). In: Meerbuscher Geschichtshefte 28 (2011) S. 22-50, Abb. [Teil 1 ebd. 27 (2010) S. 147-160]

Lange, Kerstin: Bis gleich am Hannenplatz! Geschichten und Anekdoten aus Korschenbroich. Gudensberg-Gleichen: Wartberg 2011, 79 S., Abb.

Tannenduft und Lichterglanz. Christbaumschmuck aus drei Jahrhunderten. Ausstellung des Clemens-Sels-Museum Neuss. 8. November 2001 – 13. Januar 2002 / Clemens-Sels-Museum. Neuss: Clemens-Sels-Museum 2001, ca. 20 ungez. S.

Unser Neuss / Hrsg.: Ludger Baten. Düsseldorf: Rheinische Post Verlagsgesellschaft 2011, 243 S., zahlr. Abb. [überarb. Stadtteilserie aus der Neuß-Grevenbroicher-Zeitung von November 2010 bis Juni 2011]

Wappenschmidt, Kathrin: „Over the hills and far away". Eine Abschiedstour für Karl Emsbach zu Burgen und Schlössern im Rhein-Kreis Neuss. In: Archiv und Erinnerung im Rhein-Kreis Neuss... S. 28-33, Abb.

Watt kochsde hück? Kochrezepte vum Rhing / Hrsg.: Kultur[-] & Heimatfreunde Stadt Zons. Dormagen: Kultur- und Heimatfreunde [2011] 279 S., Abb. [Loseblattsammlung im Ringordner]

05 Staat, Politik, Verwaltung

Bürgerhaushalt 2011. Zahlen, Daten, Grafiken / [Hrsg.: Stadt Neuss, Finanzen. Neuss: Kämmerei 2011] 23 S., graph.

Darst., Tab. [Auszug aus dem Haushaltsplan]

Bürgerhaushalt 2012. Zahlen, Daten, Grafiken / [Hrsg.: Stadt Neuss, Finanzen. Neuss: Kämmerei 2012] ca. 22 ungez. S., zahlr. graph. Darst., Tab. [Auszug aus dem Haushaltsplan]

Familienkompass. Ratgeber für Familien im Rhein-Kreis Neuss. Herzlich willkommen im Kreis der Familie. Aktualisierter Nachdruck. Ausg. 2010/2011 / Hrsg.: Rhein-Kreis Neuss, Jugendamt, Familienbüro. Nordhorn: BVB-Verlagsgesellschaft 2010, 92 S., zahlr. Abb., graph. Darst., Kt.

Geringfügig beschäftigt. 400 € / Hrsg.: Arbeitsgemeinschaft der Gleichstellungsbeauftragten der Kommunen Dormagen... 16., überarb. Aufl. Neuss; Grevenbroich: Rhein-Kreis Neuss 2011, 44 S.

Kaarst. Bürgernah von A – Z. Zahlen, Fakten, Adressen, Informationen, Hinweise, Tipps, Pläne, Bilder / Hrsg.: Stadt Kaarst, Der Bürgermeister. Kaarst: Stadt Kaarst 2010 ff. [ersch. unregelmäßig]

Kinderbetreuung in Neuss. Bedarfsplan 2012 / Hrsg.: Stadt Neuss, Jugendamt. Neuss: Jugendamt 2012, 61 S., graph. Darst., Tab.

Landtagswahl 2012. Endgültige Ergebnisse / Hrsg.: Stadt Neuss, Dezernat Wirtschaft und Finanzen, Amt für Wirtschaftsförderung. Neuss: Amt für Wirtschaftsförderung 2012, ca. 90 S., getr. Zählung, graph. Darst., Tab. (Statistische Informationen)

Landtagswahl 2012. Ergebnisse und Kurzanalyse / Hrsg.: Stadt Neuss, Dezernat Wirtschaft und Finanzen, Amt für Wirtschaftsförderung. Neuss: Amt für

Wirtschaftsförderung 2012, ca. 160 S. getr. Zählung, graph. Darst., Tab., Kt. (Statistische Informationen)

RennbahnPark Neuss / Hrsg.: Stadt Neuss, Der Bürgermeister Wirtschaftsförderung. Neuss: Wirtschaftsförderung [ca. 2012] 16 S., Abb., graph. Darst., Kt.

Rhein-Kreis Neuss. Statistisches Jahrbuch 22 (2011). Zahlen, Daten, Fakten / Hrsg.: Rhein-Kreis Neuss, Amt für Entwicklungs- und Landschaftsplanung. Neuss: Rhein-Kreis Neuss [2011] 138 S., graph. Darst., Kt., Tab. [mit CD-ROM]

Sadowski, Gerd; Scheidgen, Alf: Gesundheit und Arbeitssicherheit im Fokus der Beschäftigten. Ausgewählte Ergebnisse einer Mitarbeiterbefragung der Stadt Neuss 2011. In: Innovative Verwaltung 33 (2011) 12, S. 18-21, Abb.

Senioren-Wegweiser. Anregungen und Informationen für aktive Kaarster Senioren. Kaarst: Stadt Kaarst 2012 ff. [ersch. unregelmäßig]

Sozialmonitoring der Stadt Neuss. Sozial- und Jugendbericht 2010. Teil 1: Datenanalyse; Teil 2: Bestandserfassung Leistungsangebote / Hrsg.: Stadt Neuss, Dezernat Jugend und Soziales. Neuss: Stadt Neuss, Dezernat Jugend und Soziales 2011, Teil 1: 109 S., ca. 300 S. getrennte Zählung, Abb., graph. Darst., Kt., Tab.; Teil 2: 159 S., ca. 150 S. getrennte Zählung, Abb., graph. Darst., Kt., Tab.

[Stadt Korschenbroich] Der Friedhofswegweiser. Informationen, Hinweise, Standorte, Grabarten, Anschriften, Inserate. Stadt Korschenbroich / Hrsg. in Zusammenarbeit mit der Stadt Korschenbroich, Stadtpflege, Friedhofswesen. Leipzig: Mammut 2011 ff. (diesseits und jenseits) [ersch. alle 3 Jahre

bzw. nach Absprache mit der Stadt Korschenbroich]

Stadt Meerbusch. Statistisches Jahrbuch 2008/09 / Hrsg.: Stadt Meerbusch, Service Zentrale Dienste. Meerbusch: Service Zentrale Dienste 2009, 190 S., graph. Darst., Tab.

Stadt Neuss. Haushalt. Haushaltsplan 2011 / Hrsg.: Stadt Neuss. Der Bürgermeister. Neuss: Stadt Neuss 2011. 2 Bde. Bd 1: Dezernate 1-7, 513 S., graph Darst., Tab.; Bd 2: Berichte zu Unternehmensbeteiligungen, Wirtschaftspläne, 677 S., graph. Darst., Tab.

Stadt Neuss. Haushaltsentwurf. Haushaltsplan 2011 / Hrsg.: Stadt Neuss. Der Bürgermeister. Neuss: Stadt Neuss 2010, 511 S., graph Darst., Tab.

Wer Wo Was. Informationen für Frauen in Neuss / Hrsg.: Stadt Neuss, Gleichstellungsbeauftragte. Red.: Christel Thissen. Neuss: Gleichstellungsbeauftragte [2. Aufl.] 2010, 68 S., Abb.

06 Wirtschaft, Verkehr

Denneburg, Matthias: Kundenzufriedenheitsanalyse von Incentiveprogrammen. Am Beispiel der Jever Skihalle Neuss. 2011, VIII, 114 Bl., graph. Darst. Köln, Dt. Sporthochsch., Dipl.-Arb., 2011

Die finanzwirtschaftliche Situation der Städte und Gemeinden des Kammerbezirks Mittlerer Niederrhein im interkommunalen Vergleich. Forschungsprojekt im Auftrag der IHK Mittlerer Niederrhein. Februar 2012 / Hrsg.: Rheinisch-Westfälisches Institut für Wirtschaftsforschung [RWI]. Essen: RWI 2012, 105 S., graph. Darst. (RWI Projektbericht) [online Publikation; zum IHK-Bezirk Krefeld-Mönchengladbach-Neuss]

Der IHK-Konjunkturbericht. In der Region Düsseldorf/Mittlerer Niederrhein / [Hrsg.:] Industrie- und Handelskammer zu Düsseldorf; Industrie- und Handelskammer Mittlerer Niederrhein Krefeld, Mönchengladbach, Neuss. Düsseldorf; Krefeld: IHK 2010 ff. [ersch. halbjährlich; früher u. d. T.: Industrie- und Handelskammer Düsseldorf. Der IHK-Konjunkturbericht]

Job & Karriere 2011/12. Neue IHK-Berufe. Bewerbungstipps. Job-Steckbriefe. IHK-Ausbildungsbetriebe / Red.: Joachim Nowak... Krefeld: IHK Mittlerer Niederrhein [2011] 120 S., Abb., Kt., Tab. [zum IHK-Bezirk Krefeld-Mönchengladbach-Neuss]

Kirchhartz, Peter: Die Sparkasse im Wandel der Zeiten. Von der Gemeindesparkasse Büttgen zur Stadtsparkasse Kaarst-Büttgen. Büttgen: St. Sebastianus-Schützenbruderschaft 2010, 248 S., Abb., graph. Darst., Kt., Tab. (Büttgen 32)

Der Mittlere Niederrhein im Regionenvergleich / Hrsg.: IHK Mittlerer Niederrhein. Red.: Jan-Philipp Halemba...] Stand September 2011. Krefeld: IHK 2011, 23 S., Abb., graph. Darst. (IHK-Schriftenreihe / Industrie- und Handelskammer Mittlerer Niederrhein Krefeld, Mönchengladbach, Neuss 130) [zum IHK-Bezirk Krefeld-Mönchengladbach-Neuss]

Neuss Düsseldorfer Hafen Zeitung / Hrsg.: Neuss-Düsseldorfer Häfen 1 ff. 2007 ff. [erscheint 6 mal pro Jahr]

Öffentliche Finanzierungshilfen. Finanzierungshilfen für Existenzgründungen und Unternehmenssicherungen / Hrsg.: Industrie- und Handelskammer, Mittlerer Niederrhein. Geschäftsbereich Starthilfe und Unternehmensförderung. Stand: März 2012. Krefeld, Mönchengladbach, Neuss: IHK 2012, 19 S. [online Publikation; zum IHK-Bezirk Krefeld-Mönchengladbach-Neuss]

Papst, Tobias: Technische Methoden zur Detektierung und Vermessung von Flözverunreinigungen im Flöz Frimmersdorf. In: Markscheidewesen 118 (2011) 2, S. 23-28, Abb. [zu Grevenbroich]

Schäfer, Rainer: „Königskinder bis 2003". Die rheinübergreifende Zusammenarbeit der Häfen in Neuss und in Düsseldorf. In: Düsseldorf - Köln. Eine gepflegte Rivalität / Hrsg.: Annette Fimpeler. Köln: Greven 2012 (Veröffentlichung des SchifffahrtMuseum der Landeshauptstadt Düsseldorf) S. 133-143, Abb.

Scholz, Dirk: EDC Jüchen. Zentrum der Europäischen Distribution. In: 21. Deutscher Materialfluss-Kongress. TU München, Garching, 29. und 30. März 2012 / Hrsg.: VDI-Gesellschaft Produktion und Logistik. Nichtredigierter Manuskript-Druck. Düsseldorf: VDI 2012 (VDI-Berichte 2174) S. 129-144, Abb., Kt. [zu 3M Deutschland]

Sparkasse, Neuss: Offenlegungsbericht der Sparkasse Neuss. Neuss: Sparkasse 2010 ff. [ersch. jährlich]

07 Sozial- und Gesundheitswesen, Sport

Banhardt, Andreas: Chronische Stressbelastung von Hochleistungssportlern mit Bezug auf die Medien als regulierender Faktor. Eine empirische Studie am Beispiel der Hockey-Bundesligamannschaften von TC 1899 e.V. Blau-Weiss Berlin und HTC Schwarz-Weiss Neuss e.V. 2011, 142 Bl., graph. Darst. Köln, Dt. Sporthochsch., Dipl.-Arb. 2011

Bewegt gesund bleiben in NRW. Die gesundheitsorientierten Angebote in der Region Niederrhein. Kreis Kleve, Krefeld, Mönchengladbach, Rhein-Kreis Neuss, Kreis Viersen, Kreis Wesel / [Hrsg.: Landessportbund Nordrhein-Westfalen. Red.: Bettina Fackert...] Duisburg: Landessportbund NRW 2011, 93 S., Abb. (Überwinde deinen inneren Schweinehund!)

Biesel, Kay: Wenn Jugendämter scheitern. Zum Umgang mit Fehlern im Kinderschutz. Bielefeld 2011, 333 S., graph. Darst. (Gesellschaft der Unterschiede 4) zugl.: Berlin, Freie Univ., Diss., 2010 u.d.T.: Biesel, Kay: Soziale Organisationen und ihre Fehler [zu Dormagen]

„...da geht noch was...!" 25 Jahre Engagement für Arbeitslose 1984 – 2010 / Hrsg.: Ökumenisches Arbeitslosenzentrum Krefeld-Meerbusch. Red.: Nele Perpeét. Düsseldorf: tiamat [2010] 80 S., zahlr. Abb.

Dörr, Michael: Gesundheit, einmal anders. Alle Beiträge der Podcast-Reihe „Von Amts(-Arzt) wegen" aus dem Jahr 2011 / Hrsg.: Rhein-Kreis Neuss, Gesundheitsamt. Grevenbroich: Rhein-Kreis Neuss 2011, 50 S.

50 Jahre Seniorenheim St. Hubertusstift 1960 – 2010 / [Red.: Armin Lehnen] Neuss: Hubertusstift 2010, 47 S., Abb.

Halkic, Tanja: Ueberwin.de dich! Die gesundheitsorientierten Angebote in der Region Niederrhein. Kreis Kleve, Krefeld, Mönchengladbach, Rhein-Kreis Neuss, Kreis Viersen, Kreis Wesel / Hrsg.: Landessportbund Nordrhein-Westfalen. Red.: Tanja Halkic... Duisburg 2012, 83 S., Abb. (Überwinde deinen inneren Schweinehund!; Bewegt gesund bleiben in NRW!)

Kaarst. StadtSportVerband Kaarst e. V. Kaarster Sportvereine stellen sich vor. Kaarst: StadtSportVerband 2012, 82 S., zahlr. Abb.

Koch, Volker: 25 Jahre Stiftung Sport. Geschichte des Leistungssports im Rhein-Kreis Neuss. In: Jahrbuch für den Rhein-Kreis Neuss 2012 (2011) S. 234-243, Abb., Tab.

Püschner, Franziska: Analyse der regionalen psychiatrischen Versorgung im Rhein-Kreis Neuss aus Patienten- und Versorgerperspektive. Berlin [u.a.]: Lit-Verlag 2012, XXX, 425 S. (Gesundheitsökonomie; Politik und Management 11) zugl. Köln, Univ., Diss., 2011

Roos, Julia: Analyse der Potentiale für die kommunale Netzwerkarbeit in Korschenbroich zum Aufbau eines bewegungsfreundlichen Netzwerkes für Jugendliche. 2011, 53, XIV Bl., graph. Darst. Köln, Dt. Sporthochsch., Bachelorarb. 2011

Das Sportjahr... Der Rhein-Kreis Neuss zieht Bilanz / Hrsg.: Rhein-Kreis Neuss, Der Landrat. Grevenbroich: Rhein-Kreis Neuss 2011 ff. (Nebent.: Rhein-Kreis Neuss macht Sport) [ersch. jährl.]

Theisen, Daniela: Die physische und psychische Auswirkung einer sport- und bewegungstherapeutischen Intervention bei schwer Depressiven. Eine qualitative Einzelfallstudie im St. Alexius/ St. Josef Krankenhaus für psychiatrische Erkrankungen in Neuss. 2011, 94 Bl., graph. Darst. Köln, Dt. Sporthochsch., Dipl.-Arb. 2011

Volker Rosin präsentiert gewichtig! 14 tolle Hits für aktive Kinder und ihre Familien. Ein Gesundheitsprojekt des Rhein-Kreises Neuss. Neuss: Rhein-Kreis Neuss Gesundheitsamt 2007, 1 CD

08 Bildung, Erziehung, Schule

Erasmus-Gymnasium Grevenbroich 1861 – 2011. Festschrift zur 150-Jahr-Feier 2011 / Hrsg.: Erasmus-Gymnasium Grevenbroich. Red.: Birigt Dahmen. Grevenbroich: Erasmus-Gymnasium [2011] 154 S., zahlr. Abb.

Grundschulen in Neuss. Informationen zum Schuljahr 2011/2012 / Hrsg.: Stadt Neuss, Dezernat für Schule, Bildung und Kultur, Beigeordnete Christiane Zangs. Red.: Schulverwaltungsamt. Neuss: Stadt Neuss, Schulverwaltungsamt 2010, 66 S., Abb., graph. Darst., Kt., Tab. (Bildung in Neuss)

Marienberg. Ostern erleben / Hrsg.: Gymnasium Marienberg. Neuss: Gymnasium Marienberg 2012, 12 S., Abb. [Zeitung des Gymnasiums Marienberg]

Unser Quirinus[-]Gymnasium 47 (2010) / Hrsg.: Verein der Ehemaligen, Freunde und Förderer. Red.: Hans-Jürgen Engels. Neuss: Quirinus-Gymnasium 2010, 100 S., Abb., Tab. [Schulzeitung]

Unser Quirinus[-]Gymnasium 48 (2011) / Hrsg.: Verein der Ehemaligen, Freunde und Förderer. Red.: Christiane Meis-Schrörs... Neuss: Quirinus-Gymnasium 2011, 76 S., Abb., Tab. [Schulzeitung]

Weiterführende Schulen in Neuss. Informationen zum Schuljahr 2010/2011 / Hrsg.: Stadt Neuss, Dezernat für Schule, Bildung und Kultur, Beigeordnete Christiane Zangs. Red.: Schulverwaltungsamt. Neuss: Stadt Neuss, Schulverwaltungsamt [2009] 71 S., Abb., graph. Darst., Kt., Tab. (Bildung in Neuss)

Weiterführende Schulen in Neuss. Informationen zum Schuljahr 2011/2012 / Hrsg.: Stadt Neuss, Dezernat für Schu-le, Bildung und Kultur, Beigeordnete Christiane Zangs. Red.: Schulverwaltungsamt. Neuss: Stadt Neuss, Schulverwaltungsamt [2010] 77 S., Abb., graph. Darst., Kt., Tab. (Bildung in Neuss)

09 Natur, Landschaft, Umwelt

Abts, Ulrich W.: Mediterrane Farnart wurde Neubürger der Stadt Krefeld. Ausbreitung des Schriftfarns (Asplenium ceterach L.) am Niederrhein. In: Der Niederrhein 79 (2012) 3, S. 105-109, Abb., Kt. [zur Neusser-Furth]

Der Botanische Garten Neuss stellt sich vor / Hrsg.: Botanischer Garten Neuss; Freunde und Förderer Botanischer Garten Neuss. Neuss: Botanischer Garten, Grünflächenamt; Freunde und Förderer Botanischer Garten 2010, 112 S., Abb., graph. Darst.,Tab.

Braun, Thomas; Stevens, Michael: Die Heuschreckenfauna von extensiv beweideten Flächen im Naturschutzgebiet „Wahler Berg, Hannepützheide und Martinsee" (Nordrhein-Westfalen). Bestand, Entwicklung und Naturschutzmaßnahmen – The grasshopper fauna of pasture areas with extensive sheep grazing in the nature reserve „Wahler Berg, Hannepützheide und Martinsee" (Northrhine-Westfalia). Species inventory, development and conservation measures. In: Entomologie heute 22 (2010) S. 41-53, Abb., Kt. [zu Dormagen]

Großmann, Günter; Waldmann, Georg: Den winterlichen Pilzen unserer Heimat auf der Spur. Erstnachweis des Buchen-Köpfchenträgers (Phleogena faginea) für den Rhein-Kreis Neuss. In: Jahrbuch für den Rhein-Kreis Neuss 2012 (2011) S. 204-213, Abb.

180°. Die Zeitung für alternative Energiekonzepte der Zukunft / Hrsg.: Philipp Siegers... Grevenbroich, Neuss 1 ff. 2009 ff.

Kern, Ulrich: Umgestaltung der Erft in der Kulturlandschaft, quo vadis? In: Symposium zu Historischen Wasserbauten im Kontext der Europäischen Wasserrahmenrichtlinie im Bereich der Region Köln-Bonn / Hrsg.: Mühlenverband Rhein-Erft-Rur, Rheinisches Mühlen-Dokumentationszentrum. Red.: Paul Demel... Bergheim (Erft): Mühlenverband 2011 (Mühlen links und rechts des Rheins 3) S. 45-52, Abb., Kt., graph. Darst.

Tillmanns, Oliver; Wolf, Norbert: Ergebnisse einer Graureiher-Umsiedlung (Ardea cinerea) in Grevenbroich (Rhein-Kreis Neuss) In: Charadrius 47 (2011) 1, S. 43-48, Abb.

Vogelsang, Rosemarie; Lutum, Reinhard: Joseph Clemens Weyhe (1807 – 1871). Ein rheinischer Gartenkünstler. Düsseldorf: Grupello 2011, 264 S., Abb., Kt., Tab. [zu Haus Meer; Meerbusch]

10 Architektur, Bauwesen

Brau, Heinz: Aktion Plakette Stadtbildpflege 2010. In: Novaesium 2011, S. 163-176., Abb.

Effmann, Wilhelm [Bearb.]: Die St.-Quirinus-Kirche zu Neuss. Unter Zugrundelegung der Restaurationspläne des Regierungsbaumeisters Julius Busch. Düsseldorf: Schwann 1890, 46 S., Abb., graph. Darst. Digitalisierte Ausg. Düsseldorf: Universitäts- und Landesbibliothek 2012

Fröhlich, Nadja: Tradition und Gegenwart vereint. Die Kirche St. Pius X. und ihre Pfarrbauten in Neuss. In: Denkmalpflege im Rheinland 29 (2012) 1, S. 16-19, Abb., Kt.

Heinen, Sigrun: Farbe im Innenraum rheinischer Burgen und Schlösser. Neue Befunde in Schloss Liedberg und Burg Engelsdorf. In: Jahrbuch der rheinischen Denkmalpflege 42 (2011) S. 291-295, Abb. [zu Korschenbroich]

Köhren-Jansen, Helmtrud: Der Blutturm an der Promenadenstraße in Neuss. Geschichte und Instandsetzung. In: Jahrbuch der rheinischen Denkmalpflege 42 (2011) S. 302-308, Abb.

Mehl, Jörg: Hängematte im Kutschenhaus. In: Mein Rheinland 2011, 2, S. 62-64, Abb. [zu Haus Schlickum in Korschenbroich; Im Inhaltsverzeichnis: Wohnen im Denkmal...]

Mein Bauverein. Mietermagazin der Neusser Bauverein AG. Neuss: Neusser Bauverein 2011 ff.

Wohnen am Neusser Rosengarten / Red.: Oliver Ingenhoven... Neuss: Ingenhoven & Ingenhoven 2009, 120 S., überw. Abb., graph. Darst.

11 Vereine, Verbände, Gewerkschaften, Parteien

100 bewegte Jahre. Büttgen VfR 1912 e. V. Mitten in Büttgen / Red.: Herbert Ahlert... Kaarst: Verein für Rasensport Büttgen 1912 (VfR Büttgen) 2012, 133 S., zahlr. Abb., graph. Darst., Tab. [zu Kaarst]

100 Jahre Männergesangverein Haideröschen Rosellerheide 1911 bis 2011 / Hrsg.: Männergesangverein Haideröschen. Neuss: Männergesangverein Haideröschen 2011, 158 S., Abb., Kt., Noten, Tab.

150 Jahre Bürgerschützenverein 1860 Neukirchen e. V. 1860 – 2010 / Hrsg.: Bürgerschützenverein. Red.: Johannes Kreuels. Grevenbroich: Bürgerschützenverein 2010, 248 S., Abb., Noten, Tab.

[Musikverein „Frohsinn" Norf 1926 e.V.:] Volkstümliche Neusser Schützenklänge VI. Musikalische Leitung: Günter Steinfort. Unter Mitwirkung des Tambourcorps „Deutschmeister Köln" 1951 Roggendorft/Thenhoven: Nova Records 2011, 1 CD

Neußer Bürger Schützenfest. Das offizielle Programmheft. 27. August bis 31. August 2010 / Hrsg.: Neusser Bürger-Schützen-Verein. Neuss: Bürger-Schützen-Verein 2010, 257 S., zahlr. Abb., Kt., Tab.

Neußer Bürger Schützenfest. Das offizielle Programmheft. 26. bis 30.08.2011 / Hrsg.: Neusser Bürger-Schützen-Verein. Neuss: Bürger-Schützen-Verein 2011, 258 S., zahlr. Abb., Tab.

Neußer Bürger Schützenfest. Das offizielle Programm 2012. / Hrsg.: h1 communication hillen werbeagentur. Neuss: h1 2012, 240 S., zahlr. Abb., Tab.

Spies, Britta: Anders als erwartet: Der Fakkelzug des Neusser Bürger-Schützen-Vereins In: Die Macht der Dinge. Symbolische Kommunikation und kulturelles Handeln. Festschrift für Ruth E. Mohrmann / Hrsg.: Andreas Hartmann... Münster [u.a.]: Waxmann 2011 (Beiträge zur Volkskultur in Nordwestdeutschland 116) S. 531-542, Abb.

Spies, Britta: „Es lebe das Jubiläumsschützenfest". Die Jubiläumsfeiern des Neusser Bürger-Schützen-Vereins bis zum Zweiten Weltkrieg. In: Archiv und Erinnerung im Rhein-Kreis Neuss... S. 341-354, Abb.

Von Freunden, Heimat, Tradition. Drei Neusser und ihr Schützenfest. Ein Film von Dagmar Hänel, Wolfgang Jung und Gisela Weiß / Hrsg.: Stiftung Rheinisches Schützenmuseum Neuss. [Neuss: Rheinisches Schützenmuseum 2010] 1 DVD [Dokumentarfilm über das Neusser Schützenfest mit Joseph Lange u.a.]

12 Religion, Kirche, Weltanschauung

Blömer, Alfred: Der Fall des Thönis Wirts aus Priesterath um 1699/1700 im II. Konsistorialbuch der Reformierten Gemeinde Jüchen 2012. In: Mitteilungen der Westdeutschen Gesellschaft für Familienkunde 45 = Jg. 100 (2012) 5, S. 133-137 [zu Jüchen]

Chorjubiläum 125 Jahre St.-Andreas-Chor Neuss[-]Norf 1887 bis 2012 / Red.: Manfred Berdel... Neuss: St.-Andreas-Kirche 2011, 49 S., zahlr. Abb.

Führung durch St. Stephanus, Elsen / [Hrsg.:] Verein der Freunde und Förderer der Pfarrgemeinde St. Stephanus, Elsen. Text: Dieter Schlangen. Grevenbroich: Verein der Freunde und Förderer von St. Stephanus [2011] 24 S., zahlr. Abb.

Hoesch, K. W.: Geschichte der evangelisch-reformirten Gemeine [sic!] Kelzenberg. Jüchen: Hoesch [1858] 106 S. Digitalisierte Ausg. Düsseldorf: Universitäts- und Landesbibliothek 2011 [zu Jüchen]

Hoevels, Dieter: Hl. Dreikönige Neuss 1911 – 2011 / [Hrsg.: Kath. Kirchengemeinde Hl. Dreikönige. Red.: Dieter Hoevels]. Neuss: Pfarrei Hl. Dreikönige 2011, 118 S., zahlr. Abb.

Jehle, Gunnar: Sonntagsschutz light? Wie viele verkaufsoffene Sonntage soll es in einer Stadt geben?... In: Chrismon plus Rheinland, Beilage Kompakt 2011, 7, S. VI-VII, Abb.

Krein, H[ubert] P[eter]: Salvator-Büchlein, oder Anleitung, den Weltheiland in seinem Gnadenbilde zu Nievenheim andächtig zu verehren... Neuß: Schwann 1853, 20, 171 S. Digitalisierte Ausg. Düsseldorf: Universitäts- und Landesbibliothek 2011

Kunze, Mike: Das Pastoral-Jahrbuch des Pfarrers Wilhelm Jacobs (1720 – 1798) aus Lank. Meerbusch: Heimatkreis Lank 2010, 224 S., Abb., graph. Darst., Kt., Tab. (Im Rheinbogen 16)

Löhr, Wolfgang: Im Vertrauen auf Gottes Barmherzigkeit. Das Testament der Adolpha von Reuschenberg, Äbtissin des Stifts Süsteren. In: Archiv und Erinnerung im Rhein-Kreis Neuss... S. 197-210, Abb., Kt.

Martinusbote. Festausgabe 2010. St. Martinus feiert! [Neuss 2010] 23 ungez. Bl., Abb., graph. Darst., Tab. [zu Neuss-Uedesheim]

Reschke, Michael: „Als lebendige Steine lasset euch aufbauen zu einem geistigen Tempel". Ein Beitrag zur Gemeindegeschichte St. Josef Grevenbroich-Südstadt. In: Archiv und Erinnerung im Rhein-Kreis Neuss... S. 257-264, Abb.

Roehmer, Marion: Hier Zons, hier Bürgel. Zur Frage des gegenseitigen Abhängigkeitsverhältnisses der Kirchen von Zons und Bürgel im Mittelalter. In: Archiv und Erinnerung im Rhein-Kreis Neuss... S. 283-290, Abb., graph. Darst.

Schavan, Annette: Gott ist größer, als wir glauben. Visionen für Kirche und Welt. Leipzig: St. Benno 2010, 112 S., Abb. [Texte der Jüchener Autorin]

Schlangen, Dieter: Die Kath. Kirche St. Stephanus. Ein Elsener Kleinod und ihre besondere Verbindung zum „Deutschen Orden St. Mariens zu Jerusalem". In: Archiv und Erinnerung im Rhein-Kreis Neuss... S. 307-321, Abb. [zu Grevenbroich]

Schulte, Cornelia: Die Wallfahrtskirche St. Mariä Geburt in Grevenbroich-Noithausen (Baujahr 1930). Ein früher moderner Sakralbau im Geiste der „Liturgischen Bewegung". In: Archiv und Erinnerung im Rhein-Kreis Neuss... S. 331-340, Abb., Kt.

Siepe, Elmar: Mysterium fidei. Die Pfarrkirche Heilige Dreikönige in Neuss als „Wohnung Gottes". In: Rheinische Heimatpflege 48 (2011) 4, S. 263-284, Abb., Kt.

Vollständiges St. Quirinus-Jubiläums-Pilger-Büchelchen. Enthält die Geschichte der Bekehrung und des Märterthums des heiligen Quirinis... Düsseldorf: Engels & Lensch 1850, 32 S. Digitalisierte Ausg. Düsseldorf: Universitäts- und Landesbibliothek 2011

Vossen, Egon W.: 100 Jahre Katholische Frauengemeinschaft Deutschlands an St. Aldegundis Büttgen 1911 – 2011. Büttgen: Pfarrei St. Aldegundis 2011, 54 S., Abb. [Umschlagtitel: ...Deutschlands St. Aldegundis...]

13 Kunst, Kultur, Theater

Alke Reeh. Anläßlich der Ausstellung Alke Reeh im Kulturforum Alte Post, Städtische Galerie Neuss [vom 13. März bis 17. April 2011] / Text: Barbara J. Scheuermann. Neuss: Kulturforum Alte Post 2011, 12 ungez. Bl., zahlr. Abb.

Alpensterne. A flotte Musi. Neuss: Alpensterne 2011, 1 CD [Neusser Musiker]

Alpensterne. Auf dem Sternenweg nach Santiago de Compostela. Neuss: Alpensterne 2009, 1 DVD [Neusser Musiker]

Alpensterne spiel'n heut auf. Neuss: Alpensterne 2010, 1 CD [Neusser Musiker]

Aristide Maillol & Maurice Denis. Eine Künstlerfreundschaft / Hrsg.: Bettina Zemann, im Auftrag der Stadt Neuss; Vorwort: Uta Husmeier-Schirlitz [anlässlich der Ausstellung Aristide Maillol & Maurice Denis... vom 18. September 2011 bis 8. Januar 2012 im Clemens-Sels-Museum Neuss] Bönen: Kettler 2011, 159 S., zahlr. Abb.

Auf Künstler[-]Pfaden. Eine Kunstreise durch Grevenbroich / Hrsg.: Stattblatt Verlag. Red.: Katrin Kirchgässner. Grevenbroich: Stattblatt Verlag [2010] 35 S., zahlr. Abb., Kt.

Barbara Koch. Sweet poison. Wall-objects und installations – Süsses Gift. Wandobjekte und Installationen [anlässlich der Ausstellung in der Städtischen Galerie Kaarst, Rathaus Büttgen, vom 9. Oktober – 6. November 2011]. Bönen: Kettler 2011, 103 S., überw. Abb. [Text in dt. u. engl. Sprache]

Berdid, Hamdi: Funk la Society. Ein Hip-Hop-Portrait / Hrsg: Stadt Neuss, Kulturamt. Neuss: Kulturamt 2012, 50 S., überw. Abb.

Berndt, Jacqueline: Schnittstellen. Die Ausstellung Visual Stories. Japans Bilder erzählen aus Mangasicht. In: Visual stories... S. 22-30

Borquez, Fabio: Erotic wonderland. Oetwil am See: Skylight 2011 [160] S. [Text dt. und engl.; Neusser Fotograf]

Classica espanola. Niederrhein Musikfestival / Hrsg.: Rhein-Kreis Neuss, Presse- und Öffentlichkeitsarbeit. Neuss: Rhein-Kreis Neuss 2011, 1 CD [erschien auch: Detmold: Musikproduktion Dabringhaus und Grimm]

Dering, Richard: Duo Seraphim. 2 Baritons... / Hrsg., Arr.: Bruno Antonio Buike. Neuss: Buike 2011, 9 S. (Buike music and science) Beil.: 1 CD

Dering, Richard: Duo Seraphim. 2 female soprano / Hrsg., Arr.: Bruno Antonio Buike. Neuss: Buike 2011, 9 S. (Buike music and science) Beil.: 1 CD

Dietsch, Helmut: Das „Internationale Phono+Radio-Museum Dormagen am Rhein". In: Jahrbuch für den Rhein-Kreis Neuss 2012 (2011) S. S. 224-233, Abb.

Dudas, Lajos: 50 years with jazzclarinet. The Best of Lajos Dudas. Düsseldorf: Jazzsick 2011, 2 CDs [Neusser Musiker]

Feld-Haus. Museum für populäre Druckgrafik. In: Vernissage. Ausstellungen 1/2010, S. 30-39, zahlr. Abb.

Gerresheim, Bert: Oostender Stundenbuch. Auch eine Apokalypse. 66 Vexierbilder. Mönchengladbach: Kühlen 2011, 152 S., überw. Abb. [zur Schenkung der Originale aus dem Stundenbuch an das Clemens-Sels-Museum]

Gilliam, Helmut: Die Altarreste der alten Marienkirche. In: Novaesium 2011, S. 271-276, Abb.

Gondorf, Ulrike: Neusser Welttheater. Das Shakespeare-Festival in Neuss bietet unterhaltsames Welttheater. Damit hat es in den letzten Jahren ein immer deutlicheres Profil entwickelt. In: Die deutsche Bühne 82 (2011) 9, S. 12-13, Abb.

Graun, Karl Heinrich: Montezuma. Oper in drei Akten [complete recording] / Carl

Heinrich Graun. Libretto: Friedrich II „Der Große", König von Preußen. Vienna: Capricio; Köln: Westdeutscher Rundfunk 2011, 2 CDs. Beil.: Beih. (mit Libretto in ital. und dt.). Text des Beih. in dt., engl. und franz. Sprache. Interpreten: Encarnacion Vazquez, Montezuma... Kammerchor Cantica Nova. Markus Mostert, Einstudierung. Deutsche Kammerakademie. Johannes Goritzki, Dirigent. Aufn.: Köln, Gürzenich 01.–05.06.1992

Grimm, Gerald Volker: Bilddrucke aus Neuss. Die ältesten bekannten Pfeifentonfiguren am Niederrhein. In: Novaesium 2011, S. 259-270, Abb.

Grosche, Jürgen: Shakespeare in vielen Facetten. In: Mein Rheinland 2011, 3, S. 93, Abb. [zum Shakespeare-Festival in Neuss]

Grosse-Brockhoff, Hans-Heinrich: Welch ein gelungenes Leben! Hommage an „Dottoressa" Irmgard Feldhaus in: Von Ensor bis Matisse... S. 9-11

Habel, Martin: Ein Geschenk mit Folgen. Günther Rabe und seine Sammlung im Clemens-Sels-Museum. In: Novaesium 2011, S. 284-288, Abb.

Hagenberg, Helfried: Buchskulpturen / Book sculptures / Mit Textbeitr. von Martina Dobbe... Hrsg.: Wolfgang Wittrock. Ostfildern: Hatje Cantz 2011, 207 S., überw. Abb. [Text in dt. und engl. Sprache; Meerbuscher Künstler]

Heimat Neuss. Kunst- und Kultu[r]förderung in der multi-ethnischen Gesellschaft. Handlungsmaximen der Interkultur / Hrsg.: Stadt Neuss, Kulturamt. Neuss: Kulturamt [2012] 72 S., Abb. [Umschlagtitel: Konzept Interkultur Neuss; Interkulturkonzepte der Neusser Kulturinstitute]

Heiser, Christiane: Wandbilder ohne Wand. Johan Thorn Prikker und Heinrich Campendonk malen den heiligen Julian. In: Novaesium 2011, S. 109-126, Abb. [zu Neuss]

Herzklopfen / Regie: Christopher Sassenrath. Neuss: Neusser Filmstudios 2012, 1 DVD

Holzschnitte und andere grafische Arbeiten von Juan Collantes, Hannes Esser, Michael Falkenstein, Martin Lersch, A. R. Penck, Lukas Weiß, Uta Zaumseil / Text: Brigitte Splettstößer. Kaarst: Galerie Splettstößer [2011] 42 S., überw. Abb.

Hommage an Marianne Langen [anlässlich der Ausstellung Hommage an Marianne Langen. Langen Foundation 20. November 2011 bis Dezember 2012] / Hrsg.: Sabine Langen-Crasemann... Neuss: Langen Foundation 2011, 144 S., zahlr. Abb. [2. Aufl. ebd. 2012]

Horst Hahn. Small Business [... anlässlich der Einzelausstellung vom 28. Juli bis 21. August 2011 im Kulturzentrum Sinsteden... Rommerskirchen-Sinsteden] / Red.: Jens Peter Koerver. Oberhausen: Walter Perspektiven 2011, 63 S., überw. Abb.

In den Händen von Morpheus. Ein kulturelles Schulprojekt in Neuss mit Fabio Borquez / [Hrsg.:] Stadt Neuss, Kulturamt. Neuss: Stadt Neuss Kulturamt [2011] ca. 40 ungez. S., überw. Abb.

Jäger der verlorenen Geschichte [anlässlich einer gleichnamigen Ausstellung... vom 6. Mai bis 19. August 2012 im Clemens-Sels-Museum] / Hrsg.: Carl Pause. Neuss: Clemens-Sels-Museum 2012, 55 S., Abb. [die Beiträge dieses Sammelbandes wurden einzeln verzeichnet]

Jan Albers [anlässlich der Ausstellung „Jan Albers. parcOurs mOrtale", Langen Foundation, 15. April – 24. Juni 2012] / [Hrsg.: Christiane Maria Schneider. Texte Kay Heymer...] Berlin: Distanz 2012, 189 S., überw. Abb. [Text dt. und engl.]

Kaminski, Heinrich: Werke für Streichorchester. Deutsche Kammerakademie Neuss. Dir.: Lavard Skou-Larsen. Georgsmarienhütte: cpo 2012, 1 CD

Katharina Hinsberg. spatien 01.07.2011 – 24.10.2011 / Hrsg.: Museum DKM. Text: Heike Baare. Duisburg: Stiftung DKM 2011 [14] Bl., Abb. [Text dt. und engl.; Künstlerin auf der Raketenstation Hombroich]

Klopschinski, Nina: Jetzt und Hier. Dätgen: Baltic Music 2009, 1 CD [Korschenbroicher Musikerin]

Kütter, Jochen: Ein vergessener Hortfund aus der Neusser Frühzeit. In: Jäger der verlorenen Geschichte... S. 47-54, Abb. [zum Münzbestand des Clemens-Sels-Museums]

Langenberg, Martin: „Immer unvollendet, jederzeit fertig". Max Slevogts Radierungen zur Passion Christi. In: Novaesium 2011, S. 127-140, Abb. [im Inhaltsverzeichnis: ...immer vollendet...]

Ludewig, Thomas: Weihnachtliches auf Papier. Populäre Druckgrafik rund um das Fest von Christi Geburt aus drei Jahrhunderten. Aus der Schenkung von Dr. Irmgard Feldhaus und dem Clemens-Sels-Museum. Studioausstellung vom 28. November 2010 bis 30. Januar 2011 im Feld-Haus. Museum für Populäre Druckgraphik / Hrsg.: Thomas Ludewig. Texte: Heike Sondermann... Neuss: Clemens-Sels-Museum 2010, 37 S. [Spiralbindung]

Ludewig, Thomas: Wenn man sich nicht beeilt, ... die noch erhaltenen Ueberreste zu erforschen... Die Altertumsvereine und die frühe Museumsgründung im Jahr 1845 in Neuss im Kontext bildungsbürgerlicher und nationaler Bestrebungen. In: Jäger der verlorenen Geschichte... S. 23-32, Abb.

Lüdecke, Frank: Die Kunst des Nehmens. Politisches Kabarett. Live aus dem Forum Wasserturm, Meerbusch am 8.9.2011. [Düsseldorf]: Con-Anima; [Erding]: Hörsturz Booksound 2011, 1 CD

Martin Mele. Das Archiv im Wurm – El archivo en la polilla – The archive in the worm [anlässlich der Ausstellung Martin Mele... im Kulturforum Alte Post vom 31. Oktober bis 21. November 2010] / Hrsg.: Galerie Mark Müller, Zürich. Nürnberg: Verlag für Moderne Kunst 2011, 127 S., zahlr. Abb.

Müntnich, Friedel: Ich sprech' kölsch. 20 Titel aus über 40 Jahren Musik. Neuss: Novesia Musikvertrieb [2010] 1 CD [Neusser Musiker]

Neusser Denkmäler. Denkmäler, Brunnen und Blickfänge in Neuss nach einer Dokumentation von Jürgen Heß / Hrsg.: Vereinigung der Heimatfreunde Neuss. Stand: 20. Juli 2011. Aachen: Hüsch & Hüsch 2011 [Loseblattsammlung, ca. 500 ungez. Bl.]

Pause, Carl: Heydenkeller und Alterthümer. Frühe archäologische Entdeckungen und die Anfänge des Museumswesens in Neuss. In: Jäger der verlorenen Geschichte... S. 7-21, Abb.

Pfeiffer, Hans-Joachim: Die römischen Münzen aus Markianopolis. Sammlung H.-J. Pfeiffer. Kaarst: Pfeiffer 2010, 228 S., zahlr. Abb.

Riemann, Angelika: Architekturzeichner und Jugendstilentwerfer. Eine unbekannte Seite von Hugo Leven (1874 – 1956). In: Archiv und Erinnerung im Rhein-Kreis Neuss... S. 265-273, Abb.

Roemer, Werner: Zwei neue Werke von Bert Gerresheim. In: Das Münster 64 (2011) 4, S. 300-302, Abb. [zu Zons]

Ruf, Friedhelm: Blick in die Seele der Stadt. Hermann Coßmann, ein Neusser Maler und Grafiker. Neuss: Vereinigung der Heimatfreunde Neuss 2011, 186 S., zahlr. Abb.

Sandhagen, Ruth: Lieder der Vergänglichkeit. House Master Records 2008, 1 CD [Dormagener Musikerin]

Schaulust und Spiellust. Die kleine große Welt des Papiertheaters. Eine Ausstellung des Clemens-Sels-Museums Neuss in Zusammenarbeit mit der Papiertheatersammlung Christian Reuter. Begleitpublikation zur gleichnamigen Ausstellung im Clemens-Sels-Museum Neuss sowie im Feld-Haus. Museum für populäre Druckgrafik 20. Februar bis 25. April 2011 / Hrsg.: Thomas Ludewig. Neuss: Clemens-Sels-Museum 2011, 63 S., zahlr. Abb.

Schepping, Wilhelm: 60 Jahre Zeughaus Konzerte Neuss. Neuss: Kulturamt 2011, 160 S., Abb. [Nachdruck anlässlich des 80. Geburtstages von Wilhelm Schepping am 17. Dezember 2011; erschien ursprünglich in: Novaesium 2009, S. 221-271; ebd. 2010, S. 233-275; ebd. 2011, S. 177-234]

Schepping, Wilhelm: 60 Jahre Zeughauskonzerte Neuss. Teil. 3: Die ersten 25 Jahre der Ära Rainer Wiertz (1984/85 – 2009/10). In: Novaesium 2011, S. 177-234, Abb. [Teil 1 ebd. 2009, S. 221-271; Teil 2 ebd. 2010, S. 233-275]

Schepping, Wilhelm; Pitzen, Jutta: Zum 100. Geburtstag von Ernst Klusen (1909 – 1988). Volksmusikforscher, Musikpädagoge, Komponist. Viersen: Verein für Heimatpflege 2010, 108 S., Abb., Noten, Tab. (Viersen. Beiträge zur einer Stadt 36) [Professor an der Pädagogischen Hochschule Neuss]

Schneider, Christiane Maria: Visual stories. Japans Bilder erzählen. Bemerkungen zur Ausstellung. In: Visual stories... S. 2-13, Abb.

Schwarz, Manfred: Lasset die Kindlein zu mir kommen. In: Novaesium 2011, S. 11-17 [zum Clemens-Sels-Museum]

Schweizer, Anton: Erzählen in Bildern. Japanische Hänge- und Querrollen. In: Visual stories... S. 14-21, Abb.

Schwelm, Hannes: Der Hunger in den Zeiten des Rokoko. Kerpen: Railroad Tracks 2005, 1 CD [Neusser Künstler]

36. Herbstausstellung Kaarster Künstler. Dokumentation 2010 [anlässlich der Ausstellung vom 28.11.2010 – 16.01. 2011] / Konzept: Horst F. Rumpel. Kaarst: Kaarster Künstler 2010, 45 S., zahlr. Abb.

Sels, Julian: Pauline Sels und ihr eigenwilliges Vermächtnis. In: Jäger der verlorenen Geschichte... S. 39-45, Abb.

Shakespeare-Festival im Globe Neuss. 17. Juni bis 16. Juli 2011. Neuss: Stadt Neuss 2011 [20] Bl., Abb.

Shakespeare-Festival im Globe Neuss. 7. Juni bis 7. Juli 2012. Neuss: Stadt Neuss 2012 [20] Bl., Abb.

37. Herbstausstellung Kaarster Künstler. Dokumentation 2011 [anlässlich der Ausstellung vom 27.11.2011 – 15.01. 2012] / Konzept: Horst F. Rumpel.

Kaarst: Kaarster Künstler 2011, 42 S., zahlr. Abb.

Singen mit Ritter Rost. Das fabel-fantastische Liederbuch. Bearb.: Felix Janosa, Holger Müller. Abb.: Jörg Hilbert. München: Terzio, Möllers & Bellinghausen 2011, 29 S., zahlr. Abb., mit CD [zum Projekt „Jedem Kind seine Stimme" Neuss]

Spannungsfelder zwischen Industrie und romanischen Bögen. Das Festival alte Musik Knechtsteden, die Rheinische Kantorei und das Kleine Konzert. Eine Geschichte mit drei Jubiläen / Hrsg.: Barbara Schwendowius... Dormagen: Verein Festliche Tage Alter Musik 2011, 201 S., zahlr. Abb.

Stadel, Stefanie: Kleiner Eremit. Xiaobai Su in der Neusser Langen-Foundation. In: K.West 2010, 2, S. 8-9, Abb.

Stadel, Stefanie: Missgestalten schwüler Sommertage. Die Langen Foundation in Neuss zeigt, dass Manga und Anime eine jahrhundertealte Vorgeschichte besitzen... In: K.West 2011, 9, S. 47-49, Abb. [zur Ausstellung in der Langen Foundation]

Stadt Neuss. Jahresbericht Kultur 2010. Kultur. Neugier und Erfahrung / Hrsg.: Stadt Neuss, Dezernat für Schule, Bildung und Kultur, Beigeordnete Christiane Zangs... Neuss: Stadt Neuss, Dezernat für Schule, Bildung und Kultur 2010, 71 S., Abb., Tab. [Jahresberichte der Kulturinstitute der Stadt].

Stadt Neuss. Jahresbericht Kultur 2011. Kultur. Augenblick und Ewigkeit / Hrsg.: Stadt Neuss, Dezernat für Schule, Bildung und Kultur, Beigeordnete Christiane Zangs... Neuss: Stadt Neuss, Dezernat für Schule, Bildung und Kultur 2012, 70 S., Abb., Tab. [Jahresberichte der Kulturinstitute der Stadt].

Stefanie Suchy. Fensterplatz. Publikation zur Ausstellung von Stefanie Suchy. Fensterplatz. 19.06. – 10.07. 2011 im Kulturforum Alte Post / Hrsg.: Kulturforum Alte Post. Neuss: Kulturforum Alte Post 2011, ca. 18 ungez. Bl., überw. Abb.

Systemanalyse – Systems Analysis. Liz Deschenes; Wade Guyton; Eileen Quinlan; Blake Rayne; Reena Spaulings; Cheney Thompson [anlässlich der Ausstellung ... in der Langen Foundation 14.02.2011 – 08.05.2011] / Hrsg.: Christiane Maria Schneider. Neuss: Langen Foundation 2011, 70 S., überw. Abb.

Uebe, Eva: Die kultivierte Heimlichkeit. Freundschafts- und Glückwunschkarten aus der Sammlung Irmgard Feldhaus. In: Novaesium 2011, S. 241-258, Abb. [im Inhaltsverzeichnis: ...Sammlung Feldhaus...]

Visual stories. Japans Bilder erzählen. Bildrollen, Manga, Anime. Langen Foundation 16.07.2011 – 06.11.2011 [anlässlich der Ausstellung Visual Stories... 16.07. – 06.11.2011] / Hrsg.: Christiane Maria Schneider. Neuss: Langen Foundation 2011, 32 S., Abb. [die Beiträge dieses Sammelbandes wurden einzeln verzeichnet]

Vogical: Unlimited. Neuss: Vogical 2011, 1 CD [Musik der Neusser Künstlerin Beate Thiele-Hecker]

Von Ensor bis Matisse. Hommage an Irmgard Feldhaus (1920 – 2010) [anlässlich der Ausstellung „Von Ensor bis Matisse..." vom 20. Mai bis 14. August 2011 im Clemens-Sels-Museum Neuss] / Hrsg.: Uta Husmeier-Schirlitz. Neuss: Clemens-Sels-Museum 2011, 143 S., zahlr. Abb.

Vorhang auf! Die kleine große Welt der Papiertheaterbogen. Aus den Sammlungen Dr. Irmgard Feldhaus und Christian Reuter. Studioausstellung vom 27. Februar bis 16. Oktober 2011, Feld-Haus. Museum für Populäre Druckgrafik, Dependance des Clemens-Sels-Museums Neuss / Hrsg.: Thomas Ludewig. Neuss: Clemens-Sels-Museum 2011, 26 Bl. [Spiralbindung]

Wahlverwandtschaften um 1900. Katagami. Abbild, Vorbild, Inspiration [anlässlich der Ausstellung Wahlverwandtschaften um 1900... 8. Mai bis 28. August 2011] / Hrsg.: Museum Zons. Dormagen: Museum Zons 2011, 48 S., überw. Abb.

Wegert, Andreas: Constantin Koenen. Ein Leben für die Archäologie. In: Jäger der verlorenen Geschichte... S. 33-38, Abb.

Weyand, Lisa: Der Kunsthandwerker Ferdinand Hachenberg und seine Arbeiten im Rhein-Kreis Neuss. In: Jahrbuch für den Rhein-Kreis Neuss 2012 (2011) S. 194-203, Abb.

Wiemer, Karl Peter: Auf Schirmers Spuren im Rheinland [anlässlich des gemeinsamen Ausstellungsprojektes 2010 „Vom Rheinland in die Welt. Johann Wilhelm Schirmer"] / Hrsg.: Rheinischer Verein für Denkmalpflege und Landschaftsschutz. Red.: Karl Peter Wiemer. Neuss: Neusser Druckerei und Verlag 2010, 59 S., zahlr. Abb., Kt. (Rheinische Kunststätten 511)

Wierschowski, Myriam: Das Glasfester und die Idee des sakralen Gesamtkunstwerks als Impuls der Moderne. Das Katholische Gesellenhaus und die Dreikönigenkirche in Neuss. In: Johan Thorn Prikker. Mit allen Regeln der Kunst. Vom Jugendstil zur Abstraktion [anlässlich der Ausstellung Johan

Thorn Prikker. De Jugendstil voorbij... im Museum Boijmans Van Beuningen, Rotterdam 13. November 2010 bis 13. Februar 2011...] / Hrsg.: Christiane Heiser... Rotterdam: Museum Boijmans Van Beuningen; Düsseldorf: museum kunst palast 2010 S. 146-167, zahlr. Abb. [Katalog erschien auch auf Niederländisch]

Wolf, Michael: Gedanken zu einem Jüchener Holocaust-Mahnmal. In: Ausgegrenzt. Ausgeliefert. Ausgelöscht. Überlebt?... S. 26-27, Abb.

Wunsch und Erfüllung. Weihnachtliche Kinderträume aus Papier. Aus der Schenkung von Dr. Irmgard Feldhaus und dem Clemens-Sels-Museum. Studioausstellung vom 6. November 2011 bis 8. Januar 2012 im Feld-Haus. Museum für populäre Druckgrafik / Hrsg.: Thomas Ludewig. Neuss: Clemens-Sels-Museum 2011, 35 S.

Zeman, Bettina: Aristide Maillol & Maurice Denis. Eine Künstlerfreundschaft. Zu einer Ausstellung im Clemens-Sels-Museum Neuss. In: Novaesium 2011, S. 103-108, Abb.

14 Buch, Bibliothek, Publizistik

Edel. Das besondere Magazin. Düsseldorf: Rheinische Post Verlagsgesellschaft 1 ff. 2011 ff. [Lifestyle-Magazin zum Rhein-Kreis Neuss; früher u. d. T.: D-Luxe; erscheint 2 mal jährlich]

Hebben, Ursel: Die Stadtbibliothek Neuss initiiert erstmalig „Eine Stadt liest ein Buch". In: ProLibris 16 (2011) S. 34-36, Abb.

Hoffmann, Paul; Rameil, Robert: Neuerscheinungen zur Stadt Meerbusch und der Region 2011. In: Meerbuscher Geschichtshefte 28 (2011) S. 173-176

Janssens, Marcus: Bestandserhaltung in kommunalen Archiven. Möglichkeiten und Wege zur Optimierung der Lagerung von Archivgut am Beispiel des Stadtarchivs Neuss. In: Archivpflege in Westfalen-Lippe 74 (2011) S. 23-28, Abb.

Kallus, Marion; Müller-Jerina, Alwin: Neuerscheinungen zum Rhein-Kreis Neuss 2010/2011. In: Jahrbuch für den Rhein-Kreis Neuss 2012 (2011) S. 286-306

Kallus, Marion; Müller-Jerina, Alwin: Neuerscheinungen zur Stadt Neuss 2011. In: Novaesium 2011, S. 335-342 [im Inhaltsverzeichnis: S. 337-342]

Lonnes, Tillmann: Die Aufgaben und die Stellung eines Archivars in einer modernen Kreisverwaltung. In: Archiv und Erinnerung im Rhein-Kreis Neuss... S. 34-36

Müller, Eva: Das B-Team. Der Jungenbuchclub der Stadtbibliothek Neuss. In: ProLibris 16 (2011) 3, S. 134-135, Abb.

Pricking, Beate [Bearb.]: Bibliographie Dr. Karl Emsbach. In: Archiv und Erinnerung im Rhein-Kreis Neuss... S. 37-42

Die Stadtbibliothek Neuss. In: Kinder, Kinder. Das Magazin für Leute mit Kindern! November/Dezember 2011, S. 12-13

Vita Dr. Karl Emsbach. In: Archiv und Erinnerung im Rhein-Kreis Neuss... S. 9-10

15 Belletristik

Adventsgeschichten für die Ohren. St. Andreas Schule 2010 / [Kinder der St. Andreas Schule]. Neuss: Rhein-Kreis Neuss, Medienzentrum 2010, 1 CD

Bachér, Ingrid: Die Grube. Roman. Dittrich 2011, 173 S. [zum Braunkohletagebau Garzweiler]

Balzer, Alexander: Heldengesang. Fantasy Stories. Weikersheim: Crago 2006, 25 S., Abb. (Edition Heikamp 18) [Grevenbroicher Autorin]

Bartoli y Eckert, Petra: „Wozu soll ich denn noch leben?" Mülheim a. d. R.: Verlag an der Ruhr 2010, 67 S. (K.L.A.R.- Literaturkartei) [Unterrichtsmaterial zu Kaster, Armin: Wozu soll ich denn noch leben? Mülheim a. d. R.: Verlag an der Ruhr 2010]

Bloch, Roswitha: Kleiner Delfin Gwendolin. Erzählung für Kinder. Weikersheim: Crago 2006, 15 S., Abb. (Edition Heikamp 17) [Rommerskirchener Autorin]

Blum, Johannes [u.a.]: Vier Tage im August. Ein Kriminalroman. [Neuss:] Autorenkollektiv Fiele-Luntig 2008, 185 S. [erschienen anläßlich der Beratungen über die Haushaltskonsolidierungen beim Rheinischen Landestheater Neuss und beim Theater am Schlachthof Neuss 2006 ff.; enthält Beiträge von Johannes Blum, Heribert Brinkmann, Jürgen Eick, Dagmar Kann-Coomann, Martin Maier-Bode, Jens Neutag, Bernd Plöger, Ulrike Schanko, Jürgen Seidel, Jens Spörckmann]

Bohn, Dieter: Navirus. Dormagen: Bohn 2010, 1 CD [Hörbuch; Dormagener Autor]

Buike, Bruno: Die Fabel von den 4 Ringen und andere Ungereimtheiten. Close-Reading-Analyse von Lessings Ringparabel im Nathan. Neuss: Buike 2010, 47 S. [Neusser Autor]

Buike, Bruno: Ringe. Die 3 Ringe. Enzyklopädischer Artikel – Ring. The 3 rings.

Neuss: Buike 2010, 50 S. [Text in dt., engl., franz. und span. Sprache; Neusser Autor]

Burri-Bayer, Hildegard: Die Sühnetochter. Historischer Roman. München: Blanvalet 2011, 542 S. [Kaarster Autorin]

Döhlings, Christina: Hexenwahn. Ein Krimi aus dem Mittelalter. Köln: emons 2009, 288 S., Kt. [Neusser Autorin; Siegerin des Wettbewerbs „Historischer Neuss-Krimi"]

Döhlings, Christina: Wolfswinter. Ein Krimi aus dem Mittelalter. Köln: Emons 2012, 287 S., Abb. (Ein Krimi aus dem Mittelalter; Emons Kriminalroman) [spielt in Neuss; Neusser Autorin]

Filz, Sylvia; Konopatzki, Sigrid: Bürozicken. Roman. Berlin: aavaa-verlag 2011, 397 S. [Großdruck; Rommerskirchener Autorinnen]

Filz, Sylvia; Konopatzki, Sigrid: Ohne (m)ein Eis sage ich nix! Filz. Norderstedt: Books on Demand 2010, 175 S. [Rommerskirchener Autorinnen]

Filz, Sylvia: Überraschung, mein Schatz! Norderstedt: Books on demand 2009, 159 S. [Dormagener Autorin]

Franzen, Siegfried: Ein gutes Stück weiter. Neue Gedichte. Mit Linoldrucken von Margrit Franzen-Remmert. Aachen: Shaker 2010 [Neusser Autor]

Gemüsegeschichten. St. Andreas Schule 2011 / Renate Kaiser [und Kinder der St. Andreas Schule]. Neuss: Rhein-Kreis Neuss, Medienzentrum 2011, 1 CD

Gilges, Heinz: einfach märchenhaft. Heinz Gilges erzählt auf seine Art Grimms Märchen in und um Neuss. Neuss: Vereinigung der Heimatfreunde [2010] 1 CD

Heikamp, Henry: Weisser Staub. Poetische Geschichten. Weikersheim: Crago 2006, 21 S., Abb. (Edition Heikamp 15) [Rommerskirchener Autor]

Heikamp, J. Heinrich: Der Wind wirft deinen Namen. Frühe Gedichte. 3. Aufl. Weikersheim: Crago 2006, 38 S., Abb. (Edition Heikamp 11) [1. Aufl. 1984; 2. Aufl. 1985; Rommerskirchener Autor]

Henke, Sandra: Alphavampir. Diedorf: Ubooks 2011, 315 S. (Alpha-Reihe 2) [Neusser Autorin]

Henke, Sandra: Alphawolf. Ein erotischer Werwolf-Roman. Diedorf: Ubooks 2009, 279 S. [2. Aufl. ebd. 2010; Alpha-Reihe 1; Neusser Autorin]

Henke, Sandra: Fatale Sinnlichkeit. Erotische Horrorgeschichten. Weikersheim: Crago 2006, 13 S. (Edition Heikamp 12) [Neusser Autorin]

Henke, Sandra: Die Mädchenakademie. Erotischer Roman. 1. - 3. Aufl. München: Heyne 2010 (Heyne Bücher 54 532) [Neusser Autorin]

Henke, Sandra: Die Maske des Meisters. Erotischer Roman. Hamburg: Cora 2009, 380 S. (Mira-Taschenbuch 35027) [Neusser Autorin]

Henke, Sandra: Meister der Lust. Roman. München: Heyne 2012, 221 S. [Neusser Autorin]

Henke, Sandra: Opfer der Lust. Erotischer Roman. Hamburg: Cora 2008, 460 S. (Mira-Taschenbuch 35021) [Neusser Autorin]

Henke, Sandra: Tränenschleier. Kurzprosa und Lyrik. Vechta-Langförden: Geest 2002, 118 S. [Neusser Autorin]

Hillebrand, Eleonore: Auf der Zirrentreppe. Lyrik. Köln: Wort und Mensch 2010, 136 S., Abb. [Neusser Autorin]

Hoerkens-Flitsch, Astrid: Das Auto in Rot und andere Beziehungskisten. Erzählungen. Düsseldorf: Edition Oberkassel 2011, 140 S. [Neusser Autorin]

Hummelt, Norbert: Bucheckern. Regionale Bezüge in der Dichtung Thomas Klings. In: Das Gellen der Tinte. Zum Werk Thomas Klings / Hrsg.: Frieder von Ammon... Göttingen: V & R Unipress 2012 (Deutschsprachige Gegenwartsliteratur und Medien 9) S. 113-134 [Kling lebte und arbeitete auf der Raketenstation Hombroich]

Jonasson, Piet: Die Tote am Blutturm. Schatten über dem Schützenfest. Ein Neuss-Krimi. Norderstedt: Books on Demand 2010, 190 S. [spielt in Neuss]

Kaiser, Renate: Lehrer, Liebe, Lügen. Passau: Schenk 2010, 159 S. (Starke-Mädchen-Stories) [Neusser Autorin]

Kaiser, Renate: 750 Gramm pro Woche. Passau: Schenk 2010, 144 S. (Starke-Mädchen-Stories) [Neusser Autorin]

Kaster, Armin: Im Netz gewinn ich jeden Fight! Mülheim a.d.Ruhr: Verlag an der Ruhr 2009, 112 S. [Neusser Autor]

Kaster, Armin: Wozu soll ich denn noch leben? Mülheim a.d. Ruhr: Verlag an der Ruhr 2010, 119 S. [Neusser Autor; hierzu Unterrichtsmaterial von Petra Bartoli y Eckert]

Konopatzki, Sigrid: Der kleine Engel Nixnutzius. Wangen im Allgäu: Smiling Life 2009, 72 S., Abb. [Rommerskirchener Autorin]

Krämer, Ilse K. [Text]; Borchardt, Albert [Abb.]: Wie der traurige Teddy wieder Lachen lernte... und seinen Namen bekam... Neuss: Krämer 2010, 40 S., überw. Abb. [Neusser Autorin]

Kurella, Frank: Der Kodex des Bösen. Historischer Roman. Meßkirch: Gmeiner 2009, 375 S. [Neusser Autor]

Kürten, Birgit: 5 1/2 Wochen. Plötzlich rief mich der Jakobsweg. Genau so erlebte und liebe ich den Jakobsweg in Nordspanien. Kürten 2011, 500 S., Abb., Kt. [Dormagener Autorin]

Küsters, Arnold: Schweineblut. Ein Niederrhein-Krimi. München: Piper 2010, 347 S. [Grevenbroicher Musiker]

Lange, Kerstin: Schattenspiel in Moll. Berlin: AAVAA E-Book 2011, 233 S. [auch als Sonderformat in Großschrift ebd. 381 S.; Korschenbroicher Autorin]

Lins, Gabriele: Doppelt heilt besser. Geschichten und Gedichte. Leipzig: Engelsdorfer 2007, 99 S., Abb. [2. Aufl. ebd 2010; Dormagener Autorin]

Marzipan und Bittermandel. Weihnachtsgeschichten und Gedichte aus dem Rhein-Kreis Neuss / Hrsg.: Autorengruppe Kleeblatt. Leipzig: Engelsdorfer 2011, 155 S.

Meusel, Rainer [Text]; Lüpertz, Simone [Abb.] Wie die Maulwürfe einen Dieb gefangen haben. Eine unglaubliche Geschichte. Düsseldorf: Rheinische Reprotechnik 2010, 32 S., zahlr. Abb. [Neusser Autor; Neusser Illustratorin]

Paulussen, Ingo: Die Roboter spinnen. Aachen: Shaker 2009, 162 S., Abb. [Neusser Autor]

Reus, Frank de: Pandora. Es waren zwei Königskinder. Roman. [Neuss]: de Reus 2011, 500 S., Abb. [Neusser Autor]

Scharfschwert, Alena: Das eingepflegte Archiv. Bericht über die Erschließung des Thomas Kling-Nachlasses. In: Das Gellen der Tinte. Zum Werk Thomas Klings / Hrsg.: Frieder von Ammon... Göttingen: V & R Unipress 2012 (Deutschsprachige Gegenwartsliteratur und Medien 9) S. 383-398, Abb. [Kling lebte und arbeitete auf der Raketenstation Hombroich]

Schmidt, Heinrich: Was ist das hier? Gedichte. Weikersheim: Crago 2010, 45 S., Abb. (Edition Heikamp 27) [Neusser Autor]

Schönrock, Markus T.: Das rote Kostüm. Kurzgeschichte. Weikersheim: Crago 2005, 14 S., Abb. (Edition Heikamp 7) [Rommerskirchener Autor]

Schreibtalente. 2. Jugendwettbewerb im Rhein-Kreis Neuss. Prämierte Geschichten und Gedichte zum Motto „Fluss" / Hrsg.: Meerbuscher Kulturkreis. Düsseldorf: Droste 2011, 192 S., Abb. [Ergebnisse des 2. Schreibwettbewerbs (2011)]

Schwelm, Johannes: Das kranke Haus. Ludwigsfelde: Ludwigsfelder Verlagshaus 2012, 189 S. [Neusser Autor]

Seidel, Jürgen: Blumen für den Führer. München: cbj 2010, 432 S. [Neusser Autor]

Somuncu, Serdar: Der Antitürke. Reinbek bei Hamburg: Rowohlt Taschenbuch-Verlag 2009, 152 S. (rororo 62510) [Neusser Autor]

Stadtgeschichten. Erzählungen vom Leben in der Stadt. Die Schreibwerkstatt am langen Tisch / [Red.: Hanna Holthausen. Neuss: Holthausen] 2009, 179 S., Abb.

Stahl, Enno: Heimat & Weltall. 2 Zyklen. Klagenfurt [u.a.]: Ritter 2009, 103 S., Abb. [Neusser Autor]

Stahl, Enno: Winkler, Werber. Berlin: Verbrecher-Verlag 2012, 317 S. [Neusser Autor]

Thomas Kling. Das brennende Archiv. Unveröffentlichte Gedichte, Briefe, Handschriften und Photos aus dem Nachlaß sowie zu Lebzeiten entlegen publizierte Gedichte, Essays und Gespräche / Zusammengestellt von Norbert Wehr und Ute Langanky. In: Schreibheft 76 (2011) S. 13-126, Abb. [Kling lebte und arbeitete auf der Raketenstation Hombroich]

Tillmanns, Andrea: Drachenfeuer. Fantasy-Stories. 3. Aufl. Weikersheim: Crago 2006, 30 S., Abb. (Edition Heikamp 14) [1. u. 2. Aufl. o. J.; Grevenbroicher Autorin]

Tives, Simone: Das Geheimnis der Lilie. Ein Krimi aus dem Mittelalter. Köln: Emons 2011, 287 S. (Historischer Kriminalroman) [spielt in Neuss; Neusser Autorin]

Volkmann-Leander, Richard von [Text]; Sturm, Lotte [Abb.]: Von der Königin, die keine Pfeffernüsse backen und vom König, der das Brummeisen nicht spielen konnte. Neuss: Sturm 2011, 22 S., Abb. [Neusser Illustratorin]

Von Unkrautsuppe und dem Einkriegezeck. Episoden aus unserer Kindheit. Anthologie / Hrsg.: Erny Hildebrand. Leipzig: Engelsdorfer 2008, 229 S., Abb. [Kaarster Autorinnen]

Wilkens, Sander: Im Schwalbenmeter. Nekkenmarkt: edition nove 2008, 219 S., Abb. [Neusser Autor; book on demand]

Wirtz, Oliver: Die Abenteuer des Maaro von Dentien. Teil 1: Wo die Drachen Schlange stehen. Berlin: Pro Business 2007, 352 S.; Teil 2: Das Orakel von Arrantas. ebd. 2008, 519 S. [Grevenbroicher Autor]

Die Autoren

Matthias Ahrweiler,
  Hedwigstr. 36,
  41352 Korschenbroich

Jost Auler,
  Schwanenstr. 12,
  41541 Dormagen

Dr. Karl Emsbach,
  Robert-Koch-Str. 21a,
  41539 Dormagen

Dr. Volker Helten,
  Am Kapellchen 7a,
  41470 Neuss

P. Dr. Ludger Horstkötter,
  An der Abtei 4,
  47166 Duisburg

Ulrich Houben,
  Tiefstr. 20,
  47906 Kempen

Marion Kallus,
  Stadtbibliothek Neuss,
  Neumarkt 10, 41460 Neuss

Dr. Margot Klütsch,
  Danziger Str. 56,
  40670 Meerbusch

Sarah Kluth,
  Archiv im Rhein-Kreis Neuss,
  Schlossstr. 1, 41541 Dormagen

Volker Koch,
  Herbert-Karrenberg-Str. 2,
  41464 Neuss

Simon Kolbecher,
  Neuenberger Str. 8,
  41470 Neuss

Stefan Kronsbein,
  Sollbrüggenstr. 80,
  47800 Krefeld

Martin Lambertz,
  Heimchesweg 3,
  41569 Rommerskirchen

Dr. Alwin Müller-Jerina,
  Stadtbibliothek Neuss,
  Neumarkt 10, 41460 Neuss

Susanne Niemöhlmann,
  Flurstr. 11,
  41462 Neuss

Robert Rameil,
  Rheydter Straße 171,
  41352 Korschenbroich

P. Hermann Josef Reetz,
  Missionsgesellschaft vom
  Heiligen Geist e.V.,
  Missionshaus Knechtsteden,
  41540 Dormagen

Annika Robens,
  Hindenburgstr. 28,
  41542 Dormagen

Sabine Sauer,
  Städtische Bodendenkmalpflege
  Neuss, Rathaus Norf,
  Vellbrüggener Str., 41469 Neuss

Dr. Johannes Schmitz,
  Fröbelstr. 6,
  41468 Neuss

Dr. Stephen Schröder,
  Archiv im Rhein-Kreis Neuss,
  Schlossstr. 1, 41541 Dormagen

Manfred Söhnlein,
  Am Pappelwäldchen 33,
  41462 Neuss

Peter Ströher,
  Archiv im Rhein-Kreis Neuss,
  Schlossstr. 1, 41541 Dormagen

Diana Wolf,
  Am Werth 3,
  51371 Leverkusen

Thomas Wolff,
  Stadtarchiv Grevenbroich,
  Stadtparkinsel, 41517 Grevenbroich

Veröffentlichungen des Kreisheimatbundes Neuss

Nr. 1   Emsbach, Karl: Windmühlen im Kreis Neuss, Neuss 1990, € 6,50

Nr. 2   Beiträge zur Geschichte der Kreise Neuss und Grevenbroich. Nachdruck der 1899 bis 1905 als Beilage zur Neuß-Grevenbroicher Zeitung erschienenen Originalausgabe ergänzt durch Inhaltsübersicht und Register, Neuss 1992, € 15,-

Nr. 3, 8, 10, 12, 16   Lebensbilder aus dem Kreis Neuss, 5 Bände (auch einzeln erhältlich), Neuss 1993, 1995, 1997, 1999, 2006, jeweils € 10,-

Nr. 4   Dohms, Peter: Rheinische Katholiken unter preußischer Herrschaft. Die Geschichte der Kevelaer-Wallfahrt im Kreis Neuss, Neuss 1993, € 22,50

Nr. 5   Fund und Deutung. Neuere archäologische Forschungen im Kreis Neuss, Neuss 1994, €19,50

Nr. 6   Sollbach-Papeler, Margrit: Kriegsende 1945 im Kreis Neuss, Neuss 1995, € 14,50

Nr. 7   Kirchhoff, Hans Georg: Aus Mittelalter und Neuzeit. Gesammelte Aufsätze zur Geschichte des Kreises Neuss 1961-1995, Neuss 1995, €19,50

Nr. 9   Impressionen aus dem Kreis Neuss, Text: Birgit Wilms, Fotos: Sigrid Scheuss, Neuss 1996, € 19,50 (vergriffen)

Nr. 11   Emsbach, Karl: Historische Ansichten aus dem Kreis Neuss, Mappe mit zwölf historischen Ortsansichten, Neuss 1998, € 10,-

Nr. 13   Heimatlieder aus dem Kreis Neuss (Buch mit CD), Neuss 2000, € 12,80

Nr. 14   Staatz, Peter: Zwangsarbeit im Kreis Neuss. Quellen und Dokumente zum Einsatz ausländischer Arbeitskräfte während des 2. Weltkriegs, Neuss 2003, € 10,-

Nr. 15   Schwabach, Thomas (Bearb.): Die Schwieren-Chroniken aus Zons. Bemerkenswertes aus einer niederrheinischen Kleinstadt und ihrer Umgebung 1733-1823, Neuss 2005, € 12,-

Nr. 17   Hier leben wir – Rhein-Kreis Neuss, Schülerarbeitsbuch für den Gebrauch in Grundschulen, Neuss 2010, Schutzgebühr € 5,- (nur in begrenzter Menge im Kreishaus in Neuss erhältlich)

Nr. 18   Archiv und Erinnerung im Rhein-Kreis Neuss. Festschrift für Karl Emsbach, herausgegeben von Franz-Josef Radmacher und Stefan Kronsbein im Auftrag des Kreisheimatbundes Neuss e.V., Neuss 2011, € 19,50

Nr. 19   Ein Kreis – vier Zeiten. Der Rhein-Kreis Neuss in Bildern. Text: Birgit Wilms, Fotos: Sigrid Scheuss, Neuss 2012, € 19,50

Seit 1999 gibt der Kreisheimatbund das „Jahrbuch für den Rhein-Kreis Neuss" heraus. „Jahrbücher 2000 bis 2012": € 10,–, „Jahrbuch 2013": € 12,–.

Die Veröffentlichungen sind zu beziehen über

- den Buchhandel
- die Geschäftsstelle der Neuß-Grevenbroicher Zeitung, Niederstraße 42 in Neuss
- die Kreishäuser in Neuss (Oberstraße) und Grevenbroich (Auf der Schanze)
- das Archiv im Rhein-Kreis Neuss, Schlossstr. 1, 41541 Dormagen-Zons, Tel. 02133/530210, Fax 02133/5302291, Email: kreisarchiv@rhein-kreis-neuss.de